KB272944

新選明文東洋古典大系

新完譯
世說新語(上)

劉義慶 撰
安吉煥 譯

明文堂

▶ 노자(老子)와 공자(孔子) 노자는 도가(道家)의 시조로 무위자연(無爲自然)을 존중하였다.

◀ 장자상(莊子像)

◀ 논어 (論語) 주희 (朱熹) 집주(集注)

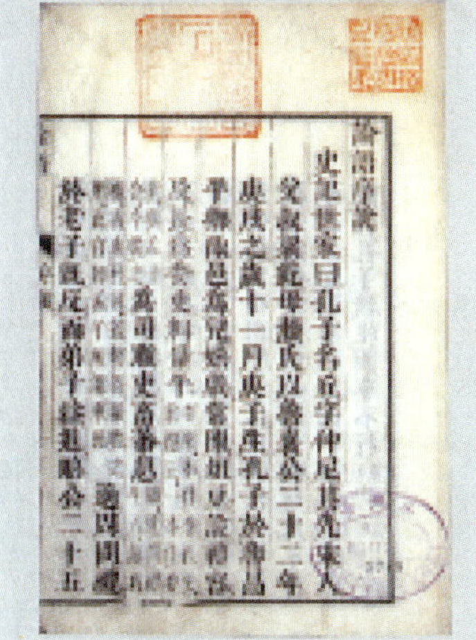

▲ 주역(周易) 백서(帛書). 마왕퇴(馬王堆) 발견

▶ 악무백희(樂舞百戲: 模寫) 동한(東漢) 때의 풍속을 전해주는 동한묘(東漢墓) 벽화

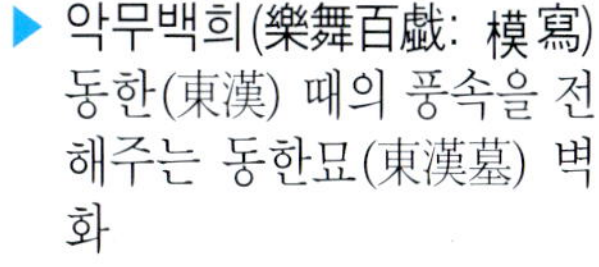

죽림칠현(竹林七賢)과 영계기(榮啓期) 위 왼쪽부터 혜강(嵇康), 완적(阮籍), 산도(山濤), 왕융(王戎)이고, 아래 왼쪽부터 영계기(榮啓期), 완함(阮咸), 유령(劉伶), 상수(向秀)이다.

도덕경(道德經) 석각(石刻) 조맹부(趙孟頫) 서(書)

백마사(白馬寺)

머리말

이 《세설신어》가 배경으로 하고 있는 위진시대(魏晉時代 : 220~420년) 2백 년 간은 당시의 사대부(士大夫) 지식인들에게 있어 굉장한 수난(受難)의 시대였다. 내부로는 제위(帝位) 찬탈의 투쟁이 이어졌고 외부로는 북방 이민족의 침입이 창궐하여 부득이 강남(江南) 땅으로 민족 대이동을 해야 하는 등, 그 혼란상은 춘추전국시대(春秋戰國時代)의 동란에 못지않았던 것이다.

권력을 수중에 넣은 새 지배자는 여론을 형성해 나가는 데 영향을 끼치는 지식인층을 자기 진영으로 끌어모으기 위해 갖가지 수단을 동원했다. 동시에 이런 움직임에 반항하고자 하는 지식인들의 일거수일투족에도 눈길을 곤두세우고 있었다.

한편 지식인들도 이런 갖가지 억압에서 벗어나 굳세게 살아갔다. 때로는 반항하는 직접적 행동으로 나오고, 때로는 예법을 무시하고 기묘한 행동을 했다. 죽림칠현(竹林七賢)으로 대표되는 탈속적(脫俗的) 행위는 유동하는 상황 속에서 견디어내기 위한 '연기(演技)'에 지나지 않았다. 물론 그 형식이야 다르지만 권력자들도 '연기'를 몸에 익히어 지배권을 확립하고자 하였다.

《세설신어》는 이처럼 혼미한 시대에 생존을 걸고 여러 가지 '연기'를 연출하고 갖가지 개성을 발휘한 대표적 인물의 일화를 집대성한 것이며, 이른바 위진(魏晉)의 풍격(風格)이 어떠했던 것인지를 구체적·사실적으로 전해주고 있다.

여기에 모은 일화들은 그 모두가 반드시 사실이 아니라고는 하지만 상당히 많은 사실들을 전해주고 있으며 사료적(史料的) 가치로서뿐만 아니라 문학작품으로서도 뛰어난 완성도를 보여주고 있다. 또한 이해하기 쉬운 단문(短文) 형식으로서 뉘앙스가 풍부한 여러 가지 일화가 실려 있어서 씹으면 씹을수록 맛이 있는 표현들이다.

그뿐 아니라 여기에 그려져 있는 인간상(人間像)은 복잡하고 굴절된 성격과 심리를 갖추고 있어서 우리 현대인들에게도 단순한 흥미 이상의 생생한 교훈을 주고 있다. 그러기에 후대 중국인 사대부들의 인격 형성에도 어떤 종류의 영향을 주었다는 말도 결코 헛된 말이 아니다.

이 《세설신어》는 남조(南朝)인 송(宋)나라 유의경(劉義慶)이 편집하고, 역시 남조인 양(梁)나라 유효표(劉孝標)가 내용을 보충하는 한편 주를 단 것이 오늘날 전해온다. 옛날에는 《세설(世說)》 또는 《세설신서(世說新書)》라고 했었다. 〈덕행(德行)〉 〈언어(言語)〉 〈정사(政事)〉 등 모두 36편으로 되어 있는 이 《세설신어》는 '등용문(登龍門)' '군계일학(群鷄一鶴)' 등 명언들의 출전이기도 하다.

끝으로 이 졸역(拙譯)을 허물치 않고 상재(上梓)해 주신 명문당(明文堂) 김동구(金東求) 사장님과 관계직원 여러분께 심심한 감사의 뜻을 전한다.

2004년 1월

편역자 씀

일러두기

1. 송본(宋本)·원본(袁本) 등 두 가지를 대조해보아도 의미가 통하지 않는 곳은 원문은 그대로 두되 정사(正史)와 《태평어람(太平御覽)》, 기타 서적을 참고하여 번역문의 뜻이 통하게 하였고, 그 요지를 끝에 적었다.

2. 유주(劉注)는 활자 급수를 작게 하여 따로 실었다. 원래 이 유주는 본문 사이에 끼워져 있는 것인데 편의상 뒤로 미루고 원래 있던 곳에 (1) (2) (3) …… 등의 어깨번호를 넣어서 구별하였다.

3. 주해(註解)는 본디 유주(劉注)에 있는 것도 있는데, 가급적 간략하게 적었다.

4. 번역문은 현대인들이 이해하기 쉽도록 의역한 곳도 있다.

5. 이 책은 원서(原書)에 따라 상·중·하권으로 나누었다.

세설신어世說新語 상上

차 례

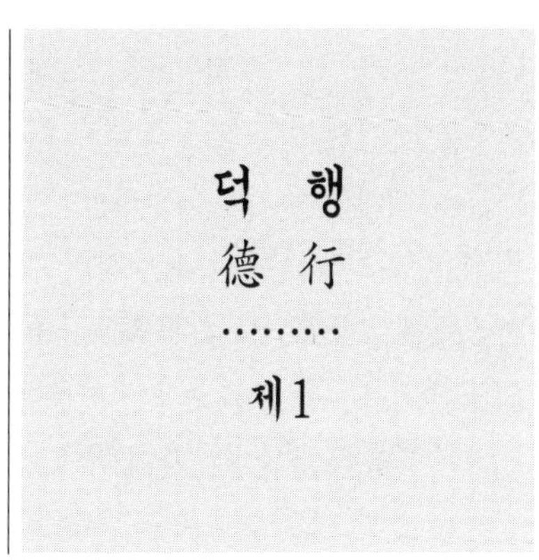

1. 진중거(陳仲擧 : 陳蕃)는, 하는 말이 선비들의 모범이 되었고 그 행동은 세상의 모범이 되었다. 일찍이 벼슬길에 나서서 세상을 깨끗이 하려는 뜻을 가지고 있었다.[(1)] 예장태수(豫章太守)가 되어[(2)] 임지에 도착하자, 곧바로 서유자(徐孺子 : 徐穉)를 찾아가서 만나고자 했다.[(3)] 그러자 주부(主簿)가 말했다. "저희들은 나리께서 곧장 관소(官所)로 드시기를 바라고 있습니다." 진중거는 말했다. "옛날 주무왕(周武王)은 상용(商容)이 사는 마을 문을 지나갈 때 수레 위에서 가로대를 잡고 허리를 굽혔어. 현인(賢人)을 구하기 위해 앉은 자리가 따뜻해질 틈도 없었다.[(4)] 그런즉 내가 지금 현인에게 예의를 차리고자 하는 것이 안될 게 무엇이겠느냐?"[(5)]

원문| 陳仲擧, 言爲士則, 行爲世範. 登車攬轡, 有澄清天下之志.[(1)] 爲豫章太守,[(2)] 至便問徐孺子所在, 欲先看之.[(3)] 主簿白, 羣情欲府君先入廨. 陳曰, 武王式商容之閭, 席不暇煖.[(4)] 吾之禮賢, 有何不可.[(5)]

(1)《여남선현전(汝南先賢傳)》에 이런 이야기가 있다. '진번(陳蕃)은

자가 중거(仲擧)로 여남(汝南) 평여(平輿) 사람이다. 그의 집은 황폐되었건만 치우지도 아니하고 "대장부라면 나라를 위해 천하를 청소해야 한다."라고 하였다. 후한(後漢) 환제(桓帝) 말년에는 환관(宦官)이 권력을 잡았고 외척들이 횡포를 일삼았는데 그것이 극에 달했다. 진번은 태부(太傅)가 되자 대장군 도무(竇武)와 함께 환관들을 주벌(誅伐)코자 계획했으나 오히려 그들에게 살해당했다.'

汝南先賢傳曰, 陳蕃字仲擧, 汝南平輿人. 有室荒蕪不掃除, 曰, 大丈夫當爲國家掃天下. 値漢桓之末, 閹豎用事, 外戚豪橫. 及拜太傅, 與大將軍竇武謀誅宦官, 及爲所害.

(2) 《해내선현전(海內先賢傳)》에서는 이렇게 적고 있다. '진번은 상서(尙書)이다. 정의(正義)로 외척(外戚)에게 저항했기 때문에 조정 안에 있을 수 없게 되었다. 예장태수(豫章太守)로 좌천되었다.'

海內先賢傳曰, 蕃爲尙書, 以忠正忤貴戚, 不得在臺, 遷豫章太守.

(3) 사승(謝承)의 《후한서(後漢書)》에 기록되어 있다. '서치(徐穉)의 자는 유자(孺子), 예장(豫章) 남창(南昌) 사람이다. 사람됨이 맑고 고매하여 세속을 초절(超絶)하고 살았다. 여러 차례나 제공(諸公)이 불렀지만 응하지 않았는데 그 제공이 세상을 떠나자 만리(萬里)를 멀다 않고 조상하러 갔다. 사전에 구운 닭 한 마리를 준비하고, 술먹인 마른 솜으로 그것을 싸되 목표로 삼은 무덤 앞 오솔길에 이르면 물로 솜을 적시고 한 말의 밥을 하얀 띠풀의 자리 위에 놓고는 닭을 그 앞에 놓고 술을 땅에 놓은 다음에 자기 명함을 그곳에 놓고 그냥 돌아섰다. 상주를 만나지 아니했다.'

謝承後漢書曰, 徐穉字孺子, 豫章南昌人. 淸妙高時, 超世絶俗. 前後爲諸公所辟, 雖不就, 有死喪, 負笈赴弔. 常預炙雞一隻, 以綿漬酒中, 暴乾以裹雞, 徑到所赴冢隧外, 以水漬綿, 斗米飯, 白茅爲藉, 以雞置前, 酹酒畢, 留謁卽去, 不見喪主.

(4) 허숙중(許叔重 : 許愼)은 말했다. ‘상용(商容)은 은(殷)나라 현인 (賢人)으로서 노자(老子)의 스승이었다.’ 수레 위에서 꿇어앉아 예(禮)를 표하는 것을 식(式)이라고 한다.

許叔重, 商容, 殷之賢人, 老子師也. 車上跽曰式.

(5) 원굉(袁宏)의 《한기(漢紀)》에서는 이렇게 적고 있다. ‘진번은 예장 의 태수였을 때 서치(徐穉)를 위해 특별히 평상(平床) 하나를 만 들어 두고 그가 돌아가면 곧 그것을 치웠다. 서치가 진번을 예우 한 것은 이런 식이었다.’

袁宏漢紀曰, 蕃在豫章, 爲穉獨設一榻, 去則懸之. 見禮如此.

주해 |　ㅇ德行(덕행)－《세설신어》의 첫머리는 〈덕행(德行)〉〈언어(言語)〉 〈정사(政事)〉〈문학(文學)〉으로 되어 있는데 그 체재는 《논어(論語)》 〈선진편(先進篇)〉의 ‘덕행에는 안연(顔淵)·민자건(閔子騫)·염백우(冉 伯牛)·중궁(仲弓), 언어에는 재아(宰我)·자공(子貢), 정사에는 염유 (冉有)·계로(季路), 문학에는 자유(子游)·자하(子夏)였다’라고 한 것 에 따른 것임.

ㅇ太守(태수)－군(郡)의 으뜸벼슬.

ㅇ主簿(주부)－벼슬 이름. 각 서(署)에 있으면서 문서와 장부를 관장 했다.

ㅇ太傅(태부)－태사(太師)·태보(太保)와 함께 삼공(三公)의 하나. 후한 시대에는 태사와 태보가 없고 단지 태부 한 명만 있었으며 태위(太 尉)·사도(司徒)·사공(司空)·대장군(大將軍)과 합치어 오부(五府)라 칭했는데 재상(宰相)에 상당하는 힘을 가지고 있었다. 대개는 나이가 많고 덕이 높은 사람이 그 자리에 앉았다.

ㅇ大將軍(대장군)－전군(全軍)의 총대장(總大將). 후한시대에는 대개 귀 족 중에서 선발했다.

ㅇ諸公(제공)－《후한서》〈서치전(徐穉傳)〉에는 이 제공(諸公)이 황경 (黃瓊)으로 되어 있다.

2. 주자거(周子居 : 周乘)는 언제나 이렇게 말했다. “나는 잠시라도 황숙도(黃叔度 : 黃憲)를 만나지 않으면 어느 사이에 비루하고 인색한 마음이 생긴다.”[1]

▌원문▏ 周子居常云, 吾時月不見黃叔度, 則鄙吝之心已復生矣.[1]

(1) 주자거(周子居)에 대해서는 따로 나온다.
　　《전략(典略)》에는 이렇게 기록되어 있다. ‘황헌(黃憲)의 자는 숙도(叔度)이며 여남(汝南) 신양(愼陽) 사람이다. 당시의 사람들은 모두 “안회(顔回)가 다시 태어났다.”라고 평했다. 그 집안의 신분은 낮았으며 아버지는 소의 병을 고치는 수의사였다. 영천(潁川)의 순계화(荀季和 : 荀叔)는 황헌의 손을 잡고 말했다. “당신께서는 나의 선생님이십니다.” 그 후 순숙은 원봉고(袁奉高)를 만나서 말했다. “당신의 나라에는 안회가 있던데 만나보셨소?” 원봉고는 말했다. “당신은 우리나라의 황숙도를 만났었구려.” 대량(戴良)은 남에게 머리를 숙이는 일이 없었는데 황헌을 만나면 자연히 머리가 숙여지고 긴장이 되곤 하였다. 어머니가 물었다. “너는 왜 멍청해지는 거냐? 또 그 소 고치는 수의사의 아들을 만나고 왔구나.” 대량은 말했다. “황헌이란 사람은 방금 앞쪽에 있는가 생각하면 금방 뒤쪽으로 가있는 식이어서 말하자면 저의 스승입니다.”’
　　子居別見.

　　典略曰, 黃憲字叔度, 汝南愼陽人. 時論者咸云, 顔子復生. 而族出孤鄙, 父爲牛醫. 潁川荀季和執憲手曰, 足下, 吾師範也. 後見袁奉高曰, 卿國有顔子, 審知之乎. 奉高曰, 卿見吾叔度邪. 戴良少所服下, 見憲則自降薄, 悵然若有所失. 母問, 汝何不樂乎. 復從牛醫兒所來邪. 良曰, 瞻之在前, 忽焉在後. 所謂良之師也.

▌주해▏　ㅇ別見(별견) – 〈상예편(賞譽篇)〉 1에 나옴.

3. 곽임종(郭林宗 : 郭泰)이 여남(汝南)에 와서 원봉고(袁奉高 : 袁閎)를 찾았을 때는[1] 수레를 멈추지 않고 수레에 매었던 말고삐도 풀지 않은 채 허둥지둥 돌아갔다. 그런데 황숙도(黃叔度 : 黃憲)를 찾아왔을 때는 이미 하루를 다 보내고 이틀 동안이나 체재했다. 어떤 사람이 그 까닭을 묻자 곽임종은 대답했다. "황숙도는 물이 넘실거리는 만경(萬頃)의 못〔池〕과 같아서 이를 맑게 하고자 해도 깨끗하게 할 수가 없고, 이를 흔들어서 흐리게 하고자 해도 더러워지지 않는구려. 그 인물 됨됨이는 어찌나 깊고도 넓은지 측량할 수가 없다오."[2]

▌**원문**ㅣ 郭林宗至汝南, 造袁奉高,[1] 車不停軌鸞不輟軛. 詣黃叔度, 乃彌日信宿. 人問其故. 林宗曰, 叔度汪汪, 如萬頃之陂, 澄之不淸, 擾之不濁. 其器深廣, 難測量也.[2]

(1) 《속한서(續漢書)》에는 이렇게 기록되어 있다. '곽태(郭泰)는 자가 임종(林宗)이고 태원(太原) 개휴(介休) 사람이다. 곽태는 어렸을 때 아버지를 여의고 나이 20세 때에 성부(城阜) 굴백언(屈伯彦)의 학당에 가서 공부했다. 만족한 식사도 하지 못하고 입는 옷도 보잘 것없었는데 곤궁한 가운데서도 견디어내며 학문의 길에 정진할 뿐 그 즐거움을 바꾸려고 하지 않았다. 이원례(李元禮 : 李膺)는 그를 한 번 보자마자 칭찬하여 말했다. "나는 훌륭한 청년을 많이 보아왔으나 곽임종을 따를 만한 자는 누구 한 사람도 없었다." 곽임종이 세상을 떠났을 때 채백개(蔡伯喈 : 蔡邕)는 그를 위해 비문(碑文)을 지었는데 이렇게 말했다. "나는 남을 위해 묘지명(墓誌銘)을 지어왔는데 언제나 마음속으로 부끄러움이 있었으나 곽유도(郭有道 : 郭泰)의 비송(碑頌)을 지을 때만은 부끄럽지가 않았다." 일찍이 유도(有道)의 군사(君子)로서 조정에서 불렀으나 곽태는 이렇게 말했다. "나는 천문·인사(人事)를 관찰했더니 하늘이 이미 버렸은즉 지탱할 수가 없다." 그리고 병이라 핑계대고 벼슬을 사퇴했다.'

《여남선현전(汝南先賢傳)》에는 이렇게 기록되어 있다. ‘원굉(袁
閎)의 자는 봉고(奉高)이며 신양(愼陽) 사람이다. 황숙도(黃叔
度：黃憲)와 어렸을 때부터 친구 사이였다. 야(野)에 있던 진중거
(陳仲擧：陳蕃)를 천거했다. 태위연(太尉掾)으로 부름을 받았으
나 죽고 말았다.’

續漢書曰, 郭泰字林宗, 太原介休人. 泰少孤, 年二十, 行學至
城阜屈伯彦精廬. 乏食, 衣不蓋形, 而處約味道, 不改其樂. 李
元禮一見稱之曰, 吾見士多矣, 無如林宗者也. 及卒, 蔡伯喈爲
作碑, 曰, 吾爲人作銘, 未嘗不有慙容. 唯爲郭有道碑頌, 無愧
耳. 初, 以有道君子徵. 泰曰, 吾觀乾象人事, 天之所廢, 不可支
也. 遂辭以疾.

汝南先賢傳曰, 袁閎字奉高, 愼陽人. 友黃叔度於童齒, 薦陳仲
擧於家巷. 辟太尉掾, 卒.

(2) 《곽태별전(郭泰別傳)》에는 이렇게 기록되어 있다. ‘설공조(薛恭祖)
가 찾아왔을 때 곽태가 말했다. “원봉고의 기량(器量)은 비유하자
면 솟아나는 샘물과 같아서 맑기는 하지만 퍼올리기가 쉽다.”’

泰別傳曰, 薛恭祖問之, 泰曰, 奉高之器. 譬諸氾濫, 雖淸易
把耳.

주해 │ ○袁奉高(원봉고) － 송본(宋本)에 따라 그 이름을 원굉(袁閎)으
로 했다. 이 원봉고의 이름에 대해서는 예로부터 원굉·원랑(袁閬) 등
의 혼동이 있었던 것 같다.
○城阜(성부) － 송본(宋本)에는 성부(成阜), 《후한서(後漢書)》 곽태전(郭泰
傳)에는 성고(成皋)라고 되어 있다.
○有道(유도) － 한(漢)나라 시대의 과거(科擧) 과목 중 하나.

4. 이원례(李元禮：李膺)는 풍격(風格)이 수려하고 엄격했으며 스

스로 고상하게 높은 긍지를 지니고 있어서, 천하의 명교(名敎)를 밝히고 시비(是非)를 바로잡는 것을 자신의 임무로 삼고자 했다.[1] 후배로서 이원례의 사랑방에 드나드는 자가 있으면 사람들은 '용문(龍門)에 올랐다'고 여겼다.[2]

│원문│ 李元禮風格秀整, 高自標持, 欲以天下名敎是非爲己任.[1] 後進之士, 有升其堂者, 皆以爲登龍門.[2]

(1) 설영(薛瑩)은 《후한서(後漢書)》에서 말했다. '이응(李膺)의 자는 원례(元禮)이니 영천(潁川) 양성(襄城) 사람이다. 뜻이 높고 맑으며 문무(文武)의 재능에 뛰어났다. 사예교위(司隷校尉)로 옮겼다가 당고지란(黨錮之亂)을 만나 자살했다.'
薛瑩後漢書曰, 李膺字元禮, 潁川襄城人. 抗志淸妙, 有文武儁才. 遷司隷校尉, 爲黨事自殺.

(2) 《삼진기(三秦記)》에서 말했다. '용문(龍門), 일명 하진(河津)은 장안(長安)으로부터 9백 리 되는 곳에 있다. 물은 소용돌이를 이루면서 흘러 떨어지는데 거북·물고기 등이 거슬러 올라가지 못한다. 만약 거슬러 올라갈 수만 있다면 변화하여 용(龍)이 된다.'
三秦記曰, 龍門, 一名河津, 去長安九百里. 水懸絶, 龜魚之屬莫能上. 上則化爲龍矣.

│주해│ ○名敎(명교)─명분(名分)의 가르침이란 의미로서 육조시대(六朝時代)에는 노장자연(老莊自然)의 가르침에 대립하는 것이었는데 실질적으로는 유교 도덕을 가리키는 말이었다.
○登龍門(등용문)─이 고사(故事)에서 권력자의 이끌어 줌을 받아 출세하는 것을 '등용문'이라고 하게 되었는데, 우리나라에서는 오히려 입신출세의 관문이란 뜻으로 사용된다.
○黨事(당사)─당고(黨錮)를 가리킨다. 후한 말, 당시에 정권을 전횡하고

있던 환관들이 그 반대 비판세력에 대하여 당인(黨人)이라고 지칭하고
탄압 추방했던 일련의 사건.

5. 이원례(李元禮 : 李膺)는 어느 때, 순숙(荀淑)과 종호(鍾皓)를
칭찬하여 말했다.[1] "순씨(荀氏)의 훌륭한 식견은 그 위에 다른 것을
더하기가 어려우며, 종씨(鍾氏)의 뛰어난 덕(德)은 스승이 되기에 족
하다."[2]

▎**원문**▎ 李元禮嘗歎荀淑 · 鍾皓曰,[1] 荀君淸識難尙, 鍾君至德
可師.[2]

(1) 《선현행장(先賢行狀)》에서 이렇게 기록하고 있다. '순숙(荀淑)의
    자는 계화(季和)이며 영천(潁川) 영음(潁陰) 사람이다. 그가 빈곤
    한 자들로부터 발탁한 서리(胥吏)들은 모두 훌륭한 인물들이었다.
    순숙은 방정과(方正科)에 급제하여 낭릉후(朗陵侯)의 상(相)이
    되었는데 어디를 가든지 빼어난 교화(敎化)를 하였다. 종호(鍾皓)
    의 자는 계명(季明)이니, 영천(潁川) 장사(長社) 사람이다. 그의
    아버지, 할아버지 모두 훌륭한 덕풍(德風)으로 세상에 알려졌다.
    종호 역시 그 훌륭한 덕풍을 이어받고 있었다. 임려(林慮)의 장
    (長)에 임명되었는데 취임하지 않았다. 인간으로서의 신분(身分)
    은 충분하지 못했지만 하늘로부터 받은 덕(德)은 남음이 있었다.'
    先賢行狀曰, 荀淑字季和, 潁川潁陰人也. 所拔韋褐芻牧之中,
    執案刀筆之吏, 皆爲英彦. 擧方正, 補朗陵侯相, 所在流化. 鍾
    皓字季明, 潁川長社人. 父祖至德著名. 皓高風承世, 除林慮長,
    不之官. 人位不足, 天爵有餘.

(2) 《해내선현전(海內先賢傳)》에는 이렇게 기록되어 있다. '영천(潁
    川)의 선배로서 천하에 스승으로 추앙받던 사람으로는 정릉(定陵)

의 진치숙(陳稺叔), 영음(潁陰)의 순숙(荀淑), 장사(長社)의 종호
(鍾皓)가 있었다. 소부(少府)의 이응(李膺)은 이 세 사람을 숭상
하여 항상 말하기를 "순씨(荀氏)의 훌륭한 식견은 그 누구도 이
를 뛰어넘기 어렵고, 진치숙과 종호의 뛰어난 덕은 스승으로 모시
기에 족하다."라고 하였다.'

海內先賢傳曰, 潁川先輩, 爲海內所師者, 定陵陳稺叔, 潁陰荀
淑, 長社鍾皓. 少府李膺宗此三君, 常言, 荀君淸識難尙, 陳·
鍾至德可師.

주해| ㅇ方正科(방정과)―한(漢)나라 때 인재 선발을 하기 위한 과목
중의 하나.
ㅇ韋褐芻牧(위갈추목)―위(韋)는 무두질한 가죽으로 만든 옷. 갈(褐)도
조잡한 모포(毛布)로 만든 의복으로서, 여기서는 그런 것을 입고 있는
비천한 사람을 가리킴. 추목(芻牧)은 소·양 등을 목축하는 것으로서
역시 신분이 낮은 사람을 가리킴.
ㅇ長(장)―한나라 때는 보통 1만 호를 기준으로 해서 대현(大縣)과 소현
(小縣)으로 구별하고, 대현의 으뜸 벼슬을 영(令), 소현의 으뜸벼슬을
장(長)이라고 했다. 봉록은 영이 6백 석, 장이 3백~4백 석이었다.
ㅇ少府(소부)―천자(天子)의 신변의 것, 즉 의복·보화(寶貨)·진선(珍
膳) 등을 관리하는 벼슬.

6. 진태구(陳太丘 : 陳寔)가 순낭릉(荀朗陵 : 荀淑)을 방문하러 갈
때, 가난하여 노복(奴僕)이 없었다.[1] 그래서 장남인 원방(元方 : 陳
紀)으로 하여금 수레를 몰게 하고,[2] 동생 계방(季方 : 陳諶)으로 하
여금 지팡이를 들고 뒤따르게 하였다. 손자인 장문(長文 : 陳群)은 아
직 어렸으므로 수레에 태웠다. 도착하자 순숙은 숙자(叔慈 : 荀靖)로
하여금 대문에서 그들을 맞아들이게 하고 자명(慈明 : 荀爽)으로 하
여금 술을 따라 권하게 하고, 그밖의 육룡(六龍)에게는 음식을 내오

게 하였다.[3] 손자인 문약(文若 : 荀彧)은 아직 어렸으므로 무릎에 앉혔다. 이때 태사(太史)가 "진인(眞人)이 동방(東方)에서 왔습니다."라고 상주(上奏)했다.[4]

▌원문┃ 陳太丘詣荀朗陵. 貧儉無僕役.[1] 乃使元方將軍,[2] 季方持杖從後. 長文尚小, 載著車中. 旣至, 荀使叔慈應門, 慈明行酒, 餘六龍下食.[3] 文若亦小, 坐箸膝前. 于時太史奏, 眞人東行.[4]

(1) 《진식전(陳寔傳)》에 이런 기록이 있다. '진식의 자는 중궁(仲弓)으로 영천(潁川) 허창(許昌) 사람이다. 문희(聞喜)의 영(令), 태구(太丘)의 장(長)이 되었는데 그 풍화(風化)는 끝없이 넓게 퍼졌다.'
陳寔傳曰, 寔字仲弓, 潁川許昌人. 爲聞喜令·太丘長, 風化宣流.

(2) 《선현행장(先賢行狀)》에 이런 기록이 있다. '진기(陳紀)는 자는 원방(元方)으로 진식(陳寔)의 장남이다. 덕이 높고 세속을 초탈하여 아버지 진식과 나란히 이름을 떨쳤다. 동생 진심(陳諶)도 또한 그들과 이름을 나란히 했다. 현(縣)의 관소(官所)에서 부를 때마다 사자(使者)가 가지고 오는 염소와 오리가 산더미처럼 쌓였다. 세상에서는 이 세 사람을 삼군(三君)이라고 했으며 어느 성(城)에서나 이들의 초상화를 그리게 했다.'
先賢行狀曰, 陳紀字元方, 寔長子也. 至德絶俗, 與寔高名竝箸, 而弟諶又配之. 每宰府辟召, 羔鴈成羣. 世號三君, 百城皆圖畵.

(3) 장번(張璠)의 《한기(漢紀)》에 이런 기록이 있다. '순숙(荀淑)에게는 여덟 명의 아들이 있었다. 검(儉)·곤(緄)·정(靖)·도(燾)·왕(汪)·상(爽)·숙(肅)·부(旉) 등 여덟 명이다. 순숙은 서호리(西豪里)에 살고 있었는데 현령인 원강(苑康)이 "옛날 고양씨(高陽

氏)에게 빼어난 아들 여덟 명이 있었다.”라며 서호리를 고양리(高陽里)라는 이름으로 고쳤다. 또 당시 사람들은 이 여덟 명을 팔룡(八龍)이라고 불렀다.’

張璠漢紀曰, 淑有八子, 儉·緄·靖·燾·汪·爽·肅·旉. 淑居西豪里, 縣令苑康曰, 昔高陽氏有才子八人. 遂署其里爲高陽里. 時人號曰八龍.

(4) 단도란(檀道鸞)의 《속진양추(續晋陽秋)》에 이런 기록이 있다. ‘진중궁(陳仲弓)은 아들과 조카들을 데리고 순씨(荀氏) 부자(父子)를 찾아갔다. 그때 하늘에서는 덕성(德星)이 모이고 태사(太史)는 “5백 리 안에 현인(賢人)들이 모여 있습니다.”라고 상주(上奏)했다.’

檀道鸞續晋陽秋曰, 陳仲弓從諸子姪造荀父子. 于時德星聚, 太史奏, 五百里賢人聚.

주해 | ○太史(태사) — 옛날에는 사서(史書)와 천문역법(天文曆法)을 관장하는 관직이었는데 진한(秦漢) 이후에는 오로지 천문역법만을 관장하게 되었다. 천문 현상을 관측하고 그것에 의해 지상에서 일어나는 이변(異變)을 예측하거나 길흉의 판단을 내리는 역할을 맡았던 벼슬임. ○眞人(진인) — 《장자(莊子)》에 보이는 말인데 여기서는 현인(賢人)과 가까운 의미로 쓰이고 있음.

7. 어떤 사람이 진계방(陳季方 : 陳諶)에게 물었다.[1] “그대의 아버님이신 태구(太丘 : 陳寔) 어른께서는 어떤 공적과 덕행이 있으시기에 그 명성을 천하에 떨치신 것입니까?” 계방이 대답했다. “우리 아버지는 비유한다면 태산(泰山)의 한 모퉁이에 나있는 계수나무와 같아서 위로는 만인(萬仞)의 높이가 있고, 아래로는 측량할 수 없는 깊이가 있으며, 위로는 감로(甘露)를 받고, 아래에서는 연천(淵泉)에 뿌리박고 있습니다. 이런 경우 계수나무가 어찌 태산의 높이를 알며 연

천의 깊이를 측량할 수 있겠습니까. 아버님께서 덕행이 있으신지 어떤지, 나로서는 알 수가 없습니다.”

원문| 客有問陳季方.⁽¹⁾ 足下家君太丘, 有何功德, 而荷天下重名. 季方曰, 吾家君譬如桂樹生泰山之阿, 上有萬仞之高, 下有不測之深. 上爲甘露所霑, 下爲淵泉所潤. 當斯之時, 桂樹焉知泰山之高, 淵泉之深. 不知有功德與無也.

(1) 《해내선현전(海內先賢傳)》에 이런 기록이 있다. ‘진심(陳諶)의 자는 계방(季方)이니 진식(陳寔)의 막내아들이다. 재능과 지식이 넓어 만사에 통했다. 사공연(司空掾)이 관거(官車)로 초청하러 왔지만 벼슬길에 나가지 않았다.’
海内先賢傳曰, 陳諶字季方. 寔少子也. 才識博達. 司空掾公車徵, 不就.

주해| ㅇ少子(소자)ー어린아이. 여기서는 막내아들.

8. 진원방(陳元方 : 陳紀)의 아들 장문(長文 : 陳群)은 빼어난 재능이 있었는데⁽¹⁾ 계방(季方 : 陳諶)의 아들 효선(孝先 : 陳忠)⁽²⁾을 상대로 하여 각각 자기 아버지의 공적(功績)과 덕행(德行)을 내세우며 우열을 다투었다. 그러나 결론이 나오지 않자 할아버지인 태구(太丘 : 陳寔)에게 물었다. 그러자 태구는 말했다. “원방(元方)을 형이라 하기도 어렵고 계방(季方)을 동생이라 하기도 어렵구나.”⁽³⁾

원문| 陳元方子長文有英才.⁽¹⁾ 與季方子孝先,⁽²⁾ 各論其父功德, 爭之不能決. 咨於太丘. 太丘曰, 元方難爲兄, 季方難爲弟.⁽³⁾

(1) 《위서(魏書)》에 이런 기록이 있다. '진군(陳群)은 자가 장문(長文)
이다. 할아버지인 식(寔)은 언제나 가족들에게 "이 아이는 틀림없
이 우리 가문을 일으킬 것이다."라고 말했다. 성장하자 과연 넓은
식견과 큰 도량(度量)의 소유자가 되었다. 그가 친하게 사귀던 사
람은 모두 아버지의 친구들이었다.'
魏書曰, 陳羣字長文. 祖寔, 嘗謂宗人曰, 此兒必興吾宗. 及長,
有識度. 其所善, 皆父黨.

(2) 《진씨보(陳氏譜)》에는 이런 기록이 있다. '심(諶)의 아들 충(忠)은
자가 효선(孝先)이다. 충은 주(州)에서 관리가 되라며 불렀으나
그에 응하지 않았다.'
陳氏譜曰, 諶子忠, 字孝先. 州辟不就.

(3) 어떤 책에는 '원방(元方)을 동생이라 하기 어렵고, 계방(季方)을
형이라 하기도 어렵다'라고 적고 있다.
一作元方難爲弟, 季方難爲兄.

9. 순거백(荀巨伯)은 멀리 친구의 문병을 하러 갔는데,[1] 때마침 그
군(郡)에 호적(胡賊)이 쳐들어왔다. 친구가 순거백에게 말했다. "나는
이제 죽을 몸일세. 자네는 어서 떠나주게." 거백이 말했다. "일부러
먼 길을 왔는데 자네는 나보고 돌아가라는 것인가? 의(義)를 버리면
서까지 목숨을 이어가는 일 따위를 이 순거백은 할 수 없네." 호적이
몰려오더니 거백에게 말했다. "대군(大軍)이 몰려오면 이 군(郡)에는
어린아이 한 명도 남아있지 못할 것이야. 그런데 너는 대제 어떻게
된 사람인가? 감히 홀로 남아 있으니!" 그러자 거백이 말했다. "친구
가 병에 걸려 있는데 그를 버리고 도망칠 수는 없었소. 어떻소? 이
친구 대신 나를 죽여 주오." 호적은 "우리같이 도의(道義)가 없는 자

들이 어찌 도의가 있는 나라에 들어올 수 있으리요."라며 그대로 군
단을 이끌고 돌아갔다. 그래서 전군(全郡)이 무사했다.

▌원문│ 荀巨伯遠看友人疾,[1] 値胡賊攻郡. 友人語巨伯曰, 吾
今死矣. 子可去. 巨伯曰, 遠來相視, 子令吾去. 敗義以求生,
豈荀巨伯所行邪. 賊旣至, 謂巨伯曰, 大軍至, 一郡盡空. 汝何
男子, 而敢獨止. 巨伯曰, 友人有疾, 不忍委之. 寧以我身代友
人命. 賊相謂曰, 我輩無義之人, 而入有義之國. 遂班軍而還.
一郡竝獲全.

(1) 《순씨가전(荀氏家傳)》에는 이런 기록이 있다. '순거백(荀巨伯)은
   한(漢)나라 환제(桓帝) 때 사람이다. 역시 영천(潁川) 출신인데
   그 경력은 미상이다.'
   荀氏家傳曰, 巨伯, 漢桓帝時人也. 亦出潁川, 未詳其始末.

10. 화흠(華歆)이 자제들을 대하는 태도는 아주 엄격하여 비록 한
가로이 집안에 있을 때에도 조정에서의 의식(儀式)과 같이 임했었
다.[1] 진원방(陳元方 : 陳紀)의 형제는 부드럽고 사랑스런 방식으로
자식들을 방임했다. 이 두 집안의 가정 안에서는 어느 쪽이나 모두
화기애애한 법도를 잃는 일이 없었다.

▌원문│ 華歆遇子弟甚整, 雖閑室之內, 儼若朝典.[1] 陳元方兄
弟恣柔愛之道. 而二門之裏, 兩不失雍熙之軌焉.

(1) 《위지(魏志)》에는 이런 기록이 있다. '화흠(華歆)의 자는 자어(子
   魚)이며 평원(平原) 고당(高唐) 사람이다.'
   《위략(魏略)》에는 이런 기록이 있다. '영제(靈帝) 때, 화흠은 북해

(北海)의 병원(邴原)·관녕(管寧)과 함께 유학하여 친하게 교제
했다. 당시 사람들은 이 세 사람을 일룡(一龍)이라 부르고 화흠을
용의 머리, 관녕을 용의 배, 병원을 용의 꼬리라고 불렀다.'
魏志曰, 歆字子魚, 平原高唐人.
魏略曰, 靈帝時, 與北海邴原·管寧俱遊學相善. 時號三人爲一
龍, 謂歆爲龍頭, 寧爲龍腹, 原爲龍尾.

11. 관녕(管寧)과 화흠(華歆) 두 사람이 원내(園內)에서 야채밭을
가꾸고 있을 때,[1] 흙속에 금 조각이 있는 것을 발견했다. 관녕은 마
치 돌멩이를 본 것처럼 호미질을 계속했는데 화흠은 그것을 집어서
던졌다. 또 어느 때는 같은 거적자리에 앉아서 글을 읽었는데 때마침
귀인이 수레를 타고 문앞을 지나갔다. 관녕은 그대로 글 읽기를 계속
했는데 화흠은 글 읽기를 그치고 밖에 나가서 바라보았다. 관녕은 거
적을 둘로 쪼개어 자리를 나누면서 말했다. "자네와 나는 친구가 아
닐세."[2]

원문| 管寧·華歆共園中鋤菜,[1] 見地有片金. 管揮鋤與瓦石
不異, 華捉而擲去之. 又嘗同席讀書, 有乘軒冕過門者, 寧讀如
故, 歆廢書出看. 寧割席分坐曰, 子非吾友也.[2]

(1) 《부자(傅子)》에는 이런 기록이 있다. '관녕은 자가 유안(幼安)이니
　　북해(北海) 주허(朱虛) 사람이다. 제(齊)나라 재상(宰相) 관중(管
　　仲)의 후예이다.'
　　傅子曰, 寧字幼安, 北海朱虛人. 齊相管仲之後也.

(2) 《위략(魏略)》에는 이런 기록이 있다. '관녕은 젊었을 때부터 조용
　　하되 구애받지 않는 성격으로서, 병원(邴原)과 화자어(華子魚：華

歆) 등이 사관(仕官)하고 싶어하는 것을 언제나 비웃었다. 화흠은
사도(司徒)가 되었을 때 주상(奏上)하여 관녕에게 벼슬을 내리도
록 천거했다. 관녕은 이 말을 듣고 웃으면서 말했다. "자어는 본
디 늙은 벼슬아치가 되기를 원하고 있었기 때문에 사도가 된 것
을 영광으로 생각하고 있는 것이야." '

魏略曰, 寧少恬靜, 常笑邴原·華子魚有仕宦意. 及歆爲司徒,
上書讓寧. 寧聞之, 笑曰, 子魚本欲作老吏, 故榮之耳.

주해ㅣ ㅇ司徒(사도)―삼공(三公)의 하나. 인사(人事)를 관장함. 진(晉)
나라 때는 승상(丞相)과 그 자리를 서로 바꾸다가 영가(永嘉) 원년(307
년) 이후로는 승상과 병치(竝置)하게 되었다.

12. 왕랑(王朗)은 언제나 식견과 도량이란 점에서 화흠(華歆)을 추
앙하고 있었다.[1] 화흠은 사제일(蜡祭日)[2]에 언제나 자식과 조카들
을 모아 잔치를 열었다. 왕랑 역시 그것을 흉내내고 있었다. 어떤 사
람이 장화(張華)에게 이 일에 대해서 이야기하자 장화가 말했다. "왕
랑이 화흠을 따라서 하는 짓은 모두 껍데기에 지나지 않는다. 그러기
에 점점 화흠에게서 멀어져가는 것이야."[3]

원문ㅣ 王朗每以識度推華歆.[1] 歆蜡日,[2] 嘗集子姪燕飲. 王
亦學之. 有人向張華說此事. 張曰, 王之學華, 皆是形骸之外,
去之所以更遠.[3]

(1) 《위서(魏書)》에는 이런 기록이 있다. '왕랑(王朗)의 자는 경흥(景興)
    이니 동해(東海) 담(郯) 땅 사람이다. 위(魏)나라 사도(司徒)였다.'
    魏書曰, 朗字景興, 東海郯人. 魏司徒.

(2) 《예기(禮記)》에는 이런 기록이 있다. '천자(天子)의 대사제(大蜡

祭)에는 팔신(八神)이 있다. 이기씨(伊耆氏)가 처음으로 사제(蜡祭)를 행하였다. 사(蜡)란 색(索 : 찾다)이란 의미이다. 그 해 12월에 만물을 모으고 신(神)을 찾아 제사지낸다.'

《오경요의(五經要義)》에 이런 기록이 있다. '3대(三代 : 夏·殷·周)에서는 납제(臘祭)를 이름지어 하(夏)나라에서는 가평(嘉平), 은(殷)나라에서는 청사(淸祀), 주(周)나라에서는 대사(大蜡)라고 불렀다. 총칭하여 납(臘)이라 한다.'

진(晋)나라 박사인 장량(張亮)은 주의(奏議)하여 말했다. "사제(蜡祭)란 만물을 모으고 신(神)을 찾아 제사지내는 것으로서 그해의 마지막에 노인을 쉬게 하고 백성들을 위안하는 것이다. 납제(臘祭)란 종묘(宗廟)와 오사(五祀)를 제사지내는 것이다. 전(傳)에 이르기를 '납(臘)이란 접(接)이다'라고 했다. 제사는 연(年)의 신구(新舊)의 교접이다. 진한(秦漢) 이래로 납제 다음날을 초세(初歲)로 치는 것은 옛날부터 전해오는 말이다."

禮記曰, 天子大蜡八. 伊耆氏始爲蜡. 蜡, 索也. 歲十二月, 合聚萬物而索饗之.

五經要義. 三代名臘, 夏曰嘉平, 殷曰淸祀, 周曰大蜡, 總謂之臘. 晉博士張亮議曰, 蜡者, 合聚百物索饗之, 歲終休老息民也. 臘者, 祭宗廟五祀. 傳曰, 臘, 接也. 祭則新故交接也. 秦漢已來臘之明日爲初歲, 古之遺語也.

(3) 왕은(王隱)의 《진서(晉書)》에는 이런 기록이 있다. '장화(張華)는 자가 무선(茂先)이며 범양(范陽) 사람이다. 사공(司空)에 여러 차례 올랐으나 조왕(趙王) 사마윤(司馬倫)에게 살해되었다.'

王隱晉書曰, 張華字茂先, 范陽人也. 累遷司空, 而爲趙王倫所害.

│주해│ ○八(팔) ─선장(先嗇)·사장(司嗇)·농(農)·우표체(郵表畷)·묘호(猫虎)·방(坊)·수용(水庸)·곤충(昆虫)의 팔신(八神)을 가리킴(鄭

玄 注). 그밖에도 여러 설이 있음.

ㅇ伊耆氏(이기씨)—옛날 천자(天子)의 이름.

ㅇ五祀(오사)—호(戶)·조(竈)·중류(中霤)·문(門)·행(行)에 드리는 다섯 제사(《禮記》〈曲禮下〉鄭玄 注). 이밖에도 여러 설이 있음.

ㅇ司空(사공)—주(周)나라 시대 육경(六卿)의 하나. 한(漢)나라 시대에는 어사대부(御史大夫)를 대사공(大司空)으로 고치고, 대사마(大司馬)·대사도(大司徒)와 합치어 삼공(三公)으로 했다. 그후 대(大)자를 떼고 사공(司空)이라고 했다.

13. 화흠(華歆)과 왕랑(王朗)이 함께 배를 타고, 도적의 난리를 피하고자 했을 때 한 사나이가 데리고 가달라며 부탁을 했다. 그러자 화흠은 난색을 표했다. 왕랑은 "다행히도 아직 여유가 있은즉 괜찮지 않겠소?"라고 말했다. 그후 도적떼가 몰려왔을 때 왕랑은 데리고 온 사나이를 버리려고 했다. 그러자 화흠이 말했다. "애당초 내가 망설였던 것은 바로 이런 사태를 고려했기 때문이었소. 그런데 말이외다, 일단 그의 부탁을 받아들인 이상에는 사태가 급박해졌다고 해서 버릴 수는 없는 일이 아니겠소?" 그리고 그냥 데리고 갔다. 세상 사람들은 이 이야기로 화흠과 왕랑의 우열을 판정했다.[1]

▌**원문**| 華歆·王朗俱乘船避難. 有一人欲依附. 歆輒難之. 朗曰, 幸尚寬, 何爲不可. 後賊追至, 王欲捨所攜人. 歆曰, 本所以疑, 正爲此耳. 旣已納其自託, 寧可以急相棄邪. 遂攜拯如初. 世以此定華王之優劣.[1]

(1) 《화교보서(華嶠譜敍)》에 이런 기록이 있다. '화흠(華歆)은 하규(下邽)의 영(令)이 되었는데 한(漢)나라 왕조가 어지러워졌을 때 친구인 정태(鄭太) 등 6, 7명과 피난갔다. 무관(武關)을 빠져나오자 한 사람이 지나가고 있었다. 그는 동행해 줄 것을 부탁했고 모

두들 그를 불쌍히 여기어 받아들이려고 했으나 화흠은 이렇게 말했다. "안되오. 지금 그는 위험한 처지에 있지만 이런 화(禍) 속에 있더라도 도리에 벗어나는 짓을 하면 안되오. 지금 아무 이유도 없이 그를 받아들인다는 것은 도리에 맞지 않는다니까요. 만약 어떤 일이 있을 경우 도중에서 버릴 수는 없지 않겠소이까?" 그러나 다른 사람들은 무시하고 그를 데리고 갔다. 이 사나이가 도중에서 우물 속에 빠지자 모두는 그를 버려둔 채 가려고 했다. 그러자 화흠이 말했다. "함께 길을 가다가 버리고 간다는 것은 도리에 맞지 않소." 그래서 함께 그를 구해냈고 데리고 갔다.'

華嶠譜敍曰, 歆爲下邽令, 漢室方亂, 乃與同志士鄭太等六七人避世. 自武關出, 道遇一丈夫獨行. 願得與俱, 皆哀許之. 歆獨曰, 不可. 今在危險中, 禍福患害, 義猶一也. 今無故受之, 不知其義. 若有進退, 可中棄乎. 衆不忍, 卒與俱行. 此丈夫中道墮井, 皆欲棄之. 歆乃曰, 已與俱矣, 棄之不義. 卒共還, 出之而後別.

주해│　o華歆(화흠)·王朗(왕랑)─본문에서 화흠은 왕랑과 길을 함께 간 것으로 되어 있으나 《화교보서(華嶠譜敍)》에는 화흠이 정태(鄭太) 등과 동행했다고만 되어 있다. 또 《위지(魏志)》〈왕랑전(王朗傳)〉과 〈화흠전(華歆傳)〉에 의하면 왕랑과 화흠은 함께 있어본 적이 없었던 듯하다.

14. 왕상(王祥)은 계모인 주부인(朱夫人)을 섬기는 데 지극히 근직(謹直)했다.[1] 집에 오얏나무가 한 그루 있었는데 열매가 잘 익었다. 계모는 왕상으로 하여금 이 나무를 줄곧 지키고 있도록 명했는데 때마침 돌연 비바람이 몰아쳐서 왕상은 이 나무를 부둥켜안고 울었다.[2] 또 어느 때는 별실에서 왕상이 자고 있는데 계모는 어둠을 틈

타 이 방안에 들어와서 그를 베려고 했다. 때마침 왕상은 소변을 보러 갔었기 때문에 칼은 이불을 잘랐을 따름이었다. 소변을 보고 돌아온 왕상은 계모가 매우 분노하고 있는 것을 알고는 계모 앞에서 무릎을 꿇고 앉아 죽여 달라고 말했다. 계모는 자신의 잘못을 깨닫고 왕상을 친아들처럼 사랑해주게 되었다.[(3)]

원문| 王祥事後母朱夫人甚謹.[(1)] 家有一李樹, 結子殊好. 母恆使守之. 時風雨忽至, 祥抱樹而泣.[(2)] 祥嘗在別牀眠, 母自往闇斫之. 値祥私起, 空斫得被. 旣還, 知母憾之不已, 因跪前請死. 母於是感悟, 愛之如己子.[(3)]

(1) 《진제공찬(晋諸公贊)》에는 이런 기록이 있다. '왕상(王祥)의 자는 휴징(休徵)이며 낭야(琅邪) 임기(臨沂) 사람이다.'
《왕상세가(王祥世家)》에는 이런 기록이 있다. '왕상의 아버지 왕융(王融)은 고평(高平)의 설씨(薛氏)를 맞아 왕상을 낳았다. 후처로는 여강(廬江)의 주씨(朱氏)를 얻어 왕람(王覽)을 낳았다.'
《진양추(晋陽秋)》에는 이런 기록이 있다. '계모는 왕상을 자주 꾸짖었으며 언제나 무리한 일을 왕상에게 시켰다. 그러면 이복동생인 왕람은 반드시 왕상을 도왔다. 또 왕상의 아내를 학대할 때마다 왕람의 아내도 얼른 도와주었으므로 계모는 그것이 걱정되어 마음을 바꾸었다. 어느 겨울 매우 추운 날, 얼음이 꽁꽁 얼었는데 계모는 살아있는 물고기가 먹고 싶다고 했다. 그러자 왕상은 옷을 벗고 얼음을 깨어 물고기를 잡으려고 했는데 마침 그때 얼음이 조금 갈라진 곳에서 물고기가 튀어나왔다.'
소광제(蕭廣濟)의 《효자전(孝子傳)》에는 이런 기록이 있다. '왕상의 계모는 갑자기 구운 참새가 먹고 싶어졌다. 왕상은 참새 잡기가 매우 어려울 것으로 생각하며 걱정하고 있는데 갑자기 수십 마리의 참새가 새그물에 날아들었다. 계모가 원하는 것은 반드시 몸소 뛰어

다니며 구해오는 왕상이었다. 그의 정성이 모두 이와 같았다.'

晉諸公贊曰, 祥字休徵, 琅邪臨沂人.

祥世家曰, 祥父融, 娶高平薛氏, 生祥. 繼室以廬江朱氏, 生覽.

晉陽秋曰, 後母數譖祥, 屢以非理使祥. 弟覽輒與祥俱. 又虐使祥婦, 覽妻亦趨而共之. 母患. 方盛寒氷凍, 母欲生魚. 祥解衣, 將剖氷求之, 會有處氷小解, 魚出.

蕭廣濟孝子傳曰, 祥後母忽欲黃雀炙. 祥念難卒致, 須臾, 有數十黃雀飛入其幕. 母之所須, 必自奔走, 無不得焉. 其誠至如此.

(2) 소광제의 《효자전》에는 이런 기록이 있다. '왕상의 계모네 집 뜰 안에는 오얏나무가 있었는데 처음으로 그 열매가 익었으므로 왕상으로 하여금 낮에는 새를 쫓고 밤에는 쥐를 쫓도록 하였다. 어느 날 밤, 비바람이 몹시 몰아닥치자 왕상은 오얏나무를 끌어안고 울면서 밤을 샜다. 계모는 그것을 보고는 측은히 생각했다.'

蕭廣濟孝子傳曰, 祥後母庭中有李, 始結子, 使祥晝視鳥雀, 夜則趁鼠. 一夜, 風雨大至, 祥抱泣至曉. 母見之惻然.

(3) 우예(虞預)의 《진서(晋書)》에 이런 말이 있다. '왕상은 계모를 섬기기 위해 늙기까지 벼슬을 하지 않았다. 60세가 다 되었을 때 자사(刺史)인 여건(呂虔)이 초문(招文)을 내리어 별가(別駕)로 명했다. 당시 사람들은 이를 노래하여 "해기(海沂)의 안녕은 실로 왕상님의 덕택, 나라가 황폐해지지 않는 것은 별가(別駕)의 공"이라고 했다. 태보(太保)에까지 누천(累遷)되었다.'

虞預晉書曰, 祥以後母故, 陵遲不仕. 年向六十, 刺史呂虔檄爲別駕. 時人歌之曰, 海沂之康, 寔賴王祥. 邦國不空, 別駕之功. 累遷大保.

주해 ○刺史(자사)－주(州)의 으뜸벼슬.
○別駕(별가)－별가종사사(別駕從事史)의 준말로서 주자사(州刺史)의 속

료(屬僚) 중 으뜸벼슬. 치중(治中)과 함께 여러 부국(部局)을 통할함.

○ 海沂(해기) ― 해(海)는 동해(東海), 기(沂)는 기수(沂水)로서 서주(徐州) 북쪽을 가리킴.

○ 太保(태보) ― 태사(太師)·태부(太傅)와 함께 삼공(三公)의 하나. 태부에 이은 명예직(名譽職)을 가리키기도 함.

15. 진(晉) 문왕(文王 : 司馬昭)이 칭찬하여 말했다. "완사종(阮嗣宗 : 阮籍)은 실로 신중하도다. 그와 이야기를 나누노라면 언제나 하는 말이 철학적이고 아직 남에 대한 비판을 한 번도 한 적이 없었다."(1)

■**원문**| 晉文王稱, 阮嗣宗至愼. 每與之言, 言皆玄遠, 未嘗臧否人物.(1)

(1) 《위서(魏書)》에는 이런 기록이 있다. '문왕(文王)은 휘(諱)가 소(昭)요, 자(字)는 자상(子上)이다. 선제(宣帝 : 司馬懿)의 차남이다.' 《위씨춘추(魏氏春秋)》에는 이런 기록이 있다. '완적(阮籍)의 자는 사종(嗣宗)이며 진류(陳留) 위씨(尉氏) 사람인데 완우(阮瑀)의 아들이다. 그 사람 됨됨이가 활달하여 사물에 구애되지 않았으며 세속의 예법에도 사로잡히지 아니했다. 연주(兗州) 자사(刺史) 왕창(王昶)은 회견을 요청했으나 온종일 상대해주지를 않았다. 그래서 왕창은 부끄러워하며 탄식하기를 자기로서는 그의 인물 됨됨이를 측량할 수 없다고 생각했다. 완적은 결코 국사(國事)에 대해서 논하지 않았다. 이로써 그의 인품은 자연히 고매해졌다.'

이강(李康)의 《가계(家誡)》에는 이런 이야기가 있다. '옛날 선제(先帝 : 文帝)를 모시었는데 그때 세 명의 장사(長史)가 나란히 알현했다. 그들이 퇴출하려고 할 때 황제는 "관장(官長)이 된 자는 청렴하고 신중하고 근면하지 않으면 안될 것이야. 이 세 가지

를 수양해서 얻는다면 어찌 백성이 다스려지지 않는다고 걱정할
것인가?”라고 했다. 일동이 조명(詔命)을 받고 퇴출한 다음 황제
는 우리 쪽을 돌아보며 말했다. “만부득이하여 이 세 가지 중 어
느 한 가지를 제(除)한다면 어느 것을 먼저 제해야겠는고?” 어떤
사람이 대답하여 아뢰었다. “청렴해야 하는 것이 가장 근본입니
다.” 황제는 나에게 물었다. 나는 “청렴과 신중은 서로 어우러져
서 이루어지는 것이온데 만부득이하다면 신중 쪽을 더 소중하게
하여야겠습니다.”라고 대답했다. 황제는 “그대의 말이 옳소. 그럼
지금의 세상에서 신중한 자를 든다면 누가 있을까?”라고 물었다.
그래서 나는 전(前) 태위(太尉) 순경천(荀景倩), 상서(尙書) 동중
달(董仲達), 복야(僕射) 왕공중(王公仲) 등을 들었다. 황제는 “그
사람들은 언제나 온화하고 공손하며 직무에 충실하고 각각 신중
했었지. 그러나 천하에서 제일 신중한 자는 완사종(阮嗣宗 : 阮籍)
일 것이오. 완적과 이야기를 나누고 있노라면 언제나 심원한 곳에
이르곤 하는데 시사를 평론한다거나 인물을 평판하는 일이 없었
으니 실로 신중하다고 할 수 있을 것이오.”라고 했다.’

魏書曰, 文王諱昭, 字子上. 宣帝第二子也.

魏氏春秋曰, 阮籍字嗣宗, 陳留尉氏人. 阮瑀子也. 宏達不羈,
不拘禮俗. 兗州刺史王昶請與相見, 終日不得與言. 昶愧歎之,
自以不能測也. 口不論事, 自然高邁.

李康家誡曰, 昔嘗侍坐於先帝, 時有三長史俱見. 臨辭出, 上曰,
爲官長當淸, 當愼, 當勤. 修此三者, 何患不治乎. 竝受詔. 上顧
謂吾等曰, 必不得已而去, 於斯三者何先. 或對曰, 淸固爲本.
復問吾. 吾對曰, 淸愼之道, 相須而成, 必不得已, 愼乃爲大.
上曰, 卿言得之矣. 可擧近世能愼者誰乎. 吾乃擧故太尉荀景
倩, 尙書董仲達, 僕射王公仲. 上曰, 此諸人者, 溫恭朝夕, 執事
有恪, 亦各其愼也. 然天下之至愼者, 其唯阮嗣宗乎. 每與之言,
言及玄遠, 而未嘗評論時事, 臧否人物. 可謂至愼乎.

주해 | ○臧否(장부)-사물의 좋고 나쁨 등을 비판하는 것.

○李康(이강)-《삼국지(三國志)》〈위지(魏志)〉 이통전(李通傳)의 주(注)에 인용하고 있는 왕은(王隱)의 《진서(晉書)》에 '서(緒)의 아들 병(秉)의 자는 현주(玄胄)이고 준재(儁才)가 있어서 당시 귀히 여기는 바였으며 벼슬은 진주자사(秦州刺史)에 이르렀다. 병(秉)은 일찍이 사마문왕(司馬文王)의 질문에 대답했고 이로써 《가계(家誡)》를 지어 이르기를 …… 운운'이라고 되어 있는데, 이로 보아 《세설신어》 각본(各本)에 나오는 '이강가계(李康家誡)'는 '이병가계(李秉家誡)'의 잘못이리라.

○長史(장사)-한(漢)나라 때는 삼공(三公)·승상(丞相)·대장군(大將軍)의 요속(僚屬)을 가리켰으며 육조시대(六朝時代)에서는 군부(軍府) 요속장(僚屬長)의 이름임.

○太尉(태위)-국무(國務)를 관장하는 삼공(三公)의 하나. 진(秦)나라 때는 최고 군사장관이었으므로 한때는 대사마(大司馬)로 불렸다.

○尙書(상서)-상서령(尙書令). 궁정의 문서를 관장하는 상서성(尙書省)의 으뜸벼슬. 천자(天子)의 비서실장과 같은 역할을 했었기 때문에 후한시대부터는 독재적 권력을 휘두르는 경향을 띠게 되었음.

○僕射(복야)-상서성의 차관인 상서복야. 좌복야(左僕射)와 우복야(右僕射)가 있었음.

16. 왕융(王戎)이 말했다. "나는 혜강(嵇康)과 20년 동안 사귀고 있는데 아직 그가 희로애락(喜怒哀樂)의 감정을 나타내는 것을 본 적이 없다."[1]

원문 | 王戎云, 與嵇康居二十年, 未嘗見其喜慍之色.[1]

(1) 《혜강집(嵇康集)》 서(敍)에는 이런 기록이 있다. '혜강의 자는 숙야(叔夜)이며 초국(譙國) 질(銍) 땅 사람이다.'

왕은(王隱)의 《진서(晉書)》에 이런 기록이 있다. '혜씨(嵇氏)의 본디 성(姓)은 해(奚)이다. 그 조상이 남의 원한을 피하여 상우

(上虞)로부터 초국(譙國) 질(銍) 땅으로 옮겨왔는데 본디는 회계 (會稽) 출신이었으므로 나라 이름의 일부를 따서 혜(嵇)로 했다. 음(音)은 똑같이 해(奚 : 중국 발음으로는 똑같이 계)이다.'

우예(虞預)의 《진서(晉書)》에 이런 기록이 있다. '질(銍)에 혜산 (嵇山)이 있는데 혜강의 집이 그 근처에 있었으므로 혜(嵇)를 성 씨로 했다.'

《혜강별전(嵇康別傳)》에 이런 기록이 있다. '혜강은 어떤 일이든 가슴속에 묻어두는 성격으로서 마음속에는 애증(愛憎)의 갈등이 없고 얼굴에는 희로의 감정을 나타내지 아니했다. 친구인 왕준충 (王濬沖 : 王戎)은 양성(襄城)에 있으면서 수백 번이나 혜강과 만 났건만 아직 한 번도 목소리를 높이거나 안색을 바꾸는 것을 보 지 못했다. 이는 세상의 훌륭한 모범이며 인간으로서 뛰어난 행위 이다.'

《문장서록(文章敍錄)》에 이런 말이 있다. '혜강은 위(魏)나라 장 락정주(長樂亭主)의 사위였는데 낭중(郎中)으로 옮기고 중산대부 (中散大夫)에 제수되었다.'

康集敍曰, 康字叔夜, 譙國銍人.

王隱晉書曰, 嵇本姓奚. 其先避怨徙上虞, 移譙國銍縣, 以出自 會稽, 取國一支, 音同本奚焉.

虞預晉書曰, 銍有嵇山, 家於其側, 因氏焉.

康別傳曰, 康性含垢藏瑕, 愛惡不爭於懷, 喜怒不寄於顏. 所知 王濬沖, 在襄城面數百, 未嘗見其疾聲朱顏. 此亦方中之美範, 人倫之勝業也.

文章敍錄曰, 康以魏長樂亭主壻, 遷郎中, 拜中散大夫.

주해│ ○取國一支(취국일지) ─ 회계(會稽)를 가리키는 것임. 나라 이름 의 일부를 취했다고 하는 것은 계(稽)자의 지(旨)를 빼고 산(山)을 더 한 것을 가리킴이다.

○長樂亭主(장락정주)―위무제(魏武帝)의 증손녀. 패왕(沛王) 임(林)의 손녀임.
○郎中(낭중)―낭관(郎官)의 일종으로서 수재(秀才)나 효렴(孝廉)에서 천거받아 명하는 벼슬. 문관 관료의 출세는 이 낭관으로부터 시작됨.
○中散大夫(중산대부)―광록훈(光祿勳)에 속하며 천자의 측근에 있으면서 의사(議事)에 관여함. 정원(定員)과 실권이 없는 명예직으로서 관료 예비군을 이룸.

17. 왕융(王戎)과 화교(和嶠)가 동시에 친상(親喪)을 당했는데 모두 효상(孝喪)으로 이름을 얻었다. 왕융은 애통하던 끝에 매우 쇠약해지고 수척해져서 겨우 침상에 기대고 있을 정도였으며, 화교는 예를 충분히 갖추어 곡읍(哭泣)했다.[1] 진(晋) 무제(武帝)가 유중웅(劉仲雄：劉毅)에게 말했다.[2] "그대는 몇 차례 왕융과 화교를 찾아간 적이 있다던데…… 화교는 예법을 넘어 너무나도 애통한다 하니 걱정이 되는구려." 유중웅이 말했다. "화교는 예법대로 복상(服喪)하고 있습니다만, 기력은 손상되어 있지 아니하옵니다. 왕융은 예법과 맞지는 않습니다만 애통하다가 수척하고 쇠해져서 뼈만 앙상할 뿐이니이다. 신(臣)은 생각하기를 화교는 생효(生孝)를 하는 것이옵고, 왕융은 사효(死孝)를 하는 것이옵니다. 하오니 폐하께서는 화교에 대한 걱정은 하지 마시고, 왕융을 걱정하시옵소서."[3]

▌원문│ 王戎・和嶠同時遭大喪, 俱以孝稱. 王雞骨支牀, 和哭泣備禮.[1] 武帝謂劉仲雄曰,[2] 卿數省王・和不. 聞和哀苦過禮, 使人憂之. 仲雄曰, 和嶠雖備禮, 神氣不損. 王戎雖不備禮, 而哀毀骨立. 臣以和嶠生孝, 王戎死孝. 陛下不應憂嶠, 而應憂戎.[3]

(1)《진제공찬(晋諸公贊)》에 이런 기록이 있다. '왕융의 자는 준충(濬

沖), 낭야(琅邪) 사람으로서 태보(太保) 왕상(王祥)의 일족이다. 진(晉)나라 태종(太宗) 문제(文帝)가 섭정으로 있을 때 종회(鍾會)가 이를 천거하며 말했다. "배해(裴楷)는 마음이 맑고 사리에 통하며, 왕융은 사소한 일에 구애받지 않고 요점에 통하고 있습니다." 문제는 두 사람 모두 불러서 연(掾)으로 삼았다. 진왕조(晉王朝)가 되자 형주자사(荊州刺史)로 누천(累遷)되어 오(吳)나라를 평정했는데 그 공으로 안풍후(安豊侯)에 봉해졌다.'

《진양추(晉陽秋)》에 이런 말이 있다. '왕융은 예주자사(豫州刺史) 였을 때 모친의 상을 당했다. 선천적으로 대단한 효자였는데 복상의 예법에 구애되지 않고 술을 마시는가 하면 고기를 먹었다. 또는 바둑을 즐기기도 하였다. 그러나 그 용모는 너무도 초췌했으며 지팡이를 짚고서야 겨우 일어설 수 있을 정도였다. 당시 여남(汝南)의 화교(和嶠) 역시 명사였다. 화교는 예법으로 스스로를 다스렸는데 친상을 당했을 때는 예법에 따라 쌀을 되어 소식(小食)을 할 정도였으며 그 애통해 함은 왕융에게 이르지 못할 정도였다.'

晉諸公贊曰, 戎字濬沖, 琅邪人, 太保祥宗族也. 文皇帝輔政, 鍾會薦之曰, 裴楷淸通, 王戎簡要. 卽俱辟爲掾. 晉踐祚. 累遷荊州刺史, 以平吳功, 封安豊侯.

晉陽秋曰, 戎爲豫州刺史, 遭母憂. 性至孝, 不拘禮制, 飮酒食肉, 或觀某弈, 而容貌毁悴, 杖而後起. 時汝南和嶠亦名士也. 以禮法自持, 處大憂, 量米而食, 然憔悴哀毁, 不逮戎也.

(2) 왕은(王隱)의 《진서(晉書)》에 이런 기록이 있다. '유의(劉毅)는 자가 중웅(仲雄)이며 동래(東萊) 액(掖) 땅 사람인데 한(漢)나라 성양경왕(城陽景王 : 劉章)의 후손이다. 마음이 맑고 곧아서 부정(不正)을 보면 반드시 이것을 비판했다. 왕공대인(王公大人)도 유의의 사람 됨됨이를 우러러 경외했다. 양평(陽平)에 우거(寓居)하고 있을 때 태수(太守) 두서(杜恕)의 부름을 받아 공조(功曹)가

되었는데 3백여 명의 군리(郡吏)들을 내쫓았다. 삼위지방(三魏地方)에서는 어느 곳에서나 "유공조(劉功曹)의 이름은 들리는데 두 부군(杜府君)의 이름은 들리지 않네."라고 했다. 상서(尙書)·사예교위(司隷校尉)에 누천(累遷)되었다.'

王隱晉書曰, 劉毅字仲雄, 東萊掖人, 漢城陽景王後也. 亮直淸方, 見有不善, 必評論之. 王公大人, 望風憚之. 僑居陽平, 太守杜恕致爲功曹, 沙汰郡吏三百餘人. 三魏僉曰, 但聞劉功曹, 不聞杜府君. 累遷尙書·司隷校尉.

(3) 《진양추(晋陽秋)》에는 이런 기록이 있다. '진(晋)나라 세조(世祖:武帝)도 당시의 논자(論者)도 모두 이 일로 왕융을 귀히 여겼다.'

晋陽秋曰, 世祖及時談, 以此貴戎也.

▌주해▐ ○生孝(생효)·死孝(사효)—왕융은 복상을 함에 있어 몸과 생명이 상할 정도로 최선을 다했기 때문에 사효(死孝)라 했고, 화교는 몸을 손상시키는 일 없이 예법에 맞도록 복상했기 때문에 생효(生孝)라고 한 것이다.

○掾(연)—제관(諸官)의 분국(分局:曹)에 소속된 주임(主任). 대개 공부(公府)의 부름에 의해 이 벼슬에 임명됨. 한편 속(屬)은 부주임(副主任).

○量米而食(양미이식)—쌀을 되어 죽을 쑤어서 먹다. 상주는 먹는 죽의 농도(濃度)를 예법에 따라서 했음.

○功曹(공조)—군(郡) 태수의 좌리(佐吏)로서 주로 인사(人事)를 관장함. 정확하게는 공조리(功曹吏). 주(州)에 두는 공조는 공조서좌(功曹書佐)라고 함.

18. 양왕(梁王:司馬彤)과 조왕(趙王:司馬倫)[1]은 황실(皇室)의 근친들로서 당시 세상에서 존귀하게 여겼다. 배영공(裴令公:裴楷)[2]

은 해마다 이 두 나라의 조세(租稅) 중에서 수백만 금을 청하여 받아가지고 내외의 친척 가운데 빈곤한 자에게 베풀었다. 어떤 사람이 탓하여 말했다. "어찌하여 남들로부터 얻어서까지 베푸는 것입니까?" 배영공이 말했다. "남아도는 곳을 깎고 모자라는 곳을 보충하는 것, 그것이 하늘의 도리인 것이오."[3]

■원문| 梁王·趙王,[1] 國之近屬, 貴重當時, 裴令公[2]歲請二國租錢數百萬, 以恤中表之貧者. 或譏之曰, 何以乞物行惠. 裴曰, 損有餘, 補不足, 天之道也.[3]

(1) 주봉(朱鳳)의 《진서(晉書)》에 이런 기록이 있다. '선제(宣帝 : 司馬懿)의 장부인(張夫人)은 양효왕(梁孝王) 사마동(司馬肜)을 낳았다. 자는 자징(子徵)이며 벼슬은 태재(太宰)에까지 이르렀다. 백부인(栢夫人)은 조왕(趙王) 사마윤(司馬倫)을 낳았는데 자는 자이(子彝)이고 벼슬은 상국(相國)에 이르렀다.'
朱鳳晉書曰, 宣帝張夫人, 生梁孝王肜. 字子徵, 位至太宰. 栢夫人生趙王倫. 字子彝, 位至相國.

(2) 《진제공찬(晉諸公贊)》에 이런 말이 있다. '배해(裴楷)는 자가 숙칙(叔則)이고 하동(河東) 문희(聞喜) 사람이며 사공(司空) 배수(裴秀)의 종제(從弟)이다. 아버지 배휘(裴徽)는 기주자사(冀州刺史)로서 뛰어난 식견이 있었다. 배해는 특히 《역경(易經)》에 정통(精通)했다. 하남윤(河南尹)·중서령(中書令)에 누천(累遷)되었다가 졸(卒)했다.'
晉諸公贊曰, 裴楷字叔則, 河東聞喜人, 司空秀之從弟也. 父徽, 冀州刺史, 有俊識. 楷特精易義. 累遷河南尹·中書令, 以卒.

(3) 《명사전(名士傳)》에 이런 말이 있다. '배해는 처신이라든가 주고

받는 것을 자기 마음대로 했다. 남들이 칭찬을 하건 비난을 하건 태평했는데 모두가 이와 같았다.'

名士傳曰, 楷行己取與, 任心而動. 毁譽雖至, 處之晏然, 皆此類.

주해┃ ○相國(상국) − 한(漢)나라 이전에는 상방(相邦)이라고 칭했는데 승상(丞相)과 같음. 위진(魏晋) 이후에는 황제 밑의 왕(王)이 이 벼슬에 올랐으며 승상보다 윗자리였는데 상설된 관직은 아니었다.
○河南尹(하남윤) − 국도(國都)의 장관을 윤(尹)이라 했는데 한나라 때는 경조윤(京兆尹), 위진(魏晋) 때는 하남윤(河南尹), 남조(南朝)에서는 단양윤(丹陽尹)이라고 칭하는 것과 같음.
○中書令(중서령) − 중서성(中書省)의 장관. 삼국시대, 위(魏)나라 이후에는 중서감(中書監)과 함께 정치의 중요한 일을 관장하며 실질상 재상의 역할을 했다.

19. 왕융(王戎)이 말했다. "태보(太保 : 王祥)는 정시(正始) 연간에 웅변가 속에 포함되지 않았으나 실제로 그와 이야기를 해보면 이치에 맞고 심원했다. 아마도 덕(德)이 그의 말을 뒷받침해 주었던 것이리라."[1]

원문┃ 王戎云, 太保居在正始中, 不在能言之流, 及與之言, 理中淸遠. 將無以德掩其言.[1]

(1) 《진양추(晋陽秋)》에 이런 말이 있다. '왕상(王祥)은 젊었을 때부터 훌륭한 덕행(德行)이 있었다.'
晋陽秋曰, 祥少有美德行.

20. 왕안풍(王安豊 : 王戎)은 친상(親喪)을 당했을 때, 그 지극한 효성은 남다른 점이 있었다. 배령(裴令 : 裴頠)이 문상을 가서 말했

다. "만약 한 번 호곡하는 데 몸을 상하는 일이 있다면 준충(濬沖 : 王戎)은 너무 슬퍼하다가 성명(性命)을 끊었다는 비난을 면치 못할 것이오."[1]

원문 | 王安豊遭艱, 至性過人. 裴令往弔之, 曰, 若使一慟果能傷人, 濬沖必不免滅性之譏.[1]

(1) 〈곡례(曲禮)〉에 이런 기록이 있다. '상(喪)을 치르는 예(禮)에 있어서는 수척하고 여위어서 뼈가 앙상해져도 안되고, 눈이나 귀가 쇠약해져도 아니된다. 만약 상 당한 일을 견디어내지 못할 때는 자애롭지도 못하고 효성스럽지도 못하게 된다.'
《효경(孝經)》에 이런 말이 있다. '여위어서도 성명(性命)을 거역하지 않는 것이 성인(聖人)의 가르침이다.'
曲禮曰, 居喪之禮, 毀瘠不形, 視聽不衰. 不勝喪, 乃比於不慈不孝.
孝經曰, 毀不滅性, 聖人之敎也.

주해 | ○曲禮(곡례)─《예기(禮記)》의 〈곡례편(曲禮篇)〉을 가리킴.

21. 왕융(王戎)의 아버지 왕혼(王渾)은 훌륭한 이름이 있었는데 벼슬은 양주자사(涼州刺史)까지 이르렀다.[1] 왕혼이 죽자 그가 역임했던 9개 군(郡)에서 그의 은혜를 입었던 사람들은 그 덕을 사모하여 모두 조의금을 바쳤는데 그 액수가 수백만 전(錢)에 이르렀다. 왕융은 그 돈을 하나도 받지 아니했다.[2]

원문 | 王戎父渾有令名, 官至涼州刺史.[1] 渾薨, 所歷九郡義故, 懷其德惠, 相率致賻數百萬. 戎悉不受.[2]

(1) 《세설신어》에 이런 말이 기록되어 있다. '왕혼(王渾)의 자는 장원

(長原)이다. 재지(才知)와 인망(人望)이 있었다. 상서(尙書)·양
주자사(涼州刺史) 등을 역임했다.'
世語曰, 渾字長原. 有才望. 歷尙書·涼州刺史.

(2) 우예(虞預)의 《진서(晉書)》에 이런 기록이 있다. '왕융은 그것에
의해 이름을 떨쳤다.'
虞預晉書曰, 戎由是顯名.

22. 유도진(劉道眞 : 劉寶)이 일찍이 도형(徒刑)에 처해졌을 때[1]
부풍왕(扶風王) 사마준(司馬駿)[2]은 5백 필의 포(布)를 내고 그를 대
속시키어 종사중랑(從事中郎)으로 삼았다. 당시 사람들은 이 일을 미
담(美談)이라고 했다.

▌**원문** | 劉道眞嘗爲徒.[1]　扶風王駿[2]以五百疋布贖之, 旣而
用爲從事中郎. 當時以爲美事.

(1) 《진백관명(晉百官名)》에 이런 말이 있다. '유보(劉寶)의 자는 도
진(道眞)이며 고평(高平) 사람이다.'
도형(徒刑)이란 노역형(勞役刑)을 가리킴이다.
晉百官名曰, 劉寶字道眞, 高平人.
徒, 罪役作者.

(2) 우예(虞預)의 《진서(晉書)》에 이런 기록이 있다. '사마준(司馬駿)
의 자는 자장(子臧)이며 진(晉)나라 선제(宣帝 : 司馬懿)의 열일
곱째 아들이다. 학문을 좋아했으며 대단한 효자였다.'
《진제공찬(晉諸公贊)》에는 이런 말이 있다. '사마준은 8세에 산기
상시(散騎常侍)가 되었으며 위(魏)나라 제왕(齊王) 조방(曹芳)의
시강(侍講)이 되었다. 진나라가 위나라로부터 제위(帝位)를 물려

받자 부풍왕(扶風王)에 봉해졌고 관중(關中)을 다스리며 선정을
베풀었다. 죽은 다음에 무왕(武王)이란 시호를 받았다. 관중 사람
들은 그를 사모하였는데 그 비문을 보면 모두가 절을 하며 울었
다. 그는 이처럼 후대에까지 추앙을 받았던 것이다.'

虞預晉書曰, 駿字子臧, 宣帝第十七子. 好學至孝.

晉諸公贊曰, 駿八歲爲散騎常侍, 侍魏齊王講. 晉受禪, 封扶風
王, 鎭關中, 爲政最美. 薨, 贈武王. 西土思之, 但見其碑贊者,
皆拜之而泣. 其遺愛如此.

주해| ○散騎常侍(산기상시)─삼국시대의 위(魏)나라 문제(文帝) 때
생긴 벼슬. 금중(禁中)에 출입하며 황제의 좌우에서 받드는 중상시(中
常侍)와 황제가 외출할 때 기마(騎馬)로 모시는 산기(散騎)를 합쳐서
만든 벼슬자리임.

23. 왕평자(王平子 : 王澄)와 호무언국(胡毋彦國 : 胡毋輔之)이란
사람 등은 모두 제멋대로 방일한 짓을 했는데 그 중에는 나체로 있
는 자도 있었다.[1] 악광(樂廣)이 웃으면서 말했다. "명교(名敎) 중에
도 스스로 즐거운 경지에 도달할 수 있는 경지가 있지. 어찌하여 저
렇게까지 할 필요가 있을까?"

원문| 王平子·胡毋彦國諸人,　皆以任放爲達,　或有裸體
者.[1] 樂廣笑曰, 名敎中自有樂地. 何爲乃爾也.

(1) 《진제공찬(晉諸公贊)》에는 이런 말이 있다. '왕징(王澄)의 자는
　　평자(平子)인데 사물에 널리 통했었고 식견을 갖추고 있었다. 형
　　주자사(荊州刺史)가 되었다.'
　　《영가류인명(永嘉流人名)》에 이런 기록이 있다. '호무보지(胡毋輔

之)의 자는 언국(彦國)이며 태산(泰山) 봉고(奉高) 사람이다. 상
주자사(湘州刺史)가 되었다.'

왕은(王隱)의 《진서(晉書)》에 이런 말이 있다. '삼국시대 위(魏)
나라 말기, 완적(阮籍)은 술을 좋아하고 방일하여 관(冠)도 쓰지
않은 채, 산발한 머리로 어깨를 드러내고 다리를 뻗고 앉아 있었
다. 그후 귀족 자제인 완첨(阮瞻)·왕징(王澄)·사곤(謝鯤)·호무
보지(胡毋輔之) 등의 무리는 모두 완적의 흉내를 내는 한편 그가
대도(大道)의 근본을 깨달았다고 생각했다. 그들은 일부러 관을
쓰지 않은 채 옷을 벗고 추태를 드러내니 금수(禽獸)와 마찬가지
였다. 그리고 그 심한 자를 가리켜 통(通)이라 하고 그런 자에 뒤
이은 자를 달(達)이라고 했다.'

晉諸公贊曰, 王澄字平子, 有達識. 荊州刺史.

永嘉流人名曰, 胡毋輔之, 字彦國, 泰山奉高人. 湘州刺史.

王隱晉書曰, 魏末, 阮籍嗜酒荒放, 露頭散髮, 裸袒箕踞. 其後
貴游子弟阮瞻·王澄·謝鯤·胡毋輔之之徒, 皆祖述於籍, 謂
得大道之本, 故去巾幘, 脫衣服, 露醜惡, 同禽獸. 甚者名之爲
通, 次者名之爲達也.

주해 ○名敎(명교)−명분(名分)의 가르침이란 의미로서 육조시대(六
朝時代)에는 노장자연(老莊自然)의 가르침에 대립하는 것이었다. 실질
적으로는 유교(儒敎) 도덕을 가리키는 말임.
○裸袒(나단)−옷을 벗어 어깨를 드러내는 것.

24. 치공(郗公 : 郗鑒)은 영가(永嘉)의 난(亂)을 당하여 고향에서
굶주림으로 매우 고생하고 있었다. 고향 사람들은 치공이 훌륭한 덕
을 갖추고 있는 사람이었으므로, 돌아가면서 차례로 치공을 먹여주었
다. 어느 때 치공은 형의 아들인 치매(郗邁)와 생질인 주익(周翼) 등
두 아이를 데리고 얻어먹으러 갔다. 그러자 고향 사람은 말했다. "실

은 우리도 굶주리고 있습니다. 선생은 현자(賢者)이시기에 우리 모두가 도와드리고 있는 것입니다. 아무래도 데리고 온 아이들까지 도울 수는 없습니다.” 그래서 치공은 혼자 가서 먹되, 그때마다 입안 가득 밥을 물고 왔다가 토해내어 두 아이를 먹였다. 그후 모두 살아날 수 있게 되었고 함께 강남(江南) 땅으로 건너갔다.[1] 치공이 세상을 떠나자 주익은 섬현령(剡縣令)으로 있었는데 그 벼슬자리를 내놓고 돌아왔다. 그리고 치공의 영전에 상석(喪席)을 깔고 3년 동안 심상(心喪)을 했다.[2]

원문| 郗公值永嘉喪亂, 在鄕里甚窮餒. 鄕人以公名德, 傳共飴之. 公常攜兄子邁及外生周翼二小兒往食. 鄕人曰, 各自饑困. 以君之賢, 欲共濟君耳. 恐不能兼有所存. 公於是獨往食, 輒含飯着兩頰邊, 還吐與二兒. 後竝得存, 同過江.[1] 郗公亡, 翼爲剡縣, 解職歸, 席苫於公靈牀頭, 心喪終三年.[2]

(1) 《치감별전(郗鑒別傳)》에 이런 기록이 있다. ‘치감의 자는 도휘(道徽)이며 고평(高平) 금향(金鄕) 사람이다. 한(漢)나라 어사대부(御史大夫) 치려(郗慮)의 자손이다. 젊었을 때부터 몸을 바르게 가지고 경전을 탐독하여 학덕으로써 그 이름이 세상에 알려졌다. 영가(永嘉) 말년, 천하가 크게 어지러워져서 기근이 이어질 때, 고관을 위시하여 모두 재물을 나누어 치감에게 주었다. 중종(中宗) 원제(元帝)는 치감을 영군(領軍)에 임명했다. 그후 사공(司空)·태위(太尉)로 옮겼다.’
《중흥서(中興書)》에 이런 말이 있다. ‘치감의 형의 아들 치매(郗邁)의 자는 사원(思遠)이다. 경세(經世)의 재략(才略)이 있었다. 소부(少府)·중호군(中護軍)으로 누천(累遷)되었다.’
郗鑒別傳曰, 鑒字道徽, 高平金鄕人, 漢御史大夫郗慮後也. 少有體正, 耽思經籍, 以儒雅著名. 永嘉末, 天下大亂, 饑饉相望,冠帶以下, 皆割己之資供鑒. 元皇徵爲領軍. 遷司空·太尉.

中興書曰, 鑒兄子邁, 字思遠. 有幹世才略. 累遷少府·中護軍.

(2) 《주씨보(周氏譜)》에 이런 기록이 있다. '주익(周翼)의 자는 자경(子卿)이며 진군(陳郡) 사람이다. 조부인 주혁(周弈)은 상곡태수(上谷太守), 아버지 주우(周優)는 거기장군(車騎將軍)의 자의참군(諮議參軍)이었다. 주익은 섬현령(剡縣令)·청주자사(靑州刺史)·소부경(少府卿)을 역임하고 64세에 졸(卒)했다.'

周氏譜曰, 翼字子卿, 陳郡人. 祖弈, 上谷太守, 父優, 車騎諮議. 歷剡令·靑州刺史·少府卿, 六十四而卒.

주해 ○永嘉喪亂(영가상란)—서진(西晋) 말, 영가(永嘉), 즉 307년~312년의 연간에 일어난 대란(大亂). 팔왕(八王)의 난(亂 : 300년) 이래 뚜렷이 나타났던 왕족 상호간의 확집(確執)과 중원의 피폐에 편승하여 흉노 유연(劉淵)은 한왕이라 칭하고, 갈족(羯族)인 석륵(石勒)과 왕미(王彌)를 귀속시키는 한편, 하남(河南)·산동(山東) 일대에 세력을 확장시켰다. 311년 유연의 아들 유총(劉聰)은 도읍 낙양(洛陽)을 공격하여 궤멸시키고 회제(懷帝)를 잡아 평양(平陽)에 유폐시켰다. 회왕이 평양에서 죽음을 당하자 민제(愍帝)를 잠시 옹립했는데 서진은 사실 이 난에 의해 붕괴되었다. 화북(華北) 땅 일대는 5호(胡) 16국(國)의 시대로 접어들었다.

○心喪(심상)—상복(喪服)을 입지 않고 마음속으로 복상하는 것. 제자가 스승을 위해 하는 복상 등을 가리킴.

○御史大夫(어사대부)—진(秦)나라 때 있었던 관직으로서 황제 측근에서 규찰(糾察)의 일을 관장하는 벼슬자리. 한(漢)나라 시대에는 승상(丞相)·태위(太尉)와 함께 삼공(三公)이라 했는데 승상이 결원인 때는 왕왕 어사대부가 그 임무를 대신했다. 후한시대에는 대사공(大司空)이라고 개칭했다.

○中護軍(중호군)—중앙에서 군사를 통솔하는 요직. 자질과 경력이 있는 자는 호군장군(護軍將軍)이라고 했다.

ㅇ諮議(자의) ─ 참군(參軍)의 으뜸벼슬로서 장사(長史)와 사마(司馬) 밑의 자리인데 대개는 큰 군(郡)의 태수(太守)를 지낸 경력이 있는 자가 이 직책에 임하며 부(府)의 장(長) 밑에서 모의(謀議)에 참여했다.

25. 고영(顧榮)은 낙양(洛陽)에 있을 때, 어떤 사람의 초대에 응하여 찾아갔다. 그때 구운 고기를 나르는 자가 그 고기를 먹고 싶어하는 기색이기에 그는 자기 몫을 그에게 주었다. 좌석에 있던 사람들이 비웃자 고영은 말했다. "온종일 구운 고기를 다루고 있으면서 그 맛을 못 본다니 어찌 그런 일이 있을 수 있겠소?" 그후 난리를 피하여 장강(長江)을 건널 때 위험한 일을 당하면 그때마다 옆에서 그를 도와주는 사람이 있었다. 그 까닭을 묻자 그는 다름아닌 그때 구운 고기를 얻어먹었던 사람이었다.[1]

▌원문│ 顧榮在洛陽, 嘗應人請. 覺行炙人有欲炙之色, 因輟己施焉. 同坐嗤之. 榮曰, 豈有終日執之, 而不知其味者乎. 後遭亂渡江, 每經危急, 常有一人左右. 已問其所以, 乃受炙人也.[1]

(1) 《문사전(文士傳)》에는 이런 말이 있다. '고영(顧榮)의 자는 언선(彦先)이고 오군(吳郡) 사람이다. 조상은 월왕(越王) 구천(勾踐)의 지족(支族)으로서 고읍(顧邑)에 봉해졌었으므로 그 자손들은 성(姓)이 고씨(顧氏)가 되었다. 대대로 오 땅의 명문이었는데 할아버지 고옹(顧雍)은 오 땅의 승상(丞相), 아버지 고목(顧穆)은 의도(宜都)의 태수(太守)였다.
　　고영은 젊었을 때부터 재지(才智)가 넝빈하고 풍격이 고일(高逸)하여 정위정(廷尉正)을 역임했다. 일찍이 관소(官所)에서 동료와 함께 술을 마실 때, 구운 고기를 나르는 자가 있는데 그가 노복

(奴僕)의 신분이 아닌 것을 확인한 그는 구운 고기를 나누어 주었다.

조왕(趙王) 사마윤(司馬倫)이 제위(帝位)을 찬탈하고 그 아들이 중령군(中領軍)이 되었을 때 고영을 협박하여 장사(長史)로 삼았다. 조왕 사마윤이 주살(誅殺)당하게 되자 고영도 붙잡혔다. 이때 죽음을 당하게 되는 자가 10여명이나 있었다. 그런데 고영을 도와준 사람이 있었다. 고영이 그 이유를 묻자 그는 대답하기를, "저는 그때 관소에서 구운 고기를 얻어먹은 사람입니다."라고 했다. 그래서 고영은 느끼는 바 있어, 탄식하며 말했다. "한 끼니의 밥을 지금까지 잊지 않고 있다니……. 옛사람이 어찌 헛된 말을 했겠는가?"'

文士傳曰, 榮字彦先, 吳郡人. 其先越王勾踐之支庶, 封於顧邑, 子孫遂氏焉. 世爲吳著姓. 大父雍, 吳丞相. 父穆, 宜都太守. 榮少朗俊機警, 風穎標徹, 歷廷尉正. 曾在省與同僚共飮, 見行炙者有異於常僕, 乃割炙以啖之. 後趙王倫簒位, 其子爲中領軍, 逼用榮爲長史. 及倫誅, 榮亦被執. 凡受戮等輩十有餘人. 或有救榮者. 問其故, 曰, 某省中受炙臣也. 榮乃悟而嘆曰, 一餐之惠, 恩今不忘, 古人豈虛言哉.

주해 ○廷尉正(정위정) - 형법(刑法)을 관장하는 정위(廷尉) 밑에 있으면서 심문과 판결을 분장(分掌)하는 벼슬아치.
○中領軍(중령군) - 조조(曹操)가 승상부(丞相府)에 두고, 근위병을 통솔케 한 데서 시작되었다. 그후 전군의 병사를 통솔하게 했는데 자질과 경력이 있는 자는 영군장군(領軍將軍)이라 칭했다.

26. 조광록(祖光祿 : 祖訥)은 어렸을 때 아버지를 여의고 생활도 빈궁했는데 천성적으로 대단한 효자여서 언제나 스스로 어머니를 위해 밥을 지었다.[1] 왕평북(王平北 : 王乂)은 그의 소문을 듣고 계집종

두 명을 보내주었다. 이로 인하여 그를 중랑(中郞)으로 등용했다.[2] 어떤 사람이 이 일을 비웃으며 말했다. "사내종놈의 값은 계집종년의 값보다 갑절이네." 그러자 조광록이 말했다. "백리해(百里奚)도 다섯 마리 양가죽 값보다 싸다고는 할 수 없을 것이야."[3]

∎원문| 祖光祿少孤貧. 性至孝, 常自爲母炊爨作食.[1] 王平北聞其佳名, 以兩婢餉之, 因取爲中郎.[2] 有人戲之者曰, 奴價倍婢. 祖云, 百里奚亦何必輕於五羖之皮耶.[3]

(1) 왕은(王隱)의 《진서(晉書)》에는 이런 말이 있다. '조눌(祖訥)의 자는 사언(士言)이며 범양(范陽)의 주(遒) 땅 사람이다. 대대로 효렴(孝廉)의 가풍이었다. 조눌의 세 서형(庶兄)은 품행이 아주 바르고 청담(淸談)을 잘했다. 조눌은 태자중서자(太子中庶子)와 정위경(廷尉卿)을 역임했는데 강남(江南)으로 피난했다가 온교(溫嶠)의 천거로 광록대부(光祿大夫)가 되었다.'

王隱晉書曰, 祖訥字士言, 范陽遒人. 九世孝廉. 訥諸母三兄, 最治行操, 能清言. 歷太子中庶子·廷尉卿, 避地江南, 溫嶠薦爲光祿大夫.

(2) 《왕예별전(王乂別傳)》에는 이런 글이 실려 있다. '왕예의 자는 숙원(叔元)이며 낭야(琅邪) 임기(臨沂) 사람이다. 당시 촉(蜀) 땅이 갓 평정되었는데 두 명의 장군이 반란을 일으키어 문제(文帝:司馬昭)가 서쪽 장안(長安)으로 천도하자, 왕예를 불러 상국사마(相國司馬)로 삼았다. 대상서(大尙書)로 옮겼는데 나아가 유주(幽州)의 제군사(諸軍事)를 감독하고 평북장군(平北將軍)이 되었다.'

王乂別傳曰, 乂字叔元, 琅邪臨沂人. 時蜀新平, 二將作亂, 文帝西之長安, 乃徵爲相國司馬. 遷大尙書, 出督幽州諸軍事, 平北將軍.

(3) 《초국선현전(楚國先賢傳)》에는 이런 말이 있다. '백리해(百里奚)의 자는 정백(井伯)이니 초나라 사람이다. 젊었을 때 우(虞)나라에서 벼슬을 하여 대부(大夫)가 되었다. 진(晉)나라가 우(虞)나라에서 길을 빌어 괵(虢)나라를 치려고 했을 때 백리해는 길을 빌려주면 안된다고 간했지만 받아들여지지 않았다. 그래서 그는 우나라를 떠났다.'

《설원(說苑)》에 이런 말이 있다. '진(秦)나라 목공(穆公)은 상인(商人)들에게 우나라로부터 소금을 운반해 오도록 시켰다. 그때 상인들은 백리해를 검은 양가죽 5장을 주고 샀다. 목공은 소금을 운반해 온 상인들을 보다가 백리해가 끌고 온, 살진 소를 수상하게 여기어 그 이유를 물었다. 백리해가 대답했다. "먹여야 할 때에 먹이고, 일을 함부로 시키지 않았기 때문에 살이 찐 것입니다." 목공은 관원에게 명하여 백리해를 목욕시키고 의관을 갖춰 주도록 했다. 공손지(公孫支)는 자기의 경(卿) 자리를 백리해에게 양보했고 그를 오고대부(五羖大夫)라 칭했다.'

楚國先賢傳曰, 百里奚字井伯, 楚國人. 少仕於虞, 爲大夫. 晉欲假道於虞以伐虢. 諫而不聽, 奚乃去之.

說苑曰, 秦穆公使賈人載鹽於虞, 諸賈人買百里奚以五羊皮. 穆公觀鹽, 怪其牛肥, 問其故. 對曰, 飮食以時, 使之不暴, 是以肥也. 公令有司沐浴衣冠之. 公孫支讓其卿位, 號曰五羖大夫.

주해│ ○中郎(중랑)─중랑장(中郎將). 낭관(郎官)을 감독하는 벼슬로서 오관중랑장(五官中郎將), 좌(左)·우(右) 중랑장이 있었으며 후한(後漢) 말이 되자 동·서·남·북의 4중랑장이 증원되었다.

○祖訥(조눌)─어떤 책에는 '조납(祖納)'으로 되어 있다.

○孝廉(효렴)─한대(漢代)에 시작된 과거(科擧) 과목의 하나. 군국(郡國)의 장관이 군·국·현(縣) 등 지방 관청의 하급관리, 혹은 재야(在野)의 우수하고 유능한 인물을 천거하고 중앙에서 찰거(察擧)한다. 찰거되면 우선 낭중(郎中)에 임명되며 그후 국가의 중임을 맡게 되는 출세

코스를 밟는다.
- 廷尉卿(정위경) – 정위(廷尉)라고도 한다. 9경(卿)의 하나로서 형법(刑法)을 관장하는데, 군국(郡國)에서 판결하지 못하는 재판 등을 심문한다.
- 光祿大夫(광록대부) – 한나라 무제(武帝) 때 중대부(中大夫)를 개명하여 광록대부라고 했다. 천자의 고문으로서 조정에서 벌이는 논의를 관장했다. 정원(定員)은 없고 관료 예비군을 형성하고 있었다.

27. 주진(周鎭)은 임천태수(臨川太守)를 그만두고 도읍 건업(建業)으로 돌아왔는데 아직 뭍으로 올라와 거주하지 못하고 배에 탄 채 청계저(靑溪渚)에 정박하고 있었다.⁽¹⁾ 그때 왕승상(王丞相 : 王導)이 만나러 왔다.⁽²⁾ 때마침 한여름이었고 갑자기 소나기가 쏟아졌다. 배는 몹시 좁았고 게다가 비가 많이 새는 까닭에 앉을 곳조차 없었다. 왕승상이 말했다. "호위(胡威)의 청렴함도 이보다 더할 수는 없을 것이오." 그리고 곧 상주(上奏)하여 오흥태수(吳興太守)로 기용했다.⁽³⁾

▌**원문** | 周鎭罷臨川郡還都. 未及上住, 泊靑溪渚.⁽¹⁾ 王丞相往看之.⁽²⁾ 時夏月, 暴雨卒至. 舫至狹小, 而又大漏. 殆無復坐處. 王曰, 胡威之淸, 何以過此. 卽啓用爲吳興郡.⁽³⁾

(1) 《영가류인명(永嘉流人名)》에 이런 기록이 있다. '주진(周鎭)의 자는 강시(康時)로, 진류(陳留) 위씨(尉氏) 사람이다. 조부인 주화(周和)는 고안현령(故安縣令), 아버지 주진(周震)은 사공장사(司空長史)였다.'
《중흥서(中興書)》에 이런 말이 있다. '주진(周鎭)은 청렴하고 근신하여 가는 곳마다 각별한 실적을 올렸다.'

永嘉流人名曰, 鎭字康時, 陳留尉氏人也. 祖父和, 故安令. 父震, 司空長史.

中興書曰, 淸約寡欲, 所在有異績.

(2) 《왕승상별전(王丞相別傳)》에 이런 기록이 있다. '왕도(王導)의 자는 무홍(茂弘)이며 낭야(琅邪) 사람이다. 조부인 왕람(王覽)은 덕행으로 세상에서 칭송받았다. 아버지 왕재(王裁)는 시어사(侍御史)였다. 왕도는 젊었을 때부터 이름이 알려졌었다. 집안은 대대로 가난했는데 여유만만하게 도(道)를 즐기면서 단 한 차례도 속사(俗事)에 마음이 동요되지 아니했다.'

丞相別傳曰, 王導字茂弘, 琅邪人. 祖覽, 以德行稱. 父裁, 侍御史. 導少知名, 家世貧約, 恬暢樂道, 未嘗以風塵經懷也.

(3) 《진양추(晋陽秋)》에 이런 말이 있다. '호위(胡威)의 자는 백호(伯虎)이며 회남(淮南) 사람이다. 아버지 호질(胡質)은 충의청렴(忠義淸廉)으로 이름이 났었다. 호질이 형주자사(荊州刺史)였을 때 호위는 도읍에서 그 아버지를 만나러 갔다. 작별하고 돌아가려고 하는데 호질이 호위에게 비단 한 필을 주었다. 호위가 무릎을 꿇고 말했다. "아버님은 청렴한 인품이신데 어디서 이런 것을 구하셨습니까?" 호질이 말했다. "그것은 내 녹봉(祿俸)의 나머지이다. 네 여비로 주는 게야." 호위는 그것을 받아들고 아버지를 작별했다. 그는 길을 가다가 객사에 머무를 때마다 손수 당나귀의 안장을 풀고 땔감을 가져다가 밥을 지었으며 식사가 끝나면 다시 여정을 따라 길을 재촉했다. 호질의 부하인 장하도독(帳下都督)이 몰래 식량을 준비하고 호위를 기다리다가 동행을 해주었으며 매사를 돌보아주었는데 식사까지 마련해 주었다. 이상하게 생각한 호위가 무심코 물었던 바 장하도독이라고 했다. 그래서 호위는 감사하다는 말을 하고 돌려보냈다. 그후 이 일을 아버지 호질에게 말하자 호질은 장하도독을 장형(杖刑) 백대에 처하고 관직을 삭탈했다. 부자는 이처럼 청렴했고 신중했던 것이다.

호위가 서주자사(徐州刺史)가 되었을 때 세조(世祖 : 西晋의 武帝)가 인견했는데 화제가 변경의 일로부터 삶의 일로 옮겨졌다.

황제는 호위의 아버지의 청렴함에 감탄하면서 그에게 물었다. "그대의 청렴함은 아비에 비하여 어떠한고?" 호위가 대답했다. "신(臣)의 청렴함은 아비에 비할 바가 못되옵니다." 황제가 말했다. "어찌하여 그대의 청렴함보다 더하다는 겐가?" 호위가 대답했다. "신의 아비는 그 청렴함을 남이 알까 두려워했사온데 신의 청렴함은 남들이 알기를 바라오니 도저히 미치지 못하는 것입지요."'

晉陽秋曰, 胡威字伯虎, 淮南人. 父質, 以忠淸顯. 質爲荊州, 威自京師往省之. 及告歸, 質賜威絹一匹. 威跪曰, 大人淸高, 於何得此. 質曰, 是吾俸祿之餘. 故以爲汝糧耳. 威受而去. 每至客舍, 自放驢取樵爨炊. 食畢, 復隨旅進道. 質帳下都督, 陰齎糧要之, 因與爲伴, 每事相助經營之. 又進少飯, 威疑之. 密誘問之, 乃知都督也. 謝而遣之. 後以白質, 質杖都督一百, 除其吏名. 父子淸愼如此. 及威爲徐州, 世祖賜見, 與論邊事, 及平生. 帝歎其父淸, 因謂威曰, 卿淸孰與父. 對曰, 臣淸不如也. 帝曰, 何以爲勝汝邪. 對曰, 臣父淸畏人知, 臣淸畏人不知. 是以不如遠矣.

주해 | ㅇ靑溪渚(청계저) ― 건업(建業 : 南京) 동북쪽에 있으며 남으로 흘러 진회(秦淮)로 들어감.

ㅇ司空長史(사공장사) ― 사공의 요속장(僚屬長). 장사(長史)는 삼공(三公)·승상(丞相)·대장군(大將軍)의 부(府)에 둔다.

ㅇ侍御史(시어사) ― 안건의 심의, 백관의 규탄, 어사대(御史臺) 내부의 일 등을 관장하는 관직.

ㅇ帳下都督(장하도독) ― 막하(幕下)에 있으면서 병졸을 감독하는 자. 장교에 상당한다.

28. 등유(鄧攸)는 전란을 피하여 강남으로 갈 때 도중에서 자기 자식을 버리고, 동생의 자식을 데리고 갔다.[(1)] 강남에 간 다음 첩을 얻

었는데 그 첩을 총애했다. 몇년이 지난 다음 문자 첩은 자기도 북쪽 사람으로서 난리를 만나 피해 왔다고 하면서 부모의 이름을 기억한다며 대는 것이었다. 그 여인은 등유의 조카딸이었다. 등유는 본디 덕행이 있으며 언행에 신중했던 사람이었는데 이 이야기를 듣고는 슬피 탄식했거니와 그후 평생을 두고 첩을 얻지 아니했다.

■**원문**| 鄧攸始避難, 於道中棄己子全弟子.[(1)] 旣過江, 取一妾, 甚寵愛. 歷年俊, 訊其所由, 妾具説, 是北人遭亂. 憶父母姓名. 乃攸之甥也. 攸素有德業, 言行無玷. 聞之哀恨, 終身遂不復畜妾.

(1) 《진양추(晉陽秋)》에 이런 기록이 있다. '등유(鄧攸)의 자는 백도(伯道)이며 평양(平陽) 양릉(襄陵) 사람이다. 7세 때 부모와 조부모를 모두 여의고 9년간 복상(服喪)했다. 천성적으로 마음이 맑고 신중하면서도 대범했다.'

등찬(鄧粲)의 《진기(晉紀)》에 이런 기록이 있다. '영가연간(永嘉年間)에 등유는 석륵(石勒)에게 붙잡혔는데 석륵은 그를 불러 막하(幕下)에 두고 함께 이야기를 나누었다. 석륵은 그가 마음에 들어, 앉도록 하고 식사를 대접했다. 등유가 수레를 세워둔 곳 바로 옆에 호인(胡人)도 수레를 세워놓았다. 그 호인이 불을 내어 진영을 모두 태웠기 때문에 석륵의 부하 관원이 호인을 심문했던바 호인은 등유 때문이었다고 거짓 진술을 했다. 등유는 변명할 수 없음을 알아차리자 이렇게 말했다. "조금 전 노파에게 죽을 쑤어 주다가 실화를 하여 모두 탔습니다. 제 죄는 만 번 죽어 마땅합니다." 석륵은 이 말을 듣고 그를 용서해 주었다. 거짓말을 했던 호인은 그에게 깊이 감사하고 자기 나귀를 보내어 호송해 주기까지 했다.'

왕은(王隱)의 《진서(晉書)》에는 이런 말이 있다. '등유는 길이 위

낙 멀므로 수레를 부숴 버리고 우마(牛馬)에 처자를 태워 도망시켰다. 도적은 그의 우마를 약탈했다. 등유가 처에게 말했다. "내 동생은 일찍이 죽었고 오직 그 유민(遺民)만 남아 있구려. 이제 걸어서 도망을 치는데, 우리 아이와 그 아이 등 두 명을 데리고 간다면 둘 모두 죽이고 말 것이오. 그러니 우리 아이는 버리고 조카만 데리고 갑시다. 우리는 또 앞으로 아이가 태어날 테니 말이오." 아내는 그 말에 따랐다.'

《중흥서(中興書)》에 이런 말이 있다. '등유는 자기 아들을 풀숲에 버렸는데 아이는 울면서 뒤따라왔고 해질 무렵에는 마침내 따라잡았다. 이튿날 등유는 그 아들을 나무에 붙잡아매고 떠났으며 끝내 강남으로 건너갔다. 상서좌복야(尙書左僕射)에 이르러 졸(卒)했다. 동생의 아들 등수(鄧綏)는 등유를 위해 3년간 재최상(齊衰喪)을 치렀다.'

晉陽秋曰, 攸字伯道, 平陽襄陵人. 七歲喪父母及祖父母, 持重九年. 性淸愼平簡.

鄧粲晉紀曰, 永嘉中, 攸爲石勒所獲, 召見, 立幕下, 與語, 悅之, 坐而飯焉. 攸車所止, 與胡人鄰轂, 胡人失火燒車營, 勒吏案問胡, 胡誣攸. 攸度不可與爭, 乃曰, 向爲老姥作粥, 失火延逸, 罪應萬死. 勒知遣之. 所誣胡厚德攸, 遺其驢馬, 護送令得逸.

王隱晉書曰, 攸以路遠, 乃斫壞車, 以牛馬負妻子以逃. 賊又掠其牛馬. 攸語妻曰, 吾弟早亡, 唯有遺民. 今當步走擔兩兒, 盡死. 不如棄己兒, 抱遺民. 吾後猶當有兒. 婦從之.

中興書曰, 攸棄兒於草中, 兒啼呼追之, 至暮復及. 攸明日繫兒於樹而去, 遂渡江. 至尙書左僕射, 卒. 弟子綏, 服攸齊衰三年.

 ○尙書左僕射(상서좌복야)─중앙 행정 관청의 장(長)인 상서령(尙書令)의 부관(副官)에 해당하며 좌우(左右) 각 1명씩의 복야가 있었다.

ㅇ齊衰三年(재최삼년) −《의례(儀禮)》〈상복(喪服)〉에 따르면 부친상을 당하면 참최(斬衰) 3년상을 치르고 백숙부(伯叔父)의 상을 당하면 재최상 1년을 치르도록 되어 있는데 이 경우 재최상 3년을 치른 것은 등수(鄧綏)가 자기를 살려준 백부의 은혜를 갚기 위한 것으로 보인다.

29. 왕장예(王長豫 : 王悅)의 인간성은 신중하고 순종했는데, 부모 섬기기를 항상 부모의 마음을 충분히 살피면서 효도를 다했다.[1] 아버지인 승상(丞相 : 王導)은 장예를 보면 언제나 기뻐했고 그의 동생 경예(敬豫 : 王恬)를 보면 언제나 화를 냈다.[2] 장예는 승상과 이야기할 때는 언제나 신중히 하되 사소한 점까지 주의하기를 첫째로 삼았다. 승상이 관소에 나갈 때면 반드시 따라 나갔고 수레 위에서 배웅을 했다. 또 언제나 조부인(曹夫人)을 위해 상자 속에 든 어머니의 물건들을 정리해 드렸다. 장예가 세상을 떠난 다음, 승상은 관소에 나갈 때면 수레를 타고 관소의 문에 도착하기까지 울고 갔다. 조부인은 대나무 상자를 만들고 그 속에 추억이 되는 물건들을 넣고 봉한 다음 열지를 못했다.[3]

▌**원문** | 王長豫爲人謹順, 事親盡色養之孝.[1] 丞相見長豫輒喜, 見敬豫輒嗔.[2] 長豫與丞相語, 恆以愼密爲端. 丞相還臺, 及行, 未嘗不送至車後. 恆與曹夫人併當箱篋. 長豫亡後, 丞相還臺, 登車後, 哭至臺門. 曹夫人作簏, 封而不忍開.[3]

(1) 《중흥서(中興書)》에 이런 기록이 있다. '왕열(王悅)의 자는 장예(長豫)이며 승상 왕도(王導)의 장남이다. 벼슬하여 중서시랑(中書侍郎)에 이르렀다.'

中興書曰, 王悅字長豫, 丞相導長子也. 仕至中書侍郎.

(2) 《문자지(文字志)》에 이런 말이 있다. '왕염(王恬)의 자는 경예(敬

豫)인데 왕도의 차남이다. 젊었을 때부터 독립적이고 자유분방했으며 학문하기를 싫어하고 무(武)를 좋아하여 아버지 왕도에게 중시(重視)되지 못했었다. 중군장군(中軍將軍)까지 올랐다. 그는 재지(才智)와 기예(技藝)가 풍부했으며 특히 예서(隷書)를 잘 썼다. 제양(濟陽)의 강반(江彪)과 함께 바둑 잘 두기로 소문이 났었다.'

文字志曰, 王恬字敬豫, 導次子也. 少卓犖不羈, 疾學尚武, 不爲導所重. 至中軍將軍. 多才藝, 善隷書. 與濟陽江彪以善弈聞.

(3) 《왕씨보(王氏譜)》에 이런 기록이 있다. '왕도는 팽성(彭城) 땅 조소(曹韶)의 딸, 이름은 숙(淑)에게 장가들었다.'

王氏譜曰, 導娶彭城曹韶女, 名淑.

주해| ○中書侍郎(중서시랑)—궁중의 문서·조서(詔書) 등을 관장하는 중서성(中書省)의 속관. 중서성은 삼국시대 위나라에서 정치의 요추를 관장했었다.
○中軍將軍(중군장군)—잡호장군(雜號將軍)의 하나. 궁궐 수비의 근위병을 통괄지휘하는 무관. 진(晋)나라 무제(武帝)가 두었던 것으로서 중군(中軍)은 영가연간(永嘉年間)에 중령군(中領軍)으로 고쳤다.

30. 환상시(桓常侍 : 桓彝)는 사람들이 심공(深公 : 竺法深)에 대해서 비평하는 말을 들으면 언제나 이렇게 말했다. "그분은 이미 세상에 명성이 있는 분이며 그 위에 선배님들도 이미 인정하여 칭찬하고 있소이다. 더구나 내 선친(先親)과도 친분이 있구요. 함부로 비판을 해서는 안됩니다."[1]

원문| 桓常侍聞人道深公者, 輒曰, 此公旣有宿名. 加先達知稱, 又與先人至交. 不宜說之.[1]

(1) 《환이별전(桓彝別傳)》에 이런 말이 있다. '환이의 자는 무륜(茂倫)이며 초국(譙國) 용항(龍亢) 사람이다. 후한(後漢) 오경(五更) 환영(桓榮)의 10대손이다. 아버지 환호(桓顥)는 유명했었다. 환이는 젊었을 때 아버지를 여의었다. 인물의 감정에 밝았는데 난리를 피하여 강남으로 건너가 산기상시(散騎常侍)에 누천(累遷)되었다.' 승(僧) 축법심(竺法深)은 그 속성(俗姓)을 알 수가 없으나 귀인(貴人)의 자손인 듯하다. 훌륭한 도(道)가 드높아 그 명망이 중원(中原)에 두루 드날렸고 중주(中州) 유공(劉公 : 劉元眞)의 제자가 되었다. 영가지란(永嘉之亂)을 만나 양주(揚州)로 피신했다. 그후 도읍 건업(建業)으로 옮겨 살았다. 안으로는 계율(戒律)을 지니고 밖으로는 사람들의 신뢰를 모아 불도(佛道)를 크게 넓힌 법사(法師)였다. 행위는 자비심이 깊고 맑았으므로 세속의 더러움을 참을 수가 없었다. 그래서 섬현(剡縣) 동쪽 2백 리에 있는 앙산(岬山) 속에 암자를 만들고 뜻을 같이하는 자 10여명과 속세를 떠나 유유자적했다. 지도림(支道林 : 支遁)은 축법심의 인품을 존경하여 고려도인(高麗道人)에게 보낸 편지에서 그 덕행을 칭송했다. 나이 79세에 앙산 속에서 죽었다.

桓彝別傳曰, 彝字茂倫, 譙國龍亢人. 漢五更桓榮十世孫也. 父顥, 有高名. 彝少孤, 識鑒明朗, 避亂渡江, 累遷散騎.
僧法深, 不知其俗姓, 蓋衣冠之胤也. 道徽高扇, 譽播山東, 爲中州劉公弟子. 値永嘉亂, 投迹揚土. 居止京邑. 內持法綱, 外允具瞻, 弘道之法師也. 以業慈淸淨, 而不耐風塵. 孝室剡縣東二百里岬山中, 同遊十餘人, 高棲浩然. 支道林宗其風範, 與高麗道人書, 稱其德行. 年七十有九, 終於山中也.

■ 주해 ┃ ○ 十世孫(십세손) – 《진서(晋書)》 권74 〈환이전(桓彝傳)〉에는 환이가 한(漢)나라 환영(桓榮)의 9세손으로 되어 있다.

○ 劉公(유공) – 《고승전(高僧傳)》에 따라 유원진(劉元眞)으로 번역했다.

○年七十有九(연칠십유구)-《고승전》에는 89로 되어 있다.

31. 유공(庾公 : 庾亮)이 가지고 있는 말에 적로(的盧)란 말이 있었다.[1] 어떤 사람이 그 말을 팔라고 권했다.[2] 유량은 말했다. “이 말을 팔면 반드시 사는 사람이 있을 것이오. 그러면 또 그 주인을 해치게 될 것인즉, 내가 위험하다고 하여 그것을 남에게 떠넘길 수는 없지요. 옛날 손숙오(孫叔敖)는 양두사(兩頭蛇)를 죽임으로써 후인(後人)을 위했다고 하는데 이는 예로부터 미담으로 내려오지요.[3] 그것에서 배우는 것은 도리에 맞는 일이 아니겠소.”

▌**원문|** 庾公乘馬有的盧.[1] 或語令賣去.[2] 庾云, 賣之必有買者. 卽復害其主. 寧可不安己而移於他人哉. 昔孫叔敖殺兩頭蛇以爲後人, 古之美談.[3] 效之, 不亦達乎.

(1) 《진양추(晋陽秋)》에 이런 말이 있다. ‘유량(庾亮)의 자는 원규(元規)이며 영천(潁川) 언릉(鄢陵) 사람인데, 명목황후(明穆皇后)의 큰오빠이다. 깊은 아량에 덕을 갖추었던 사람으로서 당시 사람들은 그를 하후태초(夏侯太初 : 夏侯玄)・진장문(陳長文 : 陳群) 등에 비유했다. 아버지 유침(庾琛)을 따라 회계(會稽)로 피난했었다. 몸가짐이 단정하고 위엄이 있어서 군인(郡人)들이 매우 경외했으며 가까이에서 접견할 수 있는 자는 불과 몇 사람뿐이었다. 정서대장군(征西大將軍)・형주자사(荊州刺史)로 누천(累遷)되었다.’
백락(伯樂)의 《상마경(相馬經)》에 이런 기록이 있다. ‘이마의 하얀 반점이 입을 지나 앞 이빨까지 있는 말을 유안(楡鴈)이라고 하고, 혹은 적로(的盧)라고도 한다. 그린 말이 끄는 수레에 종이 타면 객사하고 주인이 타면 기시형(棄市刑)에 처해지는 흉마(凶馬)이다.’

晉陽秋曰, 庾亮字元規, 潁川鄢陵人. 明穆皇后長兄也. 淵雅有
德量. 時人方之夏侯太初·陳長文之倫. 侍父琛避地會稽. 端拱
嶷然, 郡人嚴憚之, 覲接之者, 數人而已. 累遷征西大將軍·荊
州刺史.
伯樂相馬經曰, 馬白額入口至齒者, 名曰楡鴈, 一名的盧. 奴乘
客死, 主乘棄市. 凶馬也.

(2) 《어림(語林)》에 이런 기록이 있다. '은호(殷浩)가 공(公)에게 말을
팔라고 권했다.'
語林曰, 殷浩勸公賣馬.

(3) 가의(賈誼)의 《신서(新書)》에 이런 말이 있다. '손숙오(孫叔敖)가
어렸을 때 길가에서 양두사(兩頭蛇)를 발견했는데 이 뱀을 죽이어
흙속에 파묻었다. 집에 돌아온 그는 어머니를 보자 울었다. 어머니
가 그 까닭을 묻자 그가 대답했다. "양두사를 본 사람은 반드시 죽
는다고 합니다. 방금 밖에서 그것을 보았기 때문에 우는 것입니
다." "그 뱀은 지금 어디 있느냐?" 어머니가 묻자 그는 대답했다.
"뒤에 다른 사람이 보면 안되겠기에 죽여서 파묻었습니다." 어머
니가 말했다. "음덕이 있는 사람에게는 반드시 양보(陽報)가 있는
법이다. 더는 걱정하지 않아도 돼." 그후 과연 초(楚)나라 조정에
서 이름을 떨치더니 장성해서는 초나라의 영윤(令尹)이 되었다.'
賈誼新書曰, 孫叔敖爲兒時, 出道上, 見兩頭蛇, 殺而埋之. 歸
見其母, 泣. 問其故. 對曰, 夫見兩頭蛇者, 必死. 今出見之, 故
爾. 母曰, 蛇今安在. 對曰, 恐後人見, 殺而埋之矣. 母曰, 夫有
陰德, 必有陽報. 爾無憂也. 後遂興於楚朝, 及長, 爲楚令尹.

주해 ㅇ夏侯太初(하후태초)―하후현(夏侯玄). 자인 태초(太初)는 태
초(泰初)로 적기도 한다. 초국(譙國) 사람. 하후상(夏侯尙)의 아들이다.
ㅇ令尹(영윤)―주(周)나라 시대, 초(楚)나라의 최고위 대신(大臣)이었다.

32. 완광록(阮光祿 : 阮裕)은 섬(剡) 땅에 살던 무렵, 고급 수레를 가지고 있었는데 빌리기를 원하는 사람에게는 누구에게나 빌려주었다. 어떤 사람이 어머니 장례 때 그 수레를 빌리고 싶었으나 감히 말을 하지 못했다. 완유는 후일 그 이야기를 듣고 탄식하며 말했다. "나에게 수레가 있지만 남들로 하여금 감히 빌려가지 못하게 했으니 그 따위 수레가 있은들 무슨 소용이겠는가?" 그리고 마침내 수레를 불태우고 말았다.[1]

원문| 阮光祿在剡, 曾有好車. 借者無不皆給. 有人葬母. 意欲借而不敢言. 阮後聞之, 歎曰, 吾有車而使人不敢借. 何以車爲. 遂焚之.[1]

(1) 《완광록별전(阮光祿別傳)》에 이런 기록이 있다. '완유(阮裕)의 자는 사광(思曠)이며 진류(陳留) 위씨(尉氏) 사람이다. 조부인 완략(阮略)은 제(齊)나라 내사(內史), 아버지 완의(阮顗)는 여남태수(汝南太守)를 지냈다. 완유는 학문에 널리 통하여 식견이 있었고 시중(侍中)으로 누천(累遷)되었다. 병 때문에 회계(會稽)의 섬산(剡山)에 집을 지었다. 금자광록대부(金紫光祿大夫)로 부름을 받았으나 나아가지 아니했다. 61세로 졸(卒)했다.'
阮光祿別傳曰, 裕字思曠, 陳留尉氏人. 祖略, 齊國內史. 父顗, 汝南太守. 裕淹通有理識, 累遷侍中. 以疾築室會稽剡山. 徵金紫光祿大夫, 不就. 年六十一卒.

주해| ○金紫光祿大夫(금자광록대부)―천자(天子)의 고문인 광록대부 중 금인자수(金印紫綬)를 받은 자를 가리킴이다.

33. 사혁(謝奕)이 섬현(剡縣)의 현령이 되었을 때,[1] 한 노인이 법

을 범했다. 사혁은 그 노인에게 벌로 독한 술을 주었는데 만취가 되었건만 그만 마시라고 하지 아니했다. 태부(太傅) 사안(謝安)은 그때 아직 7~8세로서 파란 바지를 입고 형의 무릎 옆에 앉아 있다가 형에게 간하여 말했다. "형님, 저 노인이 불쌍합니다. 어찌 이렇게까지 하시는 것입니까?" 그러자 사혁은 안색을 고치면서 "너는 용서해주고 싶으냐?"라고 말한 다음 그 노인을 방면했다.

■**원문**| 謝奕作剡令,[(1)] 有一老翁犯法. 謝以醇酒罰之. 乃至過醉而猶未已. 太傅時年七, 八歲. 箸靑布袴在兄膝邊坐. 諫曰, 阿兄, 老翁可念. 何可作此. 奕於是改容曰, 阿奴欲放去邪. 遂遣之.

(1) 《중흥서(中興書)》에 이런 말이 있다. '사혁(謝奕)의 자는 무혁(無奕)이며, 진군(陳郡) 양하(陽夏) 사람이다. 조부 사형(謝衡)은 태자소부(太子少傅), 아버지 사부(謝裒)는 이부상서(吏部尙書)였다. 사혁은 젊었을 때 기량이 넓고 식견이 있었는데 부름을 받아 태위연(太尉掾)·섬현령(剡縣令)이 되었으며 예주자사(豫州刺史)에 누천(累遷)되었다.'

中興書曰, 謝奕字無奕, 陳郡陽夏人. 祖衡, 太子少傅. 父裒, 吏部尙書. 奕少有器鑒, 辟太尉掾·剡令, 累遷豫州刺史.

■**주해**| ○太子少傅(태자소부)—태자태부(太子太傅)와 함께 태자를 교육하는 관리.
○吏部尙書(이부상서)—상서성(尙書省)의 수석 분국(分局)인 이부(吏部)의 으뜸벼슬. 이 이부에서는 관리의 선발과 임명을 관장한다.

34. 사태부(謝太傅 : 謝安)는 저공(褚公 : 褚裒)을 매우 중시하여 늘 칭찬하기를 "저계야(褚季野)는 말이 없어도 마음속으로 사시(四

時)의 기운을 갖추고 있다.”라고 하였다.[1]

원문| 謝太傅絶重褚公, 常稱, 褚季野雖不言, 而四時之氣亦備.[1]

(1) 《문자지(文字志)》에 이런 말이 있다. ‘사안(謝安)의 자는 안석(安石)이며 사혁(謝奕)의 아우이다. 대대로 학덕이 있었다. 사안은 사물에 널리 통하고 온아(溫雅)하며 여유가 있는 인물이었다. 그가 네 살 때 환이(桓彝)가 보고 칭찬했다. “이 아이는 실로 풍격이 뛰어나서 틀림없이 왕동해(王東海 : 王承)의 뒤를 이을 것이오.” 행서(行書)에 뛰어났었다. 태보(太保)·녹상서사(錄尙書事)에 누천(累遷)되었고 죽은 다음 태부(太傅)로 증직되었다.’

《진양추(晋陽秋)》에 이런 기록이 있다. ‘저부(褚裒)의 자는 계야(季野)이며 하남(河南) 양적(陽翟) 사람이다. 조부인 저략(褚䂮)은 안동장군(安東將軍), 아버지 저흡(褚洽)은 무창태수(武昌太守)였다. 저부는 젊었을 때부터 대범하면서도 기품이 있었으며 말수가 적었고 조용하다는 평을 들었다. 강주(江州)·연주(兗州)의 자사(刺史)로 누천(累遷)되었고 죽은 다음 시중(侍中)·태부(太傅)로 증직되었다.’

文字志曰, 謝安字安石, 奕弟也. 世有學行. 安弘粹通遠, 溫雅融暢. 桓彝見其四歲時, 稱之曰, 此兒風神秀徹, 當繼蹤王東海. 善行書. 累遷太保·錄尙書事. 贈太傅.

晉陽秋曰, 褚裒字季野, 河南陽翟人. 祖䂮, 安東將軍. 父洽, 武昌太守. 裒少有簡貴之風, 沖默之稱. 累遷江·兗二州刺史. 贈侍中·太傅.

주해| ○王東海(왕동해)－왕승(王承).

○錄尙書事(녹상서사)－상서령(尙書令) 위에 있으면서 상서(尙書 : 문서를 관장하는 벼슬)의 사무를 감독하는 관직.

○安東將軍(안동장군)─사방을 수호하는 사안장군(四安將軍)의 하나.

35. 유윤(劉尹 : 劉眞長)이 군태수(郡太守)로 있을 때, 임종을 맞아 숨까지 끊어지려 한 일이 있었는데 누워있는 방 밑에서 신(神)을 제사지내는 음악 소리가 들려오자 정색하며 말했다. "사신(邪神)을 제사지내면 안된다."[1] 부하가 동네 소를 잡아서 신에게 제사지내자고 청했는데 유진장(劉眞長)이 대답했다. "공자님도 기도한 지 오래되었다고 말씀하셨다. 더 이상 번거로운 짓은 하지 마라."[2]

▎원문▎ 劉尹在郡, 臨終綿惙. 聞閣下祠神鼓舞, 正色曰, 莫得淫祀.[1] 外請殺車中牛祭神. 眞長答曰, 丘之禱久矣. 勿復爲煩.[2]

(1) 《유윤별전(劉尹別傳)》에 이런 말이 있다. '유담(劉惔)의 자는 진장(眞長)이며 패국(沛國) 소(蕭) 땅 사람이다. 한(漢)나라 왕실 유씨(劉氏)의 후예이다. 유진장은 아량이 있었으며 비록 뒷골목의 보잘것없는 집에 살고 있으면서도 마음은 평안했다. 사도좌장사(司徒左長史)·시중(侍中)·단양윤(丹陽尹)을 역임했다. 정치를 함에는 침착 성실하게 했고 세속의 명리(名利)도 그를 움직이지 못했다.'

劉尹別傳曰, 惔字眞長, 沛國蕭人也. 漢氏之後. 眞長有雅裁, 雖篳門陋巷, 晏如也. 歷司徒左長史·侍中·丹陽尹. 爲政務鎭靜信誠, 風塵不能移也.

(2) 포씨주(包氏注) 《논어(論語)》에 이런 말이 있다. '기도란 신(神)에게 청하는 것이다.' 공안국(孔安國)이 말했다. '공자의 평생동안의 행위는 신명(神明)에 부합되어 있었다. 그러기에 말했던 것이다.

"나는 기도한 지 오래되었다."라고.'

包氏論語曰, 禱, 請也. 孔安國曰, 孔子素行合於神明, 故曰丘
之禱久矣.

주해| ○司徒左長史(사도좌장사) - 관리 자격을 주는 것을 관장하는
사도(司徒)의 속관. 사도는 정일품(正一品)의 대관(大官)이므로 실무
는 이 좌장사와 그 아래의 좌서조(左西曹)가 한다.
○包氏論語(포씨논어) - 《논어집해(論語集解)》의 포주(包注)에는 '기도란
귀신에게 빌어서 청하는 것'이라고 되어 있다.

36. 사공(謝公 : 謝安)의 부인은 자식들을 가르치면서 남편인 태부
(太傅)에게 물었다. "왜 당신은 아이들을 통 가르치려고 하지 않으시
는 겁니까?" 남편은 대답했다. "나는 평소 생활하는 가운데서 자연히
아이들을 교육시키고 있소."[1]

원문| 謝公夫人敎兒, 問太傅, 那得初不見君敎兒. 答曰, 我
常自敎兒.[1]

(1) 《사씨보(謝氏譜)》에 이런 말이 있다. '사안(謝安)은 패국(沛國) 유
    탐(劉耽)의 딸에게 장가들었다.'
    생각하건대 태위(太尉) 유자진(劉子眞)은 청렴결백하고 지조가
    있으며 행동도 예의에 맞았는데 그 두 아이는 불초자(不肖子)로
    서 두 사람 모두 뇌물을 받았다가 죄를 받게 되었는데 아버지 유
    자진도 이 사건에 연좌되어 면관(免官)되었다. 어떤 손님이 물었
    다. "당신은 왜 자식들을 교육시키지 않았나요?" 유자진이 대답했
    다. "내 행위를 자식들은 평생을 두고 보아왔을 것인데 그것을 흉
    내내려고 하지 않았던 것이오. 아무리 잔소리 해도 바뀌지 아니하
    는 법이오." 생각하건대 안석(安石 : 謝安)의 생각도 이 유자진의

마음과 같았던 것이리라.

謝氏譜曰, 安娶沛國劉耽女.

案, 太尉劉子眞, 淸潔有志操, 行己以禮, 而二子不才, 竝瀆貨
致罪. 子眞坐免官. 客曰, 子奚不訓道之. 子眞曰, 吾之行事,
是其耳目所聞見, 而不放效. 豈嚴訓所變邪. 安石之旨, 同子眞
之意也.

37. 진(晋) 간문제(簡文帝 : 司馬昱)가 무군(撫軍)이었을 때,[1] 앉
아 있는 의자 위의 먼지도 털어내려고 하지 않고, 쥐가 돌아다니는
흔적을 보아도 상관없다는 듯 바라보는 것이었다. 어떤 참군(參軍)이
한낮에 쥐가 돌아다니는 것을 보다가 홀(笏)로 그 쥐를 때려잡았다.
무군이 불쾌한 기색을 보이자 한 부하가 탄핵하는 글을 기초했다. 그
러자 무군이 결재를 하면서 말했다. "쥐를 죽인 것도 마음이 안좋은
데 이제 또 쥐 죽인 일로 사람을 상하게 한다는 것은 아무래도 안좋
지 않겠는가."

▌원문▌ 晉簡文爲撫軍時,[1] 所坐牀上, 塵不聽拂. 見鼠行跡,
視以爲佳. 有參軍見鼠白日行, 以手板批殺之. 撫軍意色不悅.
門下起彈. 敎曰, 鼠被害, 尙不能忘懷. 今復以鼠損人, 無乃不
可乎.

(1) 《속진양추(續晉陽秋)》에 이런 말이 있다. '간문제(簡文帝)의 휘
    (諱)는 욱(昱)이고 자는 도만(道萬)이며 중종(中宗) 원제(元帝)의
    막내아들이다. 정이 많았고 지략도 있었다. 목제(穆帝)가 어렸으
    므로 무군(撫軍)이 되어 정치를 도왔다. 대사마(大司馬) 환온(桓
    溫)은 해서공(海西公 : 廢帝 奕)을 폐하고 그를 황제로 세웠다. 재
    위 3년만에 붕(崩)했다.'

續晉陽秋曰, 帝諱昱, 字道萬, 中宗少子也. 仁明有智度. 穆
帝幼沖, 以撫軍輔政. 大司馬桓溫廢海西公而立帝. 在位三年
而崩.

주해 ○爲撫軍時(위무군시) - 무군(撫軍)으로 있을 때. 《진서(晉書)》〈간
문제기(簡文帝紀)〉에 함강(咸康) 6년(340년) 무군장군에 승진했다고
되어 있다.

○參軍(참군) - 공부(公府)·장군부(將軍府)의 막료(幕僚). 본디는 중앙
에서 파견되어 장군의 상담역을 맡고 있었는데 위진(魏晉) 이래 부주
(府主)의 속관이 되었다. 직무는 중앙의 상서랑(尙書郎)에 상당하며
7, 8품관(品官).

○大司馬(대사마) - 삼공(三公) 중 태위(太尉)의 이칭(異稱)이었는데 후한
말부터 태위와 병치(並置)되게 되었으며 위진(魏晉)시대에는 삼공의 위
에 자리하게 되었다.

○在位三年(재위삼년) - 《진서》〈간문제기〉에 간문제는 함안(咸安) 원년
(元年 : 371년)에 즉위하여 동 2년(372년)에 붕(崩)했다고 되어 있다.
따라서 재위 3년은 2년의 잘못이다.

38. 범선(范宣)이 8세 때 후원 채소밭에서 채소를 뜯다가 잘못하
여 손가락을 다치고 큰 소리로 울고 있었다. 어떤 사람이 "아프냐?"
고 묻자 "아프기 때문이 아닙니다. 신체발부(身體髮膚)는 감히 훼손
하지 말아야 하기 때문에 우는 것입니다."라고 대답했다.[1] 범선의 인
품은 청렴결백하여, 한예장(韓豫章 : 韓伯)이 비단 1백 필을 보냈던바
받지 않았다.[2] 그래서 50필로 줄여서 보냈건만 역시 받지 않았다.
이렇게 반씩 줄이어 마침내 한 필을 보내도 끝까지 받지 아니했다.
한백은 후에 범선과 함께 수레를 타고 가다가 수레 안에서 2장(丈)
의 비단을 찢어가지고 범선에게 주면서 말했다. "누구든 자기 아내에
게 고쟁이 없이 다니게 할 수는 없을 것이오." 그러자 범선은 웃으면

서 받았다.

원문| 范宣年八歲, 後園挑菜, 誤傷指, 大啼. 人問, 痛邪.
答曰, 非爲痛. 身體髮膚, 不敢毁傷, 是以啼耳.[1] 宣潔行廉約,
韓豫章遺絹百匹, 不受.[2] 減五十匹, 復不受. 如是減半, 遂至
一匹, 旣終不受. 韓後與范同載. 就車中裂二丈, 與范云, 人寧
可使婦無褌邪. 范笑而受之.

(1) 《범선별전(范宣別傳)》에 이런 말이 있다. '범선의 자는 자선(子宣)
이며 진류(陳留) 사람이다. 한(漢)나라 내무(萊蕪)의 장(長)이었
던 범단(范丹)의 후예이다. 열 살 때 《시경(詩經)》과 《서경(書
經)》을 이미 외울 수 있었다. 어렸을 때 손에 상처를 입고 안색을
바꾸며 반성했다. 집안 사람들은 나이도 어린데 그런다면서 모두
감탄했다. 태학박사(太學博士)·산기상시(散騎常侍)로 부름을 받
았지만 어느 자리에도 나아가지 아니했다. 나이 54세로 죽었다.'
宣別傳曰, 宣字子宣, 陳留人. 漢萊蕪長范丹後也. 年十歲, 能
誦詩書. 兒童時, 手傷改容. 家人以其年幼, 皆異之. 徵太學博
士·散騎常侍, 一無所就. 年五十四卒.

(2) 《중흥서(中興書)》에 이런 기록이 있다. '범선의 집은 아주 가난하
여 세속(世俗)과의 관계도 거의 없었다. 어느 때 예장태수(豫章
太守)인 은선(殷羨)이 범선의 집 지붕의 띠풀이 너무도 낡았으
므로 다시 이어주려고 했던바 범선은 극구 사양했다. 은선은 범선
을 눈여겨보던 중 그의 집이 빈곤하고 그 위에 기근과 역병(疫病)
이 계속되었으므로 식량을 넉넉하게 보냈지만 범선은 역시 받지
않았다.'
《속진양추(續晋陽秋)》에는 이런 말이 있다. '한백(韓伯)의 자는
강백(康伯)이며 영천(潁川) 사람이다. 학문을 좋아했고 이론에 강

했다. 예장태수(豫章太守)와 영군장군(領軍將軍)을 역임했다.'

中興書曰, 宣家室貧, 罕交人事. 豫章太守殷羨見宣茅茨不完, 欲爲改室, 宣固辭. 羨愛之, 以宣貧, 加年饑疾疫, 厚餉給之, 宣又不受.

續晉陽秋曰, 韓伯字康伯, 潁川人. 好學, 善言理. 歷豫章太守·領軍將軍.

주해ㅣ ○身體髮膚(신체발부)−《효경(孝經)》권1 〈개종명의장(開宗明義章)〉제1에 '신체와 발부(髮膚)는 부모로부터 받은 것이니 훼손하지 않는 것이 효도의 시작이다(身體髮膚 受之父母 不敢毀損 孝之始也)'라고 되어 있다.

○二丈(이장)−반필(半匹)에 해당한다.

○太學博士(태학박사)−정부 직속의 대학(大學) 교관. 전한(前漢)의 무제(武帝)가 오경박사(五經博士)를 둔 데서부터 시작되었다.

○領軍將軍(영군장군)−영군(領軍)은 호군(護軍)과 함께 중앙에 있으며 육군본부와 같은 성격을 가지고 중앙정부의 일부분을 이룬다. 그 통솔자를 영군장군이라고 했는데 자격과 경력이 없으면 중군장군(中軍將軍)이라고 한다.

39. 왕자경(王子敬 : 王獻之)이 위독해졌다. 도교(道敎)에서는 상장(上章)하여 마땅히 죄를 회개하지 않으면 안되었다. 그래서 왕자경에게 지금까지 무언가 특별한 일이나 잘못한 일이 있었느냐고 묻자 왕자경은 말했다. "별로 이렇다 할 일은 생각나지 않습니다. 다만 치가(郗家)와 이혼한 것만이 마음에 걸립니다."[1]

원문ㅣ 王子敬病篤. 道家上章應首過. 問子敬由來有何異同得失. 子敬云, 不覺有餘事. 唯憶餘郗家離婚.[1]

(1)《왕씨보(王氏譜)》에 이런 말이 있다. '왕헌지(王獻之)는 고평(高

平)의 치담(郗曇)의 딸 도무(道茂)를 취하여 장가갔는데 후에 이혼했다.'

《왕헌지별전(王獻之別傳)》에 이런 기록이 있다. '조부 왕광(王曠)은 회남태수(淮南太守), 아버지 왕희지(王羲之)는 우장군(右將軍)이었다. 함녕(咸寧) 연간에 천자의 명령으로 여요공주(餘姚公主)에게 장가들었다. 중서령(中書令)으로 옮겼다가 졸(卒)했다.'

王氏譜曰, 獻之娶高平郗曇女, 名道茂, 後離婚.

獻之別傳曰, 祖父曠, 淮南太守. 父羲之, 右將軍. 咸寧中, 詔尚餘姚公主, 遷中書令, 卒.

주해 | ㅇ上章(상장)－도교(道敎)에서 재액을 물리치는 방법 중 하나. 음양오행(陰陽五行)의 술수(術數)에 따라 사람의 연명(年命)을 추산(推算)하고 장표(章表)의 의식에 따라 제물을 바치고 분향 고축하며 천신(天神)에게 제사를 지내어 재액의 제거를 비는 것을 상장(上章)이라고 한다.

ㅇ首過(수과)－죄를 자백하는 것.

ㅇ餘姚公主(여요공주)－간문제(簡文帝)의 셋째 딸. 신안공주(新安公主)의 잘못일 것이다.

40. 은중감(殷仲堪)이 형주자사(荊州刺史)로 있을 때 수해로 흉작이 되어, 식사는 언제나 다섯 공기의 밥과 반찬뿐 그밖의 것은 어떤 반찬도 없었다. 밥풀이 떨어지면 그때마다 주워서 먹었다. 사람들에게 모범을 보이려는 것이었지만 또 그 질소한 처신이 이와 같았다. 그는 언제나 자제에게 말했다. "내가 주자사가 되었다고 해서 지금까지 살아왔던 것보다 기(氣)가 승해지면 아니된다. 지금 나는 이렇게 있다 하더라도 변한 것이 없어. 가난은 선비에게 항상 있는 일이라고 했느니라. 높은 나뭇가지에 올라갔다고 해서 그 근본을 잊는 일이 있어서야 쓰겠느냐? 너희도 이 일을 깊이 새겨두도록 하여라."[1]

원문│ 殷仲堪旣爲荊州, 値水儉, 食常五椀盤. 外無餘肴. 飯粒脫落盤席閒, 輒拾以噉之. 雖欲率物, 亦緣其性眞素. 每語子弟云, 勿以我受任方州, 云我豁平昔時意. 今吾處之不易. 貧者士之常. 焉得登枝而捐其本. 爾曹其存之.[1]

(1) 《진안제기(晋安帝紀)》에 이런 말이 있다. '은중감(殷仲堪)은 진군(陳郡) 사람이며 태상(太常) 은융(殷融)의 손자이다. 거기장군(車騎將軍) 사현(謝玄)이 불러 장사(長史)로 삼았는데, 효무제(孝武帝 : 司馬曜)는 그가 마음에 들어 곧 황문시랑(黃門侍郞)으로 삼았다. 원열(袁悅)을 죽인 후로 효무제는 사후(死後)의 계획을 단단히 세웠는데 우선 왕공(王恭)을 북방 방어를 위해 내보냈다. 형주자사(荊州刺史) 왕침(王忱)이 죽자 황제는 곧 조서(詔書)를 내리어 은중감으로 하여금 그 임무를 맡도록 했다.'

晋安帝紀曰, 仲堪, 陳郡人, 太常融孫也. 車騎將軍謝玄請爲長史, 孝武説之, 俄爲黃門侍郎. 自殺袁悅之後, 上深爲晏駕後計, 故先出王恭爲北蕃. 荊州刺史王忱死, 乃中詔用仲堪代焉.

주해│ ㅇ率物(솔물)－物(물)은 사람이란 의미. 즉 사람들을 위해 솔선하는 것.

ㅇ方州(방주)－주자사(州刺史)가 다스리는 지역.

ㅇ貧者士之常(빈자사지상)－《열자(列子)》〈천서편(天瑞篇)〉에 '빈곤은 선비에게 항상 있는 일이고 죽음은 사람의 종말이다'라고 되어 있다.

ㅇ太常(태상)－태상경(太常卿). 조정의 제반 의례(儀禮)와 행사 등을 관장하는 벼슬아치. 구경(九卿)의 하나.

ㅇ車騎將軍(거기장군)－한(漢)나라 문제(文帝) 때 설치했으며 표기장군(驃騎將軍)을 뒤잇는 중직(重職).

ㅇ袁悅(원열)－《원씨보(袁氏譜)》에 의하면 원열의 자는 원례(元禮)이며 효무제(孝武帝)에게 죽음을 당했다고 기록되어 있다. 《진서(晋書)》의 본전(本傳)에는 원열지(袁悅之)로 적혀 있다.

ㅇ中詔(중조) ─ 문하성(門下省)을 거쳐 조서(詔書)를 내리는 것.

41. 처음 환남군(桓南郡 : 桓玄)과 양광(楊廣) 두 사람은 은형주(殷荊州 : 殷仲堪)에게 은기(殷覬)의 남만교위(南蠻校尉)의 벼슬을 빼앗아 자립(自立)하라고 권했다.[1] 은기 쪽에서도 곧 그 일을 알아차리고 행산(行散)하러 나갔다가 곧바로 집에 갔고 두번 다시 관소(官所)에 돌아오지 아니했다. 주변 사람들은 아무도 이런 일을 눈치채지 못했다. 그가 아무 일도 없었던 것 같은 표정을 지었던 것은 마치 그 옛날 투생(鬪生)이 화난 안색을 짓지 않았던 것과 흡사했다. 그래서 당시 사람들은 이 일로 인하여 은기를 칭찬했다.[2]

■원문| 初, 桓南郡·楊廣共說殷荊州, 宜奪殷覬南蠻以自樹.[1] 覬亦卽曉其旨, 嘗因行散, 率爾去下舍, 便不復還. 内外無預知者. 意色蕭然, 遠同鬪生之無慍. 時論以此多之.[2]

(1) 《환현별전(桓玄別傳)》에 이런 말이 있다. '환현의 자는 경도(敬道)이며 초국(譙國) 용항(龍亢) 사람이다. 대사마(大司馬) 환온(桓溫)의 막내아들인데 어렸을 때부터 환온은 이 아들을 끔찍하게 사랑했었다. 환온은 임종 때 환현을 후계자로 삼도록 유언했다. 환현은 일곱 살에 아버지의 뒤를 이어 남군공(南郡公)에 봉해졌으며 태자세마(太子洗馬)가 되었다가 나아가서 의흥태수(義興太守)에 임명되었다. 그러나 뜻을 얻지 못하여 얼마 후 벼슬을 내놓고 그의 고향으로 돌아갔다. 형주자사(荊州刺史) 은중감(殷仲堪)과는 일찍부터 사이가 좋았다.'
주지(周祗)의 《융안기(隆安記)》에는 이런 기록이 있다. '양광(楊廣)의 자는 덕도(德度)이며 홍농(弘農) 사람인데 양진(楊震)의 후예이다.'

《진안제기(晉安帝紀)》에 이런 이야기가 있다. ‘은기(殷覬)의 자는 백도(伯道)이며 진군(陳郡) 사람이다. 중서랑(中書郎)으로 벼슬길에 나와 남만교위(南蠻校尉)가 되었다. 은기는 또 간이(簡易)하고 명민(明敏)하여 평판이 좋았는데 종제(從弟)인 은중감(殷仲堪)과 함께 유명했다.’

《중흥서(中興書)》에 이런 기록이 있다. ‘처음 은중감은 군사를 일으키고자 하여 은밀히 은기를 불렀는데 은기는 동의하지 않았다. 양광(楊廣)과 그의 동생인 양전기(楊佺期)가 은기를 죽이라고 권했으나 은중감은 승낙하지 아니했다.’

桓玄別傳曰, 玄字敬道, 譙國龍亢人. 大司馬溫少子也. 幼童中, 溫甚愛之. 臨終, 命以爲嗣. 年七歲, 襲封南郡公, 拜太子洗馬, 出補義興太守. 不得志, 少時去職, 歸其國. 與荊州刺史殷仲堪素舊, 情好甚隆.

周祗隆安記曰, 廣字德度, 弘農人, 楊震後也.

晉安帝紀曰, 覬字伯道, 陳郡人. 由中書郎出爲南蠻校尉. 覬亦以率易才悟著稱, 與從弟仲堪俱知名.

中興書曰, 初, 仲堪欲起兵, 密邀覬, 覬不同. 楊廣與弟佺期勸殺覬, 仲堪不許.

(2) 《춘추전(春秋傳)》에 이런 말이 있다. ‘초(楚)나라 영윤(令尹)인 자문(子文)은 투씨(鬭氏)이다.’

《논어(論語)》〈공야장편(公冶長篇)〉에 이런 기록이 있다. ‘영윤 자문은 세 차례 영윤이 되었지만 기뻐하는 모습이 없었고 세 차례나 그만두었지만 화내는 기색이 없었다.’

春秋傳曰, 楚令尹子文鬭氏也.

論語曰, 令尹子文, 三仕爲令尹, 無喜色, 三己之, 無慍色.

주해 ㅇ行散(행산)－‘오석산(五石散)’이라고 하는 일종의 마약을 먹

은 다음 약의 기운을 발산시키기 위해 걷는 것. 이런 풍습은 위진시대
(魏晉時代)에 유행되었었다.

 ㅇ太子洗馬(태자세마) — 도적(圖籍)을 관리하고 석전(釋奠)에서는 경(經)
  을 강의하며 태자가 출타할 때면 전구(前驅)를 담당하는 벼슬아치.

 ㅇ南蠻校尉(남만교위) — 진(晉)나라 무제(武帝) 때 양양(襄陽)에 설치하
  여 상주(湘州)의 방비를 맡게 했던 관직. 한때는 형주자사(荊州刺史)
  가 겸직했던 일도 있으며 유능한 자가 그 직책에 선발되었다.

42. 왕복야(王僕射 : 王愉)는 강주(江州)에 있었을 때, 은중감(殷仲
堪)·환현(桓玄)에게 쫓기어 예장(豫章)으로 도망갔는데 생사를 예측
할 수가 없었다.[(1)] 그때 아들인 왕수(王綏)는 도읍에 있었는데 슬픔
과 근심하는 빛이 얼굴에 역력했으며 거처하는 것이나 먹고 마시는
것을 평소보다 격을 낮추었다. 그래서 당시 사람들은 왕수를 '효자의
모범'이라고 불렀다.[(2)]

 ▌**원문** ▌ 王僕射在江州, 爲殷·桓所逐, 奔竄豫章, 存亡未測.[(1)]
王綏在都, 旣憂戚在貌, 居處飮食, 每事有降. 時人謂爲試守
孝子.[(2)]

(1) 서광(徐廣)의 《진기(晉紀)》에 이런 말이 있다. '왕유(王愉)의 자는
  무화(茂和)이며 태원(太原) 진양(晉陽) 사람이다. 안북장군(安北
  將軍) 왕탄지(王坦之)의 차남이다. 보국사마(輔國司馬)의 신분까
  지 올랐다가 강주자사(江州刺史)가 되었다. 왕유가 임지에 도착한
  지 얼마 안되어, 환현(桓玄)·양전기(楊佺期) 등이 군사를 일으키
  고 왕공(王恭)에게 호응하여 장강(長江)을 따라 내려왔고, 즉각
  공격을 가해왔다. 왕유는 방어를 굳히지 않았기 때문에 당황하여
  임천(臨川)으로 도망했는데 환현에게 붙잡혔다. 환현이 제위(帝
  位)를 찬탈하자 왕유는 상서좌복야(尙書左僕射)로 옮겨졌다.'

徐廣晉紀曰, 王愉字茂和, 太原晉陽人. 安北將軍坦之次子也.
以輔國司馬, 出爲江州刺史. 愉始至鎭, 而桓玄·楊佺期擧兵
以應王恭, 乘流奄至. 愉無防, 惶遽奔臨川, 爲玄所得. 玄簒位,
遷尙書左僕射.

(2) 《중흥서(中興書)》에 이런 기록이 있다. '왕수(王綏)의 자는 언유
(彦猷)이며 왕유(王愉)의 아들이다. 젊었을 때부터 명성이 있었다.
왕택(王澤)으로부터 왕탄지(王坦之)에 이르는 6대는 모두 덕이
높았는데 왕수 또한 세상에 이름이 알려졌으며 당시 백관들 가운
데 그와 필적하는 사람이 없었다. 벼슬은 중서령(中書令)·형주자
사(荊州刺史)에까지 올랐다. 환현이 패한 다음 아버지 왕유와 함
께 모반을 일으켰다가 주살(誅殺)당했다.'

中興書曰, 綏字彦猷, 愉子也. 少有令譽. 自王澤至坦之, 六世
盛德, 綏又知名, 于時冠冕, 莫與爲比. 位至中書令·荊州刺
史. 桓玄敗後, 與父愉謀反, 伏誅.

주해 | ○安北將軍(안북장군)─왕탄지(王坦之)는 죽은 후에 벼슬이 추
증되었다. 단, 《세설신어》〈덕행편〉 44 주(注)에 인용된 《진안제기(晉
安帝紀)》에는 '평북장군탄지(平北將軍坦之)'로 되어 있다.
○輔國司馬(보국사마)─보국(輔國)은 보국장군(輔國將軍)의 뜻이고 사
마(司馬)는 그 모의에 참여하는 속관.

43. 환남군(桓南郡)[1]은 은형주(殷荊州 : 殷仲堪)를 격파하고 은형
주의 막료(幕僚) 10여명을 포로로 잡았다. 자의참군(諮議參軍)인 나
기생(羅企生)도 그 속에 있었다.[2] 환현은 평소부터 나기생을 후대하
고 있었는데 주살(誅殺)코자 했을 때, 미리 사람을 보내어 이렇게 말
하도록 했다. "만약 나에게 사과하면 죄를 용서해 주겠다." 나기생은
대답했다. "나는 은형주의 관리입니다. 지금 은형주는 도망하여 그

행방도 모르며 그 생사를 예측할 수가 없습니다. 그런즉 어찌 무슨 얼굴로 환공(桓公)에게 사과한단 말입니까?"[3] 이윽고 그를 저잣거리로 끌고 나가서 처형코자 했을 때 환공은 다시 사람을 보내어 무언가 하고 싶은 말이 없느냐고 묻게 하였다. 나기생이 대답했다. "옛날 진(晋) 문왕(文王)은 혜강(嵆康)을 죽였습니다만 그의 아들인 혜소(嵆紹)는 진나라의 충신이 되었습니다.[4] 저는 동생 한 사람의 목숨을 청하여 노모를 봉양하도록 해주셨으면 고맙겠습니다." 환공은 나기생의 말대로 허락했다. 환공은 일찍이 이 나기생의 어머니인 호씨(胡氏)에게 양가죽으로 만든 갓옷 한 벌을 준 일이 있었다. 호씨는 이때 예장(豫章)에 있었는데 아들 나기생이 처형되었다는 소식이 전해오자 그날로 갓옷을 불태웠다.

▌원문▌ 桓南郡[1]旣破殷荊州, 收殷將佐十許人. 諮議羅企生亦在焉.[2] 桓素待企生厚. 將有所戮, 先遣人語云, 若謝我, 當釋罪. 企生答曰, 爲殷荊州吏, 今荊州奔亡, 存亡未判, 我何顔謝桓公.[3] 旣出市. 桓又遣人問欲何言. 答曰, 昔晉文王殺嵆康, 而嵆紹爲晉忠臣.[4] 從公乞一弟以養老母. 桓亦如言宥之. 桓先曾以一羔裘與企生母胡. 胡時在豫章. 企生問至, 卽日焚裘.

(1) 환남군(桓南郡)은 환현(桓玄)을 가리킴이다.

　　玄也.

(2) 《환현별전(桓玄別傳)》에 이런 말이 있다. '환현은 은형주(殷荊州)에 승리하자, 은도호(殷道護) 및 은중감(殷仲堪)의 참군(參軍)인 나기생(羅企生)·포계찰(鮑季札)을 죽였다. 모두 은중감의 심복들이었다.'

　　玄別傳曰, 玄克荊州, 殺殷道護及仲堪參軍羅企生·鮑季札. 皆仲堪所親仗也.

(3) 《중흥서(中興書)》에 이런 기록이 있다. '나기생(羅企生)의 자는
종백(宗伯)이며 예장(豫章) 사람이다. 은중감(殷仲堪)은 처음에
그를 불러 부(府)의 공조(功曹)를 삼았는데 환현(桓玄)이 쳐들어
오자 자의참군(諮議參軍)으로 바꾸었다. 은중감은 우유부단하기
때문에 그 점을 나기생은 많이 걱정했다. 나기생은 동생인 나준생
(羅遵生)에게 말했다. "은후(殷侯)에게는 인(仁)은 있으나 결단력
이 없다. 그래가지고는 절대로 성공할 수 없을 것이야. 성공과 실
패는 하늘이 하는 것이다. 나는 생사를 걸고 할 생각이다."
은중감이 패주(敗走)할 때 문관·무관으로서 그를 전송해주는 사
람이 한 명도 없었으나 다만 나기생만이 그를 뒤따랐다. 나기생의
집 문앞을 지나갈 때 동생인 나준생이 거짓으로 말했다. "이런 이
별을 할 때 왜 손조차 잡아주지 않는 겁니까?" 그래서 나기생은
말을 돌리고 손을 내밀었다. 나준생은 재빨리 형을 끌어내리면서
말했다. "집에는 늙으신 어머니가 계신데 대체 어디로 가신단 말
입니까?" 나기생은 눈물을 흘리며 말했다. "이번에는 내가 틀림없
이 죽게 될 것이야. 너희들은 어머님을 잘 모시면서 아들된 도리
를 다하여라. 우리 가문에 충(忠)과 효(孝)가 있다면 그 이상 무
엇이 한이 되겠느냐?" 나준생은 마침내 형에게 강경한 태도로 덤
벼들었다.
은중감은 길에서 나기생을 기다리고 있었다. 나기생이 멀리서 소
리쳤다. "이제는 죽든 살든 함께해야 합니다. 조금만 더 기다려
주십시오." 그러나 은중감은 나기생이 동생에게서 도저히 빠져나
올 수 없을 것으로 생각하고 말에게 채찍을 가하여 떠나고 말았
다. 그리고 바로 뒤따라 환현(桓玄)이 쳐들어왔다. 그러자 사람들
은 모두 환현에게로 갔지만 나기생만은 가지 않고 은중감네 집을
관리하고 있었다. 어떤 사람이 말했다. "환현은 시의심이 강하고

성질이 급하여 당신의 그 성절(誠節)의 마음을 이해하지 못할 것이오. 만약 마중 나가지 않는다면 틀림없이 재앙이 미치게 될 것이오.” 나기생은 정색을 하며 말했다. “나는 은후(殷侯)의 부하요. 더구나 국사(國士)의 대우를 받고 있었는데 협력하여 역적을 멸망시키지 못하고 이렇게 패하고 말았소. 도대체 무슨 면목으로 환공에게 항복하고 목숨을 구걸한단 말이오?”

환현은 이 말을 듣자 크게 노하여 나기생을 체포했다. 그리고 말했다. “이 정도로 대우를 해주었거늘 어찌하여 배신하는 것이냐?” 나기생이 말했다. “당신은 은후(殷侯)와 함께 맹세하며 마신 피가 혀뿌리에서 아직 마르기도 전에 이런 간계(姦計)를 꾸미었소이다. 나는 내 힘이 미치지 못하여 역적을 멸망시키지 못하는 것이 한스러울 뿐이오. 나는 죽기를 원합니다.” 그래서 환현은 나기생을 참(斬)했다. 때에 나이 37세였다. 사람들은 모두 이 일을 애도했다.’

中興書曰, 企生字宗伯, 豫章人. 殷仲堪初請爲府功曹, 桓玄來攻, 轉諮議參軍. 仲堪多疑少決, 企生深憂之, 謂其弟遵生曰, 殷侯仁而無斷, 事必無成. 成敗天也. 吾當死生以之. 及仲堪走, 文武竝無送者, 唯企生從焉. 路經家門, 遵生紿之曰, 作如此分別, 何可不執手. 企生回馬授手. 遵生便牽下之, 謂曰, 家有老母, 將欲何行. 企生揮涕曰, 今日之事, 我必死之. 汝等奉養, 不失子道. 一門之內, 有忠與孝, 亦復何恨. 遵生抱之愈急. 仲堪於路待之. 企生遙呼曰, 今日死生是同. 願少見待. 仲堪見其無脫理, 策馬而去. 俄而玄至, 人士悉詣玄, 企生獨不往, 而營理仲堪家. 或謂曰, 玄性猜急, 未能取卿誠節, 若遂不詣, 禍必至矣. 企生正色曰, 我殷侯吏, 見遇以國士, 不能共殄醜逆, 致此奔敗, 何面目就桓求生乎. 玄聞, 怒而收之. 謂曰, 相遇如此, 何以見負. 企生曰, 使君口血未乾, 而生此姦計. 自傷力劣, 不能剪定兇逆, 我死恨晚爾. 玄遂斬之. 時年三十有七. 衆咸悼之.

(4) 왕은(王隱)의 《진서(晉書)》에 이런 기록이 있다. '혜소(嵇紹)의 자는 연조(延祖)이며 초국(譙國) 질(銍) 땅 사람이다. 아버지 혜강(嵇康)은 발군의 재능을 가졌었으며 웅변가이기도 했다. 혜소는 열 살 때 아버지를 여의고 어머니를 모셨는데 대단한 효자였다. 산기상시(散騎常侍)에 누천(累遷)되었다. 혜제(惠帝)가 탕음(蕩陰)에서 패하자 백관과 시위(侍衛)가 모두 흩어져서 도망했지만 오직 혜소만이 의연하게 의관을 갖추고 몸을 날리며 황제를 지켰다. 칼날이 어연(御輦)에 교차되고 화살이 비오듯 날아오는 와중에서 마침내 죽었다.'

王隱晉書曰, 紹字延祖, 譙國銍人. 父康, 有奇才儁辯. 紹十歲而孤, 事母孝謹. 累遷散騎常侍. 惠帝敗於蕩陰, 百官左右皆奔散, 唯紹儼然端冕, 以身衛帝. 兵交御輦, 飛箭雨集, 遂以見害也.

44. 왕공(王恭)이 회계(會稽)에서 돌아왔을 때,[(1)] 왕대(王大 : 王忱)는 그를 찾아가[(2)] 그가 6척(尺)의 대자리를 깔고 앉아 있는 것을 보고 말했다. "당신은 동쪽에서 왔기 때문에 이런 물건이 있을 것입니다. 나에게도 한 개 나누어 주시구려." 왕공은 잠자코 있었다. 왕대가 돌아간 다음 왕공은 즉시로 깔고 앉아 있던 대자리를 왕대에게 보냈는데 다른 대자리가 없었으므로 짚자리를 깔고 앉았다. 그후 왕대는 이 사실을 듣고 크게 놀라서 왕공에게 말했다. "나는 당신이 많은 대자리를 가지고 있는 줄 알고 그만 함부로 말을 했습니다." 왕공은 대답했다. "당신은 나에 대하여 잘 알지 못하는구려. 나라는 사람은 쓸모가 없는 여분(餘分)의 물건은 가지고 있지 않소이다."

원문| 王恭從會稽還,[(1)] 王大看之.[(2)] 見其坐六尺簟, 因語恭. 卿東來. 故應有此物. 可以一領及我. 恭無言. 大去後. 卽擧所坐者送之. 旣無餘席, 便坐薦上. 後大聞之, 甚驚, 曰, 吾本

謂卿多. 故求耳. 對曰, 丈人不悉恭. 恭作人無長物.

(1) 주지(周祗)의 《융안기(隆安記)》에 이런 말이 있다. '왕공(王恭)의
자는 효백(孝伯)이며 태원(太原) 진양(晋陽) 사람이다. 조부인 왕
몽(王濛)은 사도좌장사(司徒左長史)를 지냈는데 그 인품은 풍아
하여 명성이 높았다. 아버지 왕온(王蘊)은 진군장군(鎭軍將軍)이
었는데 이 또한 성망(聲望)이 널리 퍼져 있었다.'
《왕공별전(王恭別傳)》에 이런 기록이 있다. '왕공의 사람 됨됨이
는 청렴고결했는데 세상을 바르게 하려는 뜻을 가지고 있었다. 저
작랑(著作郎)에 기용되어 단양윤(丹陽尹)·중서령(中書令)을 역
임했다. 나아가 오주도독(五州都督)·전장군(前將軍)·청주(青
州)와 연주(兗州) 등 두 주(州)의 자사(刺史)가 되었다.'
周祗隆安記曰, 恭字孝伯, 太原晉陽人. 祖父濛, 司徒左長史,
風流標望. 父蘊, 鎭軍將軍, 亦得世譽.
恭別傳曰, 恭清廉貴峻, 志存格正. 起家著作郎, 歷丹陽尹·中
書令, 出爲五州都督·前將軍·青·兗二州刺史.

(2) 왕침(王忱)의 어렸을 때 자가 불대(佛大)이다.
《진안제기(晋安帝紀)》에 이런 말이 있다. '왕침의 자는 원달(元
達)이며 평북장군(平北將軍) 왕탄지(王坦之)의 넷째 아들이다. 당
시 크게 명성을 떨쳤다. 일가인 왕공(王恭)과는 어렸을 때부터 사
이가 좋았는데 두 사람 모두 나란히 그 명성이 높았다. 벼슬하여
형주자사(荆州刺史)까지 되었다.'
王忱, 小字佛大.
晉安帝紀曰, 忱字元達, 平北將軍坦之第四子也. 甚得名於當
世. 與族子恭少相善, 齊聲見稱. 仕至荆州刺史.

주해 ○鎭軍將軍(진군장군)—삼국시대 위(魏)나라 때 두었던 장군의
직책.

ㅇ起家(기가) ─ 처음으로 벼슬을 하는 것.
ㅇ著作郎(저작랑) ─ 국사(國史) 편찬을 관장하는 관리.
ㅇ小字(소자) ─ 어렸을 때의 자(字).

45. 오군(吳郡)의 진유(陳遺)[1]는 집안에서 대단한 효자였다. 어머니는 솥바닥에 누른 누룽지를 좋아했다. 진유가 군주부(郡主簿)였을 때 그는 언제나 자루 한 개를 준비해 두고 있다가 밥을 지을 때마다 누룽지를 그 속에 담아가지고 집에 돌아와서 어머니에게 드렸다. 그후 손은(孫恩)의 역적 떼가 오군에 쳐들어왔을 때[2] 원태수(袁太守)[3]는 즉시로 토벌하러 나갔다. 그때 진유는 몇 말이나 되는 누룽지를 모아놓고 있었는데 어머니에게 가지고 갈 틈조차 없었으므로 그냥 지니고 종군(從軍)했다. 호독(滬瀆) 땅에서 싸우다가 패전했는데 병사들은 뿔뿔이 흩어졌으며 산택(山澤)으로 도망했다가 대부분 굶어죽었다. 그러나 진유만은 누룽지가 있어서 살아남을 수 있었다. 당시 사람들은 그 지극한 효성 때문이라고 했다.

■원문| 吳郡陳遺,[1] 家至孝. 母好食鐺底焦飯. 遺作郡主簿, 恆裝一囊, 每煮食, 輒貯錄焦飯, 歸以遺母. 後值孫恩賊出吳郡,[2] 袁府君[3]卽日便征. 遺以聚斂得數斗焦飯, 未展歸家. 遂帶以從軍. 戰於滬瀆敗, 軍人潰散, 逃走山澤, 皆多饑死. 遺獨以焦飯得活. 時人以爲純孝之報也.

[1] 미상(未詳).

   未詳.

[2] 《진안제기(晋安帝紀)》에 이런 말이 있다. '손은(孫恩)은 일명 영수(靈秀)이며 낭야(琅邪) 사람이다. 숙부인 손태(孫泰)는 오두미

도(五斗米道)를 따랐는데 모반죄로 주살(誅殺)당했다. 손은은 해변으로 도망쳤다가 10만 명의 무리를 모아 각지의 군현(郡縣)을 쳐서 무찔렀다. 후에 임회태수(臨淮太守) 신병(辛昺)에게 참수당했으며 그 목이 잘리어 도읍으로 보내졌다.'

晉安帝紀曰, 孫恩一名靈秀, 琅邪人. 叔父泰, 事五斗米道, 以謀反誅. 恩逸逃於海上, 聚衆十萬人, 攻沒郡縣. 後爲臨淮太守辛昺斬首送之.

(3) 원산송(袁山松)에 대해서는 따로 설명하겠다. (排調篇 60 劉注)

山松別見.

■주해│ ○五斗米道(오두미도)─후한 말, 장릉(張陵)이 창시한 도교교단(道敎敎團). 장릉을 따르며 도를 받은 자에게는 오두미(五斗米)를 주었다고 하여 이런 이름이 붙었다.

46. 공복야(孔僕射 : 孔安國)는 효무제(孝武帝 : 司馬曜)의 시중(侍中)이 되어, 평소부터 두터운 대우를 받았다. 열종(烈宗 : 孝武帝)이 붕어했을 때 공안국은 태상(太常)이었는데 몸은 매우 여위었고 어버이의 상(喪)을 당했을 때와 똑같은 상복(喪服)을 걸치고 온종일 끊임없이 눈물을 흘리고 있었다. 보는 사람들은 정말로 부모상을 당한 아들이라고 말했다.[1]

■원문│ 孔僕射爲孝武侍中, 豫蒙眷接. 烈宗山陵, 孔時爲太常. 形素羸瘦, 着重服, 竟日涕泗流漣. 見者以爲眞孝子.[1]

(1)《속진양추(續晉陽秋)》에 이런 말이 있다. '공안국(孔安國)의 자는 안국(安國)이며 회계(會稽) 산음(山陰) 사람이다. 거기장군(車騎

將軍) 공유(孔愉)의 여섯째 아들이다. 젊었을 때 아버지를 여의고 가난하게 살았다. 절조가 굳어서 참다운 유자(儒者)란 칭찬을 받았다. 시중(侍中)・태상(太常)・상서(尙書)를 역임하고 좌복야(左僕射)・특진(特進)으로 옮겼다가 졸(卒)했다.'

續晉陽秋曰, 孔安國字安國, 會稽山陰人. 車騎愉第六子也. 少而孤貧. 能善樹節, 以儒素見稱. 歷侍中・太常・尙書, 遷左僕射・特進卒.

주해 | ○特進(특진)―《통전(通傳)》권34 직관(職官) 16에는 '한제(漢制)에, 제후에게서 공덕이 우성(優盛)하여 조정의 경외를 받는 사람은 벼슬 특진(特進)을 내리는데 그 벼슬은 삼공(三公)의 아래'라고 했다.

47. 오도조(吳道助 : 吳坦之)・오부자(吳附子 : 吳隱之) 등 형제는 단양군(丹陽郡)에 살고 있었다. 후에 어머니의 상(喪)을 당하자[1] 조석으로 곡을 하는데, 사모하는 정이 일거나 조문객이 오거나 하면 슬픔을 못이기어 슬피 호곡했다. 그래서 지나가는 사람들도 그 모습을 보고 눈물을 흘렸다. 한강백(韓康伯 : 韓伯)은 그때 단양윤(丹陽尹)이었다. 어머니 은씨(殷氏)도 군(郡)의 관소(官所)에 있었는데 오도조 형제의 호곡 소리를 들을 때마다 복받치는 슬픔을 이기지 못하여 아들 한강백에게 말했다. "네가 만약 선관(選官)의 자리에 오르거든 저 사람들을 반드시 천거하도록 해라." 한강백도 그 두 사람을 잘 알고 있었다. 한강백은 그후 과연 이부상서(吏部尙書)가 되었다. 형 오탄지는 복상(服喪)으로 인하여 몸을 상하고 말았지만 동생인 오은지는 한강백의 천거로 크게 영달했다.[2]

원문 | 吳道助・附子兄弟, 居在丹陽郡. 後遭母童夫人艱,[1] 朝夕哭臨, 及思至, 賓客弔省, 號踊哀絶, 路人爲之落淚. 韓

康伯時爲丹陽尹. 母殷在郡. 每聞二吳之哭, 輒爲悽惻, 語康
伯曰, 汝若爲選官, 當好料理此人. 康伯亦甚相知. 韓後果爲
吏部尙書. 大吳不免哀制, 小吳遂大貴達.[2]

(1) 도조(道助)는 오탄지(吳坦之)의 어렸을 때 자(字)이고 부자(附子)
는 오은지(吳隱之)의 어렸을 때 자이다.
   《오씨보(吳氏譜)》에 이런 말이 있다. '오탄지의 자는 처정(處靖),
   복양(濮陽) 사람이다. 벼슬하여 서중랑장(西中郞將) 공조(功曹)에
   이르렀다. 아버지인 오견(吳堅)은 동원(東苑) 동쾌(童儈)의 딸인
   진희(秦姬)에게 장가들었다.'
   道助, 坦之小字. 附子, 隱之小字也.
   吳氏譜曰, 坦之字處靖, 濮陽人. 仕至西中郞將功曹. 父堅, 取
   東苑童僧女, 名秦姬.

(2) 정집(鄭緝)의 《효자전(孝子傳)》에 이런 내용이 있다. '오은지(吳
   隱之)의 자는 처묵(處默)인데 젊었을 때 효성이 대단했다. 어머니
   의 상(喪)을 당했는데 그 슬퍼함은 예의를 넘었었다. 당시 태상
   (太常) 한강백(韓康伯)과 이웃해서 살고 있었다. 한강백의 어머니
   는 양주자사(揚州刺史) 은호(殷浩)의 누이로서 총명한 부인이었
   다. 오은지가 통곡할 때마다 한강백의 어머니는 하던 일을 멈추고
   눈물을 흘리면서 슬픔을 금치 못했는데 그 상(喪)이 끝날 때까지
   그러하였다. 그 어머니가 한강백에게 말했다. "너는 만약 선관(選
   官)의 벼슬에 오르거든 반드시 저 사람들을 등용하거라." 그후 한
   강백은 이부상서(吏部尙書)가 되었으며 오은지를 천거했다.'
   《진안제기(晉安帝紀)》에 이런 말이 있다. '오은지는 태어나면서
   성실한데다가 청렴결백했는데 봉록(俸祿)은 일가에게 나누어 주
   어 겨울철에도 이불조차 없이 살았다. 환현(桓玄)은 영남(嶺南)의
   피폐함을 개혁하고자 하여 오은지를 광주자사(廣州刺史)로 삼았

다. 광주에서 20리쯤 떨어진 곳에 탐천(貪泉)이 있었는데 그 물을 마시는 사람은 그 마음이 만족할 줄 모르고 탐욕한다는 말이 세상에 전해지고 있었다. 오은지는 이 샘가에 가서 물을 떠마시고 시를 지어 이르기를 "석문(石門)에 탐천(貪泉)이 있는데 한 번 마시면 천금(千金)을 갈망하게 된다네. 그러나 시험삼아 백이(伯夷)·숙제(叔齊)에게 마시도록 한다면 그 마음 변치 않을 것이네."라고 하였다. 노순(盧循)에게 무고당하여 도읍으로 소환되었다. 상서(尙書)·영군장군(領軍將軍)을 역임했다.'

《진중흥서(晋中興書)》에 이런 말이 있다. '예로부터 광주(廣州)에 가서 탐천의 물을 마시면 청렴결백한 성질을 잃는다고 했다. 오은지가 주자사(州刺史)였을 때 자진하여 탐천의 물을 마신 다음 석문(石門)이란 제목의 시를 지었다. 운운.'

鄭緝孝子傳曰, 隱之字處默. 少有孝行, 遭母喪, 哀毀過禮. 時與太常韓康伯鄰居. 康伯母, 揚州刺史殷浩之妹, 聰明婦人也. 隱之每哭, 康伯母輒輟事流涕, 悲不自勝, 終其喪如此. 謂康伯曰, 汝後若居銓衡, 當用此輩人. 後康伯爲吏部尚書, 乃進用之.

晉安帝紀曰, 隱之旣有至性, 加以廉潔, 俸祿頒九族, 冬月無被. 桓玄欲革嶺南之敝, 以爲廣州刺史. 去州二十里有貪泉, 世傳飲之者其心無厭. 隱之乃之水上, 酌而飲之, 因賦詩曰, 石門有貪泉, 一歃重千金. 試使夷齊飲, 終當不易心. 爲盧循所攻, 還京師. 歷尚書·領軍將軍.

晉中興書曰, 舊云往廣州飲貪泉, 失廉潔之性. 吳隱之爲刺史, 自酌貪泉飲之, 題石門爲詩云云.

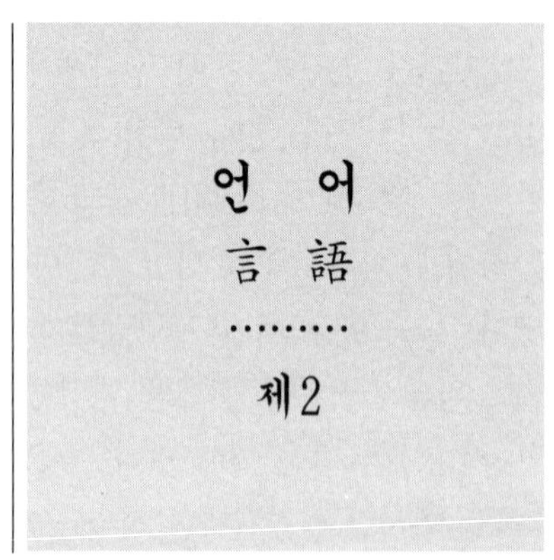

1. 변문례(邊文禮 : 邊讓)가 원봉고(袁奉高 : 袁閎)[(1)]를 찾았을 때 허둥대다가 응대(應待)의 예를 범하고 말았다.[(2)] 원봉고가 말했다. "옛날 요(堯)임금이 허유(許由)를 초빙했을 때 허유는 얼굴에 당황하는 빛이 없었는데[(3)] 그대는 어찌하여 옷을 뒤집어 입을 정도로 당황하고 있는 게요?" 변문례가 대답했다. "명부(明府)께서는 부임하신 후로 아직 요임금과 같은 덕을 베풀지 않고 계십니다. 그러기에 저도 옷을 뒤집어 입고 만 것입니다."[(4)]

▐ 원문│ 邊文禮見袁奉高[(1)] 失次序.[(2)] 奉高曰, 昔堯聘許由, 面無怍色.[(3)] 先生何爲顚倒衣裳. 文禮答曰, 明府初臨, 堯德未彰. 是以賤民顚倒衣裳耳.[(4)]

(1) 원봉고(袁奉高)는 원굉(袁閎)이다.

閎也.

(2) 《문사전(文士傳)》에 이런 말이 있다. '변양(邊讓)의 자는 문례(文禮)이며 진류(陳留) 사람이다. 재주가 뛰어나고 변설이 우수했다.

대장군(大將軍) 하진(何進)은 그의 명성을 듣고 불러서 영사(令史)를 삼았는데 예(禮)를 다하여 만났다. 변양의 응대(應待)는 조용하고 우아했으며 음성은 물이 흐르는 것 같았으므로 좌중의 사람들은 그 점을 경모(敬慕)했다. 변양은 부서에 부임했을 때 공융(孔融)·왕랑(王朗) 등이 이미 연(掾)이 되어 있었는데 모두 이름을 써내면서 변양에게 종속(從屬)코자 했으나 변양은 대등하게 이들과 교제했다. 후에 구강태수(九江太守)가 되었는데 후일 위무제(魏武帝)에게 죽음을 당했다.'

文士傳曰, 邊讓字文禮, 陳留人. 才儁辯逸. 大將軍何進聞其名, 召署令史, 以禮見之. 讓占對閑雅, 聲氣如流, 坐客皆慕之. 讓出就曹, 時孔融·王朗等竝前爲掾, 共書刺從讓, 讓平衡與交接. 後爲九江太守, 爲魏武帝所殺.

(3) 황보밀(皇甫謐)이 말했다. '허유(許由)의 자는 무중(武仲)이니 양성(陽城) 괴리(槐里) 사람이다. 요(堯)·순(舜)이 모두 그에게서 배웠다. 후에 패택(沛澤) 속에서 은거했는데, 요임금은 천하를 그에게 넘겨주려고 했다. 허유의 인품은 방정했는데 비뚤어진 자리에는 앉지 않았고 어지러운 음식은 먹지 않았는데, 요임금이 천하를 넘겨주려고 한다는 말을 듣고는 떠나 버렸다. 그 친구인 소보(巢父)는 허유로부터, 요임금이 천하를 넘겨주려고 했다는 말을 듣자 스스로 더러워졌다고 생각하고 연못에 가서 귀를 씻었다. 그러자 연못 주인은 "왜 내 물을 더럽혔는가?"라며 노했다. 그래서 허유는 중악(中岳 : 嵩山) 영수(潁水) 북쪽 기산(箕山) 자락에서 숨어살며 밭갈이를 했고, 평생동안 천하를 경영하려는 생각을 하지 않았다. 죽은 후 기산 마루에 장사지내졌는데 그곳은 양성(陽城) 남쪽 10리쯤 되는 곳이다. 요임금은 그 묘지에 가서 기산공신(箕山公神)이란 호를 지어 바쳤고 오악(五岳)에 배향하고 제사지냈다. 그 이후 대대로 제사를 지내어 오늘날에까지 그치지 아

니한다.'

皇甫謐曰, 由字武仲, 陽城槐里人也. 堯舜皆師而學事焉. 後隱
於沛澤之中, 堯乃致天下而讓焉. 由爲人據義履方, 邪席不坐,
邪饍不食, 聞堯讓而去. 其友巢父聞由爲堯所讓, 以爲污己, 乃
臨池洗耳. 池主怒曰, 何以汙我水. 由於是遁耕於中岳潁水之
陽, 箕山之下, 終身無經天下色. 死葬箕山之巓, 在陽城之南十
里. 堯因就其墓, 號曰箕山公神, 以配食五岳. 世世奉祀, 至今
不絕也.

(4) 생각하건대 원굉(袁閎)은 태위(太尉)의 연(掾)으로 졸(卒)했으며
여남태수(汝南太守)가 되었던 것은 아니다. 이 기록은 잘못된 것
이리라.

按, 袁閎卒於太尉掾, 未嘗爲汝南. 斯説謬矣.

▎주해▎ ○明府(명부)─태수(太守)의 존칭으로서 영명(英明)한 부군(府
君)이란 뜻임.
○五岳(오악)─태산(泰山 : 東岳)·화산(華山 : 西岳)·형산(衡山 : 南岳)·
항산(恒山 : 北岳)·숭산(嵩山 : 中岳) 등 다섯 명산을 가리킴. 국가의
진(鎭)으로서 존숭되었으며 대대로 천자(天子)가 순행(巡幸)하며 제사
를 지냈다.

2. 서유자(徐孺子 : 徐穉)[(1)]가 9세 때 달빛 아래서 놀고 있노라니
어떤 사람이 그에게 말을 걸어왔다. "만약 달님 속에 그림자가 없다
면 훨씬 더 밝았을 것이야."[(2)] 서유자가 말했다. "그렇지 않습니다.
예를 들면 눈에 눈동자가 있는 것과 같아서 그것이 없으면 결코 밝
지 않을 것입니다."

▎원문▎ 徐孺子[(1)]年九歲, 嘗月下戱. 人語之曰若令月中無物,

當極明邪.(2) 徐曰, 不然. 譬如人眼中有瞳子. 無此必不明.

(1) 서유자(徐子)는 서치(徐穉)이다.

  穉也.

(2) 《오경통의(五經通議)》에는 이런 말이 있다. '"달 속에 토끼와 섬여(蟾蜍)가 있는 것은 왜인가?" "달은 음(陰)이다. 섬여 또한 음이다. 토끼와 나란히 밝은 것은 음이 양(陽)과 연결되어 있기 때문이다."'

  五經通議曰, 月中有兔·蟾蜍者何. 月陰也. 蟾蜍亦陰也. 而與兔竝明, 陰繫於陽也.

▌참고│ 《후한서(後漢書)》 〈천문지(天文志)〉 주(注)에 '예(羿)가 서왕모(西王母)에게 불사약(不死藥)을 청했는데 항아(姮娥)가 이를 훔쳐가지고 달로 도망가서 두꺼비가 되었다'라고 기록되어 있다. 달을 섬여(蟾蜍)라고 기록하게 된 것은 여기에서 연유된 것임.

3. 공문거(孔文擧)(1)는 열 살 때 아버지를 따라 낙양(洛陽)에 갔다. 당시 이원례(李元禮 : 李膺)는 명성이 있었으며 사예교위(司隷校尉)였다. 그의 집을 찾아가는 사람들은 준재고결(俊才高潔)한 선비와 그의 내외 친척들뿐이었다. 공문거는 그의 집 문앞에 이르자 문지기에게 말했다. "나는 이부군(李府君)과 친척 사이외다." 문을 들어가서 자리에 앉자 이원례가 물었다. "자네와 나는 어떤 친척 관계인고?" 그가 대답했다. "그 옛날 우리 조상 중니(仲尼 : 孔子)님은 댁의 조상 이백양(李伯陽 : 老子)님을 스승으로 존경히 셨습니다. 그런즉 저와 댁은 대대로 친척인 셈입지요." 이원례를 비롯하여 빈객들까지 그 말에 경탄하지 않는 사람이 없었다. 태중대부(太中大夫) 진위(陳韙)가 뒤

늦게 왔는데 어떤 사람이 그 이야기를 하자 진위가 말했다. "어렸을 때에 영리하더라도 성장한 연후에 반드시 훌륭하게 되는 것은 아니오." 그러자 공문거가 말했다. "어르신께서는 어렸을 때 상당히 영리하셨던가 봅니다." 진위는 크게 화를 냈다.[2]

원문 孔文擧[1]年十歲, 隨父到洛. 時李元禮有盛名, 爲司隷校尉. 詣門者皆儁才淸稱, 及中表親戚乃通. 文擧至門, 謂吏曰, 我是李府君親. 旣通, 前坐. 元禮問曰, 君與僕有何親. 對曰, 昔先君仲尼, 與君先人伯陽, 有師資之尊. 是僕與君奕世爲通好也. 元禮及賓客莫不奇之. 太中大夫陳韙後至, 人以其語語之. 韙曰, 小時了了, 大未必佳. 文擧曰, 想君小時必當了了. 韙大踧踖.[2]

(1) 공문거(孔文擧)는 공융(孔融)이다.
　　融也.

(2) 《속한서(續漢書)》에는 이런 말이 있다. '공융(孔融)의 자는 문거(文擧)이며 노(魯)나라 사람이다. 공자(孔子)의 24세손인데 고조부(高祖父) 공상(孔尙)은 거록태수(鉅鹿太守), 아버지 공주(孔宙)는 태산도위(泰山都尉)를 지냈다.'
　　《공융별전(孔融別傳)》에 이런 말이 있다. '공융은 네 살 때 형과 함께 배를 먹는데 언제나 작은 것을 먹었다. 사람들이 그 이유를 묻자 이렇게 대답했다. "어린 것은 작은 것을 택해야 합니다." 열 살 때 아버지를 따라서 도읍에 올라왔다. 이때 하남윤(河南尹) 이응(李膺)은 고명(高名)이 있었는데 공융은 그 사람됨을 보고 싶어서 그의 집을 찾아갔다. 이응이 물었다. "그대의 조상은 지금까지 우리 집안과 어떤 관계가 있었는가?" 공융이 대답했다. "예, 저희 조상이신 공자(孔子)님은 대감댁 조상이신 이노군(李老君)

과 덕의(德義)를 함께하시고 서로 사우(師友)이시었습니다. 그런
까닭에 저와 대감과는 대대로 사귐이 있는 사이입지요.” 그 자리
에 있던 사람들은 모두 감탄하여 말했다. “진기한 아이로다.” 태
중대부(太中大夫) 진위(陳韙)가 뒤늦게 오자 좌중에 있던 사람이
이 사실을 이야기해 주었다. 진위가 말했다. “사람은 어렸을 적에
영리하더라도 자란 후에 반드시 훌륭해진다고 보장할 수는 없소
이다.” 그러자 공융이 즉각 반론했다. “만약 그 말씀이 맞는다면
대감께서는 어렸을 때 상당히 영리하셨겠습니다.” 이응은 크게 웃
었고, 공융을 돌아다보면서 말했다. “자라면 틀림없이 큰 인물이
될 것이다.”’

續漢書曰, 孔融字文擧, 魯國人, 孔子二十四世孫也. 高祖父尙,
鉅鹿太守. 父宙, 泰山都尉.

融別傳曰, 融四歲, 與兄食梨, 輒引小者. 人問其故. 答曰, 小
兒, 法當取小者. 年十歲, 隨父詣京師. 河南尹李膺有重名, 融
欲觀其爲人, 遂造之. 膺問, 高明父祖, 嘗與僕周旋乎. 融曰,
然. 先君孔子, 與君先人李老君同德比義, 而相師友, 則融與君,
累世通家也. 衆坐莫不歎息, 僉曰, 異童子也. 太中大夫陳韙後
至, 同坐以告. 韙曰, 人小時了了者, 長大未必能奇. 融應聲曰,
卽如所言, 君之幼時, 豈實慧乎. 膺大笑, 顧謂融曰, 長大必爲
偉器.

주해ㅣ ○中表親戚(중표친척)—아버지의 자매(姉妹), 혹은 어머니의 형
제자매를 가리킨다. 여기서는 널리 친가·외가의 친척을 가리키는 것이리
라.

○仲尼(중니)·伯陽(백양)—중니는 공자(孔子), 백양(伯陽)은 노자(老子)
의 자(字). 《사기(史記)》〈공자세가(孔子世家)〉와 〈노자열전(老子列
傳)〉에 ‘공자문례(孔子問禮)’의 이야기가 보인다.

○孔子二十四世孫(공자이십사세손)—《후한서(後漢書)》〈공융전(孔融

傳)〉 및 《삼국지(三國志)》〈최담전(崔琰傳)〉의 주(注)를 인용한 《속한
서(續漢書)》에 의하면 공융은 공자의 24세손으로 되어 있다.
ㅇ 都尉(도위) – 군(郡)의 군정장관(軍政長官).
ㅇ 太中大夫(태중대부) – 광록훈(光祿勳)에 속하며 천자의 측근에 있으면
서 의사(議事)에 관여하는 벼슬아치. 정원(定員)과 실권이 없는 명예직
으로서 관료 예비군이다.

4. 공문거(孔文擧 : 孔融)에게는 두 아들이 있었다. 큰아이는 여섯
살, 작은아이는 다섯 살이었다. 공문거가 낮잠을 자고 있는데 작은아
이가 머리맡에 있는 술을 훔쳐 마셨다. 큰아이가 이것을 보고, "왜
배례(拜禮)를 하지 않는 것이냐?"라고 물었다. 작은아이는 "훔쳐 먹
는 데 배례할 필요가 있는가?"라고 대답했다.

원문 | 孔文擧有二子, 大者六歲, 小者五歲. 晝日父眠. 小者
床頭盜酒飲之. 大兒謂曰, 何以不拜. 答曰, 偸, 那得行禮.

참고 | 〈언어편(言語篇)〉 12에도 비슷한 이야기가 있다. 거기에서는
종육(鍾毓) 형제로 되어 있다.

5. 공융(孔融)이 체포되자 조정의 안팎이 모두 두려워했다. 당시
공융의 아들은 형이 아홉 살이었고 동생이 여덟 살이었다. 두 아들은
못치기놀이를 하면서 조금도 당황하는 기색이 없었다. 공융이 사자
(使者)에게 말했다. "죄는 나 한 몸으로 그치게 해주시오. 두 아이는
무사하겠지요?" 아들 형제는 서서히 다가오면서 말했다. "아버님, 뒤
집어진 새둥지 밑에, 깨지지 않는 새알이 있겠습니까?" 얼마 후, 사
자가 다시 아들들을 붙잡으러 왔다.[1]

원문| 孔融被收, 中外惶怖. 時融兒大者九歲, 小者八歲. 二兒故琢釘戲, 了無遽容. 融謂使者曰, 冀罪止於身. 二兒可得全不. 兒徐進曰, 大人豈見覆巢之下, 復有完卵乎. 尋亦收至.[1]

(1) 《위씨춘추(魏氏春秋)》에는 이런 말이 있다. '공융(孔融)은 손권(孫權)의 사자(使者)에게 비방하는 말을 했다 하여 기시형(棄市刑)에 처해지게 되었다. 공융이 붙잡혀가는 데도 불구하고 두 아들은 바둑을 두면서 일어나려 하지도 않았다. 옆에 있던 사람이 "너희 아버지가 붙잡혀간다."라고 말하자 두 아들은 "새둥지가 허물어지는데 그 알이 깨지지 않을 수 있겠습니까?"라고 했다. 그후 얼마 안되어 두 아들도 죽음을 당했다.'

《세설신어(世說新語)》에 이런 말이 있다. '위태조(魏太祖 : 曹操)는 흉년이 들자 그것을 구실삼아 금주령(禁酒令)을 내렸다. 이에 대하여 공융은 "술은 의례(儀禮)에 필요한 것인즉 금하는 것은 좋지 않습니다."라고 진언했다. 그러자 태조는 인심을 현혹시켰다 하여 공융을 붙잡아다가 처형했다. 이때 공융의 두 아들은 아직 7, 8세였었는데 체포되었다. 공융이 아들들에게 "왜 도망가지 아니하였느냐?"고 말하자 아들들이 대답했다. "아버님께서 이처럼 붙잡히셨거늘 어찌 피하겠습니까?"'

배송지(裴松之)는 아래와 같이 생각했다. '《세설신어》에서 공융의 아들들이 도망치지 아니했고 틀림없이 죽을 것이라고 생각했었다고 한 것은 그런대로 타당하다 해야 할 것이다. 그러나 《위씨춘추(魏氏春秋)》에 기록되어 있는 손성(孫盛)의 말은 납득하기 어려운 점이 있다. 여덟 살밖에 안된 아이가 화환(禍患)을 예측할 수 있을 만큼 총명했었다고 하면 그 근심하고 즐거워하는 마음도 어른보다 더했었을 것이다. 그렇건만 어찌 아버지가 잡혀가는 것을 보고도 안색 하나 바꾸지 아니한 채 바둑을 계속해서 두며, 일어나지도 않고 놀기만 할 수 있었겠는가? 옛날 신생(申生)은 죽음을 앞에 두고도 아버지에 대한 걱정을 하지 않을 수 없었다. 아버지가 무사했어도 이러하거늘 하물며 아버지가 비상사태에 있는 경우임에랴. 손성은 이것을 미담(美談)으로 기록하고 있는데 도리어 남의 자식을 손상시킨 결과가 아니겠는가? 아마도 기이한 점을 너무 강조한 나머지 이런 말이 오히려 도리에 어긋난다는 점을 미처 깨닫지 못했던 것이리라.'

魏氏春秋曰, 融對孫權使有訕謗之言, 坐棄市. 二子方八歲九歲. 融見收, 弈棋端坐不起. 左右曰, 而父見執. 二兒曰, 安有巢毀, 而卵不破者哉. 遂俱見殺.

世語曰, 魏太祖以歲儉禁酒, 融謂, 酒以成禮, 不宜禁. 由是惑衆, 太祖收法焉. 二子髫齔見收, 顧謂二子曰, 何以不避. 二子曰, 父尙如此, 復何所避.

裴松之以爲, 世語云融兒不避, 知必俱死, 猶差可安. 孫盛之言, 誠所未譬. 八歲小兒, 能懸了禍患, 聰明特達, 卓然旣遠, 則其憂樂之情, 固亦有過成人矣. 安有見父被執, 而無變容, 弈棋不起, 若在暇豫者乎. 昔申生就命, 言不忘父, 不以己之將死而廢念父之情也. 父安尙猶若茲, 而況顚沛哉. 盛以此爲美談, 無乃賊夫人之子與. 蓋由好奇情多, 而不知言之傷理也.

주해 ○琢釘戲(탁정희) - 못치기놀이. 청(淸)나라 주양공(周亮工)의 《인수옥서영(因樹屋書影)》 권3에, '금릉(金陵) 아이들 놀이에 못치기놀이가 있다. 땅바닥에 경계를 그어놓고 못을 그 속에 던져 넣는 것이다. 먼저 작은 못을 땅에 꽂아놓는데 그것을 첨(籤)이라고 한다. 이 첨이 있는 곳을 중심으로 하여 못을 던지는데 경계를 벗어나는 자나, 못을 맞추지 못하는 자나, 맞추더라도 중심의 첨을 건드리면 지게 된다'라고 했다.

○棄市(기시) - 장터 등, 사람이 많이 모이는 곳에서 집행하는 형(刑).

○髫齔(초츤) - 초(髫)는 다박머리. 츤(齔)은 이를 간다는 뜻. 초츤은 그런 연령. 즉 7, 8세의 어린이를 뜻한다.

ㅇ 申生(신생) - 춘추시대(春秋時代) 진(晋)나라 헌공(獻公)의 태자. 헌공
은 여희(驪姬)를 총애하여 태자 신생을 폐하고 여희의 아들 해제(奚齊)
를 태자로 세우고자 했다. 헌공은 신생을 곡옥(曲沃)에 머물도록 했는
데 여희가 다시 참소하자 태자 신생을 죽이려고 했다. 이때 중이(重
耳 : 뒤의 文公)는 신생을 부추기어 헌공을 죽이라고 했으나 신생은 부
왕(父王)을 시해할 수 없다고 단호하게 거절했을 뿐 아니라 자살하고
말았다.

6. 영천(潁川)의 태수(太守)가 진중궁(陳仲弓 : 陳寔)을 곤형(髡刑)
에 처했다.[1] 손님이 원방(元方 : 陳寔의 장남)에게 물었다. "태수님
은 어떤 분입니까?" 원방이 대답했다. "훌륭하신 분이지요." "당신의
아버님은 어떤 분입니까?" 원방이 말했다. "충신(忠臣) 효자(孝子)이
십니다." 손님이 말했다. "《역경(易經)》에 이르기를 '두 사람이 마음
을 같이하면 그 날카롭기가 쇠를 끊고, 한 마음에서 나온 말은 그 향
기롭기가 난초와 같다'[2]고 했습니다. 그런데 어찌하여 훌륭하신 태수
님이 충신 효자를 처벌한단 말입니까?" 원방이 말했다. "당신이 하는
말은 크게 잘못입니다. 따라서 대답하지 않겠습니다." 손님이 말했다.
"당신은 허리를 굽히는 것만이 공손하게 하는 것이라고 생각하고 있
기 때문에 대답하지 못하는 것이군요." 원방이 말했다. "옛날 은(殷)
나라 고종(高宗)은 효자인 효기(孝己)[3]를 내쫓았고, 주(周)나라의
윤길보(尹吉甫)는 효자인 백기(伯奇)[4]를 내쫓았으며, 한(漢)나라 동
중서(董仲舒)는 효자인 부기(符起)[5]를 내쫓았습니다. 이 세 사람의
주군(主君)들이야말로 훌륭한 분들이었고 이 세 사람이야말로 모두
충신이었습니다." 손님은 잠자코 물러갔다.

|원문| 潁川太守髡陳仲弓.[1] 客有問元方, 府君何如. 元方曰,
高明之君也. 足下家君何如. 曰, 忠臣孝子也. 客曰, 易稱, 二

人同心, 其利斷金. 同心之言, 其臭如蘭.[2] 何有高明之君, 而
刑忠臣孝子者乎. 元方曰, 足下言何其謬也. 故不相答. 客曰,
足下但因傴爲恭而不能答. 元方曰, 昔高宗放孝子孝己,[3] 尹
吉甫放孝子伯奇,[4] 董仲舒放孝子符起.[5] 唯此三君, 高明之
君, 唯此三子, 忠臣孝子. 客慙而退.

(1) 생각하건대 진식(陳寔)이 고향에 있을 때, 주(州)나 군(郡)에서 용
의자가 있는데 재판할 수 없을 때에는 모두 진식에게로 데리고
왔다. 어떤 사람은 진식에게로 와서 사실 그대로를 자백하고 어떤
사람은 오는 도중에 그때까지 했던 말을 뒤집기도 하고, 또 어떤
사람은 정신이 헷갈리어 잘못 말했었다고 말했다. 그들은 모두
"형벌을 받고 괴로움을 당하는 편이 진군(陳君)에게 비난당하는
것보다 낫다."고 말했다. 성덕(盛德)이 사람을 감화시키는 것이
이와 같거늘 자신을 지켜내지 못하고 도리어 형벌에 처해지는 일
이 있을 수 있는가? 이것은 이른바 제동야인(齊東野人)이 하는
말인 것이다.

案, 寔之在鄉里, 州郡有疑獄不能決者, 皆將詣寔. 或到而情首,
或中途改辭, 或託狂悖. 皆曰, 寧爲刑戮所苦, 不爲陳君所非.
豈有盛德感人若斯之甚, 而不自衛, 反招刑辟. 殆不然乎. 此所
謂東野之言耳.

(2) 왕이(王廙)의 《계사주(繫辭注)》에 말했다. '금(金)은 지극히 굳은
것이다. 마음을 함께하는 사람은 굳고 날카롭기가 뚫고 들어갈 수
없는 것이 없다. 난초는 향기로운 것이다. 그 좋은 향기를 좋아하
지 않는 사람이 없다. 마음을 함께하는 사람은 그 어떤 일에도 즐
기지 않는 일이 없음을 가리킨다.'

王廙注繫辭曰, 金至堅矣. 同心者其利無不入. 蘭芳物也, 無不
樂者. 言其同心者, 物無不樂也.

(3) 《제왕세기(帝王世紀)》에 이런 말이 있다. '은(殷)나라 고종(高宗)
　　인 무정(武丁)에게는 훌륭한 아들인 효기(孝己)가 있었는데 그
　　어머니가 일찍 죽었다. 고종은 후처의 말에 현혹되어 효기를 내쫓
　　았다. 천하 사람들은 이 일을 슬퍼했다.'

　　帝王世紀曰, 殷高宗武丁, 有賢子孝己, 其母早死. 高宗惑後妻
　　之言, 放之而死. 天下哀之.

(4) 《금조(琴操)》에 이런 말이 있다. '윤길보(尹吉甫)는 주(周)나라 경
　　(卿)이었다. 백기(伯奇)란 아들이 있었는데 그의 어머니가 죽자,
　　윤길보는 후처를 얻었고 후처는 백규(伯邦)라는 아들을 낳았다.
　　후처가 윤길보에게 백기를 중상하자 윤길보는 백기를 교야(郊野)
　　로 내쫓았다. 주나라 선왕(宣王)이 놀이를 나갈 때, 윤길보가 함
　　께 갔다. 백기는 그곳에서 노래를 지어 불렀는데 그 가사는 선왕
　　을 감동시켰다. 선왕은 노래를 듣고 "이것은 효자의 말이오."라고
　　했다. 윤길보는 백기를 교야에서 데리고 돌아왔고 후처를 쏘아 죽
　　였다.'

　　琴操曰, 尹吉甫, 周卿也. 有子伯奇, 母死更娶, 後妻生子曰伯
　　邦. 乃譖伯奇於吉甫, 於是放伯奇於野. 宣王出遊, 吉甫從, 伯
　　奇乃作歌以言感之. 宣王聞之曰, 此孝子之辭也. 吉甫乃求伯奇
　　於野, 而射殺後妻.

(5) 미상(未詳).

　　未詳.

주해　　○髡(곤) - 형벌의 일종으로 머리를 박박 깎는 형(刑).
○易稱(역칭) - 《주역(周易)》〈계사전(繫辭傳)〉상(上)에 있는 말.
○東野之言(동야지언) - 제(齊)나라 동쪽 시골사람이 하는 말이란 뜻으
로서, 어리석어서 믿을 만한 말이 아니라는 비유이다.

7. 순자명(荀慈明 : 荀爽)이 여남(汝南)의 원랑(袁閬)과 만났을
때,[1] 원랑이 영천(潁川)의 인사(人士)에 대하여 물었다. 순자명이 우
선 자기 형들에 대하여 말했던바, 원랑이 웃으며 말했다. "인물을 드
는 데 친지나 지기(知己)에 한정해도 되는 게요?" 순자명이 말했다.
"그대는 비난을 하고 있는데 그 이유가 무엇이오?" 원랑이 말했다.
"국가의 인재(人材)에 대해서 물었는데 형들을 들먹이고 있으니까 그
러는 것이외다. 그것을 지적한 것뿐이오." 순자명이 말했다. "옛날 기
해(祁奚)는 집안 사람을 천거할 때 자기 자식을 빼놓지 아니했으며
남을 천거할 때 원수도 빼놓지 아니하여 지극히 공평하다는 말을 들
었소이다.[2] 주공단(周公旦)은 문왕(文王)의 시(詩)에서 요순(堯舜)
의 덕을 논하지 않았고, 문왕(文王)·무왕(武王)을 칭송했는데 이는
육친을 육친으로 사랑했기 때문이오. 《춘추(春秋)》의 의법(儀法)도
자기 나라인 노(魯)나라는 안으로 하고 그밖의 다른 나라들은 밖으로
했소이다. 그런즉 자기 친족을 사랑하지 않고 남을 사랑하는 것이 패
덕(悖德)이 아니리이까."

│원문│ 荀慈明與汝南袁閬相見,[1] 問潁川人士. 慈明先及諸
兄. 閬笑曰, 士但可因親舊而已乎. 慈明曰, 足下相難, 依據者
何因. 閬曰, 方問國士, 而及諸兄. 是以尤之耳. 慈明曰, 昔者
祁奚內擧不失其子, 外擧不失其讎, 以爲至公.[2] 公旦文王之
詩, 不論堯舜之德, 而頌文武者, 親親之義也. 春秋之義, 內其
國而外諸夏. 且不愛其親而愛他人者, 不爲悖德乎.

(1) 순상(荀爽)은 일명 순서(荀諝)라고도 한다.
　　《한남기(漢南紀)》에 이런 말이 있다. '순서(荀諝)는 시문(詩文)이
　　라든가 전적(典籍)을 안본 것이 없었다. 당시 사람들의 속담에
　　"순씨(荀氏)의 팔룡(八龍) 가운데 자명(慈明)과 겨룰 자가 없다."

고 했다. 야(野)에 숨어살면서 뜻이 굳었는데 관(官)에서 불러도
나아가지 아니했다.'

장번(張璠)의 《한기(漢紀)》에 이런 말이 있다. '동탁(董卓)이 정
권을 잡자 다시 순상(荀爽)을 불렀다. 순상은 도망치려고 했는데
관원들이 끈질기게 막았다. 무위무관(無位無官)에서 몸을 일으키
어 95일만에 삼공(三公)이 되었다.'

荀爽, 一名諝.

漢南紀曰, 諝文章典籍無不涉. 時人諺曰, 荀氏八龍, 慈明無雙.
潛處篤志, 徵聘無所就.

張璠漢紀曰, 董卓秉政, 復徵爽, 爽欲遁去, 吏持之急. 起布衣,
九十五日而至三公.

(2) 《춘추전(春秋傳)》에 다음과 같은 말이 있다. '기해(祁奚)가 중군
위(中軍尉)였을 때, 은거할 것을 청원했다. 진후(晉侯)가 후계자
를 묻자 해호(解狐)를 천거했다. 그는 기해의 원수였다. 그를 기
용코자 했던바 곧 죽어버렸다. 그래서 다시 후계자를 묻자 기오
(祁午)가 좋을 것이라고 했다. 그는 기해의 아들이었다. 군자(君
子)가 평하기를, "기해는 훌륭한 인물을 천거했다고 할 수 있겠다.
자기 원수를 천거하되 아첨한다는 말을 듣지 않았고, 자기 아들을
천거하되 당파짓는다는 말을 듣지 아니했다."고 하였다.'

春秋傳曰, 祁奚爲中軍尉, 請老, 晉侯問嗣焉. 稱解狐. 其讎也.
將立之而卒, 又問焉. 對曰, 午也可. 其子也. 君子謂祁奚可謂
能擧善矣. 稱其讎, 不爲諂, 立其子, 不爲比.

주해 ㅇ文王之詩(문왕지시) -《시경(詩經)》〈대아(大雅)〉 문왕(文王)
이란 제목의 시. 《여씨춘추(呂氏春秋)》〈중하기(仲夏紀)〉 제5고악(第
五古樂)에서는 이 시를 주공단(周公旦) 작(作)이라고 했다.
ㅇ八龍(팔룡) -앞의 덕행편(德行篇) 6에서 이미 나왔다.

○春秋傳(춘추전)-《춘추좌씨전(春秋左氏傳)》양공(襄公) 3년조에 있
  는 글.
○中軍尉(중군위)-삼군(三軍) 중, 중앙군(中央軍)의 군감(軍監).

8. 예형(禰衡)은 위(魏) 무제(武帝 : 曹操)의 미움을 받아 고리(鼓
吏)로 폄적(貶謫)되었다. 정월 보름에 태고(太鼓)의 관열(觀閱)이 있
을 때, 예형은 북채를 들고 어양참과(漁陽摻檛)의 곡을 연주했다. 그
소리는 당당하고 장중한 음향으로 퍼졌다. 그 자리에 있던 사람들은
자신도 모르는 사이에 매무새를 바르게 했다.[1] 공융(孔融)이 말했다.
"예형은 서미형(胥靡刑)에 처해졌던 부열(傅說)과 마찬가지인데 명
주(明主)의 꿈에 현몽되지 않았을 뿐입니다."[2] 위무제는 그 말을 듣
고 부끄러워했으며 예형을 용서했다.

│원문│ 禰衡被魏武謫爲鼓吏, 正月半試鼓. 衡揚枹爲漁陽摻
檛, 淵淵有金石聲. 四座爲之改容.[1] 孔融曰, 禰衡罪同胥靡,
不能發明王之夢.[2] 魏武慙而赦之.

(1) 《전략(典略)》에는 이런 이야기가 있다. '예형(禰衡)의 자는 정평
  (正平)이며 평원(平原) 반(般) 땅 사람이다.'
  《문사전(文士傳)》에는 이런 말이 기록되어 있다. '예형의 조상의
  출신에 대해서는 알 수가 없으나 그 우수한 재능은 출중하다. 젊
  었을 때 공융(孔融)과 친한 사이였다. 당시 예형은 나이 20이 안
  되었었고 공융은 이미 50세였다. 공융은 예형의 빼어난 재능을
  높이 평가했고 서로 진심으로 사귀었는데 상호간에 떨어질 수가
  없었다. 건안(建安) 연간 초, 북방에서 놀았다. 어떤 사람이 도읍
  으로 귀현(貴顯)들을 찾아가라고 권했다. 예형은 명함 한 장을
  품속에 넣고 갔는데 그것이 너덜너덜해질 때까지 끝내 어떤 곳도

방문하지 않았다. 공융은 여러 차례나 무제(武帝)에게 상주(上奏)하여 예형의 재능을 칭찬했다. 무제는 그때마다 예형을 만나보고자 했는데 예형은 칭병(稱病)하고 가지 않았을 뿐만 아니라 도리어 자주 비판을 했으므로 무제는 크게 분노했다. 하지만 예형의 재능과 명성 때문에 죽이지는 않고, 그를 욕보이려고 죄인의 반열에 세워 고리(鼓吏)로 삼았다. 그후 8월의 조회 때 대대적으로 고악(鼓樂)을 관열(觀閱)했는데 3중의 누각을 세우고 빈객들을 열석(列席)시켰다. 비단으로 옷을 만들고 입오(立烏) 모자에 연두색 단의(單衣) 및 고쟁이를 새로 지어, 고리(鼓吏)로서 태고(太鼓)를 치는 자는 모두 입고 있던 옷을 벗고 이 새 의상을 입도록 했다. 이윽고 예형의 차례가 되자 그는 북을 치면서 어양참과(漁陽摻檛)의 곡을 연주하며 당당하게 나오더니 빠른 걸음으로 걷는데 그 모습은 다른 고리들과 달랐다. 태고 소리는 비장했고 마디를 넘길 때는 특히 교묘했다. 좌석에 있던 사람 중 감동하여 탄식하지 않는 자가 없었는데 그 자가 예형임에 틀림없는 것을 알았다. 예형이 태고를 치면서도 옷을 갈아입으려고 하지 않자 관리가 나무라면서 호통을 쳤다. "너만 왜 옷을 갈아입지 않는 게냐?" 그래서 예형은 북치기를 중단하고 무제 앞에서 먼저 고쟁이를 벗었으며 다음으로 상의를 벗고 나체로 섰다. 그리고 서서히 입오(立烏) 모자를 쓰고 연두색 단의를 입고 고쟁이를 꿰었다. 입기를 끝내자 그는 다시 북을 치며 어양참과곡을 연주한 다음 물러갔는데 부끄러워하는 기색이 전혀 없었다. 무제는 웃으면서 좌석에 있는 자들에게 말했다. "처음에는 예형을 욕보이려고 생각했었는데 예형이 오히려 나를 욕보였소." 지금도 어양참과곡은 있는데 그것은 예형에게서 시작된 것이다. 예형은 황조(黃祖)에게 죽음을 당했다.'

典略曰, 衡字正平, 平原般人也.

文士傳曰, 衡不知先所出, 逸才飄擧. 少與孔融作爾汝之交. 時衡未滿二十, 融已五十, 敬衡才秀, 共結殷勤, 不能相違. 以建

安初北游. 或勸其詣京輝貴游者. 衡懷一刺, 遂至漫滅, 竟無所
詣. 融數與武帝牋, 稱其才. 帝傾心欲見, 衡稱疾不肯往, 而數
有言論, 帝甚忿之. 以其才名, 不殺, 圖欲辱之, 乃令錄爲鼓吏.
後至八月朝會, 大閱試鼓節, 作三重閣, 列坐賓客. 以帛絹製衣,
作一岑牟, 一單絞及小 . 鼓吏度者, 皆當脫其故衣, 箸此新衣.
次傳衡, 衡擊鼓爲漁陽摻檛, 蹋地來前, 躡馺脚足, 容態不常.
鼓聲甚悲, 音節殊妙. 坐客莫不忼慨, 知必衡也. 旣度, 不肯易
衣. 吏呵之曰, 鼓吏何獨不易服. 衡便止, 當武帝前先脫輝, 次
脫餘衣, 裸身而立. 徐徐乃箸岑牟, 次箸單絞, 後乃箸輝. 畢,
復擊鼓, 摻檛而去, 顏色無怍. 武帝笑謂四坐曰, 本欲辱衡, 衡
反辱孤. 至今有漁陽摻檛, 自衡造也. 爲黃祖所殺.

(2) 황보밀(皇甫謐)의 《제왕세기(帝王世紀)》에 이런 이야기가 있다.
'은(殷)나라 무정(武丁)은 하늘에서 현인(賢人)을 내린 꿈을 꾸었
다. 그래서 백공(百工)에게 그 상(像)을 그리게 했고 널리 천하에
서 찾도록 했다. 서미(胥靡)의 토공(土工)으로 가난한 몸차림의
사람이 부암(傅巖)의 들판에 있는 것을 발견했다. 그래서 그를
부열(傅說)이라고 불렀다.'
장안(張晏)이 말했다. "서미(胥靡)는 형명(刑名)이다. 서(胥)는
상(相 : 서로)이고 미(靡)는 종(從 : 따르다)이다. 즉 묶여서 서로
따라다니며 일하는 가벼운 형벌을 가리킨다."
皇甫謐帝王世紀曰, 武丁夢天賜己賢人. 使百工寫其像, 求諸天
下. 見築者胥靡衣褐於傅巖之野, 是謂傅說.

張晏曰, 胥靡, 刑名. 胥, 相也. 靡, 從也. 謂相從坐輕刑也.

주해 ｜ ○爾汝之交(이여지교)－이(爾)와 여(汝) 모두 절친한 사이에 쓰
는 대칭(對稱)의 대명사(代名詞). 즉 너, 자네란 뜻. 그렇게 서로 부를
수 있는 친한 사이의 교제를 '이여지교(爾汝之交)'라고 한다.

9. 남군(南郡)의 방사원(龐士元 : 龐統)은 사마덕조(司馬德操 : 司馬徽)가 영천(潁川)에 있다는 말을 듣고는 2천 리의 먼 길을 일부러 찾아갔다. 도착하자 마침 사마덕조는 뽕을 따고 있었다. 방사원은 수레 안에서 말을 걸었다. “사나이가 처세하는 데는 금인자수(金印紫綬)를 띠고 다녀야 한다고 들었소이다. 훌륭한 기량(器量)을 지니고 있으면서 어찌 실이나 잣는 여자와 같은 일을 할 수 있단 말입니까?”(1) 사마덕조가 대답했다.(2) “어서 수레에서 내리시구려. 당신은 단지 지름길을 가는 신속성이나 알고 있을 뿐, 길을 잘못 들어 헤매는 것은 생각하지 못하는 것 같소이다. 옛날 백성(伯成)은 둘이서 밭을 갈면서도 제후(諸侯)의 영광 따위는 바라지 않았고,(3) 원헌(原憲)은 뽕나무 지도리를 한 집에 살고 있으면서 관리(官吏)의 저택으로 옮겨 살 생각을 하지 않았다오.(4) 어찌 사는 곳이 호화스런 저택이고, 출입하는 데 살진 말을 타며, 수십 명의 시녀를 거느려야 비로소 훌륭하다고 하오리까? 그것이야말로 허유(許由)·소보(巢父)(5)가 강개했던 바이고, 백이(伯夷)·숙제(叔齊)가 길게 탄식했던 이유지요.(6) 진(秦)나라에서 훔친 작위(爵位)와 천승(千乘)의 부(富)(7)가 있다 하더라도 귀하다고는 할 수 없는 일이외다.” 방사원이 말했다. “나는 궁핍한 시골에서 태어났기 때문에 대의(大義)에 접한 일이 거의 없었소이다. 만약 한 차례 대종(大鍾)을 두드리어 뇌고(雷鼓)를 두드려 보지 않았더라면 그 음향의 크기를 알 수 없었을 것이외다.”

원문| 南郡龐士元, 聞司馬德操在潁川, 故二千里候之. 至, 遇德操采桑, 士元從車中謂曰, 吾聞丈夫處世, 當帶金佩紫. 焉有屈洪流之量, 而執絲婦之事.(1) 德操曰,(2) 子且下車. 子適知邪徑之速, 不慮失道之迷. 昔伯成耦耕, 不慕諸侯之榮.(3) 原憲桑樞, 不易有官之宅.(4) 何有坐則華屋, 行則肥馬, 侍女數十, 然後爲奇. 此乃許父.(5) 所以慷慨, 夷齊所以長歎.(6) 雖

有竊秦之爵, 千駟之富,[7] 不足貴也. 士元曰, 僕生出邊垂, 寡
見大義. 若不一叩洪鍾, 伐雷鼓, 則不識其音響也.

(1) 《촉지(蜀志)》에는 이런 내용이 있다. '방통(龐統)의 자는 사원(士
元)이며 양양(襄陽) 사람이다. 젊었을 때는 박눌(朴訥)하여 그의
존재를 아는 사람이 없었다. 영천(潁川)의 사마휘(司馬徽)는 사람
을 알아보는 눈이 있었다. 방사원은 20세 무렵에 찾아가서 사마휘
를 만났다. 사마휘는 뽕나무 위에서 뽕을 따고 있었는데 방사원을
나무 아래에 앉히고 밤이 되기까지 함께 이야기를 나누었다. 사마
휘는 방사원을 보통사람이 아니라고 생각하고 "그대는 남주(南州)
에서 제일가는 사인(士人)이 될 것임에 틀림없다."고 하였다. 이
때부터 방사원의 이름은 차츰 높아져 갔다.'
《양양기(襄陽記)》에 이런 말이 있다. '방사원(龐士元 : 龐統)은 방
덕공(龐德公)의 조카이다. 젊었을 때는 아직 그의 존재를 아는 사
람이 없었는데 방덕공만은 그를 중시했다. 18세 때 방덕공은 방사
원을 사마덕조(司馬德操)에게 보내어 만나보도록 했다. 같이 이야
기를 나누던 중 사마덕조는 찬탄하여 말했다. "방덕공은 사람을
보는 눈이 있도다. 실로 훌륭한 인물이야." 후에 유비(劉備)가 시
세(時世)의 일에 대하여 사마덕조에게 물었다. 사마덕조는 말했다.
"제가 어찌 당세의 요무(要務)를 알 수 있겠습니까. 이 지방에는
복룡(伏龍)과 봉추(鳳雛)가 있지 아니합니까." 이는 제갈공명(諸
葛孔明)과 방사원을 두고 한 말이다.'
《화양국지(華陽國志)》에 이런 이야기가 있다. '유비는 방사원을
발탁하여 군사중랑장(軍師中郞將)을 삼았다. 방사원은 유비를 따
라 낙양(洛陽)을 공격했는데 유시(流矢)에 맞아 전사했다. 그때
나이가 38세였다.'
蜀志曰, 龐統字士元, 襄陽人. 少時樸純, 未有識者. 潁川司馬
徽有知人之鑒, 士元弱冠往見徽. 徽采桑樹上, 坐士元樹下, 共

語, 自晝至夜. 徽異之曰, 生, 當爲南州士人之冠冕. 由是漸顯.
襄陽記曰, 士元, 德公之從子也. 年少未有識者, 唯德公重之.
年十八, 使往見德操. 與語, 歎曰, 德公誠知人, 實盛德也. 後
劉備訪世事於德操. 德操曰, 俗士豈識時務. 此閒自有伏龍鳳
鶵. 謂諸葛孔明與士元也.

華陽國志曰, 劉備引士元爲軍師中郎將, 從攻洛, 爲流矢所中,
卒, 時年三十八.

(2) 《사마휘별전(司馬徽別傳)》에 다음과 같은 이야기가 있다. '사마휘(司馬徽)의 자는 덕조(德操)이며 영천(潁川) 양적(陽翟) 사람이다. 인물의 기량(器量)을 보는 안목이 있었다. 형주(荊州)에 있을 때 자사(刺史) 유표(劉表)가 암우하기 때문에 틀림없이 선인(善人)을 해칠 것임을 알고 있었으므로 입을 다물고 담론하는 일이 없었다. 당시 누군가가 어떤 인물에 대하여 사마휘에게 묻는 일이 있으면 그 고하(高下)를 비평하는 일 없이 언제나 좋다고 말하곤 했다. 그러자 그의 아내가 나무랐다. "남이 물어오면 당신은 상세하게 대답해 주셔야 하겠거늘 덮어놓고 좋소 좋소라고만 말씀하시니, 그러면 애써 질문한 의미가 없을 게 아니겠습니까." 그러자 사마휘는 말했다. "당신 말도 좋소." 완곡하여 남과 다투지 않는 것이 이와 같았다. 어느 때 사마휘네 돼지를 자기네 돼지라고 우기는 사람이 있었으므로 그 사람에게 주고 말았다. 그후 그 사람은 자기 돼지를 찾았으므로 정중하게 사과하며 보내왔다. 사마휘도 공손히 예를 다했다. 유표의 아들 유종(劉琮)이 사마휘를 찾아가고자 하여 우선 집에 있는지 여부를 알아보도록 했다. 마침 사마휘는 밭을 매고 있었다. 유종의 종자(從者)가 와서 물었다. "사마군(司馬君)께서는 댁에 계시오?" 그러자 사미휘가 대답했다. "나올시다." 유종의 종자는 그의 허름한 차림새를 보고 욕을 했다. "이런 무식한 놈아! 장군의 아드님께서 사마군을 뵙고자 하자는 거다! 너 같은 종놈이

감히 나올시다라니 괘씸한 놈 같으니라구!" 사마휘는 집에 들어가서 머리를 가다듬고 두건을 쓰고 나왔다. 유종의 종자가 보니 아까그 노인이 아닌가. 그는 기절초풍하여 이 사실을 유종에게 고했다. 유종이 일어나 머리를 조아리며 사과했다. 그러자 사마휘가 말했다. "그러지 마십시오. 나야말로 부끄럽습니다. 내가 밭을 매고 있었던 것은 당신만이 알고 있는 일입니다." 누에를 치려고 누에 채반을 빌리러 온 사람이 있었다. 그러자 사마휘는 자기네 누에를 쏟아버리고 누에 채반을 내주었다. 어떤 사람이 말했다. "대저 자기 것을 남에게 나누어 주는 것은 상대방이 절박하고 자신에게는 여유가 있는 경우입니다. 그런데 지금 처지가 비슷한데도 어찌하여 남에게 주는 것입니까?" 사마휘가 말했다. "남이 구하지 않는다면 그것으로 좋소이다. 그러나 구하는데도 주지 않는다면 수치를 당하게 하는 것이지요. 어찌 재물로 인하여 남을 부끄럽게 한단 말입니까?" 어떤 사람이 유표에게 말했다. "사마덕조는 흔히 볼 수 없는 훌륭한 사람입니다. 단지 불우할 뿐이지요." 유표는 후일 사마휘를 만나본 다음 이렇게 말했다. "세상 사람들은 헛소리를 하고 있어. 만나보니 보잘것없는 서생(書生)이잖은가." 지혜가 있으면서도 언뜻 보기에 어리석어 보이는 것이 이와 같았다. 형주(荊州 : 劉表)가 격파된 다음 조조(曹操)에게 붙잡혔다. 조조는 그를 크게 쓰고자 했으나 마침 병에 걸리어 죽었다.'

司馬徽別傳曰, 徽字德操, 潁川陽翟人. 有人倫鑒識. 居荊州, 知劉表性暗, 必害善人, 乃括囊不談議. 時人有以人物問徽者, 初不辨其高下, 每輒言佳. 其婦諫曰, 人質所疑, 君宜詳論, 而一皆言佳, 豈人所以咨君之意乎. 徽曰, 如君所言, 亦復佳. 其婉約遜遁如此. 嘗有妄認徽豬者, 便推與之. 後得其豬, 叩頭來還, 徽又厚辭謝之. 劉表子琮往候徽, 遣問在不. 會徽自鋤園. 琮左右問, 司馬君在耶. 徽曰, 我是也. 琮左右見其醜陋, 罵曰, 死庸. 將軍諸郎欲求見司馬君. 汝何等田奴, 而自稱是邪. 徽歸,

刈頭箸憤出見. 琮左右見徽, 故是向老翁. 恐向琮道之. 琮起,
叩頭辭謝. 徽乃謂曰, 卿眞不可然, 吾甚羞之. 此自鋤園, 唯卿
知之耳. 有人臨蠶求蔟箔者, 徽自棄其蠶而與之. 或曰, 凡人損
己以贍人者, 謂彼急我緩也. 今彼此正等, 何爲與人. 徽曰, 人
未嘗求己. 求之不與, 將慙. 何有以財物令人慙者. 人謂劉表曰,
司馬德操, 奇士也. 但未遇耳. 表後見之曰, 世閒人爲妄語, 此
直小書生耳. 其智而能愚, 皆此類. 荊州破, 爲曹操所得, 操欲
大用, 會其病死.

(3) 《장자(莊子)》에 이런 이야기가 있다. '요(堯)가 천하를 다스릴 때
백성자고(伯成子高)는 그를 섬기어 제후(諸侯)가 되었다. 우(禹)
가 천자의 자리에 오르자 백성자고는 제후의 자리를 내놓고 들판
에 가서 경작을 했다. 우가 가서 백성자고를 만나 겸손하게 정사
(政事)에 대하여 물었던바 백성자고는 말했다. "옛날 요임금이 천
하를 다스릴 때는 상을 주지 않았어도 백성들은 부지런히 일했고,
벌을 내리지 않았어도 백성들은 두려워했었소. 그런데 지금 당신
은 상벌을 가해도 백성들의 행위가 좋아지지 않습니다. 이로부터
덕은 쇠해지고 형벌은 더욱 심해질 것입니다. 어서 돌아가십시오.
내가 하고 있는 일을 훼방하지 마시고요."'

莊子曰, 堯治天下, 伯成子高立爲諸侯. 禹爲天子, 伯成辭諸侯
而耕於野. 禹往見之, 趨就下風而問焉. 子高曰, 昔堯治天下,
不賞而民勸, 不罰而民畏. 今子賞罰, 而民且不仁. 德自此衰,
刑自此立. 夫子盍行邪. 毋落吾事.

(4) 《가어(家語)》에 이런 이야기가 있다. '원헌(原憲)의 자는 자사(子
思)이며 송(宋)나라 사람인데 공자의 제자이다. 노(魯)나라에 있
을 때 그의 집은 생풀로 지붕을 잇고 쑥대로 만든 문은 망가졌으
며 뽕나무 지도리에 옹기로 만든 창문, 지붕에서는 비가 새고 바

닦은 습기에 차있었는데 그런 곳에 앉아서 거문고를 뜯으며 노래를 부르고 있었다. 자공(子貢)의 큰 수레가 골목으로 들어갈 수 없었으므로 걸어가서 원헌을 만나 말했다. "선생은 무슨 병이라도 있으십니까?" 그러자 원헌이 말했다. "나는 재산이 없는 것을 빈(貧)이라 배웠으면서도 그것을 실행할 수 없는 것을 병(病)이라 한다고 들었소이다. 나는 지금 빈(貧)하긴 하지만 병(病)은 없어요. 세상에 아첨하는 행동을 하고, 도당을 짓기 위해 사람들과 어울리고, 배우는 것은 남을 위해서 배우고 가르치는 것은 자신을 위해서 가르치며, 인의(仁義)를 배반하고 거마(車馬)를 장식하는 짓 따위는 나로서는 할 수 없소이다."'

家語曰, 原憲字子思, 宋人, 孔子弟子. 居魯, 環堵之室, 茨以生草, 蓬戶不完, 桑樞而瓮牖, 上漏下濕, 坐而弦歌. 子貢軒車不容巷, 往見之曰, 先生何病也. 憲曰, 憲聞無財謂之貧, 學而不能行謂之病. 今憲貧也, 非病也. 夫希世而行, 比周而友, 學以爲人, 敎以爲己, 仁義之慝, 輿馬之飾, 憲不忍爲也.

(5) 허유(許由)와 소보(巢父).

許由, 巢父.

(6) 《맹자(孟子)》에는 이런 이야기가 있다. '백이(伯夷)·숙제(叔齊)는 눈에 안좋은 색은 보지 않았고 귀에 악한 소리는 듣지 않았다. 허름한 시골사람과 같이 있는 것을, 의관을 갖추고 도탄(塗炭) 속에 앉아 있는 기분으로 했다.' 이것이 성인(聖人)의 결백함이다.

孟子曰, 伯夷·叔齊目不視惡色, 耳不聽惡聲. 與鄉人居, 若在塗炭. 蓋聖人之淸也.

(7) 《고사고(古史考)》에 이런 말이 있다. '여불위(呂不韋)는 진(秦)나라 자초(子楚)를 위해 천금의 뇌물을 화양부인(華陽夫人)에게 바

치고 자초를 후사(後嗣)로 세울 것을 청했다. 자초가 즉위하자 여불위를 낙양(洛陽) 10만 호에 봉하고 문신후(文信侯)라 호(號)했다.' 이렇게 해서 작위를 얻었으므로 훔쳤다고 한다.

《논어(論語)》에는 이런 이야기가 있다. '제(齊)나라 경공(景公)은 천사(千駟)를 가지고 있었지만 백성들은 그 누구도 그를 덕있는 사람이라고 하지 않았다.' 공안국(孔安國)은 말했다. '천사(千駟)란 말 4천 필(匹)을 가리킴이다.'

古史考曰,　呂不韋爲秦子楚行千金貨於華陽夫人,　請立子楚爲嗣. 及子楚立, 封不韋洛陽十萬戶, 號文信侯. 以詐獲爵, 故曰竊也.

論語曰, 齊景公有馬千駟, 民無德而稱焉. 孔安國曰, 千駟, 四千疋.

주해|　◦雷鼓(뇌고)－《주례(周禮)》 권12 지관(地官)·고인(鼓人)에 '뇌고를 가지고 신사(神祀) 때 친다'라고 했으며 정현(鄭玄)의 주(注)에 '뇌고는 팔면고(八面鼓)이다'라고 되어 있다. 일설에는 육면고(六面鼓)라고도 한다.

◦蜀志(촉지)－《삼국지(三國志)》〈촉서(蜀書)〉 권37의 기사이다.

◦莊子(장자)－〈천지편(天地篇)〉에 있다.

◦家語(가어)－현행본(現行本)《공자가어(孔子家語)》72〈제자해(弟子解)〉에 있다. 비슷한 내용이 《장자》〈양왕편(讓王篇)〉에도 있다.

◦環堵之室(환도지실)－사방 1장(丈)인 작은 집. 도(堵)는 1장, 혹은 40척(尺)이라고도 한다.

◦孟子(맹자)－〈만장편(萬章篇)〉 하(下)에 보인다.

◦論語(논어)－〈계씨편(季氏篇)〉에 있다.

---

10. 유공간(劉公幹 : 劉楨)이 불경죄(不敬罪)에 걸렸다.[1] 문제(文帝 : 曹丕)가 물었다. "그대는 어찌하여 법도를 지키지 아니하는 건

가?" 유정이 대답했다. "저는 용렬한 자이오며 폐하의 법망은 성글지 않기 때문입니다."[2]

▌원문▐ 劉公幹以失敬罹罪.[1] 文帝問曰, 卿何以不謹於文憲. 楨答曰, 臣誠庸短, 亦由陛下網目不疎.[2]

(1) 《전략(典略)》에 다음과 같은 이야기가 있다. '유정(劉楨)의 자는 공간(公幹)이며 동평(東平) 영양(寧陽) 사람이다. 건안(建安) 16년, 세자(世子 : 曹丕)를 오관중랑장(五官中郎將)으로 임명했는데 문학사(文學士)를 선발하는 데 유정을 세자의 보좌관으로 앉혔다. 주연(酒宴)이 무르익어 자리가 흥겨워지자 부인 견씨(甄氏)로 하여금 인사하러 나오도록 했는데 좌중은 모두 엎드렸으나 유정만은 머리를 숙이지 아니했다. 후일 조조(曹操)는 이 일을 물어 유정을 체포하여 사형(死刑)은 면해주고 작부(作部)에 보냈다.' 《문사전(文士傳)》에는 이런 이야기가 있다. '유정은 천성적인 변설가로서 질문을 받으면 즉석에서 대답했다. 견부인(甄夫人)에게 머리를 숙이지 않았다 하여 작부(作部)에 보내졌고 돌을 갈게 되었다. 무제(武帝 : 曹操)가 상방(尙方)에 와서 작업하는 모습을 보았다. 유정이 단정하게 앉아서 열심히 돌을 갈고 있는 것을 보고 무제는 물었다. "돌은 어떠한가?" 유정은 그것을 기화로 하여 자기 자신을 돌에 비유하며 변명하고자 꿇어앉아서 대답했다. "돌은 형주(荊州)의 깎아지른 바위 꼭대기에서 나온 것으로, 밖으로는 오색의 빛남이 있으며 안으로는 변화옥(卞和玉)의 미질(美質)을 지니고 있습니다. 이것은 갈더라도 더이상 빛나지 아니하고 아로새겨도 더이상 무늬를 더할 수가 없습니다. 타고난 기품이 굳세고 곧은 것은 자연으로부터 받은 것입지요. 단 옥의 결을 살펴보건대 구부러져서 그것을 펼 수가 없습니다." 무제는 크게 웃으며, 좌우에게 명하여 그날로 그를 용서했다.'

典略曰, 劉楨字公幹, 東平寧陽人. 建安十六年, 世子爲五官中郎將, 妙選文學, 使楨隨侍世子. 酒酣坐歡, 乃使夫人甄氏出拜.
坐上客多伏, 而楨獨平視. 他日公聞, 乃收楨, 減死, 輸作部.
文士傳曰, 楨性辯捷, 所問應聲而答. 坐平視甄夫人, 配輸作
部, 使磨石. 武帝至尚方觀作者, 見楨匡坐正色磨石. 武帝問曰,
石何如. 楨因得喩己自理, 跪而對曰, 石出荊州懸巖之巓, 外有
五色之文, 內含卞氏之珍. 磨之不加瑩, 雕之不增文, 稟氣堅貞,
受之自然. 顧其理, 枉屈紆繞, 而不得申. 帝顧左右大笑, 卽日
赦之.

(2) 《위지(魏志)》에 이런 말이 있다. '문제(文帝)의 휘(諱)는 비(丕),
자는 자환(子桓), 한(漢)나라로부터 제위(帝位)를 선양받았다. 생
각하건대 여러 책에 모두 "유정은 위무제(魏武帝) 때 형(刑)을 받
았고 건안(建安) 20년에 병으로 죽었다. 그로부터 7년 후에 문제
(文帝)가 즉위했다."라고 하고 있다. 따라서 유정이 황초연간(黃
初年間)에 죄를 지었다고 하는 것은 잘못이다.'
魏志曰, 帝諱丕, 字子桓, 受漢禪. 按, 諸書咸云, 楨被刑魏武
之世, 建安二十年病亡. 後七年, 文帝乃卽位. 而謂楨得罪黃初
之時, 謬矣.

주해│ ○網目不疎(망목불소)─《노자(老子)》 제73장에 '천망회회(天網
恢恢) 소이불실(疏而不失)'이란 구절이 있음.
○五官中郎將(오관중랑장)─군국(郡國)의 효렴(孝廉)으로 나이 50세 이
상인 자는 낭(郎)으로 삼아 오관서(五官署)에 있도록 했는데 그 관소
의 우두머리임.
○作部(작부)─기물의 제작을 관장하는 관소(官所), 즉 상방(尙方).
○尙方(상방)─소부(少府)의 속관(屬官)으로서 궁중의 기물 제작을 맡
은 곳.
○建安二十年(건안이십년)─《삼국지(三國志)》〈위지(魏志)〉 권21 왕찬전
(王粲傳)〉에는 유정이 건안 22년에 죽었다고 되어 있다.

11. 종육(鍾毓)·종회(鍾會) 형제는 어려서부터 명성이 있었다.[1] 형이 13세 때, 위(魏) 문제(文帝 : 曹丕)는 그 소문을 듣고 그들의 아버지인 종요(鍾繇)[2]에게 말했다. "두 아이를 데리고 오오." 그리하여 칙명에 따라 데려왔는데 형 종육은 얼굴에 땀을 흘리고 있었으므로 문제가 말했다. "너는 어찌하여 땀을 흘리고 있는고?" 종육이 대답했다. "두렵고 황공하여 땀을 흘리고 있는 것입니다." 이번에는 종회에게 물었다. "너는 어찌하여 땀을 흘리지 아니하는고?" 종회가 대답했다. "두렵고 황공하여 땀도 나오지 않습니다."

■원문│ 鍾毓·鍾會少有令譽.[1] 年十三, 魏文帝聞之, 語其父鍾繇[2]曰, 可令二子來. 於是勅見. 毓面有汗. 帝曰, 卿面何以汗. 毓對曰, 戰戰惶惶, 汗出如漿. 復問會, 卿何以不汗. 對曰, 戰戰慄慄, 汗不敢出.

(1) 《위서(魏書)》에 이런 내용의 글이 있다. '종육(鍾毓)의 자는 치숙(稚叔)이며 영천(潁川) 장사(長社) 사람이고 상국(相國) 종요(鍾繇)의 장남이다. 14세 때에 산기시랑(散騎侍郞)이 되었다. 그 기민하고 담소(談笑)하는 모습은 아버지의 풍모가 있었다. 벼슬이 올라 거기장군(車騎將軍)까지 되었다.'

魏書曰, 毓字稚叔, 潁川長社人, 相國繇長子也. 年十四, 爲散騎侍郞. 機捷談笑有父風. 仕至車騎將軍.

(2) 《위지(魏志)》에 이런 이야기가 있다. '종요(鍾繇)의 자는 원상(元常)이다. 집안이 빈곤했으나 학문을 좋아했고 《주역(周易)》《노자(老子)》의 훈(訓)을 저술했다. 대리(大理)·상국(相國)을 역임했고 태부(太傅)로 옮겼다.'

魏志曰, 繇字元常. 家貧好學, 爲周易·老子訓. 歷大理·相國, 遷太傅.

주해|　○散騎侍郎(산기시랑)－궁궐 안에서 또는 외출할 때 황제의 좌우에서 모시는 산기상시(散騎常侍) 아래에 있는 관직. 명가(名家)의 자제들이 처음 벼슬을 하는 길이었다.
○大理(대리)－관명(官名). 사법관(司法官).

12. 종육(鍾毓) 형제는 어렸을 때, 아버지가 때마침 낮잠을 자고 있는 사이에 둘이서 약주를 몰래 마셨다. 아버지는 그때 눈을 떴는데 잠시 자는 체하면서 그 모습을 살펴보았다. 그러자 형 종육은 절을 하고 마셨고 동생 종회(鍾會)는 절을 하지 아니했다.[(1)] 나중에 아버지가 종육에게 왜 절을 했었느냐고 묻자 종육은 대답했다. "술을 마시는 것은 예의입니다. 절을 하지 않으면 안됩니다." 다음으로 종회에게 왜 절을 하지 않았느냐고 묻자 종회는 대답했다. "훔치는 것은 원래 예에 어긋나는 일입니다. 그래서 절을 하지 않았던 것입니다."

원문|　鍾毓兄弟小時, 值父晝寢, 因共偷服藥酒. 其父時覺, 且託寐以觀之. 毓拜而後飮, 會飮而不拜.[(1)] 旣而問毓, 何以拜. 毓曰, 酒以成禮. 不敢不拜. 又問會, 何以不拜. 會曰, 偸本非禮. 所以不拜.

(1) 《위지(魏志)》에 이런 글이 실려 있다. '종회(鍾會)의 자는 사계(士季)이며 종요(鍾繇)의 막내아들이다. 총명하고 조숙했다. 중호군(中護軍)인 장제(蔣濟)는 논(論)을 지어 평하기를 "눈동자를 보면 그 사람됨을 알 수 있다."고 하였다. 종회가 5세 때 아버지 종요는 장제를 찾아보게 하였다. 장제는 그때 크게 놀라면서, "보통 아이가 아니다."라고 했다. 성장하자 지보들 삿추있고 멍리(名理)에 정통하여 황문시랑(黃門侍郎)으로 누천(累遷)되었다. 제갈탄(諸葛誕)이 반란을 일으키자 문왕(文王 : 司馬昭)이 그를 토벌함

에 있어 종회의 책략에 따르는 경우가 많았다. 당시 사람들은 그를 '자방(子房 : 張良)'이라고 불렀다. 진서장군(鎭西將軍)이 되어 촉(蜀)을 치고 촉이 평정되자 사도(司徒)가 되었다. 그래서 스스로 공명(功名)이 일세를 풍미하고 있은즉 이제 남의 밑에 있을 처지가 아니라고 생각했다. 그는 심복자에게 "나는 회남(淮南)의 전투 이래 획책에 실패했던 적이 없었거니와 천하 사람들도 모두 그것을 잘 알고 있다. 그런즉 어찌 남의 휘하에 있을 수 있겠는가."라며 마침내 반란을 일으켰는데 주살(誅殺)당했다. 그때 나이 40세였다.'

魏志曰, 會字士季, 繇少子也. 敏惠夙成. 中護軍蔣濟著論, 謂觀其眸子, 足以知人. 會年五歲, 繇遣見濟, 濟甚異之, 曰, 非常人也. 及壯, 有才數, 精練名理, 累遷黃門侍郞. 諸葛誕反, 文王征之, 會謀居多, 時人謂之子房. 拜鎭西將軍, 伐蜀, 蜀平, 進位司徒. 自謂功名蓋世, 不可復爲人下, 謂所親曰, 我淮南已來, 畫無遺策, 四海共知. 持此欲安歸乎. 遂謀反, 見誅. 時年四十.

▎**주해**▎ ○魏志(위지) — 《삼국지(三國志)》〈위지〉권28〈종회전(鍾會傳)〉.
○子房(자방) — 한(漢)나라의 장량(張良). 지모와 책략이 뛰어났었다.

13. 위(魏) 명제(明帝 : 曹叡)는 외할머니를 위하여 견씨(甄氏) 땅에 저택을 지었다.[1] 공사가 완성되자 스스로 나아가 검사하고 따르던 자에게 말했다. "이 저택에 어떤 당호(堂號)를 짓는 게 좋겠소?" 시중(侍中)인 무습(繆襲)이 아뢰었다.[2] "폐하의 성의(聖意)는 옛날의 성군(聖君)에 짝하시고 효성스런 마음씨는 증삼(曾參)·민자건(閔子騫)보다 더하십니다. 저택을 지으신 것도 외가(外家)만을 생각하신

것이오니 위양(渭陽)이라고 지으심이 마땅하실 것입니다.”[3]

■원문| 魏明帝爲外祖母築館於甄氏.[1] 旣成, 自行視, 謂左右曰, 館當以何爲名. 侍中繆襲曰,[2] 陛下聖思齊於哲王, 罔極過於曾閔. 此館之興, 情鍾舅氏. 宜以渭陽爲名.[3]

(1) 《위말전(魏末傳)》에 이런 기록이 있다. ‘명제(明帝)는 휘(諱)가 예(叡)요, 자는 원중(元仲)이며 문제(文帝 : 曹丕)의 태자이다. 그 어머니 견씨(甄氏)가 후(后)에서 폐위되었는데, 당시는 아직 태자에 책봉되지 않았었다. 문제가 명제를 데리고 사냥을 나갔는데 어미와 새끼사슴을 발견했다. 문제가 어미사슴을 쏘자 시위 소리와 함께 어미사슴이 쓰러졌다. 이어서 명제에게 새끼사슴을 쏘라고 시켰던바 명제는 활을 놓고 울면서 말했다. “폐하께서는 방금 전에 어미사슴을 죽이셨습니다. 저는 그 새끼사슴까지 죽일 수는 없습니다.” 문제는 말했다. “맞는 말이다. 내 마음을 감동시켰도다.” 그래서 태자로 정했다. 이 사람이 명제이다.’
《위서(魏書)》에 이런 이야기가 있다. ‘문소견황후(文昭甄皇后)는 명제의 어머니이다. 그 아버지 견일(甄逸)은 상채령(上蔡令)이다. 열종(烈宗)이 즉위하자 상채군(上蔡君)에 추봉(追封)되었다. 적손(嫡孫)인 견상(甄象)이 작위를 세습했다. 견상이 죽자 그 아들인 견창(甄暢)이 뒤를 이었다. 명제는 커다란 저택을 짓고 천자 스스로 찾아갔다.’
魏末傳曰, 帝諱叡, 字元仲, 文帝太子. 以其母廢, 未立爲嗣. 文帝與俱獵, 見子母鹿. 文帝射其母, 應弦而倒. 復令帝射其子. 帝置弓泣曰, 陛下已殺其母, 臣不忍復殺其子. 文帝曰, 好語動人心. 遂定爲嗣. 是爲明帝.
魏書曰, 文昭甄皇后, 明帝母也. 父逸, 上蔡令. 烈宗卽位, 追封上蔡君. 嫡孫象襲爵. 象薨, 子暢嗣. 起大第, 車駕親自臨之.

(2) 《문장서록(文章叙錄)》에 이런 내용의 글이 있다. '무습(繆襲)의 자는 희백(熙伯)이며 동해(東海) 난릉(蘭陵) 사람이다. 재능과 학문이 뛰어나 시중(侍中)·광록훈(光祿勳)으로 누천(累遷)되었다.'
文章敍錄曰, 襲字熙伯, 東海蘭陵人. 有才學, 累遷侍中·光祿勳.

(3) 〈진시(秦詩)〉에 이런 내용이 있다. '위양(渭陽)의 시는 진강공(秦康公 : 罃)이 어머니를 읊은 노래이다. 강공의 어머니(秦穆公의 夫人)는 진원공(晋獻公)의 딸이다. 진문공(晋文公 : 重耳)이 여희(驪姬)의 난을 당하여 제국(諸國)을 유랑하면서 조국으로 돌아가지 못하는 사이에 진목희(秦穆姬)는 죽었다. 진목공은 진문공을 진(晋)나라로 보내어 나라를 찾아주기로 했다. 진강공(秦康公)은 당시 태자였는데 외숙부인 진문공을 위수(渭水) 가에까지 전송하고, 돌아간 어머니를 생각했다. 외숙부를 보고 있노라니 어머니가 살아서 눈앞에 있는 것만 같았던 것이다.'
생각하건대 《위서(魏書)》에는 '명제(明帝)가 후원에 견상(甄象)의 어머니를 위해 저택을 짓고 그것을 이름하여 위양(渭陽)이라고 했다'라고 했는데 그렇다면 견상의 어머니는 명제의 외숙모이지 외조모가 아니다. 또 위양(渭陽)이라고 저택의 이름을 지은 것은 구사(舊史)와 어긋난다.
秦詩曰, 渭陽, 康公念母也. 康公之母, 晉獻公之女. 文公遭驪姬之難, 未反而秦姬卒. 穆公納文公, 康公時爲太子, 贈送文公于渭之陽, 念母之不見也. 我見舅氏, 如母存焉.
案魏書, 帝於後園爲象母起觀, 名其里曰渭陽. 然則象母, 卽帝之舅母, 非外祖母也. 且渭陽爲館名, 亦乖舊史也.

▌**주해**▏ ㅇ曾閔(증민)-증삼(曾參)과 민자건(閔子騫). 두 명 모두 공자(孔子)의 제자로서 효도로 널리 알려졌다(《論語》〈先進篇〉).

ㅇ舅氏(구씨)－외숙부(外叔父). 또 외가의 친척을 가리키기도 한다.

ㅇ外祖母(외조모)－다음 표에서 알 수 있듯이 명제의 외조모는 상산장씨(常山張氏)인데 유주(劉注)에서 인용하고 있는 《위서(魏書)》에서 말하고 있는 것처럼 '견상(甄象)의 모(母)'라면 유씨(劉氏)가 된다.

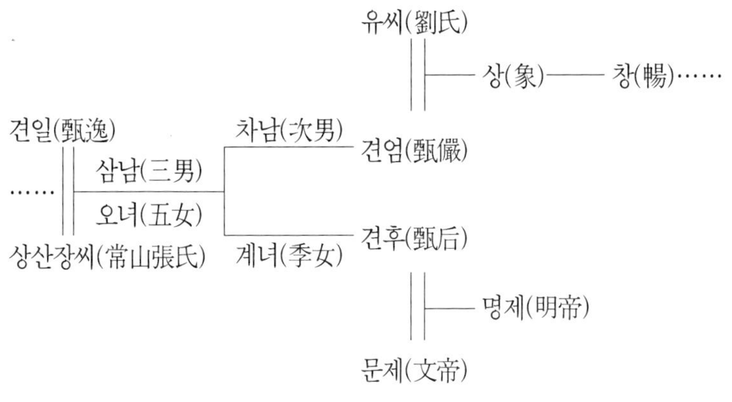

(《三國志》 권3, 권5 기타 참조)

14. 하평숙(何平叔 : 何晏)이 말했다. "오석산(五石散)을 복용하면 단지 병만 나을 뿐 아니라 마음이 맑게 트이는 것을 느끼게 된다."[1]

원문| 何平叔云, 服五石散, 非唯治病, 亦覺神明開朗.[1]

(1) 《위략(魏略)》에 이런 기록이 있다. '하안(何晏)의 자는 평숙(平叔)이며 남양(南陽) 완(宛) 땅 사람이다. 한(漢)나라 대장군 하진(何進)의 손자라고도 하고 혹은 하묘(何苗)의 손자라고도 한다. 공주에게 장가갔는데 색을 좋아했기 때문에 황초연간(黃初年間)에는 관직을 얻지 못하였다. 정시연간(正始年間)에 조상(曹爽)이 중서(中書)에 임용하여 선거(選擧)를 관장도록 했는데 구우(舊友)였던 자가 많이 선발되었다. 사마선왕(司馬宣王)에 의해 주살(誅殺)당했다.'

진승상(秦丞相)의 〈한식산론(寒食散論)〉에 이런 글이 있다. '한식산(寒食散)의 처방은 한대(漢代)에 시작되었는데 사용하는 사람이 적었고 그 처방을 전하는 사람도 없었다. 위(魏)나라 상서(尙書) 하안(何晏)이 처음으로 뛰어난 효험을 발견했는데 그후로 세상에 퍼지게 되었고 복용하는 사람이 이어졌다.'

魏略曰, 何晏字平叔, 南陽宛人, 漢大將軍進孫也. 或云何苗孫也. 尙主, 又好色, 故黃初時無所仕. 正始中, 曹爽用爲中書, 主選擧, 宿舊者多得濟拔. 爲司馬宣王所誅.

秦丞相寒食散論曰, 寒食散之方, 雖出漢代, 而用之者寡, 靡有傳焉. 魏尙書何晏首獲神效, 由是大行於世, 服者相尋也.

주해 ｜ ○五石散(오석산)−덕행편(德行篇) 41 참조.
○中書(중서)−《삼국지(三國志)》 권9 〈하안전(何晏傳)〉의 주(注)에 '조상(曹爽)을 기용하여 산기시랑(散騎侍郞)으로 썼는데 시중상서(侍中尙書)로 옮기다'라고 되어 있다. 중서(中書)는 상서(尙書)의 오기인 듯하다.
○秦丞相(진승상)−《수지(隋志)》에 '진승조(秦承祖) 약방40권(藥方四十卷)'이라 했고 《대당육전(大唐六典)》에 '송원가20년태의령진승조(宋元嘉二十年太醫令秦承祖)'라고 했다. 송본(宋本)의 진승상(秦丞相)은 진승조(秦承祖)의 오기인 것 같다.
○寒食散(한식산)−오석산(五石散).

15. 혜중산(嵆中散 : 嵆康)이 조경진(趙景眞 : 趙至)에게 말했다.[1] "네 눈동자는 흰자위와 검은자위가 분명하여 백기(白起)의 풍모가 있는데[2] 아깝게도 눈이 작구나." 조지가 말했다. "한 자의 해시계지만 천체의 운행을 바르게 알 수 있고,[3] 한 치의 죽관(竹管)으로서 사계절의 대사(代謝)의 기운을 잴 수가 있습니다.[4] 어찌 큰 것만이 중요하겠습니까? 단지 식견이 어떠한가가 문제될 뿐입니다."

▌원문▐ 嵆中散語趙景眞,[1] 卿瞳子白黑分明, 有白起之風.[2] 恨量小狹. 趙云, 尺表能審璣衡之度,[3] 寸管能測往復之氣.[4] 何必在大. 但問識如何耳.

(1) 혜소(嵆紹)의 〈조지서(趙至叙)〉에 이런 말이 있다. '조지(趙至)의 자는 경진(景眞)이며 대군(代郡) 사람이다. 한말(漢末) 그의 조상은 구씨(緱氏)에서 유랑하고 있었다. 현령이 새로 부임할 때 조지는 열두 살이었는데 어머니와 같이 길가에서 그를 보았다. 어머니가 말했다. "네 조상님은 비천한 가문이 아니었단다. 너도 앞으로 저 사람처럼 될 수 있겠느냐?" 조지가 대답했다. "그럼요. 되고말고요." 집에 돌아오자 곧 선생을 찾아가 책을 익혔다. 어느 날 아침 조지는 밭에서 일하고 있는 아버지가 소를 모는 소리를 듣고 책을 놓은 채 울음을 터뜨리고 말았다. 선생이 그 이유를 묻자, "훌륭한 사람이 되지도 못했으면서 노부(老父)를 고생만 시킨다는 것을 생각하니 슬퍼서 웁니다."라고 대답했다. 14세 때 태학관(太學觀)에 입학했다. 학관에서는 당시 나의 선친(先親 : 嵆康)이 석경(石經)의 고문(古文)을 베끼고 있었는데 다 끝내고 돌아가려고 하자 조지가 수레 뒤를 따라오다가 선친의 성명을 물었다. 선친이 말했다. "젊은이는 왜 묻는 게냐?" 조지가 말했다. "어르신의 풍격이 보통이 아니기에 여쭙는 것입니다." 그래서 선친은 조용히 대답해 주었다. 15세 때 아프다고 거짓말을 한 그는 미친 사람처럼 5리(里), 3리를 뛰어다녔으므로 집안 식구가 가까스로 쫓아와서 잡을 정도였다. 또한 자신의 몸을 10여 군데나 지지기도 했다. 16세 때 마침내 도망쳐서 그길로 낙양(洛陽)에 올라와 선친을 찾아헤맸는데 만나지 못하자 업(鄴) 땅으로 갔었다. 패국(沛國)의 사중화(史仲和)는 위(魏)나라 영군(領軍) 사환(史渙)의 손자였는데 조지는 그에게 몸을 의탁하고 이름을 익(翼), 자를 양화(陽和)로 고쳤다. 선친이 업 땅으로 가자 지난날 태학에서 있었던

일을 자세히 설명하고 마침내 선친이 산양(山陽)으로 돌아갈 때 따라가서 그대로 세월을 보냈다. 조지는 신장이 7척 3촌에 하얀 얼굴에 머리는 검었다. 또 붉은 입술에 맑은 눈으로 수염은 많지 않았는데 침착하고 세심하며 몸가짐이 공경스럽고 겸손했다. 어느 때 선친이 그에게 말했다. "너는 머리가 작고 뾰족하며 눈동자는 흰자위와 검은자위가 분명한데다가 침착하게 응시하는 점이 백기(白起)의 풍채가 있구나." 조지는 논변이 유창하며 뛰어난 재변(才辯)이 있었다. 그러나 스스로 뛰어나다고 생각하지는 않았다. 맹원기(孟元基)의 부름을 받고 요동종사(遼東從事)가 되었는데 군(郡)에 있으면서 많은 송사를 판결했거니와 공명정대하다는 칭송을 들었다. 그러나 부모를 떠나 멀리 떨어져 있어서 어머니가 죽었어도 가보지 못한다며 슬퍼하다가 피를 토하고 병이 깊어진 끝에 어머니상도 끝나기 전에 죽고 말았다.'

蟄紹趙至皺曰, 至字景眞, 代郡人. 漢末, 其祖流宕客緱氏. 令新之官, 至年十二, 與母共道傍看. 母曰, 汝先世非微賤家也. 汝後能如此不. 至曰, 可爾耳. 歸便就師誦書. 早聞父耕叱牛聲, 釋書而泣. 師問之, 答曰, 自傷不能致榮華, 而使老父不免勤苦. 年十四, 入太學觀. 時先君在學寫石經古文, 事訖去, 遂隨車問先君姓名. 先君曰, 年少何以問我. 至曰, 觀君風器非常, 故問耳. 先君具告之. 至年十五, 佯病, 數數狂走五里三里, 爲家追得. 又灸身體十數處. 年十六, 遂亡命, 徑至洛陽, 求索先君, 不得. 至鄴. 沛國史仲和, 是魏領軍史渙孫也, 至便依之, 遂名翼, 字陽和. 先君到鄴, 至具道太學中事, 便逐先君歸山陽, 經年. 至長七尺三寸, 潔白, 黑髮, 赤脣, 明目, 鬚不多, 閑詳安諦, 體若不勝衣. 先君嘗謂之曰, 卿頭小而銳, 瞳子白黑分明, 視瞻停諦, 有白起風. 至論議淸辯有從橫才, 然亦不以自長也. 孟元基辟爲遼東從事, 在郡斷九獄, 見稱淸當. 自痛棄親遠游, 母亡不見, 吐血發病, 服未竟而亡.

(2) 엄우(嚴尤)의 《삼장서(三將叙)》에 이런 내용의 글이 있다. '백기(白起). 평원군(平原君 : 趙勝)은 조(趙)나라 효성왕(孝成王)에게 풍정(馮亭)의 말을 받아들이라고 권했다. 왕이 말했다. "받아들이면 진군(秦軍)은 반드시 쳐들어오고 무안군(武安君 : 白起)이 필경 장군이 될 것인데 이를 쳐서 물리칠 수 있는 사람은 누구이겠소?" 그러자 대답했다. "면지(澠池)에서 회맹(會盟)할 때 제가 보았던 바에 의하면 무안군은 머리가 작고 얼굴이 날카로우며 눈동자는 흰자위와 검은자위가 뚜렷한데다가 응시하는 데 눈을 깜박이지도 않았습니다. 머리가 작고 얼굴이 날카롭다는 것은 결단력이 뛰어나고 눈동자의 흰자위와 검은자위가 뚜렷하다는 것은 통찰력이 뛰어나고, 응시하며 눈을 깜박이지 않는다는 것은 의지가 굳건하다는 증거입니다. 지구전은 할 수 있지만 백병전은 하기 어려울 것입니다. 염파(廉頗)의 사람 됨됨이는 용맹한데다가 부하를 사랑하고 난국을 잘 알고 치욕을 견디어냅니다. 상대방과 야전을 하면 안되겠습니다만 굳게 지킨다면 충분히 대항할 수 있을 것입니다." 왕은 그 계책에 따랐다.'

嚴尤三將敍曰, 白起. 平原君勸趙孝成王受馮亭, 王曰, 受之, 秦兵必至, 武安君必將, 誰能當之者乎. 對曰, 澠池之會, 臣察武安君小頭而面銳, 瞳子白黑分明, 視瞻不轉. 小頭而面銳者, 敢斷決也. 瞳子白黑分明者, 見事明也. 視瞻不轉者, 執志强也. 可與持久, 難與爭鋒. 廉頗爲人, 勇鷙而愛士, 知難而忍恥, 與之野戰則不如, 持守足以當之. 王從其計.

(3) 《주비(周髀)》에 이런 말이 있다. '하지(夏至) 때 태양은 북방 6천 리에 있고 동지(冬至) 때에는 남방 13만 5천 리에 있다. 한낮에는 해시계를 세워놓으면 그림자가 없다. 주(周)나라 해시계의 지주(支柱)는 길이가 8척으로서 하지날 해그림자는 1척 6촌이 된다. 지주는 고(股)라고 하며 해그림자는 구(勾)라고 한다. 태양이 정

남(正南) 천 리에 있으면 구(勾)는 1척 5촌, 정북(正北) 천 리에 있으면 구(勾)는 1척 7촌이 된다.' 이렇게 《주비산경(周髀算經)》에 쓰여 있다.

周髀曰, 夏至北方六千里, 冬至南方十三萬五千里. 日中樹表則無影矣. 周, 髀長八尺, 夏至日, 晷尺六寸. 髀, 股也. 晷, 勾也. 正南千里, 勾尺五寸. 正北千里, 勾尺七寸. 周髀之書也.

(4) 《여씨춘추(呂氏春秋)》에 이런 내용의 글이 있다. '황제(黃帝)는 영윤(伶倫)을 보내어 대하(大夏)의 서쪽, 곤륜산(崑崙山) 북쪽에 가서 깊은 산골짜기에 나있는 대나무 가운데 대나무통의 두 개가 비슷한 것을 골라오게 하고 두 마디 사이를 잘라서 황종률(黃鍾律)의 관(管)을 만들었다. 12율의 관(管)을 정하는 데, 봉황의 우는 소리를 듣고 조율하되 수컷으로서 6관(六管), 암컷으로서 6관, 육률육려(六律六呂)로 했다.'

《속한서(續漢書)》〈율력지(律曆志)〉에 이런 기록이 있다. '12율의 변화는 60가지에 달하는데 율(律)로서 기(氣)를 감지한다. 기를 감지하는 방법은 방을 3중으로 만들되 문을 닫고 틈새를 막은 채, 반드시 조밀하게 비단 휘장을 친다. 그런 다음 나무로 대(臺)를 만들고 율(律)을 그 위에 놓고, 갈대의 재로 그 안을 막는다. 기에 의하여 움직여지면 그 재는 흩어지는데 이렇게 해서 기를 감지하는 것이다.'

呂氏春秋曰, 黃帝使伶倫自大夏之西, 崑崙之陰, 取竹之嶰谷生, 其竅厚薄均者, 斷兩節閒而吹之, 以爲黃鍾之管. 制十二箭, 以聽鳳凰之鳴. 雄鳴六, 雌亦六, 以爲律呂.

續漢書律曆志曰, 十二律之變, 至於六十, 以律候氣. 候氣之法, 爲室三重, 戶閉塗釁, 必周密布緹幔, 以木爲案, 加律其上, 以葭莩灰抑其內. 爲氣所動者, 其灰散也. 以此候之.

 ○先君(선군)－선친(先親). 혜소(嵇紹)는 혜강(嵇康)의 아들이므

로 이렇게 기록했다.

o 石經古文(석경고문)-후한(後漢) 영제(靈帝) 가평(嘉平) 4년에 채옹(蔡邕) 등 여러 유학자들에게 명하여 육경(六經)을 교정하고 돌에 새기어 태학(太學) 앞에 세우도록 한 가평석경(嘉平石經)을 가리킴이다. 고문(古文)과 전서(篆書)·예서(隷書) 등 3체로 썼다.

o 遼東從事(요동종사)-종사(從事)는 주자사(州刺史)의 속관(屬官)이었으니, 군리(郡吏)일 때에 송사를 처리했다는 것은 착오인 듯하다. 《진서(晋書)》 권92 〈조지전(趙至傳)〉에 의하면 조지는 요서군(遼西郡)의 계리(計吏)를 지냈으며 유주자사(幽州刺史)의 속관으로 세 차례 부름을 받았노라고 기록하고 있는데 주리(州吏)에 임용되었는지는 불명확하다.

o 受馮亭(수풍정)-진(秦)나라가 한(韓)나라 야왕(野王)을 쳐서 항복을 받았으므로 한나라 영토인 상당(上黨)이 고립되었다. 그래서 그 태수(太守)인 풍정은 읍민(邑民)들과 꾀하여 조(趙)나라에 귀속시켜 줄 것을 청했다. 《사기(史記)》 〈백기열전(白起列傳)〉에 자세한 내용이 실려 있다.

o 澠池之會(면지지회)-인상여(藺相如)가 조(趙)나라 혜문왕(惠文王)을 모시고, 진(秦)나라 소왕(昭王)과 면지에서 회합하여 크게 국위(國威)를 떨친 고사(故事). 《사기》 〈염파인상여열전(廉頗藺相如列傳)〉 참조.

o 北方六千里(북방육천리)-원본(袁本)에는 북방 1만 6천리로 되어 있는데 현행(現行) 《주비산경(周髀算經)》 권상(卷上)에는 '남만육천리(南萬六千里)'로 되어 있으며 당시의 관측지점으로 볼 때 이것이 맞을 것이다.

o 呂氏春秋(여씨춘추)-〈중하기(仲夏紀)〉 제5, 고악(古樂).

o 黃鍾之管(황종지관)-황종은 음률의 이름. 12율 중 하나로서 육률육려(六律六呂)의 기본이 되는 음(音).

16. 사마경왕(司馬景王 : 司馬師)이 동정(東征)했을 때,[1] 상당(上黨)의 이희(李憙)를 불러가지고 종사중랑(從事中郎)을 삼았다. 그리고 이희에게 물었다. "전에 선친(先親)께서 그대를 부르셨을 때는 오

지 않더니 이제 내가 부를 때는 왔으니 어찌된 일이오?" 이희가 대답했다. "선친께서는 예(禮)에 따라 저를 대우해 주셨으므로 저도 예에 따라서 진퇴(進退)를 할 수 있었습니다. 그런데 공(公)께서는 법에 따라 저를 다스리고자 하시는즉 저는 법을 두려워하여 온 것입니다."(2)

┃원문┃ 司馬景王東征,(1) 取上黨李喜, 以爲從事中郎. 因問喜曰, 昔先公辟君不就. 今孤召君何以來. 喜對曰, 先公以禮見待, 故得以禮進退, 明公以法見繩, 喜畏法而至耳.(2)

(1) 《위서(魏書)》에 이런 기록이 있다. '사마사(司馬師)의 자는 자원(子元)이며 상국(相國) 선문후(宣文侯 : 司馬懿)의 장남이다. 도덕이 맑고 빼어나 조정에서 중시되어 대장군(大將軍)·녹상서사(錄尚書事)가 되었다. 관구검(毌丘儉)이 모반했을 때 사마사는 스스로 이를 토벌했다. 세상을 떠나자 경왕(景王)이란 시호가 바쳐졌다.'
魏書曰, 司馬師字子元, 相國宣文侯長子也. 以道德淸粹, 重於朝廷. 爲大將軍·錄尚書事. 毌丘儉反, 師自征之. 薨, 諡景王.

(2) 《진제공찬(晋諸公贊)》에 이런 말이 있다. '이희(李喜)의 자는 계화(季和)이며 상당(上黨) 동제(銅鞮) 사람이다. 젊어서부터 고상한 품행을 지녔으며 학예(學藝)의 연찬(研鑽)을 쌓았다. 선제(宣帝 : 司馬懿)가 위(魏)나라 상국(相國)이 되었을 때 이희를 불렀으나 이희는 칭병(稱病)하고 오지 않았다. 그후 경제(景帝 : 司馬師)가 정사(政事)를 보좌했을 때 종사중랑(從事中郎)이 되었고 광록대부(光祿大夫)·특진(特進)에 누천(累遷)되었다. 죽은 다음 태보(太保)로 증직되었다.'
晋諸公贊曰, 喜字季和, 上黨銅鞮人也. 少有高行, 研精藝學. 宣帝爲相國, 辟喜, 喜固辭疾. 景帝輔政, 爲從事中郎, 累遷光祿大夫·特進. 贈太保.

주해| ○李憙(이희)―《진서(晉書)》및 〈배수전(裴秀傳)〉에는 '이희(李
憙)'로 기록되어 있다.

○孤(고)―왕후(王侯)의 겸칭(謙稱).

○毌丘儉(관구검)―자(字)는 중공(仲恭), 하동(河東) 문희(聞喜) 사람이
다. 《삼국지(三國志)》〈위지(魏志)〉 권28에 전(傳)이 있다.

○從事中郞(종사중랑)―군부(軍府)에 있으면서 모의(謀議)에 참여하는
속관(屬官). 장사(長史)·사마(司馬)의 다음 위치에 있었다.

17. 등애(鄧艾)는 말을 더듬었기 때문에 이야기를 하려고 하면
"애……애……"라고 했다.[1] 진(晉) 문왕(文王)이 그것을 비웃으며 말
했다. "그대는 '애……애……'라고 하는데 누가 애라는 것이오?" 등
애가 대답했다. "봉(鳳)아 봉아라고 말합니다만 결국 봉은 한 마리
입니다."[2]

원문| 鄧艾口吃, 語稱艾艾.[1] 晉文王戲之曰, 卿云艾艾, 定
是幾艾. 對曰, 鳳兮, 鳳兮, 故是一鳳.[2]

(1) 《위지(魏志)》에 이런 이야기가 있다. '등애(鄧艾)의 자는 사재(士
載)이며 극양(棘陽) 사람이다. 어렸을 때 전농도위(典農都尉) 밑
에서 송아지를 사육했었다. 12세 때 어머니를 따라 영천(潁川)에
갔는데 옛날 태구장(太丘長)이었던 진식(陳寔)의 비문(碑文)을
읽었다. 그 비문에는 "하는 말은 세상의 모범이요, 하는 행동은
선비의 준칙이었다."라고 쓰여 있었다. 그래서 이름을 범(範), 자
를 사칙(士則)이라고 했는데 그후 친척 가운데 동명(同名)인 자
가 있어서 고쳤다. 고산대택(高山大澤)을 볼 때마다 진영(陣營)을
펴는 장소를 측량하고 손가락으로 그림을 그렸으므로 당시 사람

들은 그것을 보고 웃었다. 그후 사마선왕(司馬宣王)을 만났는데
선왕은 등애를 연(掾)으로 삼았다. 다시 정서장군(征西將軍)으로
누천(累遷)되었다. 촉(蜀)나라를 쳤는데 촉나라가 평정되자 벼슬
이 태위(太尉)에 올랐다. 위관(衛瓘)에 의해 죽음을 당했다.'

魏志曰, 艾字士載, 棘陽人. 少爲農人養犢. 年十二, 隨母至潁
川, 讀故太丘長碑. 文曰, 言爲世範, 行爲士則. 遂名範, 字士
則. 後宗族有同者, 故改焉. 每見高山大澤, 輒規度指畫軍營處
所, 時人多笑焉. 後見司馬宣王, 王辟爲掾. 累遷征西將軍. 伐
蜀. 蜀平, 進位太尉. 爲衛瓘所害.

(2) 주봉(朱鳳)의 《진기(晋紀)》에 이런 이야기가 있다. '문왕(文王)의
휘(諱)는 소(昭), 자는 자상(子上)이며 선제(宣帝)의 둘째 아들
이다.'
《열선전(列仙傳)》에는 이런 이야기가 있다. '육통(陸通)은 초(楚)
나라의 광인(狂人)인 접여(接輿)이다. 양생술(養生術)을 좋아하여
여러 명산(名山)에서 놀았다. 어느 때 공자(孔子)와 만났고 노래
를 불렀다. "봉(鳳)아! 봉아! 어찌하여 덕(德)이 쇠해졌는가? 지
난 일은 간(諫)할 수 없거니와 앞의 일은 좋을 수 있다네." 그후
촉(蜀) 땅의 아미산(峨嵋山)에 들어가 살았다.'

朱鳳晉紀曰, 文王諱昭, 字子上, 宣帝次子也.
列仙傳曰, 陸通者, 楚狂接輿也. 好養性, 游諸名山. 嘗遇孔子而
歌曰, 鳳兮鳳兮, 何德之衰. 往者不可諫, 來者猶可追. 後入蜀,
在峨嵋山中也.

주해 ᄋ鳳兮鳳兮(봉혜봉혜)─《논어(論語)》〈미자편(微子篇)〉에 있는
구절이다.
ᄋ魏志(위지)─《삼국지(三國志)》 권28.
ᄋ故太丘長碑(고태구장비)─《문선(文選)》 권58에는 채옹(蔡邕)의 진태구

비문(陳太丘碑文)이 있으며 거기에는 '문(文)은 덕(德)의 나타남이며, 범(範)은 선비의 준칙이다'라고 되어 있다.

ㅇ征西將軍(정서장군)―사정장군(四征將軍)의 하나. 그 지위는 삼공(三公)에 버금간다.

18. 혜중산(嵇中散 : 嵇康)이 죽음을 당한 후 상자기(向子期 : 向秀)는 군(郡)의 계리(計吏)로 천거되어 낙양(洛陽)에 왔다. 문왕(文王 : 司馬昭)이 인견하고 물었다. "듣자하니 그대는 기산(箕山)의 뜻을 품고 있다던데 어찌하여 이곳에 온 거요?" 상자기가 대답했다. "소보(巢父)와 허유(許由)는 지나칠만큼 고집이 센 사람들입니다. 별로 감동을 받을 만하지 않았습니다." 왕은 크게 감탄했다.[1]

▌**원문**▏ 嵇中散旣被誅, 向子期擧郡計入洛. 文王引進, 問曰, 聞君有箕山之志, 何以在此. 對曰, 巢許狷介之士, 不足多慕. 王大咨嗟.[1]

(1) 《상수별전(向秀別傳)》에 이런 이야기가 있다. '상수의 자는 자기(子期)이며 하내(河內) 사람이다. 젊었을 때 같은 군(郡)의 산도(山濤)와 알게 되었고 초국(譙國)의 혜강(嵇康), 동평(東平)의 여안(呂安)과도 친한 친구였다. 그들은 모두 초속(超俗)의 기풍(氣風)이 있는 사람들이었다. 그 진퇴에 고집을 부리는 일이 없었고 그 생활 또한 특별하게 다른 점이 없었다. 언제나 혜강과 함께 낙읍(洛邑)에서 대장장이 일을 하고 여안과 함께 산양(山陽)에서 들일을 했는데 집안 식구의 생활에 대해서 걱정하는 일이 없었고 외물(外物)에 마음이 흔들리는 일이 없었다. 20세경에 《유도론(儒道論)》을 저술했으나 버리고 남기지 아니했다. 어떤 호사가(好事家)가 그것을 보존하고 있었다. 혹은 동족(同族)인 자가, 글을 써

가지고 세상에 유포하지 않는 것이 걱정되어 상수에게 부탁하기를 이름을 빌리자고 했던바 상수는 웃으면서 "그럴 필요 없네."라고 했다고도 한다. 후일 혜강이 죽음을 당하자 상수는 뜻한 바를 잃었다. 그 해에 천거에 응하여 도읍으로 올라와서 대장군(大將軍) 사마문왕(司馬文王 : 司馬昭)을 만났다. 문왕이 "듣자하건대 그대는 기산(箕山)의 뜻을 가지고 있다 하던데 어찌하여 자신의 뜻을 굽히는고?"라고 묻자, 상수는 대답했다. "평소부터 생각해오던 일입니다만 그들(巢父와 許由)로서는 요제(堯帝)의 진의를 몰랐던 것입니다. 사모할 가치가 없습지요." 좌중 사람들은 모두 기뻐했다. 차례대로 벼슬이 올라 황문시랑(黃門侍郎)·산기상시(散騎常侍)까지 되었다.'

向秀別傳曰, 秀字子期, 河內人. 少爲同郡山濤所知, 又與譙國嵇康, 東平呂安友善, 竝有拔俗之韻. 其進止無固必, 而造事營生業, 亦不異. 常與嵇康偶鍛於洛邑, 與呂安灌園於山陽, 不慮家人有無, 外物不足怫其心. 弱冠, 著儒道論, 棄而不錄. 好事者或存之. 或云是其族人所作, 困於不行, 乃告秀, 欲假其名. 秀笑曰, 何復爾耳. 後康被誅, 秀遂失圖, 乃應歲擧到京師, 詣大將軍司馬文王. 文王問曰, 聞君有箕山之志, 何能自屈, 秀曰, 常謂彼人不達堯意, 本非所慕也. 一坐皆悅. 隨次轉至黃門侍郎·散騎常侍.

주해 ○郡計(군계) ─ 군(郡)의 상계리(上計吏). 연말(年末)에 군의 회계를 조정에 보고하는 관원(《續漢書》〈百官志〉).

○狷介(견개) ─ 자기 고집을 내세우며 남과 타협하지 않는 것.

○箕山之志(기산지지) ─ 은둔의 뜻. 허유(許由)가 요(堯)임금의 양위(讓位)를 받지 않고 기산에 숨었던 고사(故事).

○無固必(무고필) ─ 《논어(論語)》〈자한편(子罕篇)〉에 있는 말.

19. 진(晉) 무제(武帝 : 司馬炎)가 처음으로 천자(天子)의 자리에 올랐을 때 왕위의 세대수(世代數)를 둘러싸고 점을 쳐보니 일(一)이 나왔다.[1] 왕위가 몇대나 이어질 것인지는 이 숫자에 따르는 것이다. 무제가 불쾌해하자 신하들도 안색을 바꾸었으며 아무도 말을 하지 못했다. 시중(侍中) 배해(裴楷)가 나아가 말했다. "신(臣)은 '하늘은 일(一)을 얻어 맑아지고, 땅은 일(一)을 얻어 평안해지며, 왕후(王侯)는 일(一)을 얻어 천하의 바른 범칙(範則)이 된다'고 들었습니다." 그러자 무제는 기뻐했고, 신하들도 감탄했다.[2]

■ 원문| 晉武帝始登祚, 探策得一.[1] 王者世數, 繫此多少. 帝旣不悅, 羣臣失色, 莫能有言者. 侍中裴楷進曰, 臣聞天得一以淸, 地得一以寧, 侯王得一以爲天下貞. 帝悅, 羣臣歎服.[2]

(1) 《진세보(晉世譜)》에 이런 말이 있다. '세조(世祖)의 휘(諱)는 염(炎), 자는 안우(安宇)이다. 함희(咸熙) 2년, 위(魏)나라의 선양(禪讓)을 받았다.'
　　晉世譜曰, 世祖諱炎, 字安宇. 咸熙二年受魏禪.

(2) 왕필(王弼)의 《노자주(老子注)》에 이런 말이 있다. '일(一)이란 숫자의 시작이요 만물의 궁극이다. 모든 것의 주(主)이기 때문이다. 그 일(一)을 얻어야 비로소 맑음·평안함·올바름을 얻는다.'
　　王弼老子注云, 一者, 數之始, 物之極也. 各是一物之所以爲主也. 各以其一, 致此淸·寧·貞.

■ 주해| ○登祚(등조)－천자(天子)의 자리에 오르는 것.
○探策(탐책)－서(筮)로 점을 치는 것.
○天得(천득)－《노자(老子)》 제39장.

20. 만분(滿奮)은 바람을 두려워하고 싫어했다. 진(晋) 무제(武帝 : 司馬炎) 옆에 앉아 있을 때 북쪽 창이 유리 병풍으로 되어 있어서, 실제로는 빈틈이라고는 없었지만 투명하게 보였으므로 만분은 난처한 표정을 짓고 있었다. 무제가 보고 웃자,[1] 만분이 아뢰었다. "신(臣)은 오(吳)나라 소가 달을 보고도 헐떡이는 것과 같습니다."[2]

▌원문▐ 滿奮畏風. 在晉武帝坐, 北窓作琉璃屏, 實密似疎. 奮有難色, 帝笑之.[1] 奮答曰, 臣猶吳牛, 見月而喘.[2]

(1) 순작(荀綽)의 《기주기(冀州記)》에 이런 말이 있다. '만분(滿奮)의 자는 무추(武秋)이며 고평(高平) 사람이고, 위(魏)나라 태위(太尉) 만총(滿寵)의 손자이다. 그는 맑고 온화하며 식견이 많았다. 이부랑(吏部郎)에서 시작하여 기주자사(冀州刺史)가 되었다.'
《진제공찬(晋諸公贊)》에는 이런 이야기가 있다. '만분은 인품이 청아(清雅)하며 증조부(曾祖父) 만총(滿寵)의 풍격이 있었다. 상서령(尚書令)으로 옮겨졌는데 순의(荀顗)에게 죽음을 당했다.'
荀綽冀州記曰, 奮字武秋, 高平人, 魏太尉寵之孫也. 性清平有識. 自吏部郎出爲冀州刺史.
晉諸公贊曰, 奮體量清雅, 有曾祖寵之風. 遷尚書令, 爲荀顗所害.

(2) 오늘날의 물소는 강회지방(江淮地方)에서만 서식하고 있으므로 오우(吳牛)라고 한다. 남쪽지방은 더위가 심하므로 그곳의 소는 더위를 두려워하여 달을 보고도 해로 생각한다. 그러므로 달을 보고 헐떡이는 것이다.
今之水牛, 唯生江·淮閒, 故謂之吳牛也. 南土多暑, 而此牛畏熱, 見月疑是日, 所以見月則喘.

▌주해▐ ㅇ吏部郎(이부랑)―이부상서(吏部尚書) 아래에 있으면서 관리

의 천거를 담당한다.

○ 曾祖(증조) – 《삼국지(三國志)》〈위지(魏志)〉권26 만총전(滿寵傳)의 주(注)에 인용한 《세어(世語)》및 《문선(文選)》권40 〈주탄왕원(奏彈王源)〉의 주(注)에 인용한 《세설(世說)》에 '위(偉)의 동생의 아들인 분(奮)'이라고 되어 있다. 위(偉)는 만총의 아들이니 《세설》에 '증조'로 되어 있는 것은 잘못일 것이다.

○ 荀顗(순의) – 《진서(晋書)》에 순의가 죽은 것은 태시(泰始) 10년(274년)으로 되어 있다. 또 앞에서 인용한 《문선(文選)》주(注)의 《세설》에 '분원강중(奮元康中 : 291~299)에 사예교위(司隷校尉)에 이르다'라고 되어 있다. 즉 순의가 죽은 것은 만분이 사예교위가 되기 이전인 것이다. 《문선》의 동소(同所) 주(注)에 인용한 간보(干寶)의 《진기(晋紀)》에는 '묘원(苗願), 사예교위 만분을 죽이다'로 되어 있다.

21. 제갈정(諸葛靚)이 오(吳)나라에 있을 때 조정에 큰 모임이 있었다.[1] 그때 손호(孫皓)가 물었다. "그대는 자(字)를 중사(仲思)라고 하는데 무엇을 생각한다는 게요?" 제갈정이 대답했다. "집안에 있을 때는 효(孝)를 생각하고, 임금님을 섬길 때는 충(忠)을 생각하고, 친구와 사귈 때는 신(信)을 생각합니다. 그것뿐입니다."

■ 원문ㅣ 諸葛靚在吳, 於朝堂大會.[1] 孫皓問, 卿字仲思, 爲何所思. 對曰, 在家思孝, 事君思忠, 朋友思信. 如斯而已.

(1) 《진제공찬(晋諸公贊)》에 이런 이야기가 있다. '제갈정(諸葛靚)의 자는 중사(仲思)이고 낭야(琅邪) 사람이며 사공(司空) 제갈탄(諸葛誕)의 막내아들이다. 인품은 아정(雅正)하고 재능이 많았으며 인망이 있었다. 제갈탄은 수양(壽陽)에서 빈역히어 제갈정을 오(吳)나라에 인질로 보냈다. 오나라에서는 그를 맞아 우장군(右將軍)과 대사마(大司馬)로 삼았다.'

晉諸公贊曰, 靚字仲思, 琅邪人, 司空誕少子也. 雅正有才望.
誕以壽陽叛, 遣靚入質於吳, 以靚爲右將軍, 大司馬.

주해 | ㅇ孫皓(손호) - 오(吳)나라의 마지막 군주로서 손권(孫權)의 손
자이다.

22. 채홍(蔡洪)이[1] 낙양(洛陽)에 들어가자 도읍의 사람이 물었다.
"정부는 이제 막 들어섰을 뿐인데 제공(諸公)은 인재를 모으고, 영재
기재(英才奇才)를 시골에서까지 찾으며 현재준재(賢才俊才)를 산속
에서까지 찾고 있습니다. 그대는 오초(吳楚)의 선비로서 망국(亡國)
의 유민(遺民)입니다. 대체 어떤 빼어난 재능이 있기에 이번 등용에
응하려는 것입니까?" 채홍이 대답했다. "야광주(夜光珠)는 맹진하(孟
津河)에서만 나온다고 할 수 없고[2] 한 움큼이나 되는 옥도 곤륜산
(崑崙山)에서만 난다고 할 수는 없소이다.[3] 대우(大禹)는 동이(東
夷)의 땅에서 태어났고 문왕(文王)은 서강(西羌)의 땅에서 태어났었
소.[4] 성현이 태어나는 곳은 정해진 게 아니지요. 그 옛날 주무왕(周
武王)은 주왕(紂王)을 토벌하고 은(殷)나라의 어리석은 백성들을 낙
읍(洛邑)으로 옮겼는데[5] 당신도 그 후예가 아니라고 말할 수는 없을
것이외다."[6]

원문 | 蔡洪,[1] 赴洛. 洛中人問曰, 幕府初開, 群公辟命, 求英
奇於仄陋, 採賢儁於巖穴. 君吳楚之士, 亡國之餘. 有何異才
而應斯擧. 蔡答曰, 夜光之珠, 不必出於孟津之河.[2] 盈握之
璧, 不必採於崑崙之山.[3] 大禹生於東夷, 文王生於西羌.[4] 聖
賢所出, 何必常處. 昔武王伐紂, 遷頑民於洛邑.[5] 得無諸君是
其苗裔乎.[6]

(1) 《채홍집록(蔡洪集錄)》에 이런 말이 있다. '채홍(蔡洪)의 자는 숙

개(叔開)이고 오군(吳郡) 사람인데 변재(辯才)가 있었다. 처음에
오나라 조정에 벼슬하여 태강연간(太康年間)에는 향리(鄕里)의
주종사(州從事)가 되었으며 수재(秀才)로 천거되었다.'
왕은(王隱)의 《진서(晉書)》에 이런 기록이 있다. '채홍은 사관(仕
官)하여 송자령(松滋令)에까지 이르렀다.'

洪集錄曰, 洪字叔開, 吳郡人. 有才辯, 初仕吳朝, 太康中, 本州
從事, 擧秀才.

王隱晉書曰, 洪仕至松滋令.

(2) 구설(舊說)에는 이런 것이 있다. '수후(隋侯)가 여행하고 있던 중
두 토막으로 잘라진 뱀을 발견했다. 수후가 그것을 맞춰주자 뱀은
살아났고 도망쳤다. 그후 뱀은 명월주(明月珠)를 물고 와서, 그
은혜를 갚았다. 구슬의 밝기는 밤을 대낮처럼 비추었다. 이런 고
사에서 수주(隋珠)라고도 한다. 좌사(左思)의 〈촉도부(蜀都賦)〉
에 "수후는 그 야광주를 가볍게 여겼도다."라고 했는데 바로 이것
을 가리킴이다.'

舊説云, 隋侯出行, 有蛇斬而中斷者. 侯連而續之, 蛇遂得生而
去. 後銜明月珠以報其德. 光明照夜同晝, 因曰隋珠. 左思蜀都
賦所謂隋侯鄙其夜光也.

(3) 한씨(韓氏)에 이런 말이 있다. '화씨벽(和氏璧)은 생각하건대 읍리
(邑里)에서 나온 것이다.'

韓氏曰, 和氏之璧, 蓋出於井里之中.

(4) 생각하건대 《맹자(孟子)》에 '순(舜)은 제풍(諸馮)에서 태어났고
동이(東夷) 사람이다. 문왕(文王)은 기주(岐周)에서 태어났고 서
융(西戎) 사람이다'라고 되어 있으니 동이는 순(舜)이 태어났던
곳이지 우(禹)가 태어난 곳은 아니다.

案, 孟子曰, 舜生於諸馮, 東夷人也. 文王生於岐周, 西戎人也.
則東夷是舜, 非禹矣.

(5) 《상서(尙書)》에 이런 이야기가 있다. '낙양(洛陽)에 도읍이 완성
되자 은(殷)나라의 어리석은 백성들을 그곳으로 옮겼고, 〈다사편
(多士篇)〉이 쓰여졌다.' 공안국(孔安國)의 주(注)에 말했다. '은
(殷)나라 대부(大夫)는 그 마음이 덕의(德義)에 부합되지 아니했
다. 그래서 왕도(王都)에 옮기고 가까이 두어서 가르침을 폈던 것
이다.'

尙書曰, 成周旣成, 遷殷頑民, 作多士. 孔安國注曰, 殷大夫心
不則德義之經. 故徙於王都, 遍敎誨也.

(6) 생각하건대 화영사(華令思 : 華譚)는 수재(秀才)로 천거되어 낙양
에 갔을 때 왕무자(王武子 : 王濟)와 대담한 적이 있다. 그때의 이
야기는 이곳의 이야기와 조금도 다르지 않다. 두 사람(화영사와
채홍)에게 똑같이 이런 이야기가 있다고 인정할 수는 없으므로 어
쩌면 《세설(世說)》이 억지로 맞춘 것이리라.

按, 華令思擧秀才入洛, 與王武子相酬對, 皆與此言不異. 無容
二人同有此辭. 疑世說穿鑿也.

주해 ㅇ州從事(주종사)─주자사(州刺史)의 속료(屬僚)로 상위(上位)
에 있는 사람들의 총칭. 별가종사사(別駕從事史)·치중종사사(治中從事
史)·부종사(部從事)가 그것에 해당한다.
ㅇ舊說(구설)─《회남자(淮南子)》〈설산훈(說山訓)〉의 고유주(高誘注), 《수
신기(搜神記)》 권3에 똑같은 이야기가 보인다.
ㅇ蜀都賦(촉도부)─좌사(左思)의 〈촉도부〉에는 이 구절이 없다. 〈오도부
(吳都賦)〉에 '수후어시비기광(隋侯於是鄙其光)'이라고 있다.
ㅇ韓氏(한씨)─《한비자(韓非子)》〈화씨편(和氏篇)〉에는 '초인화씨(楚人
和氏), 옥박(玉璞)을 초(楚)나라 산속에서 얻다'라고 되어 있으며 이

런 구절은 없다. 여기에서 말하고 있는 '화씨지벽(和氏之璧) 개출어정리지중(蓋出於井里之中)'과는 다르다.

○孟子(맹자)-《맹자》〈이루(離婁)〉하(下).

○尙書(상서)-다사서(多士序).

○孔安國注(공안국주)-현행(現行)《상서정의(尙書正義)》에는 '은대부사(殷大夫士) 심불칙덕의지경(心不則德義之經) 고사근왕도(故徙近王都) 교회지(敎誨之)'라고 되어 있으며 여기서 인용하는 글과는 다소 다르다.

23. 명사(名士)들이 함께 낙수(洛水)에 가서 놀았다.[1] 돌아오자 악령(樂令 : 樂廣)[2]이 왕이보(王夷甫 : 王衍)에게 물었다. "오늘 놀이는 즐거웠습니까?"[3] 왕이보가 대답했다. "배복야(裴僕射 : 裴頠)는 명리(名理)를 논했는데 그것은 우아하여 운치가 솟아났으며,[4] 장무선(張茂先 : 張華)은 《사기(史記)》와 《한서(漢書)》에 대해서 논했는데 그것은 경청할 만한 가치가 있었소이다.[5] 나와 왕안풍(王安豊 : 王戎)[6]은 연릉(延陵)과 자방(子房)에 대해서 이야기했는데 이것 또한 초연하고 심오하여 진지했지요."[7]

|원문| 諸名士共至洛水戲.[1] 還, 樂令[2]問王夷甫曰, 今日戲樂乎.[3] 王曰, 裴僕射善談名理, 混混有雅致.[4] 張茂先論史漢, 靡靡可聽.[5] 我與王安豊[6]説延陵·子房, 亦超超玄著.[7]

(1)《죽림칠현론(竹林七賢論)》에 이런 이야기가 있다. '왕제(王濟) 등이 어느 때 낙수(洛水)에 나가서 고사를 지내고 놀이를 했다. 다음날 어떤 사람이 왕제에게 물었다. "어제 놀이에서는 어떤 담론(談論)이 있었습니까?" 왕제는 대답하여 말하기를 운운……'

竹林七賢論曰, 王濟諸人, 嘗至洛水解禊事. 明日, 或問濟曰, 昨游, 有何語議. 濟云云.

(2) 악광(樂廣)을 가리킴이다.

廣也.

(3) 우예(虞預)의 《진서(晋書)》에 이런 말이 있다. '왕연(王衍)의 자
는 이보(夷甫)이고 낭야(琅邪) 임기(臨沂) 사람이며 사도(司徒)
왕융(王戎)의 종제(從弟)이다. 아버지 왕예(王乂)는 평북장군(平
北將軍)이었다. 이보는 일찍부터 이름이 알려졌으니 마음이 청허
(淸虛)하고 사물의 도리에 통달했으므로 사람들로부터 칭송을 받
았다. 벼슬을 하여 태위(太尉)에까지 올랐는데 석륵(石勒)에게 죽
음을 당했다.'

虞預晉書曰, 王衍字夷甫, 琅邪臨沂人, 司徒戎從弟. 父乂, 平
北將軍. 夷甫早知名, 以淸虛通理稱. 仕至太尉, 爲石勒所害.

(4) 《진혜제기거주(晋惠帝起居注)》에는 이런 이야기가 있다. '배위(裴
頠)의 자는 일민(逸民)이고 하동(河東) 문희(聞喜) 사람이며 사공
(司空) 배수(裴秀)의 막내아들이다.'
《기주기(冀州記)》에 다음과 같은 이야기가 있다. '배위는 경세(經
世)의 뜻이 있고 뛰어난 식견을 가지고 있었다. 옛날의 일을 헤아
리어 명리(名理)를 논하기를 잘했다. 행동이 고상하여 젊었을 때
부터 이름이 알려졌었다. 시중(侍中)·상서좌복야(尚書左僕射)를
역임했는데 조왕(趙王) 사마윤(司馬倫)에게 죽음을 당했다.'

晉惠帝起居注曰, 裴頠字逸民, 河東聞喜人, 司空秀之少子也.
冀州記曰, 頠弘濟有淸識, 稽古善言名理. 履行高整, 自少知
名. 歷侍中·尚書左僕射, 爲趙王倫所害.

(5) 《진양추(晋陽秋)》에 이런 이야기가 있다. '장화(張華)는 박식하여
통요(通曉)되지 않는 것이 없었다. 세조(世祖：司馬炎)가 어느 때
한(漢)나라 고사(故事)에 대해서 묻다가 건장궁(建章宮)의 천문

만호(千門萬戶)에 이르렀다. 장화는 땅바닥에 그 그림을 그리면서 척척 대답했다. 그것은 한나라의 장안세(張安世)라 하더라도 도저히 따르지 못할 정도였다.'

晋陽秋曰, 華博覽洽聞, 無不貫綜. 世祖嘗問漢事, 及建章千門萬戶. 華畫地成圖, 應對如流, 張安世不能過也.

(6) 왕융(王戎)을 가리킨다.

戎也.

(7) 《진제공찬(晋諸公贊)》에 이런 말이 있다. '왕이보(王夷甫)는 담론을 좋아하여 당시 사람들로부터 존경을 받았다.'

晋諸公贊曰, 夷甫好尙談稱, 爲時人物所宗.

주해 │ ○延陵(연릉)―오(吳)나라 계찰(季札). 오왕(吳王) 수몽(壽夢)의 넷째 아들. 수몽은 계찰의 현명함을 알고, 그에게 왕위를 물려주려고 했는데 계찰은 사양하며 받지 않았으며 연릉(延陵)에 봉해졌다.
○子房(자방)―한(漢)나라의 장량(張良). 자가 자방. 시호는 문성(文成)이다. 한나라 고조(高祖)의 공신으로서 유후(劉侯)에 봉해졌다. 만년에는 황로술(黃老術)을 좋아하며 신선벽곡술(神仙辟穀術)을 배웠다.
○名理(명리)―변명추리(辨名推理)란 뜻. 당시의 철학론(哲學論).
○張安世(장안세)―한(漢)나라 사람. 자는 자유(子孺). 고사(故事)에 정통했다. 《한서(漢書)》 권59에 전(傳)이 있다.

24. 왕무자(王武子 : 王濟)[1]와 손자형(孫子荊 : 孫楚)[2]이 각각 향리(鄕里)의 풍토와 인물의 뛰어난 점을 이야기했다. 왕제가 말했다. "그 땅이 넓고 평평하며, 그 강이 맑고 깨끗하면 그런 곳의 사람은 청렴결백하고 마음이 바르지요." 이에 대하여 손초가 말했다. "그 산이 우뚝 솟아 험하고 그 강이 넘실넘실 일렁이면 그런 곳의 사람은 기상

이 활달하고 우수한 사람이 많습니다."[3]

원문| 王武子[1]·孫子荊,[2] 各言其土地人物之美. 王云, 其地坦而平, 其水淡而淸, 其人廉且貞. 孫云, 其山崔巍以嵯峨, 其水泙渫而揚波, 其人磊砢而英多.[3]

(1) 《진제공찬(晋諸公贊)》에 이런 이야기가 있다. '왕제(王濟)의 자는 무자(武子)이고 태원(太原) 진양(晋陽) 사람이며 사도(司徒) 왕혼(王渾)의 둘째 아들이다. 빼어난 재능을 지니고 있었으며 청담(淸談)에 뛰어났다. 중서랑(中書郞)에서부터 벼슬을 시작하여 태복(太僕)으로 세상을 떠났다.'

晋諸公贊曰, 王濟字武子, 太原晋陽人, 司徒渾第二子也. 有儁才, 能淸言. 起家中書郞, 終太僕.

(2) 《문사전(文士傳)》에 이렇게 적고 있다. '손초(孫楚)의 자는 자형(子荊)이고 태원(太原) 중도(中都) 사람이다.'
《진양추(晋陽秋)》에 이런 이야기가 있다. '손초는 표기장군(驃騎將軍) 손자(孫資)의 손자이며 남양태수(南陽太守) 손굉(孫宏)의 아들이다. 한 고향 사람인 왕제(王濟)는 기량(器量)이 뛰어난 귀공자로서 그 지방 주(州)의 대중정(大中正)이었다. 어느 때 방문(訪問)이 향리의 품상(品狀)을 작성하고자 했는데 왕제는 "그 인물(손초)은 향리의 인물평으로는 형용할 수 없는 인물인즉 내가 스스로 품상을 써주겠네."라며 천재영특(天才英特) 양불발군(亮不拔群)이라고 써주었다. 벼슬하여 풍익군(馮翊郡) 태수까지 되었다.'

文士傳曰, 孫楚字子荊, 太原中都人也.
晋陽秋曰, 楚, 驃騎將軍資之孫, 南陽太守宏之子. 鄕人王濟, 豪俊公子, 爲本州大中正. 訪問宏爲鄕里品狀. 濟曰, 此人非鄕評所能名, 吾自狀之, 曰, 天才英特, 亮拔不群. 仕至馮翊太守.

(3) 생각하건대 《삼진기(三秦記)》·《어림(語林)》에는 촉인(蜀人) 이적(伊籍)이 오(吳) 땅의 토지와 인물을 칭찬한 일이 있는데 이 이야기의 내용과 같다.

案, 三秦記·語林, 載蜀人伊籍稱吳土地人物, 與此語同.

주해| ○太僕(태복)−정확하게는 태복경(太僕卿)이라고 하며 구경(九卿)의 하나. 여마(輿馬)와 목축의 일을 관장한다.

○驃騎將軍(표기장군)−한(漢)나라 무제(武帝)가 곽거병(霍去病)에게 내림으로써 시작된 무관직(武官職). 위(位)는 삼공(三公)에 버금가는 요직.

○州大中正(주대중정)−위(魏)나라 명제(明帝)가 세상을 떠나고 제왕(齊王) 방(芳)이 즉위한 정시(正始) 초년(初年 : 240년) 무렵에 설치되었고, 주로 관리 등용에 있어 인물조사를 주관했다. 군대중정(郡大中正) 위에 있었다. 주(州)는 행정구역상 군(郡)을 감독했으므로 중앙과의 관계가 밀접하며, 따라서 주대중정(州大中正)은 지방의 여론을 종합하는 것보다 군중정(郡中正)을 감독하는 성격이 강하다. 필연적으로 향품재정(鄕品裁定)의 권력이 중앙에 집중되어 귀족화되기에 이르렀다.

○訪問(방문)−중정(中正)의 부하. 계속해서 임관자(任官者), 미임관자(未任官者)의 평판을 조사하여 장부에 기록한다. 이것이 향품결정(鄕品決定)의 자료가 된다.

○鄕里品狀(향리품장)−간단하게 품장(品狀) 또는 장(狀)이라고도 한다. 구품관인법(九品官人法)의 인물 조사서를 가리킴이다. 본인·부(父)·조부(祖父)의 관품(官品)과 인물비평을 기록한다. 이 3대에 걸친 기록을 삼장(三狀)이라고 한다. 장(狀)의 내용은 간결한 언어로 그 인물의 본질을 나타내려고 하는 것이므로 왕왕 추상적인 표현에 빠지기 쉬웠다.

25. 악령(樂令 : 樂廣)의 딸은 대장군(大將軍) 성도왕(成都王) 사마

영(司馬穎)에게 시집갔다.⁽¹⁾ 성도왕의 형인 장사왕(長沙王 : 司馬乂)이 낙양(洛陽)에서 실권을 잡더니⁽²⁾ 마침내 무력을 갖추어 성도왕과 맞붙게 되었다. 장사왕은 소인을 가까이하고 군자를 멀리하여 그 조정에 있는 자들은 모두 위구심에 싸여 있었다. 악령은 당시 조정에서 인망이 있었고 그 위에 성도왕과는 인척관계에 있었으므로 소인들이 장사왕에게 그를 참소했다. 어느 때 장사왕이 악령에게 그 일에 관하여 물었다. 그런데 악령은 안색조차 바꾸지 않은 채 천천히 대답했다. "어찌 다섯 남자를 한 여자와 바꿀 수 있겠습니까?"⁽³⁾ 그래서 장사왕은 마음을 놓았고 두번 다시 그를 의심코자 하지 않았다.

원문 │ 樂令女, 適大將軍成都王穎.⁽¹⁾ 王兄長沙王執權於洛,⁽²⁾ 遂搆兵相圖. 長沙王親近小人, 遠外君子. 凡在朝者, 人懷危懼. 樂令旣處朝望, 加有婚親. 群小讒於長沙. 長沙嘗問樂令. 樂令神色自若, 徐答曰, 豈以五男易一女.⁽³⁾ 由是釋然, 無復疑慮.

(1) 우예(虞預)의 《진서(晋書)》에 이런 이야기가 있다. '악광(樂廣)의 자는 언보(彦輔)이며 남양(南陽) 사람이다. 마음이 청초하고 온화했으며, 그 위에 도리와 식견도 지니고 있었다. 시중(侍中)·하남윤(河南尹)으로 누천(累遷)되었다. 조정에 있을 때는 허심탄회하여 당시 사람들은 그의 곧고 귀한 인품을 중시했다. 왕융(王戎)을 대신하여 상서령(尚書令)에 올랐다.'
《팔왕고사(八王故事)》에는 이런 이야기가 있다. '사마영(司馬穎)의 자는 숙도(叔度)이며 세조(世祖 : 司馬炎)의 열아홉째 아들이다. 성도왕(成都王), 대장군(大將軍) 등에 봉해졌다.'

虞預晉書曰, 樂廣字彦輔, 南陽人. 清夷沖曠, 加有理識. 累遷侍中·河南尹. 在朝廷用心虛淡, 時人重其貞貴. 代王戎爲尚書令.

八王故事曰, 司馬穎字叔度, 世祖第十九子. 封成都王, 大將軍.

(2) 《진백관명(晋百官名)》에 이런 기록이 있다. '사마예(司馬乂)의 자
는 사도(士度)이고 장사왕(長沙王)에 봉해졌다.'
《팔왕고사(八王故事)》에는 '세조(世祖)의 제17자'라고 했다.

晉百官名曰, 司馬乂字士度, 封長沙王.
八王故事曰, 世祖第十七子.

(3) 《진양추(晋陽秋)》에 이런 이야기가 있다. '성도왕(成都王)이 군
사를 일으키자 장사왕은 악광(樂廣)을 의심했다. 악광이 말했다.
"어찌 한 여인으로 다섯 남자와 바꿀 수 있겠습니까?" 사마예
는 그래도 아직 의심하고 있었으므로 근심하던 끝에 마침내 죽
었다.'

晉陽秋曰, 成都王之起兵, 長沙王猜廣. 廣曰, 寧以一女而易五
男. 乂猶疑之, 遂以憂卒.

▌**주해** │ ○執權於洛(집권어락)─이른바 팔왕(八王)의 난(亂).

○豈以五男易一女(기이오남역일녀)─《주역(周易)》권12 '쾌(夬)'의 괘(卦)
에 ☱☰가 있는데 일음(一陰)을 오양(五陽)이 밀어올려 떨어뜨리려고
하는 상(象)이다. 일설에 의하면 이것을 근거로 하여 오양(五陽：五男)
이 일음(一陰：一女)을 결딴낸다는 뜻으로 풀기도 한다. 단 악광(樂廣)
에게는 5남이 없었고 3남뿐이었다.

○叔度(숙도)─《진서(晋書)》권59 〈성도왕영전(成都王穎傳)〉에는 '장도
(章度)'로, 《북당서초(北堂書鈔)》권70에서 인용하는 왕은(王隱)의 《진
서(晋書)》에는 '장정(章庭)'으로 적고 있다.

○第十九子(제십구자)─《진서》〈성도왕영전〉에는 '제16자(第十六子)'로 적
고 있다.

○第十七子(제십칠자)─《진서》권59 〈장사왕예전(長沙王乂傳)〉에는 '제6
자'로 적고 있다.

26. 육기(陸機)가 왕무자(王武子 : 王濟)를 방문했다.[1] 왕무자는 눈앞에 몇 말의 양락(羊酪)을 놓아두고 그것을 가리키며 육기에게 물었다. "그대의 고향인 강동(江東)에서는 무엇이 이것에 필적할 만하오?" 그러자 육기가 대답했다. "천리호(千里湖)의 순채(蓴菜)국이 있습니다. 다만 아직 거르지 않고 있어서 간을 치지는 않았습니다."

▌**원문**▏ 陸機詣王武子.[1] 武子前置數斛羊酪, 指以示陸曰, 卿江東何以敵此. 陸云, 有千里蓴羹, 但未下鹽豉耳.

(1) 《진양추(晋陽秋)》에 이런 이야기가 있다. '육기(陸機)의 자는 사형(士衡)이며 오군(吳郡) 사람이다. 조부인 육손(陸遜)은 오나라 승상이었고 아버지 육항(陸抗)은 오나라 대사마(大司馬)였다. 육기와 동생인 육운(陸雲)은 모두 준재(俊才)였다. 서진(西晋)의 사공(司空) 장화(張華)는 그 두 사람과 만나 기뻐하며 말했다. "오나라를 평정하고 얻은 전리품은 그대들 두 준재를 얻은 것이로다."' 《육기별전(陸機別傳)》에는 이런 이야기가 있다. '육기는 박학하고 문장도 뛰어났다. 예(禮)에 맞지 않으면 행동하지 아니했다. 진(晋)나라 조정에 벼슬하여 저작랑(著作郎)이 되었으며 평원내사(平原內史)에까지 올랐다.'

晋陽秋曰, 機字士衡, 吳郡人. 祖遜, 吳丞相. 父抗, 吳大司馬. 機與弟雲竝有俊才. 司空張華見而說之, 曰, 平吳之利, 在獲二儁.

機別傳曰, 博學善屬文, 非禮不動. 入晋, 仕著作郎, 至平原內史.

▌**주해**▏ ○羊酪(양락)—소나 양의 젖을 약한 불로 끓이고 위에 막을 형성한 유피(乳皮)를 걷어낸 다음 그 즙을 베주머니로 걸러낸다. 이것에 효모를 섞어서 질그릇 병에 담아두어 만든다(《齊民要術》 권6 羊項). 이

른바 요구르트와 같은 것이다.

○末下(미하)―《진서(晋書)》 권54 〈육기전(陸機傳)〉에는 '말하(末下)'로 되어 있으며 천리(千里)의 순채(蓴菜), 말하(末下)의 염시(鹽豉)는 '명대(名對)를 이룬다'라고 당시 사람들이 한 말을 기록하고 있다. 그렇다면 말하(末下)는 천리(千里)에 대한 지명(地名)일까.

27. 서진(西晉) 때 어떤 아이의 아버지가 병에 걸렸다. 그래서 아이는 약을 구하러 나갔다. 그러자 그곳 주인이 무슨 병이냐고 물었다. 아이는 "학질에 걸렸습니다."라고 대답했다. 주인은 "너의 아버지는 훌륭한 군자인데 왜 학질에 걸렸느냐."고 말했다.[1] "군자가 걸리는 것이야말로 학질〔瘧 : 虐〕입니다."라고 아이는 대답했다.

▌원문| 中朝有小兒父病. 行乞藥. 主人問病, 曰, 患瘧也. 主人曰, 尊侯明德君子, 何以病瘧.[1] 答曰, 來病君子, 所以爲瘧耳.

(1) 속설(俗說)에 학질의 신(神)은 작으므로 거인(巨人)에게는 붙지 않는다고 한다. 그래서 광무제(光武帝)는 어느 때 경단(景丹)에게 말했다. "장사는 학질에 걸리지 않는다고 들었는데 그대와 같은 대장군(大將軍)이 어찌하여 학질에 걸렸는고?"

俗傳行瘧鬼小, 多不病巨人. 故光武皇帝嘗謂景丹曰, 嘗聞壯士不病瘧, 大將軍反病瘧耶.

▌주해| ○中期(중기)―강좌(江左)에 대칭되는 말로서 중원(中原 : 洛陽)에 도읍을 하고 있던 때〔西晋〕를 의미하는 말이다.

○瘧(학)―학질 학(瘧)과 음이 같은 학(虐 : 잔인하다·사납다)자를 들어 군자를 괴롭히는 것이기에 학(瘧)이라고 아이는 재치있는 대답을 했던 것이다.

○景丹(경단)―자는 손경(孫卿), 풍익(馮翊) 역양(櫟陽) 사람, 《후한서(後漢書)》 권52에 전(傳)이 있음.

28. 최정웅(崔正熊 : 崔豹)이 어느 지방에 나갔다. 그 지방의 장군인 진씨(陳氏)가 최정웅에게 물었다. "그대는 그 최저(崔杼)로부터 몇 대째요?" 최정웅이 대답했다. "최저로부터 저까지는 진항(陳恒)으로부터 태수(太守)님까지와 같습니다."[1]

원문ㅣ 崔正熊詣都郡. 都郡將姓陳. 問正熊, 君去崔杼幾世. 答曰, 民去崔杼, 如明府之去陳恒.[1]

(1) 《진백관명(晉百官名)》에 이런 기록이 있다. '최표(崔豹)의 자는 정웅(正熊), 연국(燕國) 사람이다. 혜제(惠帝) 때 벼슬이 태부승(太傅丞)에까지 올랐다.'

晉百官名曰, 崔豹字正熊, 燕國人. 惠帝時, 官至太傅丞.

주해ㅣ ㅇ都郡(도군)－자사(刺史)로서 군태수(郡太守)를 겸임한 사람을 가리키는 말이다. 자사의 권한을 강화하기 위해 동진(東晉)에서 양진(梁晉)에 이르는 사이에 많이 두었었다.

ㅇ民(민)－진(晉)나라 때 하급관리가 상급자에 대하여 자신을 가리켜 말하는 겸칭(謙稱).

ㅇ崔杼(최저)－춘추시대 제(齊)나라의 대부(大夫). 장공(莊公)을 시해했다. 《좌씨전(左氏傳)》 양공(襄公) 25년조에 '하5월(夏五月) 제(齊) 최저 그 군(君) 광(光)을 시해하다'라고 기록되어 있다.

ㅇ陳恒(진항)－역시 춘추시대 제나라의 대부. 간공(簡公)을 시해했다. 《좌씨전》 애공(哀公) 14년조에 '제인(齊人)이 그 임금 임(壬)을 서주(舒州)에서 시해하다'란 기록이 보이며 전(傳)에 '갑오(甲午), 제나라 진항(陳恒), 그 군주를 서주에서 시해하다'라고 되어 있다. 《논어(論語)》 〈헌문편(憲問篇)〉에도 '진성자(陳成子), 간공(簡公)을 시해하다'라고 되어 있다.

ㅇ太傅丞(태부승)－태부의 보좌관. 태부는 태재(太宰 : 太師)·태보(太保)와 함께 삼공(三公)의 하나로서 황제를 훈도하는 직책.

참고| 《수신기(搜神記)》(八卷本) 권4에 북위(北魏)의 태무제(太武帝) 때 일로서 최호(崔皓)와 진용문(陳龍文)과의 대화가 기록되어 있는데 이 조항과 아주 똑같은 내용이다.

29. 원제(元帝)가 처음으로 강남(江南) 땅에 천도(遷都)했을 때[1] 고표기(顧驃騎 : 顧榮)에게 말했다. "남의 땅에 얹혀 있으니 마음속으로 언제나 부끄럽게 생각하고 있소." 그러자 고영은 무릎을 꿇고 대답했다. "신(臣)이 듣잡건대 왕자(王者)는 천하(天下)를 집으로 삼는다 하였습니다. 그러므로 은(殷)나라는, 한때는 경(耿), 혹은 박(亳)으로 자주 도읍을 옮겼으며[2] 구정(九鼎)도 낙읍(洛邑)으로 옮겼습니다.[3] 바라옵건대 폐하께서는 이번에 천도하신 것을 조금도 염려하지 마십시오."

원문| 元帝始過江,[1] 謂顧驃騎曰, 寄人國土, 心常懷慙. 榮跪對曰, 臣聞王者以天下爲家, 是以耿·亳無定處,[2] 九鼎遷洛邑.[3] 願陛下勿以遷都爲念.

(1) 주봉(朱鳳)의 《진서(晋書)》에 이런 이야기가 있다. '원제(元帝)의 휘(諱)는 예(叡)이고 자는 경문(景文)이다. 조부인 주(伷)는 낭야왕(琅邪王)에 봉해졌었다. 아버지 공왕(恭王) 근(瑾)이 뒤를 이었고 원제는 그 작위를 세습했다가 낭야왕이 되었다. 젊었을 때부터 총명했다. 서진(西晋) 말의 전란(戰亂)에 의해 강남으로 옮겨가서 의군(義軍)을 일으켰고 마침내 황제의 자리에 즉위했다.'
   시호법(諡號法)에 '처음으로 국도(國都)를 세운 사람을 원(元)으로 시호를 바친다'라고 되어 있다.

   朱鳳晋書曰, 帝諱叡, 字景文. 祖伷, 封琅邪王, 父恭王瑾嗣, 帝襲爵爲琅邪王. 少而明惠. 因亂過江起義, 遂卽皇帝位.

   諡法曰, 始建國都曰元.

(2) 《제왕세기(帝王世紀)》에 이런 말이 있다. '은(殷)나라 조을(祖乙)
이 도읍을 경(耿)으로 옮겼는데 황하(黃河)의 범람으로 붕괴되었
다. 오늘날의 하동(河東) 피씨(皮氏)의 경향(耿鄕)이 그곳이다.
반경(盤庚)은 다섯 차례나 천도하였고 다시 남쪽으로 옮기어 박
(亳) 땅에 도읍을 정하였다. 오늘날의 경박(景亳)이 그곳이다.'

帝王世紀曰, 殷祖乙徙耿, 爲河所毁. 今河東皮氏耿鄕是也. 盤
庚五遷, 復南居亳, 今景亳是也.

(3) 《춘추전(春秋傳)》에 이런 기록이 있다. '무왕(武王)은 상(商)을 이
기어 구정(九鼎)을 낙읍(洛邑)으로 옮겼다. 오늘날의 언사(偃師)
가 그곳이다.'

春秋傳曰, 武王克商, 遷九鼎於洛邑. 今之偃師是也.

주해 | ㅇ九鼎(구정) - 우왕(禹王)이 구주(九州)의 금을 사용해서 주조
한 정(鼎)이라고 하는데 왕위(王位)의 상징이다. 은(殷)나라 탕왕(湯王)
이 하(夏)나라를 멸망시키고 이것을 상읍(商邑)으로 옮겼는데 주(周)나
라 무왕(武王)은 은나라를 멸망시키고 이것을 낙읍(洛邑)으로 옮겼다.
ㅇ叡(예) - 《진서(晉書)》 권6 〈원제기(元帝紀)〉에는 '예(睿)'로 적고 있다.
ㅇ瑾(근) - 《진서》 권6 〈원제기〉에서는 '근(覲)'으로 적고 있다.
ㅇ春秋傳(춘추전) - 《좌씨전(左氏傳)》 환공(桓公) 2년.

30. 유공(庾公 : 庾亮)이 주백인(周伯仁 : 周顗)을 만나러 갔다.[1]
주백인이 말했다. "그대는 무슨 기쁜 일이 있기에 부쩍 살이 찐 게
요?" 유량이 말했다. "그대야말로 무슨 걱정거리가 있기에 부쩍 여윈
게요?" 주백인이 말했다. "나에게는 걱정거리가 없소! 다만 날로 깨
끗이 씻으니 쓸데없는 때가 날마다 빠져나갈 뿐이외다."

원문 | 庾公造周伯仁.[1] 伯仁曰, 君何所欣悅而忽肥. 庾曰,

君復何所憂慘而忽瘦. 伯仁曰, 吾無所憂. 直是淸虛日來, 滓
穢日去耳.

(1) 우예(虞預)의 《진서(晋書)》에 이런 기록이 있다. '주의(周顗)의
자는 백인(伯仁)이고 여남(汝南) 안성(安城) 사람이며 양주자사
(揚州刺史) 주준(周浚)의 장남이다.'
《진양추(晋陽秋)》에 이런 말이 있다. '주의(周顗)는 풍류와 재기
(才氣)가 있어서 젊었을 때부터 이름이 알려졌다. 그 태도가 착실
하여 친구들도 감히 섣불리 대하지 못하였다. 여남(汝南)의 분태
연(賁泰淵)은 청렴과 절조에 뛰어난 인사였는데 어느 때 감탄하
며 말했다. "여남과 영천(潁川)에는 원래 우수한 인재가 많았는데
요즘들어 그 아정(雅正)한 도(道)가 거의 쇠잔해졌다. 그런데 이
제 다시 주백인이 나타났다. 그는 실로 옛 기풍을 떨치어 우리 여
남의 인심을 밝게 하고자 하고 있다." 한소(寒素)에 발탁되어 상
서복야(尙書僕射)에 누천(累遷)되었으나 왕돈(王敦)에게 죽음을
당했다.'
虞預晉書曰, 周顗字伯仁, 汝南安城人, 揚州刺史浚長子也.
晉陽秋曰, 顗有風流才氣, 少知名. 正體嶷然, 儕輩不敢媟也.
汝南賁泰淵, 淸操之士, 嘗嘆曰, 汝潁固多賢士. 自頃陵遲, 雅
道殆衰. 今復見周伯仁. 伯仁將祛舊風, 淸我邦族矣. 擧寒素,
累遷尙書僕射, 爲王敦所害.

주해 | ㅇ賁泰淵(분태연)―《진서》권69 〈주의전(周顗傳)〉에 비슷한 글
이 있는데 거기서는 '사도연동군분숭유청조(司徒掾同郡賁嵩有淸操)'로
되어 있다.

ㅇ汝潁固多賢士(여영고다현사)―여남(汝南)·영천(潁川) 지방은 후한(後
漢)의 도읍 낙양(洛陽)과 가까웠던 관계로 숱한 관료를 배출한 바 있
다. 특히 후한말이 되자 여남·영천 지방에서 인물평론이 성행했는데
여남의 허소(許劭)와 허정(許靖)이 월단평(月旦評)을 했고(《後漢書》권

68 許劭傳) 공융(孔融)이 〈여영우열론(汝穎優劣論 :《藝文類聚》 권
22)〉, 진군(陳群)이 〈여영사론(汝穎士論 :《太平御覽》 권447)〉을 각각
저술하여 인사(人士)의 우열을 평론했다.

ㅇ寒素(한소) ─ 현량(賢良) 등과 마찬가지로 과거제도의 하나. 향품(鄕品)
2품 이상인 자가 재산·가풍이 뛰어난 인물에 한하여 천거하던 폐단
을 없애기 위해 설치한 것이다.《진서》 권46 〈이중전(李重傳)〉 참조.

31. 강남(江南) 땅에 옮겨온 사람들은 화창한 날에는 함께 신정(新
亭)으로 갔고 풀밭 위에서 주연(酒宴)을 벌였다.[1] 주후(周侯)[2]는 주
연이 무르익었을 때 탄식하며 말했다. "풍경은 모두 한가지인데 산하
(山河)는 다르구려." 일동은 모두 얼굴을 마주하고 눈물을 흘렸다. 그
런데 왕승상(王丞相)[3]만은 안색을 바꾸며 말했다. "지금은 모두 왕
실을 위해 힘을 모아 중원을 회복하지 않으면 안되거늘, 어찌하여 초
(楚)나라 죄수와 같은 짓을 하며 얼굴을 마주하고 있는 게요."[4]

▌**원문**│ 過江諸人, 每至美日, 輒相邀出新亭, 藉卉飲宴.[1] 周
侯[2]中坐而歎曰, 風景不殊, 正自有山河之異. 皆相視流淚. 唯
王丞相[3]愀然變色曰, 當共勠力王室, 克復神州. 何至作楚囚
相對邪.[4]

(1)《단양기(丹陽記)》에 이런 이야기가 있다. '신정(新亭)은 원래 오
(吳)나라 당시에 세워졌는데 당시의 기초는 무너졌고, 융안연간
(隆安年間 : 397~401년)에 단양윤(丹陽尹) 사마회지(司馬恢之)
가 오늘날의 장소에 옮겨서 지었다.'
丹陽記曰, 新亭, 吳舊立, 先基崩淪. 隆安中, 丹陽尹司馬恢之
徙創今地.

(2) 주의(周顗)이다.

顚也.

(3) 왕도(王導)이다.

導也.

(4) 《춘추전(春秋傳)》에 이런 기록이 있다. '초(楚)나라가 정(鄭)나라를 칠 때, 제후(諸侯)들은 정나라를 도왔다. 정나라에서는 운공(鄖公) 종의(鍾儀)를 잡아서 진(晋)나라에 바쳤다. 진경공(晋景公)은 무기고(武器庫)를 시찰하다가 그를 발견하고 물었다. "초나라 관(冠)을 쓰고 묶여 있는 자는 누구인고?" 관원이 대답했다. "초나라 죄수입니다." 경공은 그를 풀어주라고 한 다음 그 가문에 대해서 물었다. 종의가 대답했다. "악사(樂師)입니다." "음악을 할 수 있는가?" "대대로 그것이 직업이었으므로 다른 일은 할 수가 없습니다." 이에 금(琴)을 주자 종의는 남방(南方)의 음악을 연주했다. 범문자(范文子)가 말했다. "이 초나라 죄수는 군자입니다. 향토의 음악을 연주한 것은 그것을 잊지 않았기 때문입니다. 전하께서는 이 죄수를 초나라에 보내시어 진초동맹(晋楚同盟)을 맺으십시오."'

春秋傳曰, 楚伐鄭, 諸侯救之. 鄭執鄖公鍾儀獻晉. 景公觀軍府, 見而問之曰, 南冠而繫者爲誰. 有司對曰, 楚囚也. 使脫之, 問其族. 對曰, 伶人也. 能爲樂乎. 曰, 先父之職, 敢有二事. 與之琴, 操南音. 范文子曰, 楚囚, 君子也. 樂操土風, 不忘舊也. 君盍歸之, 以合晉楚之成.

주해 | ○神州(신주)—《사기(史記)》 권74 〈맹가전(孟軻傳)〉에 '중국(中國)을 이름하여 적현신주(赤縣神州)라고 한나'고 되어 있는데, 여기서는 중원(中原)을 가리킨다.

○春秋傳(춘추전)—《좌씨전(左氏傳)》 성공(成公) 7년과 9년조.

32. 위세마(衛洗馬 : 衛玠)가 처음으로 장강(長江)을 건너려고 할 때, 심신(心身)이 모두 초췌했다. 그는 좌우에게 중얼거렸다. "이 장강의 망망함을 바라보노라니 나도 모르게 만감이 교차하는구려. 사람으로서 정을 가지고 있는 한 대체 어느 누가 이런 처지에서 벗어날 수 있으리요."[1]

│원문│ 衛洗馬初欲渡江, 形神慘悴. 語左右云, 見此茫茫, 不覺百端交集. 苟未免有情, 亦復誰能遣此.[1]

(1) 《진제공찬(晋諸公贊)》에 이런 말이 있다. '위개(衛玠)의 자는 숙보(叔寶)이고 하동(河東) 안읍(安邑) 사람이며, 조부 위관(衛瓘)은 태위(太尉), 아버지 위항(衛恒)은 황문시랑(黃門侍郎)이다.'
《위개별전(衛玠別傳)》에는 이런 기록이 있다. '위개는 박학다식하며 천성적으로 품격이 남보다 뛰어났었다. 진군(陳郡)의 사유여(謝幼輿 : 謝鯤)는 그 아버지 다음가는 예로 위개를 존경했다. 당시 사람들은 위개를 평하여 "왕미자(王眉子 : 王玄)·평자(平子 : 王澄)·무자(武子 : 王濟)의 오른쪽에 선다."고 했다. 또 세상 사람들은 모두 "왕가(王家)의 세 아들도 위가(衛家)의 아들 하나에 미치지 못한다."라고 했다. 악광(樂廣)의 딸을 아내로 맞이했다. 배숙도(裴叔道 : 裴遐)가 말하기를, "장인인 악광에게는 얼음과 같은 맑은 모습이 있고, 사위 위개에게는 옥의 윤기와 같은 풍채가 있다. 두 사람은 소위 진진(秦晋)에 필적한다."라고 했다. 태자세마(太子洗馬)가 되었다. 영가(永嘉) 4년(310년), 남쪽으로 강하(江夏)에 가서 형[衛璪]과 양리간(梁里澗)에서 이별할 때 형에게 말했다. "부모·스승·임금님에 대한 도의(道義)는 사람으로서 중시해야 하는 바입니다. 오늘이야말로 충신으로서 군주에게 목숨을 바칠 때입니다. 많이 힘써 주십시오." 예장(豫章)에까지 갔다가 그곳에서 세상을 떠났다.'

晉諸公贊曰, 衛玠字叔寶, 河東安邑人. 祖父瓘, 太尉. 父恆,
黃門侍郎.

玠別傳曰, 玠穎識通達, 天韻標令. 陳郡謝幼輿敬以亞父之禮.
論者以爲出王眉子・平子・武子之右. 世咸謂, 諸王三子, 不如
衛家一兒. 娶樂廣女. 裴叔道曰, 妻父有氷淸之姿, 壻有璧潤之
望. 所謂秦晉之匹也. 爲太子洗馬. 永嘉四年, 南至江夏, 與兄
別於梁里澗, 語曰, 在三之義, 人之所重, 今日忠臣致身之運,
可不勉乎. 行至豫章, 乃卒.

주해 | ㅇ亞父(아부) ─ 아버지에 버금가게 존경하는 사람이란 뜻.

ㅇ諸王三子(제왕삼자) ─ 제왕삼자란 왕미자(王眉子 : 王玄)・왕평자(王平
子 : 王澄)・왕무자(王武子 : 王濟) 등을 가리킨다. 왕현은 왕연(王衍)의
아들로서 왕징의 조카이다. 왕징은 왕예(王乂)의 아들. 왕제는 왕혼(王
渾)의 아들로서 앞의 두 사람과는 가계(家系)가 다르다.

ㅇ秦晉之匹(진진지필) ─ 진(秦)・진(晉), 두 나라가 대대로 혼인관계를 맺
었던 일을 상기시키며 여기서는 양가의 혼인이 어울림을 말한 것이다.

ㅇ在三之義(재삼지의) ─ 재삼(在三)은 인간으로서 은혜를 제일 많이 받고
살아가는 부모・스승・임금의 세 사람. 그러므로 그 세 사람의 은혜에
보답해야 하는 도의를 '재삼지의'라고 한다. '재삼지절(在三之節)'이라
고도 한다(《國語》〈晉語〉 1).

33. 고사공(顧司空 : 顧和)이 아직 무명이었을 무렵, 왕승상(王丞
相 : 王導)을 찾아갔다. 승상은 다소 피로했기 때문에 대좌한 채로 졸
고 있었다. 고화는 왕도를 깨게 해서는 안되겠다고 생각했다.[1] 같은
자리에 있는 사람들에게 말했다. "옛날 원공(元公 : 顧榮)[2]으로부터
이 승상대감께서 중종(中宗 : 元帝)을 보좌하며 강남을 안정시켰다는
이야기를 들었습니다.[3] 몸이 회복되시기 전에 나는 만나뵐 수가 없습
니다." 승상은 눈을 번쩍 뜨고 고화에게 말했다. "이 사람은 규장(珪

璋)처럼 인품이 뛰어난 데다가 그 기지(機知)는 실로 예리하도다."

▮원문| 顧司空未知名, 詣王丞相. 丞相小極, 對之疲睡. 顧思所以叩會之,[1] 因謂同坐曰, 昔每聞元公[2]道公協贊中宗, 保全江表.[3] 體小不安, 令人喘息. 丞相因覺, 謂顧曰, 此子珪璋特達, 機警有鋒.

(1) 《고화별전(顧和別傳)》에 이런 이야기가 있다. '고화의 자는 군효(君孝)이며 진군(陳郡) 사람이다. 조부 고용(顧容)은 오(吳) 땅의 형주자사(荊州刺史)였고 아버지 고상(顧相)은 서진(西晋)의 임해태수(臨海太守)이다. 고화는 어렸을 때부터 이름이 알려졌다. 친척인 고영(顧榮)은 그를 유심히 살피다가 이렇게 말했다. "이 아이는 우리 가문의 준마(駿馬)이다. 틀림없이 쇠퇴해진 가문의 세를 회복시켜 줄 것이다." 상서령(尚書令)으로 누천(累遷)되었다.'
顧和別傳曰, 和字君孝, 陳郡人. 祖容, 吳荊州刺史. 父相, 晉臨海太守. 和總角知名. 族人顧榮雅相器愛, 曰, 此吾家之騏驥也. 必振衰族. 累遷尚書令.

(2) 고영(顧榮)을 가리킴이다.
顧榮.

(3) 등찬(鄧粲)의 《진기(晋紀)》에 이런 이야기가 있다. '왕도(王導)와 원제(元帝)는 신분을 초월하여 사귐을 나누었다. 왕도는 중원이 곧 소란해질 것을 알고는 원제에게 강남으로 천도할 것을 권했다. 자신은 자청하여 안동사마(安東司馬)가 되어 모든 정무를 직접 결재하여 중보(仲父)라고 불렸었다. 진조(晋朝) 중흥의 공적은 왕도가 그 필두에 있다.'
鄧粲晉紀曰, 導與元帝有布衣之好. 知中國將亂, 勸帝度江. 求爲安東司馬, 政皆決之. 號仲父. 晉中興之功, 導實居其首.

주해 |　ㅇ小極(소극)―극(極)은 피로의 뜻.

ㅇ珪璋特達(규장특달)―규(珪)는 끝이 뾰족한 옥. 장(璋)은 규(珪)를 세로로 반을 쪼갠 옥.

ㅇ仲父(중보)―제(齊)나라 환공(桓公)이 관중(管仲)을 중보(仲父)라고 칭한 데서 후세에 존칭으로 사용되었다.

34. 회계(會稽)의 하생(賀生 : 賀循)은 인품이 맑고 식견이 높으며 언행이 모두 예(禮)에 맞아서[1] 동남(東南)의 땅뿐만 아니라[2] 실로 천하에 뛰어난 수재(秀才)였다.

원문 |　會稽賀生, 體識清遠, 言行以禮.[1]　不徒東南之美,[2] 實爲海内之秀.

(1) 하순(賀循)에 대해서는 따로 나온다.

　　賀循別見.

(2) 《이아(爾雅)》에 이런 이야기가 있다. ‘동남쪽의 우수한 것에　회계(會稽)의 시죽(矢竹)이 있다.’

　　爾雅曰, 東南之美者, 有會稽之竹箭焉.

주해 |　ㅇ別見(별견)―〈규잠편(規箴篇)〉13 주(注) 2에 있음. 그리고 《진서(晉書)》 권68에 전(傳)이 있다.

ㅇ爾雅(이아)―〈석지(釋地)〉편.

35. 유곤(劉琨)은 변경에서 쳐들어오는 적군에게 저지당하면서도 뜻은 진조(晉朝)의 재건(再建)에 있었다.[1] 온교(溫嶠)에게 말했다. “반표(班彪)는 유씨(劉氏)가 한조(漢朝)를 부흥시킬 수 있을 것을 알

고 있었고, 마원(馬援)은 후한(後漢)의 광무제(光武帝)를 보좌할 만한 가치가 있는 사람으로 알고 있었소.[2] 지금 진(晋)나라 왕실은 쇠퇴하여 있지만 천명(天命)은 아직 바뀌지 않았소이다. 나는 강북(江北)에서 공을 세우고, 그대에게는 강남에서 이름을 떨치도록 시키고 싶소. 그런즉 그대는 가주오." 온교가 대답했다. "제가 불민하여 재주가 옛사람만 같지는 못합니다만 현명하신 공(公)께서 제(齊) 환공(桓公)과 진(晋) 문공(文公)과 같은 덕을 갖추고 계시면서 황실의 재건에 공을 세우고자 하시는데, 어찌 거절하겠습니까."[3]

▌원문▐ 劉琨雖隔閡寇戎, 志存本朝.[1] 謂溫嶠曰, 班彪識劉氏之復興, 馬援知漢光之可輔.[2] 今晉阼雖衰, 天命未改. 吾欲立功於河北, 使卿延譽於江南. 子其行乎. 溫曰, 嶠雖不敏, 才非昔人, 明公以桓文之姿, 建匡立之功, 豈敢辭命.[3]

(1) 왕은(王隱)의 《진서(晋書)》에는 이런 이야기가 있다. '유곤(劉琨)의 자는 월석(越石)이며 중산(中山) 위창(魏昌) 사람이다. 조부인 유매(劉邁)는 국가 경영의 재능이 있었고 아버지 유번(劉蕃)은 광록대부(光祿大夫)였다. 유곤은 젊었을 때 준영(俊英)으로 칭찬받았고 사도장사(司徒長史)·상서좌우승(尙書左右丞)으로 누천(累遷)되었다. 황제의 거가(車駕)를 장안에 모시는 등, 현저한 훈공을 세움으로써 광무후(廣武侯)에 봉해졌다. 35세 때 병주자사(幷州刺史)가 되었는데 단일제(段日磾)에게 죽음을 당했다.'

王隱晉書曰, 琨字越石, 中山魏昌人. 祖邁, 有經國之才. 父蕃, 光祿大夫. 琨少稱儁朗, 累遷司徒長史·尚書左右丞. 迎大駕於長安, 以有異勳, 封廣武侯. 年三十五, 出爲幷州刺史, 爲段日磾所害.

(2) 《한서(漢書)》〈서전(敍傳)〉에 이런 기록이 있다. '반표(班彪)의

자는 숙피(叔皮)이며 부풍(扶風) 사람이다. 천수(天水)·농서(隴西) 지방에 객유(客遊)하다가 외효(隗囂)가 모반할 뜻이 있는 것을 알고 〈왕명론(王命論)〉을 저술하여 풍간했다.'

《동관한기(東觀漢記)》에 이런 말이 있다. '마원(馬援)의 자는 문연(文淵)이며 무릉(茂陵) 사람이다. 공손술(公孫述)과 외효(隗囂)와 함께 놀았다. 그후 광무제(光武帝)를 만나서 말했다. "천하는 문란하고 왕호(王號)를 참칭(僭稱)하는 자는 헤아릴 수가 없습니다. 지금 폐하를 뵈오니 기우홍대(氣宇弘大)하시고 도량이 크시기가 전한(前漢)의 고조(高祖)와 같으십니다. 이제서야 참되신 제왕(帝王)이 계시다는 것을 비로소 알았습니다." 그래서 광무제는 그를 믿을 만한 사람으로 생각하였다.'

漢書敍傳曰, 彪字叔皮, 扶風人. 客於天水·隴西. 隗囂有窺覦之志, 彪作王命論以諷之.

東觀漢記曰, 馬援字文淵, 茂陵人. 從公孫述·隗囂游. 後見光武曰, 天下反覆, 盜名字者不可勝數. 今見陛下, 廓廓大度, 同符高祖. 乃知帝王自有眞也. 帝甚壯之.

(3) 우예(虞預)의 《진서(晋書)》에 이런 내용의 말이 있다. '온교(溫嶠)의 자는 태진(太眞)이며 태원(太原) 기(祁) 땅 사람이다. 젊었을 때부터 뛰어난 재능이 있어 영준(英俊)으로 칭송을 받았다. 사공(司空) 유곤(劉琨)의 좌사마(左司馬)가 되었는데 이때 낙양(洛陽)과 장안(長安)의 두 도읍은 몰락하고 천하는 크게 소란했다. 유곤은 원제(元帝)가 천명(天命)을 받고 진조(晋朝)를 중흥코자 한다는 말을 듣자마자 북방의 변경에서 비분강개하여 진나라 왕조를 위해 진력할 뜻을 세웠다. 그래서 온교(溫嶠)를 사자(使者)로 강남에 보내고자 했던바 온교는 삼반하며 밀렸다. "저는 제(齊)나라 관중(管仲)이나 한(漢)나라 장량(張良) 같은 재능은 없습니다. 그러나 공(公)은 제환공(齊桓公)이나 진문공(晋文公)과 같은 뜻이

있으십니다. 어찌 제가 불민하다 하여 공의 고매하신 뜻에 따르지
않을 수 있겠습니까.” 그래서 좌장사(左長史)가 되어 강남에 사신
으로 갔고 원제에게 즉위할 것을 권했다. 표기대장군(驃騎大將軍)
으로 누천(累遷)되었다.’

虞預晉書曰, 嶠字太眞, 太原祁人. 少標俊淸徹, 英穎顯名. 爲
司空劉琨左司馬, 是時二都傾覆, 天下大亂. 琨聞元皇受命中
興, 慷慨幽朔, 志存本朝. 使嶠奉使, 嶠胃然對曰, 嶠雖乏管張
之才, 而明公有桓文之志. 敢辭不敏, 以違高旨. 以左長史奉使
勸進, 累遷驃騎大將軍.

주해 ○尙書左右丞(상서좌우승) ─《진서(晉書)》 권62 〈유곤전(劉琨
傳)〉은 ‘상서좌승(尙書左丞)’으로 적고 있다. 중앙행정관청에 있는 상서
(尙書)에 속하는 관직. 좌승은 궁중 종묘의 제사, 조의(朝儀)의 예제(禮
制)를 관장하고, 우승은 궁중 창고의 기물을 관장한다(《晉書》 권24 職
官志).

○段日碑(단일제) ─《진서》 권62 〈유곤전(劉琨傳)〉, 권67 〈온교전(溫嶠傳)〉,
권63 본전(本傳)에는 ‘단필제(段匹磾)’로 적고 있다.

○左長史(좌장사) ─ 사공좌장사(司空左長史). 이때 온교는 유곤의 도독부
(都督府) 막하의 사마였는데 군관(軍官)의 직책으로 권진(勸進)하기에
는 거북한 점이 있으므로 유곤의 다른 또 한 가지의 벼슬인 사공의 막
료인 좌장사(左長史)로 했던 것이다.

36. 온교(溫嶠)가 처음, 유곤(劉琨)의 사자(使者)가 되어 장강(長
江)을 건너왔을 때, 강남에서는 국가 건설이 갓 시작되었을 뿐이므로
기강이 아직 정비되어 있지 아니했다. 온교는 처음 이곳에 왔을 때
깊이 걱정하는 바가 있었다. 그래서 왕승상(王丞相 : 王導)을 찾아갔
고 “주군(主君)께서는 붙잡힌 몸이 되었고 사직은 소실되었으며 어릉
(御陵)은 참혹하게 황폐화되어 서리시(黍離詩)의 아픔이 있습니다.”

라고 말했다. 온교는 강개함이 너무나 강렬하여 눈물을 흘리면서 말했다. 승상도 마주하여 눈물을 쏟았다. 심정을 모두 이야기한 온교가 있는 힘을 다해서 협력하겠노라고 말하자 승상도 쾌히 승낙했다. 온교는 나오더니 기쁘다는 듯 말했다. "강남에 이미 관중(管仲)이 있은 즉 이 이상 무엇을 걱정하리요."[1]

원문 | 溫嶠初爲劉琨使, 來過江. 于時江左營建始爾, 綱紀未擧. 溫新至, 深有諸慮. 旣詣王丞相, 陳主上幽越, 社稷焚滅, 山陵夷毀之酷, 有黍離之痛. 溫忠慨深烈, 言與泗俱. 丞相亦與之對泣. 敍情旣畢, 便深自陳結. 丞相亦厚相酬納. 旣出, 懽然言曰, 江左自有管夷吾, 此復何憂.[1]

(1) 《사기(史記)》에 이런 기록이 있다. '관중(管仲) 이오(夷吾)는 영상(潁上) 사람이다. 제(齊)나라 환공(桓公)의 재상이 되고 제후(諸侯)를 규합하여 천하를 안정케 했다.'

《어림(語林)》에 이런 이야기가 있다. '처음 온교(溫嶠)가 유곤(劉琨)의 사명을 받고 진왕(晋王 : 睿, 후의 元帝)에게 즉위할 것을 권했던바 진왕은 빈객을 다수 모아놓고 그를 인견했다. 온공(溫公)이 들어오는데 그 풍모가 보잘것없었으므로 함께 있던 사람들은 모두 놀랐다. 자리에 앉은 온공이 천하는 소란해졌고 황실은 쇠퇴해졌노라고 말하자 진왕도 신하들도 흐느껴 울지 않는 자가 없었다. 이어서 천하에는 반드시 주장하는 사람이 있지 않으면 안 된다고 말하자 듣는 이는 모두 일어나 용기백배되지 않는 자가 없었다. 왕승상(王丞相)은 그를 깊이 신뢰했다. 온공은 승상을 만난 다음 기뻐서 어찌할 바를 모르며 말했다. "관중(管仲)을 만났으니 천하의 일은 이제 걱정할 필요가 없나."'

史記曰, 管仲夷吾者, 潁上人. 相齊桓公, 九合諸侯, 一匡天下.

語林曰, 初, 溫奉使勸進, 晉王大集賓客見之. 溫公始入, 姿形

甚陋, 合座盡驚. 旣坐, 陳説九服分崩, 皇室弛絶, 晉王君臣,
莫不歔欷. 及言天下不可以無主, 聞者莫不踴躍, 植髮穿冠. 王
丞相深相付託. 溫公旣見丞相, 便遊樂不住, 曰, 旣見管仲, 天
下事無復憂.

│주해│ ○黍離之痛(서리지통) – 《시경(詩經)》 왕풍(王風)의 서리시(黍離
詩)의 슬픔. 이 시는 주왕실(周王室)의 전복을 애통해하며 망국의 슬픔
을 읊은 시라고 한다.
○史記(사기) – 〈관안열전(管晏列傳)〉 참조.
○진서(晋書) 〈왕도전(王導傳)〉에는 환이(桓彝)가 왕도를 만나서 세상사
를 이야기한 다음 돌아와서 주의(周顗)에게 왕도를 관중(管仲)에 비유
한 이야기로 기록하고 있다.

37. 왕돈(王敦)의 형 왕함(王含)은 광록훈(光祿勳)이 되었는데[1]
왕돈이 반란을 일으키어 남주(南州 : 姑孰)에 진을 치자 왕함도 벼슬
을 내놓고 고숙(姑孰)으로 달아났다.[2] 왕승상(王丞相 : 王導)은 궁중
에 들어가 일족(一族)의 죄를 빌었다.[3] 사도부(司徒府)·승상부(丞
相府)의 관원들과, 양주(揚州)의 관료들은 왕승상에게 안부의 편지를
보내려고 했으나 황급한 나머지 어떻게 써야 좋을지 알 수가 없었는
데 당시 양주별가(揚州別駕)였던 고사공(顧司空 : 顧和)이 붓을 들어
쓰기를 "왕광록(王光祿 : 王含)은 떠도는 말을 피하여 멀리 갔는데
공(公)께서는 길거리의 먼지를 뒤집어쓰면서 사죄를 하러 다니시니
저희는 마음이 편하지 못합니다. 앞으로 공의 거취가 어떻게 되는지
모르겠습니다."라고 했다.

│원문│ 王敦兄含爲光祿勳.[1] 敦旣逆謀, 屯據南州. 含委職奔
姑孰.[2] 王丞相詣闕謝.[3] 司徒·丞相·揚州官僚問訊, 倉卒

不知何辭. 顧司空時爲揚州別駕. 援翰曰, 王光祿遠避流言, 明
公蒙塵路次. 輩下不寧. 不審尊體起居何如.

(1) 《왕함별전(王含別傳)》에 이런 말이 있다. '왕함(王含)의 자는 처
　 홍(處弘)이며 낭야(琅邪) 임기(臨沂) 사람이다. 서주자사(徐州刺
　 史)·광록훈(光祿勳)에 누천(累遷)되었다. 동생 왕돈(王敦)과 반
　 란을 일으켰다가 주살(誅殺)당했다.'
　 含別傳曰, 含字處弘, 琅邪臨沂人. 累遷徐州刺史·光祿勳. 與
　 弟敦作逆, 伏誅.

(2) 등찬(鄧粲)의 《진기(晋紀)》에 이런 기록이 있다. '처음에 왕도(王
　 導)는 진왕실(晋王室)의 중흥에 진력했고 왕돈(王敦)도 다소의
　 공적이 있었다. 왕돈은 유외(劉隗)가 자기를 이간시키려고 하는
　 줄 생각하고 거병(擧兵)하여 유외를 치려고 했다. 그리하여 왕함
　 은 서둘러 남하해서 무창(武昌)으로 달려갔다. 조정에서는 그때서
　 야 겨우 경계하며 그에게 대비(對備)했다.'
　 鄧粲晋紀曰, 初, 王導協贊中興, 敦有方面之功. 敦以劉隗爲閒
　 己, 擧兵討之. 故含南奔武昌. 朝廷始警備也.

(3) 《중흥서(中興書)》에 이런 이야기가 있다. '왕도(王導)의 종형(從
　 兄)인 왕돈(王敦)은 군사를 일으켜 유외(劉隗)를 치려고 했다. 왕
　 도는 일족(一族) 20여명을 거느리고 매일 아침 공거(公車)에 와
　 서 머리를 땅에 대고 사죄했다.'
　 中興書曰, 導從兄敦, 擧兵討劉隗, 導率子弟二十餘人, 旦旦到
　 公車, 泥首謝罪.

주해 　○南州(남주)－고숙(姑孰).
○司徒(사도)·丞相(승상)－왕돈(王敦)이 반란을 일으키고 고숙에 진을

쳤을 때, 왕도(王導)는 이미 사도의 벼슬에 있었는데 아직 승상(丞相)에 오르지는 않았었다. '사도·승상'이라고 한 것은 그후 왕도의 벼슬을 추기(追記)한 것으로 생각된다. 혹은 문맥상으로 볼 때 연자(衍字)인지도 모르겠다.

ㅇ顧司空(고사공)-고화(顧和)는 당시 양주별가(揚州別駕)의 벼슬에 있었다. '사공'은 그가 죽은 후에 추증된 관직이다.

ㅇ遠避流言(원피유언)-주(周)나라 무왕(武王)이 붕(崩)했을 때 주공단(周公旦)이 관숙(管叔)·채숙(蔡叔)·곽숙(霍叔) 등이 퍼뜨리는 유언(流言)을 피하여 동쪽 땅으로 옮겨간 고사(故事:《書經》金縢)를 인용한 것. 왕함(王舍)은 반란을 일으킨 왕돈(王敦)에게로 도망하여 반란에 가담했던 것이니 이 주공단의 고사와는 합치되지 않는다. 왕도의 괴로운 심정을 위로하기 위하여 고화는 이 고사를 인용했던 것이다.

ㅇ蒙塵路次(몽진로차)-'몽진'은 원래 천자가 사변으로 인하여 도읍을 떠나는 것을 가리킨다. 여기서는 왕도가 매일 아침 조정에 나가서 일족의 비행을 사죄했던 것을 가리킨다.

ㅇ公車(공거)-궁궐의 사마문(司馬門)에 있는 관청의 이름. 각지에서 궁궐에 오는 공거(公車:官車)가 머무는 곳으로서 천자의 징소(徵召)라든가 각지에서 올라오는 상서(上書)를 관장했다.

38. 치태위(郗太尉:郗鑒)는 사공(司空)에 임명되었을 때 동석한 사람들에게 말했다. "평생을 두고 나는 많은 것을 원하지 않았는데도 어지러운 세상을 당하여 마침내 삼공(三公)의 자리에까지 올라오고 말았습니다. 주박(朱博)의 한음(翰音)은 아니지만 실로 부끄럽습니다."[1]

▋**원문**┃ 郗太尉拜司空, 語同座曰, 平生意不在多. 值世故紛紜, 遂至台鼎. 朱博翰音, 實愧於懷.[1]

(1)《한서(漢書)》에 이런 이야기가 있다. '주박(朱博)의 자는 자원(子

元)이고 두릉(杜陵) 사람이다. 승상(丞相)이 되었는데 부름을 받고 사령(辭令)을 받을 때 종이 울리는 것과 같은 큰 소리가 났다. 황제는 황문시랑(黃門侍郎) 양웅(揚雄)과 이심(李尋)에게 무슨 일이냐고 물었다. 이심이 대답했다. "홍범(洪範)에 있는 고요(鼓妖)란 것이겠습지요. 임금이 총명하지 못하고 신하가 실력조차 없는데 승진을 하면 어디선가 소리가 들려온다고 했습니다." 주박은 그후, 사건에 연좌되어 자살했다. 그래서 《한서》 서전(序傳)에는 이렇게 적고 있다. "주박의 한음(翰音), 고요(鼓妖)가 먼저 일어 났다."'

《역경(易經)》의 중부(中孚)에 이런 말이 있다. '상구(上九), 한음(翰音) 하늘에 오르다. 곧고도 흉하다.' 왕필(王弼)의 주(注)에 '한(翰)은 높이 나는 것이다. 나는 것은 소리만 날고 실상이 따르지 않는 것을 가리킨다.'

漢書曰, 朱博字子元, 杜陵人. 爲丞相, 臨拜, 延登受策, 有大聲如鐘鳴. 上以問黃門侍郎揚雄·李尋, 對曰, 洪範所謂鼓妖者也. 人君不聰, 空名得進, 則有無形之聲. 博後坐事自殺. 故序傳曰, 博之翰音, 鼓妖先作.

易中孚曰, 上九, 翰音登于天, 貞凶. 王弼注曰, 翰, 高飛也. 飛者, 音飛而實不從之謂也.

주해| ㅇ漢書(한서)–'주박자자원(朱博字子元) 두릉인(杜陵人)'은 본전(本傳)의 글이고 그 이하는 《오행지(五行志)》 중지하(中之下)에서 초문(抄文)한 것이다.

ㅇ對曰(대왈)–《오행지》에 의해 이심(李尋)의 말로 번역했다.

39. 고좌도인(高座道人 : 帛尸黎密多羅)은 한어(漢語)를 사용하지 않았다. 어떤 사람이 그 이유를 묻자 간문제(簡文帝)가 대답했다.

"응대(應對)의 번거로움을 생략하기 위함이다."[1]

▌원문▌ 高座道人不作漢語. 或問此意. 簡文曰, 以簡應對之煩.[1]

(1) 《고좌별전(高座別傳)》에는 이런 이야기가 있다. '화상(和尙)의 호명(胡名)은 백시여밀(帛尸黎密)이며 서역(西域) 사람이다. 전하는 바에 의하면 국왕의 아들이었는데 그 나라를 동생에게 넘겨주고 사문(沙門)에 들어갔다. 영가연간(永嘉年間)에 처음으로 중국에 왔고 도읍에 머물렀다. 화상은 위풍당당했고 그 인격도 고매했다. 승상인 왕도(王導)는 그를 한번 보고는 빼어난 인물이라 생각했고 자신과 같은 무리로 보았다. 주복야(周僕射：周顗)는 인물 천거를 맡고 있었는데 화상의 어깨를 두드리며 찬탄하면서 말했다. "만약 이렇게 훌륭한 사람을 천거할 수 있다면 여한이 없겠소이다." 그런데 뜻밖에도 주의(周顗)가 죽음을 당했다. 화상은 그의 영전(靈前)에서 호어(胡語)의 주문(呪文)을 수천 마디나 읽는데 그 소리는 크게 울려퍼졌다. 끝이 나자 곧 눈물을 거두었다. 화상은 애락(哀樂)의 기복이 언제나 이러했다. 그 성격은 고상하고 간결했는데 한어(漢語)를 배우려고 하지 않았다. 사람들은 그와 대화하려면 언제나 통역을 사이에 두고 했는데 그는 얼른 상대방이 하고자 하는 말을 알아듣고 통역해 주기를 기다리지 아니했다.' 《탑사기(塔寺記)》에 이런 말이 있다. '백시여밀을 우리나라에서는 고좌도인(高坐道人)이라고 한다. 석자강(石子岡)에서 언제나 두타행(頭陀行)을 하고 있었다. 매강(梅岡)에서 죽었으며 그 땅에 장사지내졌다. 동진(東晋)의 원제(元帝)는 그의 무덤 옆에 절을 짓고 고좌사(高坐寺)라는 이름을 붙였다.'

高座別傳曰, 和尚胡名帛尸黎密, 西域人. 傳云, 國王子, 以國讓弟, 遂爲沙門. 永嘉中, 始到此土, 止於大市中. 和尚天姿高朗, 風韻遒邁. 丞相王公, 一見奇之, 以爲吾之徒也. 周僕射領

選, 撫其背而歎曰, 若選得此賢, 令人無恨. 俄而周侯遇害, 和
尚對其靈坐, 作胡咒數千言, 音聲高暢. 旣而揮涕收淚. 其哀樂
廢興皆此類. 性高簡, 不學晉語. 諸公與之言, 皆因傳譯, 然神
領意得, 頓在言前.

塔寺記曰, 帛尸黎密, 宋曰高坐. 在石子岡常行頭陀. 卒於梅岡,
卽葬焉. 晉元帝於冢邊立寺, 因名高坐.

주해 ○大市(대시)─《출삼장기집(出三藏記集)》13,《고승전(高僧傳)》
1에는 백시여밀(帛尸黎密)이 건업(建業)의 건초사(建初寺)에 머물렀
다고 되어 있다.
○頭陀(두타)─의복·음식·주거(住居) 등 세 가지를 가난한 자에게 나
누어 주는 행법(行法). 통상적으로는 걸식행(乞食行)을 가리킨다.
○元帝(원제)─《고승전》1에 의하면 백시여밀이 죽은 해는 동진(東晉)
성제(成帝) 함강연간(咸康年間)이라 되어 있다. 따라서 원제로 되어
있는 것은 성제의 잘못일 것이다.

40. 주복야(周僕射 : 周顗)는 풍모가 온화하고 위의(偉儀)가 뛰어났
다. 어느 때 왕공(王公 : 王導)을 방문했는데 수레에서 내릴 때 여러
종자(從者)의 부축을 받았다. 왕공이 웃음을 띠면서 그를 바라보았다.
그런데 주의는 자리에 앉자마자 도도하게 노래를 불렀다. 왕공이 말
했다. "그대는 혜강(嵇康)이나 완적(阮籍)처럼 되고 싶은 모양이구
려." 주의가 대답했다. "어찌 가까이에 계신 공(公)을 두고 옛날의 혜
강이나 완적이 되고 싶어하겠습니까."[1]

원문 周僕射雍容好儀形. 詣王公, 初下車, 隱數人. 王公含
笑看之. 旣坐, 傲然嘯咏. 王公曰, 卿欲希嵇阮邪. 答曰, 何敢
近捨明公, 遠希嵇阮.[1]

(1) 등찬(鄧粲)의 《진기(晉紀)》에 이런 이야기가 있다. ‘주백인(周伯
仁 : 周顗)은 위풍당당했으며 행동거지와 응대(應對)가 훌륭해서
그 풍격은 주위 사람들을 압도할 정도였다. 스스로 높은 긍지를
지니어 사람들을 자기에게 찾아오도록 했는데 자신은 그 사람들
을 찾아가는 예가 없었다.’
鄧粲晉紀曰, 伯仁儀容弘偉, 善於俯仰應答, 精神足以蔭映數
人. 深自持, 能致人, 而未嘗往焉.

▌주해[illegible]

주해 ○嘯咏(소영)—소(嘯)는 입을 오므리고 소리를 내는 것. ‘소영’
이란 당당하게 호언(豪言)으로 노래부르는 것.

41. 유공(庾公 : 庾亮)은 어느 때 불사(佛寺)에 들어가 석가(釋迦)
의 와상(臥像)을 보고 말했다.(1) “이 사람은 중생제도(衆生濟度)를
하느라고 지친 것이야.” 당시 사람들은 이것을 명언이라고 했다.

원문 庾公嘗入佛圖, 見臥佛曰,(1) 此子疲於津梁. 于時以爲
名言.

(1) 《열반경(涅槃經)》에 이런 이야기가 있다. ‘여래(如來)는 등이 아
파서 사라쌍수(沙羅雙樹) 사이에서 머리를 북쪽에 두고 누웠다.’
그래서 후세의 화가들은 그 모습을 그렸다.
涅槃經云, 如來背痛, 於雙樹閒北首而臥. 故後之圖繪者爲
此象.

주해 ○佛圖(불도)—불도는 부도(浮圖)·부도(浮屠)·부두(浮頭)라고
도 기록한다. Buddha(佛陀) 혹은 Stūpa(卒都婆)의 음역(音譯)이라고
한다. 여기서는 탑(塔)이란 의미이다.

ㅇ津梁(진량)―나루터와 다리. 여기서는 사람을 피안(彼岸)으로 건네주
는 것.

42. 지첨(摯瞻)은 일찍이 4개군의 태수(太守)와 대장군(大將軍 : 王
敦)의 호조참군(戶曹參軍)을 역임했는데 그후 좌천되어 내사(內史)가
되었다.[1] 그때 나이가 겨우 29세였다. 왕돈에게 작별을 고하러 갔을
때 왕돈이 지첨에서 말했다. "자네는 아직 30세도 안되었는데 봉록(俸
祿) 1만 석이니 너무 빠르지 아니한가?" 지첨이 말했다. "장군에게 비
한다면 다소 빠릅니다만 감라(甘羅)에게 비한다면 늦은 편입니다."[2]

원문| 摯瞻曾作四郡太守, 大將軍戶曹參軍, 復出作內史.[1]
年始二十九. 嘗別王敦, 敦謂瞻曰, 卿年未三十, 已爲萬石, 亦
太蚤. 瞻曰, 方於將軍, 少爲太蚤, 比之甘羅, 已爲太老.[2]

(1) 《지씨세본(摯氏世本)》에 이런 이야기가 있다. '지첨(摯瞻)의 자는
　　경유(景游)이고 경조(京兆) 장안(長安) 사람이다. 태상(太常) 지
　　우(摯虞)의 형의 아들이기도 하다. 아버지 지육(摯育)은 양주자사
　　(涼州刺史)를 지냈다. 지첨은 젊었을 때부터 문장을 잘 지어서 저
　　작랑(著作郎)으로 벼슬을 시작했다. 중원이 소란해졌을 때 왕돈
　　(王敦)에게 몸을 의탁하고 호조참군(戶曹參軍)이 되었다. 이어서
　　안풍(安豊)·신채(新蔡)·서양(西陽)의 태수를 역임했다. 왕돈이
　　입고 있던 헌 갖옷을, 늙고 병든 외부도독(外部都督)에게 주는 것
　　을 본 지첨은 간(諫)하여 말했다. "아무리 헌옷이라 하더라도 존
　　귀한 갖옷을 아랫것에게 주는 게 아닙니다." 왕돈이 말했다. "왜
　　안된다는 건가?" 지첨은 그때 취기(醉氣)를 빌어 밀했다. "민약
　　윗사람의 옷을 무엇이든 하사해도 좋다면 초선(貂蟬)까지 줘도
　　좋다는 것입니까?" 왕돈이 말했다. "그것과 이것과는 다르지. 그

런 말을 하다니 태수감이 못되는군.” 지첨은 말했다. “저로서는 서양(西陽)을 버리는 것은 신발을 벗는 것과 마찬가지로 쉽습니다.” 왕돈이 반란을 일으키자 지첨은 수군(隨郡)의 내사(內史)로 좌천되었다.’

摯氏世本曰, 瞻字景游, 京兆長安人, 太常虞兄子也. 父育, 涼州刺史. 瞻少善屬文, 起家著作郎. 中朝亂, 依王敦爲戶曹參軍. 歷安豊. 新蔡·西陽太守. 見敦以故壞裘, 賜老病外部部督. 瞻諫曰, 尊裘雖故, 不宜與小吏. 敦曰, 何爲不可. 瞻時因醉, 曰, 若上服皆可用賜, 貂蟬亦可賜下乎. 敦曰, 非喩所引. 如此, 不堪二千石. 瞻曰, 瞻視去西陽, 如脫屣耳. 敦反, 乃左遷隨郡內史.

(2) 《지씨세본(摯氏世本)》에 이런 말이 있다. ‘지첨은 고결하고 기골(氣骨)이 있어서 왕돈에게 그런 대답을 했던 것인데 그후 왕돈이 조정에 반기를 들려는 마음이 있다는 것을 알았다. 지첨은 건흥(建興) 4년(316년), 제오의(第五猗)와 형주(荊州)를 근거지로 하여 왕돈과 싸우다가 마침내 죽음을 당했다.’

《사기(史記)》에는 이런 이야기가 있다. ‘감라(甘羅)는 진(秦)나라 재상이었던 감무(甘茂)의 손자이다. 감라가 12세 때 진나라 재상 여불위(呂不韋)는 장당(張唐)을 연(燕)나라 재상으로 삼고자 했는데 장당은 연나라에 가려고 하지 않았다. 그래서 감라가 장당을 설득하여 보냈다. 또 감라는 수레 5대를 달라고 청하여 조(趙)나라에 사신으로 갔다가 진나라로 돌아오자, 진나라에서는 감라를 상경(上卿)에 봉하고 할아버지 감무의 저택과 전답을 하사했다.’

摯氏世本曰, 瞻高亮有氣節, 故以此答敦. 後知敦有異志. 建興四年, 與第五猗據荊州以拒敦, 竟爲所害.

史記曰, 甘羅, 秦相茂之孫也. 年十二, 而秦相呂不韋欲使張唐相燕, 唐不肯行, 甘羅說而行之. 又請車五乘以使趙, 還抵秦,秦封甘羅爲上卿, 賜以甘茂田宅.

주해 | ㅇ內史(내사)－한(漢)나라 때 삼보(三輔)와 왕국(王國)에 두었던 치민관(治民官). 군사를 장악하는 관(官)인 중위(中尉), 중관(衆官)을 통솔하는 관인 상(相)이 있었는데 전한(前漢) 말, 내사를 없애고 중위는 군도위(郡都尉), 상은 군태수에 상당하는 벼슬이 되었다. 그후 진(晋)나라 때에 상을 내사로 고쳤는데 이후 왕국에서는 내사가 태수의 임무를 맡았다.

ㅇ戶曹參軍(호조참군)－주(州)에서 호적(戶籍)을 맡은 관속.

ㅇ外部都督(외부도독)－위(魏)·촉(蜀)나라 등을 방어하기 위해 양자강 연안 및 군사상의 변경에 두었던 오(吳)나라의 군관(軍官). 토착호족(土着豪族)이 맡았던 예도 있다.

ㅇ貂蟬(초선)－담비의 꼬리와 매미의 날개로서 높은 벼슬아치의 관(冠) 장식이었다. 청관(淸官)인 시중(侍中), 산기상시(散騎常侍)의 대명사로 사용되기도 했는데 여기서는 '그런 관직까지 줘도 좋으냐'는 의미도 포함하고 있는 것으로 생각된다.

ㅇ二千石(이천석)－당시 지방관의 질록(秩祿).

ㅇ隨郡內史(수군내사)－군(郡)에는 내사가 없었으니 어쩌면 태수(太守)의 잘못일까?

ㅇ史記(사기)－〈감무열전(甘茂列傳)〉.

ㅇ上卿(상경)－최고의 자리에 있는 공경(公卿).

43. 양(梁)나라 양씨(楊氏)의 아들은 아홉 살이었는데 굉장히 총명했다. 어느 때 공군평(孔君平 : 子坦)[1]이 그 아이의 아버지를 찾아갔는데 마침 집에 없었으므로 아들을 불러냈다. 아들은 과일을 권했는데 그것은 양매(楊梅)였다. 공군평이 과일을 가리키며 물었다. "이것은 너희 집 과일이냐?" 아이는 서슴없이 대답했다. "공작(孔雀)이 공부자(孔夫子)의 가금(家禽)이란 말을 들은 적이 없습니다."

█원문│ 梁國楊氏子, 九歲甚聰惠. 孔君平[1]詣其父, 父不在. 乃呼兒出. 爲設果. 果有楊梅. 孔指以示兒曰, 此是君家果. 兒應聲答曰, 未聞孔雀是夫子家禽.

(1) 왕은(王隱)의 《진서(晋書)》에 이런 말이 있다. '공탄(孔坦)의 자는 군평(君平)이며 회계(會稽) 산음(山陰) 사람이다. 《춘추(春秋)》에 정통했으며 문장과 변론에 재능이 있었다. 태자사인(太子舍人)을 거쳐 정위경(廷尉卿)에 누천(累遷)되었다.'
    王隱晉書曰, 孔坦字君平, 會稽山陰人. 善春秋, 有文辯. 歷太子舍人, 累遷廷尉.

█주해│ ○楊梅(양매)·孔雀(공작)―양씨(楊氏)를 양매(楊梅)에, 공씨(孔氏)를 공작(孔雀)에 빗대서 한 말임.
○太子舍人(태자사인)―태자태부(太子太傅)에 속하며 궁중의 숙위(宿衛)를 관장하는데 양가(良家)의 자제가 임명되었음.

44. 공정위(孔廷尉 : 孔坦)가 갖옷을 종제(從弟)인 공침(孔沈)에게 주자[1] 공침은 사양하며 받지 않았다. 그러자 공정위는 말했다. "안평중(晏平仲 : 晏嬰)의 검약(儉約)은, 자기 조상의 제사를 지낼 때 제물로 바치는 돼지 어깨살이 너무 작아서 제기(祭器)에 차지 않을 정도였지만 그래도 여우 갖옷은 수십 년 간이나 입었다고 하더군.[2] 자네는 어찌하여 이것을 사양하는가?" 이리하여 공침은 받아서 입었다.

█원문│ 孔廷尉以裘與從弟沈.[1] 沈辭不受. 廷尉曰, 晏平仲之儉, 祠其先人, 豚肩不掩豆, 猶狐裘數十年.[2] 卿復何辭此. 於是受而服之.

(1) 《공씨보(孔氏譜)》에 이런 말이 있다. '공침(孔沈)의 자는 덕도(德度)이고 회계(會稽) 산음(山陰) 사람이다. 조부 공혁(孔奕)은 전초령(全椒令), 아버지 공군(孔群)은 홍려경(鴻臚卿)이었는데, 공침은 낭야왕(琅邪王)의 문학(文學)이 되었다.'

孔氏譜曰, 沈字德度, 會稽山陰人. 祖父奕, 全椒令. 父群, 鴻臚卿. 沈至琅邪王文學.

(2) 유향(劉向)의 《별록(別錄)》에 이런 말이 있다. '안평중(晏平仲)의 이름은 영(嬰)이고 동래(東萊) 이유(夷維) 사람이다. 제(齊)나라 영공(靈公)·장공(莊公)을 섬겼는데 검약역행(儉約力行)하여 제나라에서 존중되었다.'

《예기(禮記)》에 이런 이야기가 있다. '안평중이 자기 조상의 제사를 지낼 때 제물로 쓰는 어깨살이 너무 작아서 제기에 차지도 아니했다. 그래서 세상의 군자들은 그를 검약가(儉約家)라고 했다.' 또 이런 말이 있다. '안자(晏子)는 한 벌의 여우 갖옷을 30년이나 입었다. 안자를 어찌 예(禮)를 안다고 할 수 있겠는가.' 정현(鄭玄) 주(注)에 '돈(豚)은 저(俎)의 제물이요, 두(豆)의 지름은 1척(尺). 돼지의 양 어깨살을 담아도 두(豆)에 차지 않았다는 것은 작다는 비유이다'라고 했다.

劉向別錄曰, 晏平仲名嬰, 東萊夷維人. 事齊靈公·莊公, 以節儉力行重於齊.

禮記曰, 晏平仲祀其先人, 豚肩不掩豆. 君子以爲儉也. 又曰, 晏子一狐裘三十年, 晏子焉知禮. 注, 豚, 俎實也. 豆, 徑尺. 言併豚之兩肩, 不能掩豆, 喩少也.

■ 주해 | ○豆(두)—제기(祭器)의 일종.

○鴻臚卿(홍려경)—구경(九卿) 중 하나. 여러 외국에서 소공(朝貢)하러 오는 사람들을 응접하는 관소의 우두머리 벼슬이다. 진(秦)나라 때부터 한(漢)나라 초기에는 전객(典客)이라고 했다.

○禮記(예기)-〈예기편(禮器篇)〉에 있는 내용.
○俎(조)-도마. 여기서는 제물을 괴는 대(臺).

45. 불도징(佛圖澄)은 석씨(石氏) 일족(一族)과 교유했다.[1] 임공(林公 : 支遁)이 말했다. "불도징은 석호(石虎)를 바다의 갈매기로 알고 있다."[2]

▌원문▐ 佛圖澄與諸石遊.[1] 林公曰, 澄以石虎爲海鷗鳥.[2]

(1) 《불도징별전(佛圖澄別傳)》에 이런 이야기가 있다. '도인(道人) 불도징은 어느 곳 사람인지 알 수가 없다. 돈황(燉煌)에 나타나서 불도(佛道)를 좋아하다가 출가하여 사문(沙門)이 되었다. 영가(永嘉) 때 낙양(洛陽)에 왔는데 마침 도읍에 소란이 일어났으므로 초택(草澤)에 몸을 숨기고 있었다. 석륵(石勒)은 영웅이었는데 살해(殺害)하기를 좋아한다는 소문을 듣고 석륵의 대장군 곽묵략(郭默略)에게 청하여 석륵을 만났다. 불도징은 참기름을 손바닥에 바르고 길흉을 점치기도 하고, 수백 리나 떨어진 불탑의 방울 소리를 듣고 화복을 예지(豫知)하기도 했다. 석륵은 그를 굉장히 존경하며 신뢰했다. 석호(石虎)가 즉위하자 석호 역시 불도징을 국사(國師)로 삼고 대화상(大和尙)이라고 불렀다. 불도징은 자기가 죽을 날을 예지하고 있었다. 그가 죽은 다음 그의 관(棺)을 열어보니 시체는 간 데 없고 다만 가사(袈裟)만 남아 있었다.'

澄別傳曰, 道人佛圖澄. 不知何許人. 出於燉煌, 好佛道, 出家爲沙門. 永嘉中, 至洛陽, 値京師有難, 潛遯草澤. 聞石勒雄異, 好殺害, 因勒大將軍郭默略見勒. 以麻油塗掌, 占見吉凶, 數百里外聽浮圖鈴聲, 逆知禍福. 勒甚敬信之. 虎卽位, 亦師澄, 號大和尙. 自知終日. 開棺無屍, 唯袈裟法服存焉.

(2) 《조서(趙書)》에는 이런 이야기가 있다. '석호(石虎)의 자는 계룡

(季龍)이며 석륵(石勒)의 종제(從弟)이다. 정벌(征伐)하여 장군의 목을 벨 때마다 적군의 기(旗)를 탈취했다. 석륵이 죽자 석륵의 아들들을 죽이고 왕위를 빼앗았다.'

《장자(莊子)》에 이런 말이 있다. '바닷가에 살면서 갈매기를 무척 좋아하는 사람이 있었다. 매일 아침 바닷가에 나가서 갈매기들과 놀았다. 날아드는 갈매기 수는 수백 마리에 이르렀다. 아버지가 말했다. "갈매기가 너와 함께 노는 것 같은데 잡아다가 나도 같이 놀게 해주렴." 다음날 아침 나가보니 갈매기는 하늘에서 날고 있을 뿐 내려오지 아니했다.'

趙書曰, 虎字季龍, 勒從弟也. 征伐每斬將搴旗. 勒死, 誅勒諸兒, 襲位.

莊子曰, 海上之人好鷗者. 每旦之海上, 從鷗遊. 鷗之至者數百而不止. 其父曰, 吾聞鷗鳥從汝游, 取來翫之. 明日之海上, 鷗舞而不下.

주해 ｜　ｏ不知何許人(부지하허인) － 《진서(晋書)》〈불도징전(佛圖澄傳)〉에는 '불도징은 천축(天竺) 사람이다. 본성(本姓)은 백씨(帛氏)이다'라고 되어 있으며 《고승전(高僧傳)》 권9 〈불도징전〉에는 '불도징은 서역(西域) 사람이다. 본성은 백씨이다'라고 되어 있다.

ｏ郭默略(곽묵략) － 《진서(晋書)》 권95 〈불도징전〉과, 《고승전》 권9 〈불도징전〉에는 곽흑략(郭黑略)으로 되어 있다.

ｏ莊子(장자) － 현행본(現行本) 《장자》에는 이런 내용이 없고 《열자(列子)》〈황제편(黃帝篇)〉에 같은 이야기가 있다.

46. 사인조(謝仁祖 : 謝尚)가 8세 때, 아버지 사예장(謝豫章)[1]이 손님을 배웅하려고 했다. 그 무렵 사인조가 하는 말은 이미 대단한 지혜가 있어서 자연히 상류 인물에 끼게 되었었다. 사람들은 모두 감탄하여 말했다. "나이는 어리지만 좌중(坐中)의 안회(顏回)로다." 사

인조가 말했다. "이 자리에는 이부(尼父)가 안 계시거늘 어찌 안회를 알아보겠습니까?"[2]

▌원문▎ 謝仁祖年八歲, 謝豫章[1]將送客. 爾時語已神悟, 自參上流. 諸人咸共歎之曰, 年少一坐之顔回. 仁祖曰, 坐無尼父, 焉別顔回.[2]

(1) 사곤(謝鯤)의 아들. 사곤에 대해서는 따로 기록했다.

鯤子, 別見.

(2) 《진양추(晉陽秋)》에 이런 말이 있다. '사상(謝尙)의 자는 인조(仁祖)이고 진군(陳郡) 사람이며 사곤(謝鯤)의 아들이다. 7~8세 때 형을 잃고 슬피 우는 모습이 심상치 않았다. 아버지가 세상을 떠났을 때 온교(溫嶠)가 조상하러 오자 사상은 통곡을 하며 애통했다. 이윽고 눈물을 거둔 다음에 하는 말이 보통 아이로는 생각되지 아니했다. 온교는 그것을 진귀하게 여기며 감탄했는데 이 일로 인하여 사인조의 이름이 세상에 알려졌다. 사관(仕官)하여 진서장군(鎭西將軍)·예주자사(豫州刺史)에 이르렀다.'

晉陽秋曰, 謝尙字仁祖, 陳郡人, 鯤之子也. 齠齓喪兄, 哀慟過人. 及遭父喪, 溫嶠唁之, 尙號叫極哀. 旣而收涕, 告訴有異常童. 嶠奇之, 由是知名. 仕至鎭西將軍·豫州刺史.

▌주해▎ ○尼父(이부)－중니(仲尼). 즉 공자(孔子). 안회(顔回)는 그의 고제자(高弟子).

○鯤子(곤자)－〈문학편(文學篇)〉 20 주(注)에 인용된 《진양추(晉陽秋)》에 의하면 예장태수(豫章太守)가 된 것은 사곤(謝鯤) 자신이지 '곤(鯤)의 자(子)'가 아니다. '자(子)'는 연자(衍字)이리라. 혹은 윗글 '사인조(謝仁祖 : 謝尙)'에 대한 주(注)가 거기에 찬입(竄入)된 것인지도 모르겠다.

ㅇ鎭西將軍(진서장군)－사진장군(四鎭將軍)의 하나. 서쪽을 진정시키는
임무를 맡는다.

47. 도공(陶公 : 陶侃)은 위독해졌을 때, 국가대사에 관한 말을 한
마디도 남기지 않았다. 조신(朝臣)들은 그것을 유감으로 생각했다.[1]
사인조(謝仁祖 : 謝尙)가 이 말을 듣고 말했다. "현재는 수조(竪刁)와
같은 자가 없으므로 도공은 말을 남기지 않은 것이리라."[2] 당시의 식
자들은 유덕자(有德者)의 말이라고 생각했다.

원문| 陶公疾篤, 都無獻替之言. 朝士以爲恨.[1] 仁祖聞之曰,
時無竪刁, 故不貽陶公話言.[2] 時賢以爲德音.

(1) 《도씨서(陶氏敍)》에 이런 이야기가 있다. '도간(陶侃)의 자는 사
    형(士衡)인데 그 조상은 파양(鄱陽) 출신이며 후에 심양(尋陽)으
    로 이사했다. 도간은 젊었을 때에 천하를 경영할 원대한 뜻을 가
    지고 있었다. 효렴(孝廉)으로 찰거(察擧)되어 낙양(洛陽)에 왔을
    때 사공(司空)인 장화(張華)가 그를 보고 말했다. "장차 천자를
    보필하여 천하를 안정시킬 사람은 틀림없이 그대일 것이오." 유홍
    (劉弘)이 강남에 진을 치고 그를 데려다가 장사(長史)로 삼으며
    그에게 말했다. "옛날 내가 양태부(羊太傅 : 羊祜)의 참좌(參佐)였
    을 때 태부가 말하기를 자네는 이 다음에 틀림없이 내 뒤를 잇게
    될 것이라고 했는데 나는 지금 그대를 만나서 똑같은 말을 해야
    겠소." 상주(湘州)·광주(廣州)·형주(荊州) 등 3개 주의 자사(刺
    史)로 누천(累遷)되었고 깃털을 장식한 의장대(儀仗隊)와 취악대
    (吹樂隊)를 하사받고 장사공(長沙公)에 봉해졌으며 대장군이 되
    었다. 천자를 알현함에 있어 행례(行禮)의 절차가 생략되어 검을
    차고 신을 신은 채 전(殿)에 오르는 것이 허락되었다. 태위(太尉)
    로 승진되었고 죽은 후 대사마(大司馬)가 추증되었으며 환공(桓

公)이라는 시호가 내려졌다.'

생각하건대 왕은(王隱)의 《진서(晋書)》에는 도간의 임종을 맞았을 때의 표(表)를 게재하고 있는데 이렇게 적고 있다. "저는 어렸을 때에 아버지를 여의고 가난하게 성장했습니다. 처음에는 큰 희망을 가지고 있지 않았습니다만 과분하게도 선조 이래로 격별한 은총을 입었습니다. 저는 나이 80이 다 되었으며 벼슬은 인신(人臣)의 최고 자리에 올랐는데 이제 최후를 맞으려고 하는바 후회는 없습니다. 단 잔적(殘賊)들을 아직도 주멸(誅滅)하지 못하였고 능지(陵地)도 회복하지 못했습니다. 분하고 걱정스러운 일뿐입니다. 만약 다행스럽게도 늙은 목숨을 연장할 수만 있다면 폐하를 위해 북쪽으로는 석호(石虎)를 병탄(併吞)하고 서쪽으로는 이웅(李雄)을 주멸(誅滅)시키고 싶습니다. 하오나 세(勢)는 이미 떨칠 수가 없고 뜻도 달성시킬 수가 없습니다. 이제 유서를 작성함에 있어 주먹을 불끈 쥐고 눈물만 마구 흘릴 뿐입니다. 엎드려 바라옵건대 저를 대신할 사람을 선발하심에 있어 반드시 훌륭한 인재를 얻으시어 천자의 뜻을 받들어 지업(志業)을 달성시키도록 하신다면 죽어서도 살아있는 것과 같을 것입니다." 이런 표가 있었은즉 국가대사에 관한 말이 없었다고 할 수 없다.

陶氏敍曰, 侃字士衡, 其先鄱陽人, 後徙尋陽. 侃少有遠槩, 綱維宇宙之志. 察孝廉入洛, 司空張華見而謂曰, 後來匡主寧民, 君其人也. 劉弘鎭江南, 取爲長史. 謂侃曰, 昔吾爲羊太傅參佐, 見語云, 君後當居身處. 今相觀, 亦復然矣. 累遷湘·廣·荊三州刺史, 加羽葆鼓吹, 封長沙郡公, 大將軍. 贊拜不名, 劍履上殿. 進太尉, 贈大司馬, 諡桓公.

案, 王隱晉書載侃臨終表曰, 臣少長孤寒, 始願有限, 過蒙先朝歷世異恩. 臣年垂八十, 位極人臣, 啓手啓足, 當復何恨. 但以餘寇未誅, 山陵未復, 所以憤慨兼懷, 唯此而已. 猶冀犬馬之齒, 尚可少延, 欲爲陛下北吞石虎, 西誅李雄. 勢遂不振, 良圖

永息. 臨書扼腕, 涕泗橫流. 伏願遴選代人, 使必得良才, 足以
奉宣王猷, 遵成志業. 則雖死之日, 猶生之年. 有表若此, 非無
獻替.

(2) 《여씨춘추(呂氏春秋)》에 이런 이야기가 있다. '관중(管仲)이 위독
해졌을 때, 환공(桓公)이 문병을 와서 말했다. "만약 그대가 일어
나지 못할 경우 그대 대신 재상의 자리를 맡을 자는 누구이겠소?
수조(竪刁)는 어떻겠소?" 관중이 말했다. "스스로 부형(腐刑)을
받고 주군을 섬긴 것은 인간의 자연스러운 모습이 아닙니다. 결코
등용하시면 아니됩니다." 그후 과연 제(齊)나라를 문란케 했다.'
呂氏春秋曰, 管仲病, 桓公問曰, 子如不諱, 誰代子相者. 竪刁
何如. 管仲曰, 自宮以事君, 非人情. 必不可用. 後果亂齊.

주해│   ㅇ獻替之言(헌체지언) － 군주를 보좌하기 위해 좋은 것을 건의
하고 나쁜 것을 배제케 하는 신하의 말.
ㅇ長史(장사) － 《진서(晋書)》 권66 〈도간전(陶侃傳)〉에 의하면 유홍(劉
弘)은 도간을 남만장사(南蠻長史)로 삼았다고 되어 있다.
ㅇ參佐(참좌) － 부(府)의 참군(參軍). 주(州)의 제조서좌(諸曹書佐), 군
(郡)의 제조연사(諸曹掾史)를 가리킨다.
ㅇ羽葆鼓吹(우보고취) － 우보(羽葆)란 새 깃털로 만든 수레의 화려한 덮
개. 고취(鼓吹)란 취악대. 모두 의장(儀仗) 등에 사용하며 친왕(親王)
이라든가 큰 공훈이 있는 자가 사용토록 했다.
ㅇ啓手啓足(계수계족) － 사람이 죽는 것. 《논어(論語)》 〈태백편(泰伯篇)〉
에 있는 증자(曾子)의 말.
ㅇ贊拜不名(찬배불명) － 천자를 알현할 때 행례(行禮)를 아뢰는 자가, 알
현자가 누구인지 이름을 대지 않고 관직명으로 아뢰는 것.
ㅇ犬馬之齒(견마지치) － 스스로 연령을 낮추어 히는 말.
ㅇ呂氏春秋(여씨춘추) － 권16 〈선식람(先識覽)〉에 있는 내용.
ㅇ不諱(불휘) － 죽는 것을 의미하는 말.

48. 축법심(竺法深 : 竺潛)이 간문제(簡文帝 : 司馬昱)와 자리를 함께하고 있자 유윤(劉尹 : 劉惔)이 물었다. “그대는 어찌하여 주문(朱門)의 저택에 출입하는 것입니까?” 축법심이 대답했다. “당신에게는 주문이 눈에 띠는 것 같습니다만 나에게는 그저 쑥대문에 출입하는 것과 같습니다.”[1] 혹은 이때 물은 사람이 변령(卞令 : 卞壺)이라고도 한다.[2]

▌원문│ 竺法深在簡文坐. 劉尹問, 道人何以游朱門. 答曰, 君自見其朱門, 貧道如游蓬戶.[1] 或云卞令.[2]

(1) 《고일사문전(高逸沙門傳)》에 이런 이야기가 있다. ‘법사(法師 : 竺法深)가 회계(會稽)에 있을 때 황제는 그의 덕풍(德風)을 존중하여 사자를 보내서 맞아들였다. 법사는 곧 황제의 명에 따라 떠났다. 사도회계왕(司徒會稽王 : 簡文帝 司馬昱)은 천성이 허정(虛靜)하여 법사와 두터운 교제를 맺었다. 법사는 궁궐에 올라가고 귀족의 저택에 출입하면서도 거리낌없이 활달했는데 그것은 마치 여염집에 출입하는 것과 다름이 없었다.’

高逸沙門傳曰, 法師居會稽, 皇帝重其風德, 遣使迎焉. 法師暫出應命. 司徒會稽王天性虛澹, 與法師結殷勤之歡. 師雖昇履丹墀, 出入朱邸, 泯然曠達, 不異蓬宇也.

(2) 따로 나온다.
別見.

▌주해│ ○朱門(주문)-권세가·귀족의 집. 문을 붉게 칠했으므로 이렇게 말한다.

○蓬戶(봉호)-빈천한 집. 쑥대를 엮어서 만든 문. 봉우(蓬宇)와 같다. 우(宇)는 집이란 뜻이다.

○別見(별견)-따로 나온다. 〈상예편(賞譽篇)〉 54의 주(注).

49. 손성(孫盛)이 유공(庾公 : 庾亮)의 기실참군(記室參軍)이었을 때다.[1] 유공이 사냥을 나가는데 〔손성의〕 두 아들이 함께 따라갔다. 유공은 그것을 모르고 있다가 사냥터에서 문득 제장(齊莊 : 孫放)을 발견했다. 제장은 그때 7~8세였다. 유공이 "너도 따라왔구나."라고 하자 즉시로 대답했다. "어른 아이 할 것 없이 모두 공(公)을 따라가네라는 것입니다."

원문| 孫盛爲庾公記室參軍.[1] 從獵, 將其二兒俱行. 庾公不知, 忽於獵場見齊莊, 時年七八歲. 庾謂曰, 君亦復來邪. 應聲答曰, 所謂無小無大, 從公于邁.

(1) 《중흥서(中興書)》에는 이런 이야기가 있다. '손성(孫盛)의 자는 안국(安國)이며 태원(太原) 중도(中都) 사람이다. 박학다식했으며 저작랑(著作郎)·유양령(瀏陽令)을 역임했다. 유량(庾亮)이 형주자사(荊州刺史)일 때 손성을 정서주부(征西主簿)로 기용했다. 손성은 비서감(秘書監)으로 누천(累遷)되었다.'
　　中興書曰, 盛字安國, 太原中都人. 博學强識, 歷著作郎·瀏陽令. 庾亮爲荊州, 以爲征西主簿. 累遷秘書監.

주해| ○記室參軍(기실참군) ─ 부(府)의 참모로서 문장의 기안을 맡는다. 위진시대(魏晋時代)를 통하여 제일 청렴한 관직의 하나로 간주되었다.
○其二兒(기이아) ─ 《태평어람(太平御覽)》 권385에는 '기제이아제장(其第二兒齊莊)'으로 적고 있다.
○無小無大(무소무대), 從公于邁(종공우매) ─ 《시경(詩經)》 노송(魯頌) 반수(泮水)에 나오는 구절. 젊은이든 늙은이든 모두 공(公)을 따라간다는 의미. '우(于)'는 정전(鄭箋)에 의하면 '가나'란 의미. 주자(朱子)에 의하면 조사(助辭)이다.
○秘書監(비서감) ─ 후한(後漢)의 환제(桓帝) 때 설치된 관직으로, 조정에

소장된 국서(國書 : 秘書)의 교정을 맡았다 하여 이런 명칭이 붙었다.

50. 손제유(孫齊由 : 孫潛)와 제장(齊莊 : 孫放) 등 두 사람이 어렸을 때 유공(庾公 : 庾亮)에게 갔다. 유공이 제유에게 물었다. "자(字)는 무엇인고?" 제유가 대답했다. "제유라고 합니다." 유공이 말했다. "누구와 가지런히 하고〔齊〕싶은가?" 제유가 대답했다. "허유(許由)와 가지런히 하고 싶습니다."(1) 제장에게 "자(字)는 무엇인가?"라고 묻자 이렇게 대답했다. "제장이라고 합니다." 유공이 말했다. "누구와 가지런히 하고 싶은가?" 제장이 대답했다. "장주(莊周)와 가지런히 하고 싶습니다." 유공은 말했다. "왜 중니(仲尼)와 가지런히 하지 않고, 장주와 가지런히 하고 싶어하는가?" 제장이 대답했다. "성인(聖人)은 태어나면서부터 모든 것을 잘 안다고 했으니, 그 흉내를 낸다는 것은 어렵기 때문입니다." 유공은 어린아이의 대답을 크게 기뻐하였다.(2)

■원문│ 孫齊由・齊莊二人小時詣庾公. 公問齊由, 何字. 答曰, 字齊由. 公曰, 欲何齊邪. 曰, 齊許由.(1) 齊莊何字. 答曰, 字齊莊. 公曰, 欲何齊. 曰, 齊莊周. 公曰, 何不慕仲尼, 而慕莊周. 對曰, 聖人生知, 故難企慕. 庾公大喜小兒對.(2)

(1)《진백관명(晋百官名)》에 이런 이야기가 있다. '손잠(孫潛)의 자는 제유(齊由)이며 태원(太原) 사람이다.'
　　《중흥서(中興書)》에 이런 말이 있다. '손잠은 손성(孫盛)의 장남이다. 예장태수(豫章太守)였다. 은중감(殷仲堪)이 강을 내려와서 왕국보(王國寶)를 칠 때 손잠은 군(郡)에 있었는데 은중감이 자의참군(諮議參軍)이 되어 달라고 청했으나 극구 사양하다가 마침내는 근심 걱정을 하던 끝에 죽고 말았다.'
　　晋百官名曰, 孫潛字齊由, 太原人.

中興書曰, 潛, 盛長子也. 豫章太守. 殷仲堪下討王國寶, 潛時
在郡, 逼爲諮議參軍, 固辭不就, 遂以憂卒.

(2) 《손방별전(孫放別傳)》에는 이런 이야기가 있다. '손방(孫放)의 자
는 제장(齊莊)이며 감군(監君)의 차남이다. 8세 때 태위(太尉) 유
공(庾公)이 불러서 찾아갔다. 그는 청수(淸秀)하게 생겼었는데 유
공은 그를 시험해 보려고 종이와 붓을 주며 글씨를 쓰게 하였다.
손방은 얼른 이름과 자(字)를 썼다. 유공은 글로 써서 물었다. "장
주(莊周)를 사모하는가?" 그는 글로 써서 대답했다. "사모할 생각
입니다." 유공이 썼다. "왜 중니(仲尼)를 사모하지 않고 장주를
사모할 생각인고?" 그러자 손방이 썼다. "중니는 태어나면서부터
잘 아신 분이기에 사모한다고 해도 미칠 바가 아닙니다. 장주를
사모한다면 그 버금은 갈 수 있겠기에 사모코자 하는 것입니다."
유공은 손님들에게 말했다. "왕보사(王輔嗣 : 王弼)의 응답도 아
마 이 아이를 따르지 못할 것이외다." 장사왕(長沙王)의 상(相)으
로 세상을 떠났다.'

孫放別傳曰, 放字齊莊, 監君次子也. 年八歲, 太尉庾公召見
之. 放淸秀, 欲觀試, 乃授紙筆令書. 放便自疏名字. 公題後問
之曰, 爲欲慕莊周邪. 放書答曰, 意欲慕之. 公曰, 何故不慕仲
尼, 而慕莊周. 放曰, 仲尼生而知之, 非希企所及. 至於莊周,
是其次者, 故慕耳. 公謂賓客曰, 王輔嗣應答, 恐不能勝之. 卒長
沙王相.

주해┃ ○聖人生知(성인생지) ─《논어(論語)》〈계씨편(季氏篇)〉에 '공자
가 말했다. "태어나면서부터 아는 자는 상(上)이다. 배워서 글을 아는
지는 그 다음이다."'라는 구절이 있다.

51. 장현지(張玄之)와 고부(顧敷)는 고화(顧和)의 외손(外孫)이고

친손(親孫)인데 모두 어려서부터 총명했다. 고화도 이것을 잘 알고 있었지만 늘 고부를 낮게 여기어 고부를 치우치게 사랑했다. 장현지는 그 점이 매우 불만이었다.[1] 당시 장현지는 9세, 고부는 7세였다. 고화는 두 아이를 데리고 절에 갔고 부처님의 입멸(入滅) 화상(畵像)을 보았다. 그려진 제자 중에는 울고 있는 자도 있고, 울지 않는 자도 있었다. 그 점에 대해서 두 손자에게 물었다. 장현지가 대답했다. "친애함을 받았기에 울고, 친애함을 받지 못했기에 울지 않는 것입니다." 고부는 말했다. "그렇지 않습니다. 정(情)에 이끌리지 않기 때문에 울지 않는 게 분명합니다. 정에 이끌리지 않을 수 없기 때문에 우는 것이고요."[2]

원문| 張玄之·顧敷, 是顧和中外孫, 皆少而聰惠. 和竝知之, 而常謂顧勝, 親重偏至. 張頗不懕.[1] 于時張年九歲, 顧年七歲. 和與俱至寺中, 見佛般泥洹像. 弟子有泣者, 有不泣者. 和以問二孫. 玄謂, 被親故泣, 不被親故不泣. 敷曰, 不然. 當由忘情故不泣, 不能忘情故泣.[2]

(1) 고부(顧敷)는 따로 나온다.

《속진양추(續晋陽秋)》에 이런 이야기가 있다. '장현지(張玄之)의 자는 조희(祖希)이며 오군(吳郡)의 태수 장징(張澄)의 손자이다. 젊었을 때 학문으로 이름을 떨치고 이부상서(吏部尙書)를 역임했으며 나아가서는 관군장군(冠軍將軍)·오흥태수(吳興太守)가 되었다. 회계내사(會稽內史)인 사현(謝玄)도 같은 때 오군(吳郡)에 갔는데 세상의 논자(論者)들은 이를 남북의 명망(名望)이라고 했다. 장현지의 명성은 사현에 버금갔는데 당시에는 또 남북의 이현(二玄)이라고 칭했다. 오군에서 세상을 떠났다.'

敷別見.

續晋陽秋曰, 張玄之字祖希. 吳郡太守澄之孫也. 少以學顯, 歷

吏部尙書, 出爲冠軍將軍·吳興太守. 會稽內史謝玄同時之郡,
論者以爲南北之望. 玄之名亞謝玄, 時亦稱南北二玄. 卒於郡.

(2) 《대지도론(大智度論)》에는 이런 이야기가 있다. '불타(佛陀)가 사
라쌍수(沙羅雙樹) 사이에서 열반에 들어 북쪽으로 머리를 두고
누우시니 대지가 진동했다. 여러 삼학인(三學人)은 모두 슬퍼하면
서 침통하게 눈물을 흘렸는데 여러 무학인(無學人)은 제법(諸法)
의 일체 무상(無常)함에 잠겼다.'

大智度論曰, 佛在陰菴羅雙樹閒, 入般涅槃床北首, 大地震動.
諸三學人, 歛然不樂, 郁伊交涕, 諸無學人, 但念諸法, 一切無常.

주해│ ○別見(별견)—따로 나온다. 즉 〈숙혜편(夙慧篇)〉 4에 보인다.
○冠軍將軍(관군장군)—한(漢)나라 시대에는 대장군을 가리켰는데 남북
조시대는 무관(武官)의 교관이 되고 말았다.
○三學(삼학)·無學(무학)—삼학은 유학(有學)으로 불교의 진리(眞理 : 四
諦)를 이해하고는 있지만 아직 번뇌를 끊지 못하고 있는 사람. 즉 아직
도 수행을 해야 하는 사람을 가리킨다. 학인(學人)이라고도 한다. 이에
대하여 무학(無學)이란 불교의 진리를 궁극하고 깨달음을 얻어 수행할
필요가 없는 사람이다. 소승인과(小乘因果) 중 전삼과(前三果 : 須陀洹
果·斯陀含果·阿那含果)가 유학(有學)에 해당하며, 최고위인 제사과
(第四果), 아라한과(阿羅漢果)를 무학(無學)이라고 한다. 여기서 말하
는 학(學)이란 주로 수행(修行)이란 의미이다.

52. 유법창(庾法暢)이 유태위(庾太尉 : 庾亮)를 방문했을 때 가장
좋은 주미(麈尾)를 가지고 갔는데 유공(庾公)이 말했다. "이것은 아
주 훌륭한 것인데 어찌하여 이곳에 있는 게요?" 법창이 대답했다.
"청렴한 사람은 달라고 하지 않고 탐욕스런 사람에게는 주지 않습니
다. 그러기에 여기 있는 것입니다."[1]

| 원문 | 庾法暢造庾太尉, 握塵尾至佳. 公曰, 此至佳. 那得在. 法暢曰, 廉者不求, 貪者不與, 故得在耳.[1]

(1) 법창(法暢) 일족의 출신에 관해서는 알려진 것이 없다. 법창은 《인물론(人物論)》을 지었는데 스스로 장점을 말하되, '예민신오(銳敏神悟)하고 변사(辯辭)에 뛰어나다'고 했다.

　　法暢氏族, 所出未詳. 法暢著人物論, 自敍其美云, 悟銳有神, 才辭通辯.

| 주해 | ○庾法暢(유법창) —《고승전(高僧傳)》 권4 〈강승연전(康僧淵傳)〉에 강법창(康法暢)의 이야기라며 똑같은 이야기가 있고《예문유취(藝文類聚)》 권69에도 강법창으로 적고 있다.
○塵尾(주미) — 주미선(塵尾扇), 또는 불자(拂子)라고도 한다. 선승(禪僧)이 담론할 때 손에 들고 흔드는 둥근 모양의 총채.
○人物論(인물론) —《고승전(高僧傳)》 4에는 '강법창의 《인물시의론(人物始義論)》'이라고 되어 있다.

53. 유치공(庾穉恭：庾翼)이 형주자사(荊州刺史)였을 때,[1] 모선(毛扇)을 무제(武帝)에게 바쳤는데, 무제는 그것이 고물이 아닌가 하여 의심했다.[2] 시중(侍中) 유소(劉劭)가 말했다.[3] "백량대(柏梁臺)가 구름에 닿을 정도로 높이 치솟았을 때, 제일 먼저 그 밑에 있는 것은 대목수 동령(棟領)이며, 관현악이 성대하게 연주될 때 제일 먼저 그 소리를 듣는 것은 종자기(鍾子期)와 기(夔) 등 악관(樂官)입니다.[4] 유치공이 부채를 바친 것은, 그것이 좋은 것이기 때문이지 새 것이기 때문이 아닙니다." 유치공은 후에 이 말을 듣고 말했다. "이 사람이야말로 황제 곁에 두어야 할 사람이다."

| 원문 | 庾穉恭爲荊州,[1] 以毛扇上武帝. 武帝疑是故物.[2] 侍

中劉劭曰,[3] 栢梁雲構, 工匠先居其下, 管弦繁奏, 鍾夔先聽其音.[4] 穉恭上扇, 以好不以新. 庾後聞之曰, 此人宜在帝左右.

(1) 《유익별전(庾翼別傳)》에 이런 말이 있다. '유익의 자는 치공(穉恭)이며 영천(潁川) 언릉(鄢陵) 사람이다. 젊어서 도량이 컸으므로 당시의 논자(論者)들로부터 경륜의 대략(大略)이 있다는 인정을 받았다. 형인 태위(太尉) 유량(庾亮)이 죽자 조신(朝臣)들은 유능한 선비를 추천 심의하고 유익을 칠주(七州)의 도독(都督)으로 삼았다. 정남장군(征南將軍)·형주자사(荊州刺史)에 승진했다.'
庾翼別傳曰, 翼字穉恭, 潁川鄢陵人也. 少有大度, 時論以經略許之. 兄太尉亮薨, 朝議推才, 乃以翼都督七州, 進征南將軍· 荊州刺史.

(2) 부함(傅咸)의 〈우선부(羽扇賦)〉 서(序)에 이런 말이 있다. '옛날 오(吳)나라 사람들은 단지 새의 깃털을 자르기만 했다. 이것으로 부치면 그 바람은 사각부채나 둥근부채에 못지않았으며 더구나 이렇다 할 수공도 들지 않았다. 그러나 중국에서는 이것을 만들어 파는 사람이 없었는데 오(吳)나라가 멸망하자 모두들 그것을 애용했는데 쓰지 않는 사람이 없었다.'
생각하건대 유역(庾懌)이 백우선(白羽扇)을 무제(武帝)에게 바쳤는데 무제는 그것이 헌 부채가 아닌지 의심하고 이것을 돌려주었다는 말은 들었으나 유익(庾翼)의 이야기는 듣지 못했다.
傅咸羽扇賦序曰, 昔吳人直截鳥翼而搖之, 風不減方圓二扇, 而功無加. 然中國莫有生意者. 滅吳之後, 翕然貴之, 無人不用.
按, 庾懌以白羽扇獻武帝, 帝嫌其非新, 反之. 不聞翼也.

(3) 《문자지(文字志)》에 이런 이야기가 있다. '유소(劉劭)의 자는 언조(彦祖)이며 팽성(彭城) 총정(叢亭) 사람이다. 조부인 유눌(劉

訥)은 사예교위(司隷校尉)이고, 아버지 유송(劉松)은 성고령(成皐令)이었다. 유소는 호학박식(好學博識)한데다가 다예(多藝)하여 초서·예서를 잘 썼다. 처음에 사관(仕官)하여 영군참군(領軍參軍)이 되었다. 태부(太傅)가 동정(東征)을 떠나자 유소는 도읍 낙양(洛陽)이 틀림없이 위태로워질 것으로 생각하고 단신 단기(單騎)로 양주(揚州)로 도망했다. 시중(侍中)·예장태수(豫章太守)를 역임했다.'

文字志曰, 劭字彦祖, 彭城叢亭人. 祖訥, 司隷校尉. 父松, 成皐令. 劭博識好學, 多藝能, 善草隷. 初仕領軍參軍. 太傅出東, 劭謂京洛必危, 乃單馬奔揚州. 歷侍中·豫章太守.

(4) 종(鍾)은 종기(鍾期). 기(夔)는 순(舜)임금의 악관장(樂官長)이다.

鍾, 鍾期也. 夔, 舜樂正.

│주해│ ○庾穉恭爲荊州(유치공위형주)—《진서(晉書)》권73 〈유역전(庾懌傳)〉에 이것과 거의 같은 이야기가 있는데 그곳에서는 유역(庾懌)으로 되어 있다. 유역과 유익(庾翼)은 형제이다. 또 무제(武帝)도 성제(成帝)로 되어 있다.

○武帝(무제)—《진서》권73 〈유익전(庾翼傳)〉에 의하면 유익은 영화(永和) 원년(元年 : 345년)에 나이 41세로 졸(卒)했다. 무제의 재위가 태시(泰始) 원년(265년)에서 태희(太熙) 원년(290년)이니 본문의 무제는 성제(成帝 : 326~343년)의 잘못인가.

○栢梁(백량)—한(漢)나라 무제(武帝)가 원정(元鼎) 2년(기원전 115년)에 장안성(長安城) 중북문(中北門) 안에 축조한 대(臺). 태초(太初) 원년(기원전 104년)에 소실(燒失)되었다.

○都督七州(도독칠주)·征南將軍(정남장군)—유익(庾翼)이 죽기 직전의 관직은 특절도독강형사량옹익녕칠주제군사강주자사정서장군도후정(特節都督江荊司梁雍益寧七州諸軍事江州刺史征西將軍都侯亭 :《晉書》권8 穆帝紀)인데 《진서》〈유익전〉에는 '급량졸(及亮卒) 수도독강형사옹량

익육주제군사안서장군형주자사(授都督江荊司雍梁益六州諸軍事安西將軍荊州刺史) 가절대량진무창(假節代亮鎭武昌)으로 되어 있으니 유량이 죽은 후에 받은 것은 육주도독(六州都督)이다.《진서각주(晉書斠注)》에도 유익의 비명(碑銘)을 들어 육주도독으로 적고 있다. 정남장군(征南將軍)은 정서장군(征西將軍)의 잘못임.

ㅇ太傅(태부)—동해왕(東海王) 사마월(司馬越)일 것으로 생각된다.

ㅇ鍾期(종기)—종자기(鍾子期). 춘추시대 초(楚)나라 사람. 백아(伯牙)의 금(琴)을 이해하고 그의 마음을 읽었다고 한다.

54. 하표기(何驃騎 : 何充)가 죽은 다음,[1] 저공(褚公 : 褚裒)을 조정에서 불렀다. 석두(石頭)까지 왔을 때 왕장사(王長史 : 王濛)와 유윤(劉尹 : 劉惔)이 함께 저공을 찾아갔다. 저공이 말했다. "진장(眞長 : 劉惔)은 어쩐 일로 오셨소?" 진장은 왕장사를 돌아보며 말했다. "이 사람이 말을 잘해서요." 그러자 저공은 왕장사를 바라보았다. 왕장사가 말했다. "우리나라에는 주공(周公) 같은 분이 계십니다."[2]

▎원문┃ 何驃騎亡後,[1] 徵褚公入. 旣至石頭, 王長史·劉尹同詣褚. 褚曰, 眞長, 何以處我. 眞長顧王曰, 此子能言. 褚因視王. 王曰, 國自有周公.[2]

(1) 하충(何充)은 따로 나온다.

  何充別見.

(2) 《진양추(晉陽秋)》에 이런 이야기가 있다. '하충(何充)이 죽자 사람들은 태후(太后)의 아버지인 저부(褚裒)가 정권을 잡는 게 좋을 것이라고 상담했다. 저부는 단도(丹徒)로부터 조정에 들어왔는데 이부상서(吏部尙書) 유하(劉遐)가 저부에게 진언했다. "회계왕(會稽王 : 司馬昱. 후일의 簡文帝)의 높은 덕은 우리나라의 주공

(周公)이라고 합니다. 그러니 공(公)께서는 그분에게 국정을 맡기시는 게 좋을 것입니다.” 또한 저부의 장사(長史)인 왕호지(王胡之)도 번진(藩鎭)으로 돌아갈 것을 권했다. 이에 저부는 국정 맡기를 극구 사양하고 경구(京口)로 돌아갔던 것이다.’

晉陽秋曰, 充之卒, 議者謂太后父褒宜秉朝政, 褒自丹徒入朝. 吏部尚書劉遐勸褒曰, 會稽王令德, 國之周公也. 足下宜以大政付之. 褒長史王胡之亦勸歸藩. 於是固辭, 歸京.

┃주해┃ ㅇ王長史(왕장사) · 劉尹(유윤) ─ 유주(劉注)를 인용한 《진양추(晉陽秋)》에는 ‘이부상서유하(吏部尚書劉遐)’ ‘부장사왕호지(褒長史王胡之)’로 되어 있는데 《진서각주(晉書斠注)》에서 지적하는 대로 《진서》의 전(傳)에 있는 유하(劉遐)는 서주자사(徐州刺史)가 되었던 인물이지 상서(尙書)는 되지 않았다. 또 《진서》에 보이는 왕호지(王胡之)의 전(傳)에는 저부(褒裒)와 관계가 있었다는 기록은 없다. 이에 비하여 왕몽(王濛)은 사도좌장사(司徒左長史)가 되었으며, 유염(劉惔 : 劉眞長)은 단양윤(丹陽尹)이고 진장(眞長)이란 자(字)를 썼다. 또 왕몽과 유염은 당시 병칭(並稱)되고 있었다. 왕장사(王長史)는 왕몽, 유윤(劉尹 : 眞長)은 유염이라고 생각해도 좋을 것이다.

ㅇ周公(주공) ─ 주공단(周公旦). 주무왕(周武王)의 동생이며 무왕이 서거한 뒤, 그의 아들인 성왕(成王)의 섭정을 맡았다. 여기서는 사마욱(司馬昱)을 가리킨다. 《진서(晉書)》〈목제기(穆帝紀)〉에 의하면 목제는 건원(建元) 2년(344년) 아버지 강제(康帝)가 세상을 떠나자 그 뒤를 이어 제위(帝位)에 올랐다. 당시 2세였다. 그리고 강제의 황후였던 저씨(褒氏)가 황태후가 되어 정치를 보좌했다. 영화(永和) 2년(346년)에는 강제 이래로 정치를 맡아왔던 중신 하충(何充)이 죽자 외척인 저부(褒裒)가 정권을 잡을 것이냐, 왕족인 회계왕 사마욱이 정권을 잡을 것이냐가 문제로 등장했다.

ㅇ別見(별견) ─ 〈정사편(政事篇)〉 17의 주(注) (1).

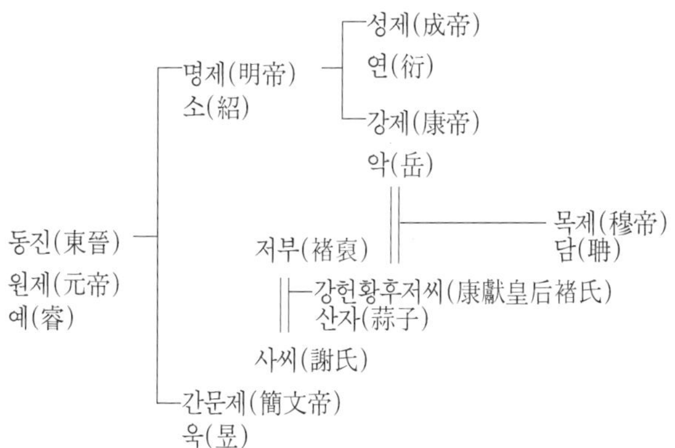

저부(褚裒)와 목제(穆帝)의 혈연관계

55. 환공(桓公 : 桓溫)이 북방을 정벌했을 때 금성(金城)을 지나가다가, 이전에 낭야내사(琅邪內史)였을 때 심었던 버드나무가 이미 모두 열 아름이나 되어 있는 것을 보고 감탄하여 말했다. "수목(樹木)도 이렇게 되거늘 사람은 어찌하여 변하지 않을 수 있겠는가?" 그리고 버드나무 가지에 기대어서 작은 가지를 잡아당기고는 눈물을 펑펑 흘렸다.[1]

■원문| 桓公北征經金城, 見前爲琅邪時種柳, 皆已十圍. 慨然曰, 木猶如此, 人何以堪. 攀枝執條, 泫然流淚.[1]

(1) 《환온별전(桓溫別傳)》에 이런 이야기가 있다. '환온의 자는 원자(元子)이고 초국(譙國) 용항(龍亢) 사람이며 한(漢)나라 오경(五更) 환영(桓榮)의 후예이다. 아버지 환이(桓彝)는 사람을 보는 눈이 있었다. 환온은 젊었을 때부터 호매(豪邁)한 풍격(風格)이 있었으므로 온교(溫嶠)의 인정을 받고 있었다. 낭야내사(琅邪內史)로 누천(累遷)되었고 정서대장군(征西大將軍)에 올라 서하(西夏)

에 진을 치고 있을 때, 호족(胡族)은 아직 섬멸되지 않아서 그 남은 불씨가 숨을 쉬고 있었다. 환온은 스스로 군병(郡兵)을 이끌고 기치를 펄럭이며 토벌하여 이수(伊水)·낙수(洛水)의 땅을 평정하고 선조의 어릉(御陵)에 제사지냈다. 세상을 떠난 다음 선무후(宣武侯)라는 시호를 받았다.'

桓溫別傳曰, 溫字元子. 譙國龍亢人, 漢五更桓榮後也. 父彛, 有識鑒. 溫少有豪邁風氣, 爲溫嶠所知. 累遷琅邪內史, 進征西大將軍. 鎭西夏, 時逆胡未誅, 餘燼假息. 溫親勒郡卒, 建旗致討, 淸蕩伊·洛, 展敬園陵. 薨, 諡宣武侯.

주해| ○五更(오경)—삼로(三老)와 나란히 천자(天子)의 양로의례(養老儀禮)에 따라 아비로 섬기는 인물을 가리킴. 주로 높은 덕망을 지닌 숙유(宿儒)가 뽑힌다.

56. 간문제(簡文帝 : 司馬昱)가 무군장군(撫軍將軍)이었을 때 환선무(桓宣武 : 桓溫)와 함께 조정에 들어온 적이 있었다. 서로 먼저 들어가기를 사양했는데 환선무가 하는 수 없이 앞서 들어가게 되었다. 그래서 "님은 날이 없는 창을 들고 왕을 위해 앞서 달리다."라고 하자,(1) 간문제는 "아이 어른 가리지 않고 공(公)을 쫓아 달리네라는 것이오."라고 했다.

원문| 簡文作撫軍時, 嘗與桓宣武俱入朝, 更相讓在前. 宣武不得已而先之. 因曰, 伯也執殳, 爲王前驅.(1) 簡文曰, 所謂無小無大, 從公于邁.

(1) 《시경(詩經)》위풍(衛風) 백혜(伯兮)의 시이다. 수(殳)는 길이 1장(丈) 2척(尺)의, 날이 없는 창이다.

衛詩也. 癹, 長一丈二尺, 無刃.

57. 고열(顧悅)은 간문제(簡文帝 : 司馬昱)와 동갑인데 머리가 일찍 희어졌다.[1] 간문제가 말했다. "그대는 어찌하여 나보다 빨리 희어졌는가?" 고열이 대답했다. "포류(蒲柳)의 몸은 가을이 다가오면 잎이 떨어집니다만 송백(松柏)의 질(質)을 갖추면 서리에도 잎이 무성할 뿐입니다."[2]

■원문| 顧悅與簡文同年, 而髮蚤白.[1] 簡文曰, 卿何以先白. 對曰, 蒲柳之姿, 望秋而落, 松柏之質, 凌霜猶茂.[2]

(1) 《중흥서(中興書)》에 이런 이야기가 있다. '고열(顧悅)의 자는 군숙(君叔)이며 진릉(晉陵) 사람이다. 처음에 은호(殷浩)의 양주별가(揚州別駕)가 되었는데 은호가 죽자 상소하여 은호를 변호했다. 어떤 사람이 은호는 태종(太宗 : 簡文帝, 즉 司馬昱)에게 유폐당했으므로 틀림없이 윤허되지 않을 것이라고 했다. 그래도 고열은 간쟁(諫爭)했다. 그 결과 은호의 억울함을 벗겨주었다. 당시 사람들은 이 일을 칭송했다. 후에 상서좌승(尚書左丞)이 되었다.'
中興書曰, 悅字君叔, 晉陵人. 初爲殷浩揚州別駕, 浩卒, 上疏理浩. 或諫以浩爲太宗所廢, 必不依許. 悅固爭之, 浩果得申. 物論稱之. 後至尚書左丞.

(2) 고개지(顧愷之)는 아버지 고열의 전(傳)을 썼는데 이렇게 말했다. '선친은 너무 강직한 도의를 지녔기 때문에 출세가 늦었었다. 조정에 늘어가 왕을 알현했는데 왕의 머리에는 백발이 없었건만 선친의 머리는 반백이 되어 있었다. 왕은 선친의 나이를 물어보고는 "그대만이 어찌하여 희어졌는가?"라고 물었다. 선친은 대답했다.

"송백(松柏)은 서리가 와도 지지 않고 푸르르지만 신(臣)은 포류(蒲柳)의 기질이어서 가을이 가까워지면 바로 낙엽이 지고 맙니다. 하늘에서 받은 바가 다르기 때문에 그러하옵지요." 왕은 감탄해마지 않았다.'

顧愷之爲父傳曰, 君以直道, 陵遲於世. 入見王, 王髮無二毛, 而君已斑白. 問君年, 乃曰, 卿何偏早白. 君曰, 松柏之姿, 凌霜猶茂. 臣蒲柳之質, 望秋先零. 受命之異也. 王稱善久之.

주해 ○上疏理浩(상소리호)―은호(殷浩)는 환온(桓溫)의 참언에 의해 서인(庶人)으로 강등되어 동양(東陽)에 유배되었다. 고열(顧悅)은 그것을 변호하여 본직으로 복귀시켰던 것이다.

58. 환공(桓公 : 桓溫)이 삼협(三峽)에 들어가자 절벽은 하늘에 걸려있는 듯하고 급류의 파도가 소용돌이치고 있었다.[1] 그는 탄식하며 말했다. "충신(忠臣)이 되고자 하면 효자(孝子)여서는 아니된다. 이 어찌할거나."[2]

원문 桓公入峽. 絶壁天懸, 騰波迅急.[1] 逎歎曰, 旣爲忠臣, 不得爲孝子, 如何.[2]

(1) 《진양추(晉陽秋)》에 이런 이야기가 있다. '환온(桓溫)은 영화(永和) 2년(346년)에 부하 7천여 명을 거느리고 촉(蜀)을 치고자 하여 상표문(上表文)을 바치고 곧 출발하였다.'
晉陽秋曰, 溫以永和二年, 率所領七千餘人伐蜀, 拜表輒行.

(2) 《한서(漢書)》에는 이런 말이 있다. '왕양(王陽)은 익주자사(益州刺史)가 되어 관내를 순찰하고 공북(邛僰)의 구절판(九折坂)에

왔다. 그는 탄식하여 말하기를 "부모로부터 받은 이 몸으로 어찌 이처럼 험준한 곳을 자주 넘는단 말인가?"라고 하였다. 그래서 칭병(稱病)하고 벼슬을 그만두었다. 그후 왕존(王尊)이 자사가 되어 그 구절판에 와서 부하에게 물었다. "이곳은 왕양이 두려워했던 길이잖은가?" "그러합니다." 그래서 왕존은 어자(御者)를 질타했다. "달려라! 왕양은 효자가 되었지만 이 왕존은 충신이 되리라.'"

漢書曰, 王陽爲益州刺史, 行部至邛僰九折坂. 歎曰, 奉先人遺體, 奈何數乘此險. 以病去官. 後王尊爲刺史, 至其坂, 問吏曰, 非王陽所畏之道邪. 吏曰, 是. 叱其馭曰, 驅之. 王陽爲孝子, 王尊爲忠臣.

주해 | ○峽(협) — 삼협(三峽). 양자강 상류로서 사천성(四川省)과 호북성(湖北省)의 경계에 있는 구당협(瞿塘峽)·무협(巫峽)·서릉협(西陵峽)을 가리킴이다.

○漢書(한서) — 권76 〈왕존전(王尊傳)〉.

○部(부) — 지방행정 구역의 통칭. 여기서는 익주(益州).

○邛僰(공북)·九折坂(구절판) — 사천성(四川省) 영경현(榮經縣) 서쪽에 있음.

59. 처음에 형혹성(熒惑星)이 태미(太微)에 들어가고 곧이어 해서공(海西公 : 司馬奕)이 유폐당했다.[1] 간문제(簡文帝 : 司馬昱)가 제위에 오르자 또 형혹성이 태미에 들어갔으므로 황제는 이 일을 싫어했다.[2] 때마침 치초(郗超)가 중서랑(中書郎)의 직책에 있으면서 숙직을 하고 있었으므로[3] 황제는 치초를 불러들이고 말했다. "천명(天命)의 장단(長短)은 예로부터 헤아릴 수 있는 것이 아니지만 근자에 있었던 일이 되풀이되지는 않겠소?" 치초가 "대사마(大司馬 : 桓溫)가 지금 밖으로는 국경 수비를 굳히고 있고 안으로는 국가를 평안케 하

려고 힘쓰고 있습니다. 결코 그런 우려는 없습니다. 신(臣)들은 폐하를 위해서라면 일족(一族) 모두가 지켜드릴 것을 아뢰는 바입니다."라고 대답했다. 그래서 황제는 유중초(庾仲初 : 庾闡)의 시(詩)[4]인 '지사(志士)는 조정의 위기를 통탄하고, 충신은 주군의 치욕을 슬퍼한다'를 읊었다. 그 목소리는 심히 비창(悲愴)했다.

치초는 휴가를 얻어 동방(東方)으로 돌아가려고 했다. 그러자 황제는 "부친[郗愔]에게 뜻을 잘 전해주오. 나라의 사태가 이 지경에 이르고 말았구려. 이 몸이 정도(正道)로 나라를 지키지 못하고 환난을 걱정하여 미연에 방지할 수 없었기 때문이니 부끄러움과 한탄이 사무쳐 무엇이라고 할 말이 없구려."라고 했는데, 흐르는 눈물이 옷깃을 적셨다.[5]

원문| 初, 熒惑入太微, 尋廢海西.[1] 簡文登祚, 復入太微, 帝惡之.[2] 時郗超爲中書在直.[3] 引超入曰, 天命脩短, 故非所計. 政當無復近日事否. 超曰, 大司馬方將外固封疆, 內鎭社稷. 必無若此之慮. 臣爲陛下以百口保之. 帝因誦庾仲初詩,[4] 曰, 志士痛朝危, 忠臣哀主辱. 聲甚悽厲. 郗受假還東. 帝曰, 致意尊公. 家國之事, 遂至於此. 由是身不能以道匡衛, 思患預防. 愧歎之深, 言何能喻. 因泣下流襟.[5]

(1) 《진양추(晉陽秋)》에 이런 말이 있다. '태화(泰和) 6년(371년) 윤10월 형혹성(熒惑星)이 태미(太微)의 단문(端門)을 지켰다. 11월 대사마(大司馬) 환온(桓溫)은 황제(皇帝 : 司馬奕)를 유폐하고 해서공(海西公)으로 강등시켰다.'
《진안제기(晉安帝紀)》에 이런 이야기가 있다. '환온은 방두지전(枋頭之戰)에서 패한 다음 민심이 떠났다는 것을 알아차렸다. 그래서 원진(袁眞)을 수양(壽陽)에서 멸망시켰다. 그후 치초(郗超)에게 말했다. "이제 방두지전의 치욕을 씻을 수 있겠소이다." 그

러나 치초는 냉담했다. "아직 식자(識者)들의 마음을 만족시키지
는 못했습니다. 공(公)의 나이 이미 60세이신데 전쟁에서 대패하
셨습니다. 큰 공훈을 세우기 전에는 민망(民望)에 보답할 수 없을
것입니다." 그리하여 환온에게 폐위(廢位)에 관한 이야기를 해주
었다. 마침 환온도 이미 이 계획을 가지고 있었으므로 치초의 의
견을 받아들이어 마침내 해서공(海西公)을 유폐했다.'

晉陽秋曰, 泰和六年, 閏十月, 熒惑守太微端門. 十一月, 大司
馬桓溫廢帝爲海西公.

晉安帝紀曰, 桓溫於枋頭奔敗, 知民望之去也. 乃屠袁眞於壽
陽. 旣而, 謂郗超曰, 足以雪枋頭之恥耳. 超曰, 未厭有識之情
也. 公六十之年, 敗於大擧, 不建高世之勳, 未足以鎭壓民望.
因說溫以廢立之事. 時溫夙有此謀, 深納超言, 遂廢海西.

(2) 서광(徐廣)의 《진기(晉紀)》에 이런 말이 있다. '함안(咸安) 원년
(元年 : 371년) 12월 형혹성이 역행하여 태미(太微)에 들어가고, 2
년 7월이 되어도 아직 그대로 있었다. 간문제는 해서공을 징계한
일로 내심 굉장히 걱정을 했다.'

徐廣晉紀曰, 咸安元年十二月, 熒惑逆行入太微, 至二年七月猶
在焉. 帝懲海西之事, 心甚憂之.

(3) 《중흥서(中興書)》에 이런 글이 있다. '치초(郗超)의 자는 경흥(景
興)이고 고평(高平) 사람이며 사공(司空) 치음(郗愔)의 아들이다.
젊었을 때부터 성격이 자유분방하여 사소한 예절에 구속되지 않
았으며 세상을 휘어잡을 기량이 있었다. 중서랑(中書郎)·사도좌
장사(司徒左長史)로 누천(累遷)되었다.'

中興書曰, 超字景興, 高平人, 司空愔之子也. 少而卓擧不羈,
有曠世之度. 累遷中書郎·司徒左長史.

(4) 유천(庾闡)의 〈종정사(從征詞)〉이다.

庾闡從征詞也.

(5) 《속진양추(續晉陽秋)》에 이런 말이 있다. '황제는 외부로는 세력
　　이 있는 신하에게 압박을 당하고, 안으로는 근심과 걱정으로 뜻을
　　얻지 못하여 재위 2년만에 붕어했다.'
　　續晉陽秋曰, 帝外壓疆臣, 憂憤不得志, 在位二年而崩.

▌주해┃　○熒惑(형혹)－화성(火星).
○太微(태미)－별자리의 이름. 천제(天帝)의 자리라고 하며, 그 별자리는
　천자를 둘러싼 벼슬자리에 비유된다. 이 형혹성이 태미(太微)를 범하는
　것은 지극히 불상(不祥)한 일이라고 한다(《史記》〈天官書〉).
○政當(정당)－《진서(晉書)》 권9 〈간문제기(簡文帝記)〉에는 '고당(故當)'
　으로 적고 있다. '고당'은 이 경우 '틀림없이 ……하지 않겠는가?' 정도의
　뜻이다. 여기서는 '고당'을 따르기로 했다.

60. 간문제(簡文帝 : 司馬昱)가 어두운 방안에 앉아서 선무(宣
武 : 桓溫)를 불렀다. 선무가 들어와서 물었다. "주상(主上)은 어디
계십니까?" 간문제가 말했다. "모(某 : 나)는 여기에 있소." 당시 사
람들은 이를 능언(能言)이라고 하였다.[1]

▌원문┃　簡文在暗室中坐, 召宣武. 宣武至問, 上何在. 簡文曰,
某在斯. 時人以爲能.[1]

(1) 《논어(論語)》에 이런 말이 있다. '악사(樂師) 면(冕)이 찾아왔다.
　　계단에 이르자 공자(孔子)가 말했다. "계단이오." 좌석에 가자 공
　　자가 또 말했다. "좌석이오." 일동이 자리에 앉자 공자는 "아무개
　　는 여기 있고 아무개는 여기에 있소."' 주(注). 좌중의 사람을(장
　　님인 악사에게) 차례로 소개했던 것이다.

論語曰, 師冕見, 及階, 子曰, 階也. 及席, 子曰, 席也. 皆坐.
子告之曰, 某在斯, 某在斯. 注, 歷告坐中人也.

주해|　○論語(논어)-〈위령공편(衛靈公篇)〉제15.
　○注(주)-하안(何晏)의 《논어집해(論語集解)》에　공안국(孔安國)의　주
(注)를　인용하여 '역고이좌중인성자(歷告以坐中人姓字),　소재처(所在
處)'라고 했다.

61. 간문제(簡文帝 : 司馬昱)는 화림원(華林園)에 들어가서 둘러보
다가 좌우 사람에게 말했다. "마음에 꼭 드는 곳이 결코 멀리에 있는
것은 아니다. 이 어둠침침한 숲과 물도 저절로 호수(濠水)라든가 복
수(濮水) 위와 같은 생각이 드는구나.[1] 새와 짐승, 그리고 물고기까
지, 모르는 사이에 저절로 와서 사람과 친해지니 말이다."

원문|　簡文入華林園, 顧謂左右曰, 會心處不必在遠. 翳然林
水, 便自有濠濮閒想也.[1]　不覺鳥獸禽魚, 自來親人.

(1) 호(濠)와 복(濮)은 두 개의 강(江) 이름이다.
　《장자(莊子)》에 이런 이야기가 있다. '장자와 혜자(惠子)가 호량
(濠梁) 가에서 놀았다. 장자가 말했다. "피라미가 한가롭게 놀고
있소. 이것은 물고기가 즐기고 있는 것이오." 혜자가 말했다. "당
신은 물고기도 아닌데 물고기가 즐기는 것을 어떻게 안단 말이
오?" 장자가 대답했다. "당신은 내가 아닌데, 내가 물고기가 즐기
고 있는 것을 어찌 모른다고 하는 게요?" 장주(莊周 : 장자)가 복
수(濮水) 가에서 낚시질을 하고 있을 때, 초왕(楚王)은 두 대부
(大夫)를 보내어 장자에게 나라의 정치를 맡아 달라고 청했다. 장
자는 낚싯대를 든 채 돌아다보지도 아니하고 말했다. "초나라에는

신귀(神龜)가 있는 것 같습니다만 그것은 죽은 지 이미 3천 년이
나 되었으며 작은 상자에 담아서 사당에 모셔두었다지요? 그 거
북은 살아 있으면서 비록 진흙 속에서라도 꼬리를 치고 다니는 게
좋겠소? 아니면 죽어서 뼈만 앙상하게 남아 귀히 여김을 받는 게
좋겠소?" 두 명의 대부는 말했다. "진흙 속에서 꼬리를 치는 것이
낫겠지요." 장자가 말했다. "돌아가시오. 나 역시 진흙 속에서 꼬
리를 치고 살겠소이다." '

濠·濮, 二水名也.

莊子曰, 莊子與惠子游濠梁水上, 莊子曰, 儵魚出游從容, 是魚
樂也. 惠子曰, 子非魚, 安知魚之樂邪. 莊子曰, 子非我, 安知我
之不知魚之樂也. 莊周釣在濮水, 楚王使二大夫造焉, 願以境內
累莊子. 莊子持竿不顧曰, 吾聞楚有神龜者, 死已三千年矣. 巾
笥而藏於廟. 此寧曳尾於塗中. 寧留骨而貴乎. 二大夫曰, 寧曳
尾於塗中. 莊子曰, 往矣, 吾亦寧曳尾塗中.

주해┃ ㅇ莊子(장자)─《장자》〈추수편(秋水篇)〉에 있는 이야기임.

62. 사태부(謝太傅 : 謝安)가 왕우군(王右軍 : 王羲之)에게 말했다.
"중년(中年)이 되어 애락(哀樂)의 정이 심해지는데 친구와 이별을 하
면 며칠동안 착잡해집니다." 왕희지가 말했다.[1] "나이가 들면 자연히
그렇게 되는 것입니다. 음악으로 마음을 달래고 울적함을 씻어 버리
고자 하지만 자식들이 이를 알아차리고 나의 즐거운 정취를 훼방할까
봐 늘 걱정입니다."

원문┃ 謝太傅語王右軍曰, 中年傷於哀樂, 與親友別, 輒作數
日惡. 王曰,[1] 年在桑楡, 自然至此. 正賴絲竹陶寫, 恆恐兒輩
覺, 損欣樂之趣.

(1) 《문자지(文字志)》에 이런 말이 있다. '왕희지(王羲之)의 자는 일
소(逸少)이고 낭야(琅邪) 임기(臨沂) 사람이며 아버지 왕광(王曠)
은 회남태수(淮南太守)였다. 왕희지는 어렸을 때부터 남보다 뛰
어났는데 숙부 왕이(王廙)에게 칭찬을 받았다. 초서와 예서를 잘
썼다. 강주자사(江州刺史)·우군장군(右軍將軍)·회계내사(會稽內
史) 등에 누천(累遷)되었다.'

文字志曰, 王羲之字逸少, 琅邪臨沂人. 父曠, 淮南太守. 羲之
少朗拔, 爲叔父廙所賞. 善草隷. 累遷江州刺史·右軍將軍·會
稽内史.

■ **주해│** ○右軍(우군)−우군장군(右軍將軍)을 가리킴이며 우장군(右將
軍)이라고도 한다. 전후좌우(前後左右) 사군(四軍) 중 일군(一軍)을 통
솔함. 주(周)나라 말기에 두어졌으며 후한(後漢) 광무제(光武帝) 때 폐
지되었는데 삼국시대(三國時代) 위(魏)나라에서 다시 부활시켰었다.

63. 지도림(支道林 : 支遁)은 언제나 몇 마리의 말을 기르고 있었
다. 어떤 사람이 말했다. "도인(道人)이 말 따위를 기르다니 풍아(風
雅)하지 않군요." 지도림이 말했다. "빈도(貧道)는 그 신묘스럽고 준
일(駿逸)한 점을 중시합니다."[1]

■ **원문│** 支道林常養數匹馬. 或言, 道人畜馬不韻. 支曰, 貧道
重其神駿.[1]

(1) 《고일사문전(高逸沙門傳)》에 이런 이야기가 있다. '지둔(支遁)의
지는 도림(道林)이고 하내(河內) 임려(林慮) 사람인데 혹은 진류
(陳留) 사람이라고도 한다. 속성(俗姓)은 관씨(關氏)이다. 젊었을
때부터 세속에 무관심했으며 그 풍격(風格)은 고결했다. 집안은
대대로 불교를 신봉해 왔는데 일찍이 여항산(餘杭山)에서 도술

(道術)에 대하여 사색을 했으며 거침없는 마음으로 혼자서 흔연한 기쁨에 젖곤 하였다. 25세에 비로소 속세의 껍데기를 벗어 버리고 불교에 입문했다. 나이 53세에 낙양(洛陽)에서 입적(入寂)했다.'

高逸沙門傳曰, 支遁字道林, 河內林慮人. 或曰陳留人. 本姓關氏. 少而任心獨往, 風期高亮. 家世奉法, 嘗於餘杭山, 沉思道術, 行吟獨暢. 年二十五, 始釋形入道. 年五十三, 終於洛陽.

주해| ㅇ高逸沙門傳(고일사문전) –《법원주림(法苑珠林)》전기편제(傳記篇題) 1권에 '진무제시(晉武帝時) 염동앙산사문석법제찬(剡東仰山沙門釋法濟撰)'이라고 되어 있다.

ㅇ終於洛陽(종어낙양) –《세설신어(世說新語)》〈상서편(傷逝篇)〉13 주(注)에 인용된 〈지둔전(支遁傳)〉에는 염(剡) 땅 석성산(石城山)에서 죽었다고 했으며 또《고승전(高僧傳)》권4에는 여요(餘姚)의 오산(塢山)에서 죽었다고 했음.

64. 유윤(劉尹 : 劉惔)은 환선무(桓宣武 : 桓溫)와 함께《예기(禮記)》의 강의를 들었다. 환온이 말했다. "이따금 마음에 와닿는 바가 있으며 그럴 때에는 현묘문(玄妙門)에 가까워졌다는 생각이 드오." 그러자 유윤이 말했다. "그것은 아직 구극(究極)의 도(道)와는 거리가 멉니다. 금화전(金華殿)에서의 강론일 뿐입니다."[1]

원문| 劉尹與桓宣武共聽講禮記. 桓云, 時有入心處, 便覺咫尺玄門. 劉曰, 此未關至極, 自是金華殿之語.[1]

(1)《한서(漢書)》서전(叙傳)에 이런 말이 있다. '반백(班伯)은 젊었을 때 사단(師丹)에게서《시경(詩經)》을 배웠다. 대장군 왕봉(王鳳)은 반백을 성제(成帝)에게 추천했고 그의 학문을 권장하도록 권했다. 성제는 연닐전(宴暱殿)에서 반백을 불러 만나보고 중상시

(中常侍)로 임명했다. 황제는 마침 학문에 마음이 있었는데 정관중(鄭寬中)·장우(張禹)와 조석으로 금화전(金華殿)에 들어와 《상서(尚書)》와 《논어(論語)》 등을 강의하고 있었다. 황제는 반백에게 명하여 이것을 수강토록 했다.'

漢書敍傳曰, 班伯少受詩於師丹, 大將軍王鳳薦伯於成帝, 宜勸學. 召見宴暱, 拜爲中常侍. 時上方向學, 鄭寬中·張禹朝夕入說尚書·論語於金華殿, 詔伯受之.

주해 ○玄門(현문)−《노자(老子)》 제1장의 '현지우현(玄之又玄) 중묘지문(衆妙之門)'에서 유래하여 도가석가적(道家釋家的)인 구극적 경지를 가리킨다.

○金華殿之語(금화전지어)−여기서는 유가(儒家)의 예교(禮敎) 세계에 머물러 있으면서 지극지도(至極之道)에 이르지 못한 것을 가리킴.

○於成帝(어성제)−이 3자는 현행본(現行本)《한서(漢書)》 서전(敍傳)에 없음.

○中常侍(중상시)−금중(禁中)에 출입하며 황제 좌우에서 시중을 드는 관직. 후한(後漢) 때부터 환관(宦官)을 이 관직에 임용하게 되었다.

65. 양병(羊秉)은 무군(撫軍 : 司馬昱)의 참군(參軍)이 되었는데 젊은 나이에 죽었으나 그 평판은 세상에 드높았다. 하후효약(夏侯孝若 : 夏侯湛)은 그를 위해 그 서(叙)를 지어 극찬하면서 애도했다.[1] 황문시랑(黃門侍郎) 양권(羊權)이 간문제(簡文帝 : 司馬昱)를 모시고 앉아 있을 때 황제가 물었다. "하후담(夏侯湛)[2]이 쓴 양병의 서(叙)는 애도하는 마음이 지극한데 그는 그대와 어떤 관계인고? 자손은 있소?"[3] 양권은 눈물을 뚝뚝 흘리면서 대답했다. "세상을 떠난 백부(伯父)는 그 명성이 일찍부터 세상에 알려졌었습니다만 후손이 없습니다 이름은 하늘에까지 들렸습니다만 자손은 이런 성대(聖代)에 끊어졌습니다." 황제는 탄식했고 슬픔을 이기지 못했다.

│원문│ 羊秉爲撫軍參軍, 少亡, 有令譽. 夏侯孝若爲之敍, 極相讚悼.[1] 羊權爲黃門侍郎, 侍簡文坐. 帝問曰, 夏侯湛[2]作羊秉敍, 絶可想, 是卿何物. 有後不.[3] 權潸然對曰, 亡伯令問夙彰, 而無有繼嗣. 名播天聽, 然胤絶聖世. 帝嗟慨久之.

(1) 《양병서(羊秉叙)》에 이런 말이 있다. '양병의 자는 장달(長達)이고 태산(太山) 평양(平陽) 사람이며 한(漢)나라 남양태수(南陽太守) 양속(羊續)의 증손이다. 조부는 위군태수(魏郡太守)였다. 양병은 거기연(車騎掾) 양요(羊繇)의 큰아들이다. 그런데 조부인 태수의 부인 정씨(鄭氏)에게는 아들이 없었으므로 양병을 양자로 삼았다. 양병은 어렸을 때부터 뛰어났었는데 삼가면서 이를 잘 섬겼다. 10세 때 양모(養母) 정부인이 세상을 떠나자 양병은 몸과 마음을 다하여 애통했다. 이어서 아버지인 공부연(公府掾)과 부인(친어머니)이 세상을 떠나자 양병과 여러 동생들(양동생들)은 규정에 따라 상속했다. 사람들은 그 일에 대하여 이의를 달지 않았으며 일족이 화기애애하다고 말했다. 양병은 벼슬을 하여 무군장군사(撫軍將軍事)가 되었으며 뛰어난 재능을 발휘했는데 애석하게도 나이 32세로 세상을 떠났다. 그 옛날 한호(罕虎)가 죽자 자산(子産)은 이제 선(善)을 행하는 사람이 없어졌다며 슬퍼했다고 한다. 부자(夫子 : 羊秉)가 세상을 떠나니 자산과 같은 탄식이 여기에 있다. 세상을 떠난 다음 아들이 있기는 했으나 길러내지 못했다. 선행(善行)에 힘을 썼는데도 어찌 이처럼 화(禍)가 많단 말인가. 이 일이야말로 사마천(司馬遷)이 의심했던 바가 아니겠는가.' 羊秉敍曰, 秉字長達, 太山平陽人, 漢南陽太守續曾孫. 大父魏郡府君. 卽車騎掾元子也. 府君夫人鄭氏無子, 乃養秉. 齠齕而佳, 小心敬愼. 十歲而鄭夫人薨, 秉思容盡哀. 俄而公府掾及夫人竝卒, 秉羣從率禮相承, 人不間其親, 雍雍如也. 仕參撫軍將軍事, 將奮千里之足, 揮沖天之翼, 惜乎春秋三十有二而卒. 昔

罕虎死, 子産以爲無與爲善. 自夫子之沒, 有子産之歎矣. 亡後
有子男又不育, 是何行善而禍繁也. 豈非司馬生之所惑歟.

(2) 따로 나온다.
別見.

(3) 《양씨보(羊氏譜)》에는 이런 이야기가 있다. '양권(羊權)의 자는
도흥(道興)이며 서주자사(徐州刺史) 양열(羊悅)의 아들이다. 벼슬
을 하여 상서좌승(尙書左丞)에 이르렀다.'
羊氏譜曰, 權字道興, 徐州刺史悅之子也. 仕至尙書左丞.

주해│ ○撫軍將軍(무군장군)─잡호장군(雜號將軍)의 하나. 삼국시대
위(魏)나라 무제(武帝)가 둔 데서부터 시작되었음.

○罕虎(한호)─자피(子皮)의 자(字).《좌전(左傳)》소공(昭公) 13년조에
'자산(子産)은 자피가 죽었다는 말을 듣고 이렇게 말했다. "내가 보기
에 이제는 선(善)을 행할 사람이 없도다. 오직 부자(夫子)만이 나를 알
아주었는데." '라고 되어 있다.

○司馬生(사마생)─사마천(司馬遷)을 가리킨다.《사기(史記)》〈백이열전
(伯夷列傳)〉에 '천도(天道)는 시(是)인지 비(非)인지 나는 심히 미혹된
다'라고 했다.

○別見(별견)─〈문학편(文學篇)〉 71의 주(注) 1.

○悅(열)─《세설신어(世說新語)》〈방정편(方正篇)〉 19와 25, 〈상예편(賞
譽篇)〉 11의 주, 〈교예편(巧藝篇)〉 5의 주 등에는 '침(忱)'으로 되어 있다.

<table>
<tr><td colspan="3" align="center">정부인(鄭夫人)</td><td align="center">양자(養子)가 됨</td></tr>
<tr><td>속(續) ───</td><td>비(秘) ───</td><td>요(繇) ───</td><td>병(秉)·급(給)·식(式)·</td></tr>
<tr><td>남양태위(南陽太尉)</td><td>위군태수(魏郡太守)</td><td>거기연(車騎掾)</td><td>양(亮)·침(忱)(5명의
이들)</td></tr>
</table>

※ 〈상예편(賞譽篇)〉 11의 주에는 속(續)과 비(秘)의 관직명에 차이가
있음.

66. 왕장사(王長史 : 王濛)와 유진장(劉眞長 : 劉惔)은 헤어졌다가 다시 만났다.[1] 왕몽이 유염에게 말했다. “그대는 그후로 더욱 성장했구려.” 유염이 대답했다. “그것은 하늘이 저절로 높아진 것과 같소이다.”[2]

■원문| 王長史與劉眞長別後相見.[1] 王謂劉曰, 卿更長進. 答曰, 此若天之自高耳.[2]

(1) 《왕장사별전(王長史別傳)》에 이런 이야기가 있다. ‘왕몽(王濛)의 자는 중조(仲祖)이며 태원(太原) 진양(晉陽) 사람이다. 그 조상은 주실(周室) 출신으로서 한(漢)·위(魏)의 시대를 거치면서 대대로 세력이 있는 가문이었다. 조부인 왕좌(王佐)는 북군중후(北軍中侯), 아버지 왕눌(王訥)은 섭령(葉令)이었다. 왕몽은 기품이 청초했으며 10여세 때에 이미 호방하여 무리에서 뛰어났다. 약관(弱冠)의 나이에는 품행이 고상하고 풍류가 아정(雅正)하여 밖으로는 영달에 힘을 쓰지 않고 안으로는 사욕(私慾)이 적었다. 사도연(司徒掾)·중서랑(中書郎)으로 부름을 받았으며 황후의 아버지로서 광록대부(光祿大夫)에 추증되었다.’

王長史別傳曰, 濛字仲祖, 太原晉陽人. 其先出自周室, 經漢魏, 世爲大族. 祖父佐, 北軍中侯, 父訥, 葉令. 濛神氣淸韶, 年十餘歲, 放邁不群. 弱冠檢尙, 風流雅正, 外絶榮競, 內寡私欲. 辟司徒掾·中書郎, 以后父, 贈光祿大夫.

(2) 《어림(語林)》에는 이런 말이 있다. ‘왕중조(王仲祖)가 유진장(劉眞長)에게 말했다. “그대는 요즈음 더욱 성장했구려.” 유진장이 대답했다. “그대는 올려다보이오?” 왕중조가 그 이유를 묻자 유진장이 대답했다. “그렇지 않다면 어찌 하늘의 높이를 잴 수 있으리이까.”’

語林曰, 仲祖語眞長曰, 卿近大進. 劉曰, 卿仰看邪. 王問, 何
意. 劉曰, 不爾, 何由測天之高也.

주해| ○若天之自高(약천지자고) — 하늘이 저절로 높아진 것과 같다.
《장자(莊子)》〈전자방편(田子方篇)〉에 '지인지어덕야(至人之於德也),
불수이물불능리언(不修而物不能離焉), 약천지지고(若天之至高), 지지
지후(地之至厚), 일월자명(日月自明), 부하수언(夫何修焉)'이라고 했다.
○祖父佐(조부좌) — 〈용지편(容止篇)〉21의 주에서 인용한 《왕씨보(王氏
譜)》에는 우(祐)라고 했으며 《진서(晉書)》 권93 〈왕몽전(王濛傳)〉에는
'조우북군중랑(祖佑北軍中郞)'으로 되어 있다.
○北軍中侯(북군중후) — 궁중의 근위군단(近衛軍團)을 관장하는 우두머리
벼슬. 서진시대(西晉時代)에 중군장군(中軍將軍)을 고쳐서 한때 이렇게
호칭했었다.
○后父(후부) — 왕몽은 동진(東晉) 애제(哀帝) 정황후(靖皇后)의 아버지
였다.

67. 유윤(劉尹 : 劉惔)은 말했다. "사람들은 왕형산(王荊産 : 王微)
을 훌륭한 사람으로 생각하고 있는데 그것은 마치 큰 소나무 밑에는
당연히 시원한 바람이 불 것이라고 생각하는 것과 같다."[1]

원문| 劉尹云, 人想王荊産佳. 此想長松下當有淸風耳.[1]

(1) 형산(荊産)은 왕미(王微)의 어렸을 때 자(字)이다.
　　《왕씨보(王氏譜)》에는 이런 이야기가 있다. '왕미의 자는 유인
　　(幼仁)이며 낭야(琅邪) 사람이다. 조부 왕예(王乂)는 평북장군(平
　　北將軍)이고 아버지 왕징(王澄)은 형주자사(荊州刺史)였다. 왕미
　　는 상서랑(尙書郞)·우군사마(右軍司馬)를 역임했다.'
　　荊産, 王微小字也.

王氏譜, 微字幼仁, 琅邪人. 祖父乂, 平北將軍. 父澄, 荊州刺
史. 微歷尙書郎·右軍司馬.

주해| ○長松下云云(장송하운운)−조상이 훌륭하기 때문에 그 자손도
훌륭하게 되는 것이라고 생각한다는 의미.
○尙書郎(상서랑)−최고 행정부인 상서성(尙書省)의 낭관(郎官). 문장의
초안을 작성하는 일을 맡는다. 진대(晉代)에는 청관(淸官)으로 생각되
었다.

68. 왕중조(王仲祖 : 王濛)는 만족(蠻族)의 말을 들어도 알아듣지
못하자 망연하며 말했다. "만약 개국(介國)의 갈로(葛盧)를 내조(來
朝)케 한다면 틀림없이 이 말도 이해할 수 있을 것이다."[1]

원문| 王仲祖聞蠻語不解, 茫然曰, 若使介葛盧來朝, 故當不
昧此語.[1]

(1) 《춘추전(春秋傳)》에 이런 이야기가 있다. '개국(介國)의 갈로(葛
盧)는 노(魯)나라에 와서 소 울음소리를 듣고 말했다. "제가 낳은
세 마리 모두가 희생제물이 되었다고 울고 있군요." 확인해보자
과연 그러했다.' 두예(杜預)의 주(注)에는 이런 말이 있다. '개국은
동이(東夷)의 나라이다. 갈로는 그 군주의 이름이다.'
春秋傳曰, 介葛盧來朝魯, 聞牛鳴. 曰, 是生三犧, 皆用之矣. 其
音云. 問之而信. 杜預注曰, 介, 東夷國. 葛盧, 其君名也.

주해| ○春秋傳(춘추전)−《좌전(左傳)》희공(僖公) 29년조.

69. 유진장(劉眞長 : 劉惔)이 단양윤(丹陽尹)으로 있을 때 허현도

(許玄度 : 許詢)가 도읍에 올라와 유진장의 집에 유숙했다.⁽¹⁾ 침대는 깨끗한 새것이고, 먹는 음식도 풍부했다. 허현도가 말했다. "만약 이런 생활을 계속해서 누린다면 아마 동산(東山)에서 사는 것보다 나을 듯하오." 유진장이 말했다. "그대가 만약 길흉(吉凶)은 그 사람에게서 나온다는 것을 알고 있다면 내가 어찌 이런 생활을 누리지 못하겠소이까?"⁽²⁾ 그러자 왕일소(王逸少 : 王羲之)가 그 자리에 있다가 말했다. "만약 소보(巢父)와 허유(許由)가 후직(后稷)이나 설(契)을 만났더라면 이런 이야기를 하지는 않았을 것이오." 두 사람은 모두 부끄러워하는 기색이 있었다.

│원문│ 劉眞長爲丹陽尹. 許玄度出都就劉宿.⁽¹⁾ 牀帷新麗, 飲食豊甘. 許曰, 若保全此處, 殊勝東山. 劉曰, 卿若知吉凶由人, 吾安得不保此.⁽²⁾ 王逸少在坐曰, 令巢許遇稷契, 當無此言. 二人竝有愧色.

(1) 《속진양추(續晉陽秋)》에 이런 이야기가 있다. '허순(許詢)의 자는 현도(玄度)이고 고양(高陽) 사람이며 위(魏)나라 중령군(中領軍) 허윤(許允)의 현손(玄孫)이다. 어렸을 때부터 남보다 뛰어나서 사람들이 신동이라고 했다. 장성해서는 사람 됨됨이가 간소했다. 사도연(司徒掾)으로 불렀으나 나아가지 않았으며 일찍 세상을 떠났다.'
   續晉陽秋曰, 許詢字玄度, 高陽人, 魏中領軍允玄孫. 總角秀惠, 衆稱神童. 長而風情簡素. 司徒掾辟, 不就, 蚤卒.

(2) 《춘추전(春秋傳)》에 이런 이야기가 있다. '길흉(吉凶)이 오는 것은 그 문이 따로 있는 것이 아니라 단지 그 사람의 행위가 부르는 것이다.'
   春秋傳曰, 吉凶無門, 唯人所召.

▌주해▐ ○東山(동산)─회계(會稽)에 있으며, 당시에는 은서지(隱棲地)로 세상에 알려졌었다. 《진서(晉書)》 권80 〈왕희지전(王羲之傳)〉에 의하면 허순(許詢)은 사안(謝安)·손작(孫綽)·이충(李充)·지둔(支遁) 등과 함께 이곳에서 은서한 적이 있다.

○巢許(소허)─소보(巢父)와 허유(許由). 모두 요(堯)임금 때의 은자(隱者). 〈언어편(言語篇)〉 9 참조.

○稷契(직설)─후직(后稷)과 설(契). 후직은 요(堯)임금 때 농사관(農事官)이었는데 농업신(農業神)이며 주(周)나라 시조가 됨. 설은 우(禹)임금의 치수(治水) 사업을 도왔으며 은(殷)나라의 시조가 됨.

○春秋傳(춘추전)─오늘날의 《춘추》에는 이 내용과 똑같은 구절이 없다. 단 《좌전(左傳)》 양공(襄公) 23년조에 '화복무문(禍福無門) 유인소소(唯人所召)'라는 구절이 있고, 또 희공(僖公) 16년조에는 '길흉유인(吉凶由人) 오불감역군고야(吾不敢逆君故也)'란 구절이 있다.

70. 왕우군(王右軍 : 王羲之)은 사태부(謝太傅 : 謝安)와 함께 야성(冶城)에 올라갔다.[1] 사안은 유연(悠然)하게 고원(高遠)한 생각에 잠기어 초탈한 뜻이 있었다. 왕우군이 사태부에게 말했다. "하(夏)나라 우왕(禹王)은 손과 발에 굳은살이 박힐 정도로 왕사(王事)에 진력하였고[2] 문왕(文王)은 언제나 해가 질 때까지 식사할 틈이 없었소.[3] 지금 도읍 주변에는 보루(保壘)가 많이 있고[4] 사람들은 모두 자진하여 나라를 위해 힘을 써야 하는데도 불구하고 허언(虛言)을 늘어놓으며 일을 태만하게 하고 실속없는 문자를 늘어놓아 요무(要務)를 훼방하는 것은 시의에 적절한 일이라고 할 수 없지요." 사안이 대답했다. "진(秦)나라는 상앙(商鞅)을 등용했지만 2대(代)만에 멸망했지요.[5] 그게 어찌 청담(淸談)의 재해라고 하겠습니까?"

▌원문▐ 王右軍與謝太傅共登冶城.[1] 謝悠然遠想, 有高世之志. 王謂謝曰, 夏禹勤王, 手足胼胝,[2] 文王旰食, 日不暇給.[3]

今四郊多壘,⁽⁴⁾ 宜人人自效. 而虛談廢務, 浮文妨要, 恐非當
今所宜. 謝答曰, 秦任商鞅, 二世而亡.⁽⁵⁾ 豈清言致患邪.

(1) 《양주기(揚州記)》에 이런 이야기가 있다. '야성(冶城)은 오(吳)나
　　라 때 화폐를 만들던 주조소(鑄造所)였다. 오나라가 평정된 다음
　　에도 그대로 남아 있다. 왕무홍(王茂弘)이 다스리던 곳이다.'
　　揚州記曰, 冶城, 吳時鼓鑄之所. 吳平, 猶不廢. 王茂弘所治也.

(2) 《제왕세기(帝王世紀)》에 이런 말이 있다. '우(禹)임금은 홍수를
　　다스리느라고 손발에 굳은살이 박혔었다. 우임금은 반신(半身)이
　　마비되어 한쪽 다리를 절뚝거리며 다녔다고 세상에 알려졌다. 오
　　늘날 우보(禹步)라고 하는 것이 그것이다.'
　　帝王世紀曰, 禹治洪水, 手足胼胝. 世傳禹病偏枯, 足不相過.
　　今稱禹步是也.

(3) 《상서(尚書)》에는 이런 이야기가 있다. '문왕(文王)은 아침부터
　　해가 지기까지 식사할 틈이 없었다.'
　　尚書曰, 文王自朝至于日昃, 不遑暇食.

(4) 《예기(禮記)》에 이런 말이 있다. '도읍 주변에 보루(保壘)가 많은
　　것은 경대부(卿大夫)의 수치이다.'
　　禮記曰, 四郊多壘, 卿大夫之辱也.

(5) 《전국책(戰國策)》에 이런 이야기가 있다. '위(衛)나라 상앙(商鞅)
　　은 위나라 서자(庶子)이다. 이름은 앙(鞅)이고 성은 공손씨(公孫
　　氏)이다. 젊었을 때부터 형명학(刑名學)을 좋아했으며 진(秦)나라
　　효공(孝公)의 재상이 되었고 상(商) 땅에 봉해졌다.'
　　戰國策曰, 衛鞅, 衛諸庶孽子也. 名鞅, 姓公孫氏. 少好刑名學,

爲秦孝公相, 封於商.

주해|　○尙書(상서)-〈무일편(無逸篇)〉.
○禮記(예기)-〈곡례편(曲禮篇)〉.
○戰國策(전국책)-비슷한 글이《사기(史記)》권68 〈상앙전(商鞅傳)〉에도 있다.
○刑名學(형명학)-신상필벌(信賞必罰)을 중요시하는 일단의 학문(學問).

71. 사태부(謝太傅 : 謝安)가 눈내리는 추운 날, 친척들을 모아놓고 아이들과 함께 문장(文章)을 강론하는데 눈이 펑펑 쏟아졌다. 사공(謝公)은 기뻐하며 말했다. "흰눈이 쏟아지는 모습은 대체 무엇과 비슷할꼬?" 형(兄 : 謝據)의 아들인 호아(胡兒)가 말했다.[1] "소금을 공중에 뿌리면 비슷해질 것입니다." 형〔謝奕〕의 딸이 말했다. "버들꽃이 바람에 날리네라고 하는 것만 같지 못합니다." 사공은 크게 웃으며 기뻐했다. 이 아이가 곧 사공의 큰형인 무혁(無奕 : 謝奕)의 딸로서 후일 좌장군(左將軍) 왕응지(王凝之)의 아내가 된 사람〔謝道蘊〕이다.[2]

원문|　謝太傅寒雪日內集, 與兒女講論文義. 俄而雪驟. 公欣然曰, 白雪紛紛何所似. 兄子胡兒曰,[1] 撒鹽空中差可擬. 兄女曰, 未若柳絮因風起. 公大笑樂. 卽公大中無奕女, 左將軍王凝之妻也.[2]

(1) 호아(胡兒)는 사랑(謝朗)의 어렸을 때 자(字)이다.
　　《속진양추(續晋陽秋)》에 이런 이야기가 있다. '사랑(謝朗)의 자는 장도(長度)이고 사안(謝安)의 둘째 형인 사거(謝據)의 장남이다. 사안은 일찍부터 사랑을 인정해 주었다. 사랑은 문장이 뛰어나서 명성이 사현(謝玄)에 버금갔다. 벼슬을 하여 동양태수(東陽太守)가

되었다.'

胡兒, 謝朗小字也.

續晉陽秋曰, 朗字長度, 安次兄據之長子. 安甚知之. 文義豔發,
名亞於玄. 仕至東陽太守.

(2) 《왕씨보(王氏譜)》에 이런 말이 있다. '왕응지(王凝之)의 자는 숙
   평(叔平)이며 우장군(右將軍) 왕희지(王羲之)의 둘째 아들이다.
   강주자사(江州刺史)·좌장군(左將軍)·회계내사(會稽內史)를   역
   임했다.'
   《진안제기(晋安帝紀)》에는 이런 이야기가 있다. '왕응지는 오두미
   도(五斗米道)를 신봉했다. 손은(孫恩)이 회계 땅을 공격했을 때
   왕응지는 백성과 관리들에게 말했다. "방비할 필요가 없다. 우리
   가 먼저 대신(大神)에게 청했던 바 신병(神兵)을 보내주시어 구
   원해 주시기로 약속했다. 적은 자연히 격파될 것이다." 방비를 하
   지 않았기 때문에 손은에게 죽음을 당하고 말았다.'
   《부인집(婦人集)》에 이런 기록이 있다. '사부인(謝夫人)의 이름은
   도온(道蘊)으로 문재(文才)가 있었다. 그가 지은 시(詩)·부(賦)·
   뇌(誄)·송(頌)이 세상에 널리 전한다.'

王氏譜曰, 凝之字叔平, 右將軍羲之第二子也. 歷江州刺史·左
將軍·會稽內史.

晉安帝紀曰, 凝之事五斗米道. 孫恩之攻會稽, 凝之謂民吏曰,
不須備防, 吾已請大道, 許遣鬼兵相助, 賊自破矣. 旣不設備,
遂爲恩所害.

婦人集曰, 謝夫人名道蘊, 有文才. 所著詩賦誄頌, 傳於世.

주해   ○柳絮(유서)-버드나무꽃. 하얀 솜처럼 또는 눈송이처럼 이른
봄에 날린다.
   ○五斗米道(오두미도)-후한(後漢) 때 장릉(張陵)이 만든 종교, 또는 그
   종단(宗團)을 가리킨다. 도교(道敎)의 한 원류라고 했다. 당시 무속적

(巫俗的)인 기도에 의해 질병치료의 사례로 쌀 5두(斗)를 내게 했다
하여 이런 이름이 붙었다. 또 미부(米賦), 천사도(天師道)라고도 했다.
장릉의 아들인 장형(張衡), 손자인 장노(張魯) 때에는 교리와 조직이
정비되어 크게 확장되었다.

72. 왕중랑(王中郎 : 王坦之)이 복현도(伏玄度 : 伏滔)와 습착치(習
鑿齒)[1]에게 청(青)과 초(楚) 지방의 인물 평론을 하라고 시켰다.[2]
완성되자 그것을 한강백(韓康伯 : 韓伯)에게 보였다. 한강백은 한마디
말도 하지 않았다. 왕중랑이 말했다. "왜 아무 말도 하지 않는 것입
니까?" 그러자 한강백이 말했다. "괜찮은 것도 없고 괜찮지 아니한
것도 없소이다."[3]

▌원문| 王中郎令伏玄度 · 習鑿齒[1] 論青 · 楚人物.[2] 臨成, 以
示韓康伯. 康伯都無言. 王曰, 何故不言. 韓曰, 無可無不可.[3]

(1) 《왕중랑전(王中郎傳)》에 이런 글이 있다. '왕탄지(王坦之)의 자는
    문도(文度)이며 태원(太原) 진양(晋陽) 사람이다. 조부는 동해태
    수(東海太守)의 승(丞)으로서 청렴하고 신중한 사람이었으며 아
    버지 왕술(王述)은 고결하고 대범한 인물이었다. 왕탄지의 기량은
    대단히 뛰어났는데 태어나면서부터 효제(孝悌)의 덕을 갖추고 있
    어서 명성이 조야(朝野)에 가득했으므로 당시 사람들의 추앙을
    받았다. 시중(侍中) · 중서령(中書令)으로 누천(累遷)되었고 북중
    랑장(北中郎將)과 서주(徐州) · 연주(兗州) 등 두 주의 자사(刺史)
    를 지냈다.'
    《중흥서(中興書)》에 이런 이야기가 있다. '복도(伏滔)의 자는 현
    도(玄度)이며 평창(平昌) 안구(安丘) 사람이다. 젊었을 때부터 재
    능과 학식이 있었으며 수재(秀才)로 천거되었다. 대사마(大司馬)

환온(桓溫)의 참군(參軍)이 되었고 또 대저작(大著作)의 벼슬에 올라 국사편찬을 관장하였다. 유격장군(游擊將軍)으로 세상을 떠났다.

습착치(習鑿齒)의 자는 언위(彦威)이며 양양(襄陽) 사람이다. 젊었을 때부터 문장으로 이름이 있었는데 특히 서간문을 잘 썼다. 환온(桓溫)이 형주자사(荊州刺史)였을 때 불러서 종사(從事)로 삼았다. 치중(治中) 별가(別駕)를 역임했고 형양태수(滎陽太守)로 옮겼다.'

王中郎傳曰, 坦之字文度, 太原晉陽人. 祖, 東海太守丞, 清淡平遠. 父述, 貞貴簡正. 坦之器度淳深, 孝友天至, 譽緝朝野, 標的當時. 累遷侍中・中書令, 領北中郎將・徐・兗・二州刺史.

中興書曰, 伏滔字玄度, 平昌安丘人. 少有才學, 擧秀才. 大司馬桓溫參軍, 領大著作, 掌國史, 游擊將軍卒.

習鑿齒字彦威, 襄陽人. 少以文稱, 善尺牘. 桓溫在荊州, 辟爲從事. 歷治中別駕, 遷滎陽太守.

(2) 《복도집(伏滔集)》에 그 논(論)의 개략을 게재하여 다음과 같이 기록했다. '복도(伏滔)는 생각하기를, 춘추시대(春秋時代)의 포숙(鮑叔)・관중(管仲)・습붕(隰朋)・소홀(召忽)・윤편(輪扁)・영척(甯戚)・맥구(麥丘)의 방인(邦人)・봉축보(逢丑父)・안영(晏嬰)・연자(涓子), 그리고 전국시대(戰國時代)의 공양고(公羊高)・맹가(孟軻:孟子)・추연(鄒衍)・전단(田單)・순경(荀卿:荀子)・추석(鄒奭)・거대부(莒大夫)・전자방(田子方)・단자(檀子)・노중달(魯仲達)・순우곤(淳于髡)・분자(肦子:田肦)・전광(田光)・안촉(顔歜)・검자(黔子)・오릉중자(於陵仲子:陳仲子)・왕숙(王叔)・즉묵대부(卽墨大夫) ──. 전한(前漢)의 복징군(伏徵君:伏勝)・종군(終軍)・동곽선생(東郭先生)・숙손통(叔孫通)・만석군

(萬石君 : 石奮)·동방삭(東方朔)·안기선생(安期先生) ──. 후한
(後漢)의 대사도(大司徒) 복삼로(伏三老 : 伏恭)·강혁(江革)·봉
맹(逢萌)·금경(禽慶)·승유자(承幼子 : 承宮)·서방(徐防)·설방
(薛方)·정강성(鄭康成 : 鄭玄)·주맹옥(周孟玉 : 周璆)·유조영
(劉祖榮 : 劉寵)·임효존(臨孝存)·시기(侍其)·송원구(宋元矩 : 宋
則)·손빈석(孫賓碩 : 孫崇 : 賓은 賓의 俗字)·유중모(劉仲謀)·
유공산(劉公山 : 劉岱)·왕의백(王儀伯 : 王璋)·낭종(郎宗)·예정
평(禰正平 : 禰衡)·유성국(劉成國) ──. 위(魏)나라의 관유안(管
幼安 : 管寧)·병근구(邴根矩 : 邴原)·화자어(華子魚 : 華歆)·
서위장(徐偉長 : 徐幹)·임소선(任昭先 : 任嘏)·복고양(伏高
陽) ──. 이들은 모두 청주(靑州)의 재능·덕행이 있는 사람들이
다. 습착치는 생각하기를 신농씨(神農氏)는 검중(黔中)에서 태어
났는데《시경(詩經)》의 소남(召南)은 그의 훌륭한 교화(敎化)를
노래부르고,《춘추(春秋)》는 다재한 인재가 많이 나왔음을 칭찬했
는데《시경》주남(周南) 한광(漢廣)의 작품(作風)은 제풍(齊風)
의 계명편(鷄鳴篇)과는 다르다. 자문(子文 : 鬪穀於菟)이나 손숙
오(孫叔敖)는 관중(管仲)이나 안영(晏嬰)과 덕(德)을 비교하는
것을 부끄러워했다. 접여(接輿)는 "봉(鳳)이여! 봉이여!"라고 노래
불렀으며,《초사(楚辭)》에서 어부(漁父)가 창랑(滄浪)을 노래하
고, 한음(漢陰)의 노인이 자공(子貢)을 나무랐으며, 시남(市南)의
웅의료(熊宜僚)라든가 도양열(屠羊說)은 이욕 때문에 뜻을 굽히
는 짓을 하지 아니했다. 또 노중련(魯仲連)은 노래자(老萊子) 부
부에 미치지 못했고, 전광(田光)은 굴원(屈原)에 미치지 못하였다.
등우(鄧禹)와 탁무(卓茂)는 천하에 따를 자가 없었고, 관유안(管
幼安)은 방공(龐公)에 뒤졌으며, 방사원(龐士元 : 龐統)은 화자어
(華子魚)에 못지않았고, 하안(何晏)·등양(鄧颺) 두 상서(尙書)는
위(魏)나라 조정에서 독보적이었으며, 악령(樂令 : 樂廣)은 진(晋)
나라에서 짝할 사람이 없었다. 옛날 복희(伏羲)는 남군(南郡)에

장사지냈고, 소호(少昊)는 장사(長沙)에 장사지냈으며, 순(舜)은 영릉(零陵)에 장사지냈다. 그 인물을 비교하건대 그 모범이 되기 이와 같으며 그 토지를 논한다면 여러 성인들을 장사지낸 곳이다. 그 풍기(風氣)는 시인들이 노래부르는 바이며, 그 사적(事績)에는 아직 적미(赤眉)라든가 황건(黃巾)의 적도(賊徒)와 같은 것이 없다. 이 어찌 청주와 같으리요. 복도가 습착치와 함께 서로 주고받으면서 논평을 했는데 나중에는 습착치가 더 이상 대답을 하지 못했다.'

滔集載其論略曰, 滔以春秋時, 鮑叔・管仲・隰朋・召忽・輪扁・甯戚・麥丘人・逢丑父・晏嬰・涓子. 戰國時, 公羊高・孟軻・鄒衍・田單・荀卿・鄒奭・莒大夫・田子方・檀子・魯連・淳于髡・盼子・田光・顔歜・黔子・於陵仲子・王叔・卽墨大夫. 前漢時, 伏徵君・終軍・東郭先生・叔孫通・萬石君・東方朔・安期先生. 後漢時, 大司徒伏三老・江革・逢萌・禽慶・承幼子・徐防・薛方・鄭康成・周孟玉・劉祖榮・臨孝存・侍其・元矩・孫實碩・劉仲謀・劉公山・王儀伯・郎宗・禰正平・劉成國. 魏時, 管幼安・邴根矩・華子魚・徐偉長・任昭先・伏高陽. 此皆青土有才德者也. 鑿齒以神農生於黔中, 邵南詠其美化, 春秋稱其多才. 漢廣之風, 不同雞鳴之篇. 子文・叔敖羞與管・晏比德. 接輿之歌鳳兮, 漁父之詠滄浪, 漢陰丈人之折子貢, 市南宜僚・屠羊説之不爲利回. 魯仲連不及老萊夫妻, 田光於屈原. 鄧禹・卓茂無敵於天下, 管幼安不勝龐公, 龐士元不推華子魚, 何・鄧二尚書獨步於魏朝, 樂令無對於晉世. 昔伏羲葬南郡, 少昊葬長沙, 舜葬零陵. 比其人, 則准的如此. 論其土, 則羣聖之所葬. 考其風, 則詩人之所歌. 尋其事, 則未有赤眉・黃巾之賊. 此何如青州邪. 滔與相往反, 鑿齒無以對也.

(3) 《논어(論語)》 마융(馬融) 주(注)에 이런 말이 있다. '오직 도의(道

義)에 따를 뿐이다.'

馬融注論語曰, 唯義所在.

주해 | ㅇ祖東海太守丞(조동해태수승) -《진서(晉書)》 권75 〈왕담전(王湛傳)〉에 의하면 왕탄지(王坦之)의 조부인 왕안기(王安期 : 王承)는 동해태수승이 아니라 동해태수로 되어 있다.

ㅇ北中郞將(북중랑장) - 후한 말에 증설된 벼슬로서 낭(郞)을 감독하는 벼슬.

ㅇ秀才(수재) - 군(郡)에서 천거하는 효렴(孝廉)에 대하여, 주(州)에서 천거하는 자가 수재이다. 전한(前漢)시대에 시작되었는데 후한시대에는 광무제(光武帝)의 휘(諱)인 수(秀)자를 피하여 무재(茂才)라고 했고, 삼국시대 위(魏)나라 때에 옛 명칭으로 회복시키었다.

ㅇ大著作(대저작) - 저작랑(著作郞). 정확하게는 중서좌저작(中書佐著作 : 삼국시대 魏나라, 7품관), 좌저작랑(佐著作郞 : 晉代, 6품관)이라고 한다.

ㅇ遊擊將軍(유격장군) - 잡호장군(雜號將軍)의 하나. 한대(漢代)에 두어졌다.

ㅇ治中(치중) - 치중종사사(治中從事史)의 약칭으로서 주자사(州刺史)의 속리.

ㅇ滎陽太守(형양태수) - 〈문학편(文學篇)〉 80과 그 주(注)에서 인용한 《속진양추(續晉陽秋)》에는 형양태수(衡陽太守)로 되어 있다. 당시 사주(司州)의 형양(滎陽)은 동진(東晉) 지배하에 있지 아니했으므로 형양태수(衡陽太守)가 맞는다.

ㅇ鮑叔(포숙) - 포숙아(鮑叔牙)라고도 한다. 춘추시대 제(齊)나라의 대부(大夫), 관중(管仲)과 친했으므로 이름이 널리 알려졌다.

ㅇ管仲(관중) - 이름은 이오(夷吾). 제(齊)나라 영상(潁上) 사람. 제나라 환공(桓公)을 보필하여 패자(霸者)의 자리에 올려놓았다.

ㅇ隰朋(습붕) - 제(齊)나라 사람. 관중을 도와서 환공(桓公)의 패업을 성공시켰다.

ㅇ召忽(소홀) - 제(齊)나라 대부. 공자(公子) 규(糾)의 부(傅)가 되었는데 규가 싸움에서 패하자 그때 죽었다.

○輪扁(윤편) — 제(齊)나라 사람. 수레바퀴를 만드는 명인. 제나라 환공(桓公)에게 수레바퀴를 만드는 것을 비유하면서 '책이란 옛사람들의 찌꺼기에 불과하다'라고 말한 바 있다.

○甯戚(영척) — 위(衛)나라 사람. 고용인이 되어 소를 끌면서 생활했는데 제(齊)나라 환공(桓公)의 인정을 받아 상경(上卿)이 되었으며 재상에까지 올랐다.

○麥丘人(맥구인) — 제(齊)나라 환공(桓公)에게 충고했던 '맥구지방인(麥丘之邦人)'을 가리킨다《韓詩外傳》 권10).

○逢丑父(봉축보) — 제(齊)나라 사람. 경공(頃公)의 거우(車右). 경공이 진군(晋軍)과 싸우다가 패했을 때 경공과 바꿔 앉았다가 붙잡혀갔다.

○晏嬰(안영) — 제(齊)나라 대부. 영공(靈公)·장공(莊公)을 섬겼고 경공(景公)의 재상이 되었다.

○涓子(연자) — 제(齊)나라 사람. 옛 선인(仙人).《천인경(天人經)》48편을 지었다고 한다.

○公羊高(공양고) — 제(齊)나라 사람. 자하(子夏)의 제자.《춘추공양전(春秋公羊傳)》을 저술했다.

○孟軻(맹가) — 맹자(孟子). 노(魯)나라 사람.

○鄒衍(추연) — 추연(騶衍)이라고도 쓴다. 제(齊)나라 임치(臨淄) 사람. 연(燕)나라 소왕(昭王)·혜왕(惠王)을 섬겼다. 음양가(陰陽家)의 비조라고 한다.

○田單(전단) — 제(齊)나라 임치(臨淄) 사람. 연군(燕軍)을 즉묵(卽墨)에서 방어한 다음, 연군이 방심하는 틈을 타서 화우지계(火牛之計)로 물리쳤다.

○荀卿(순경) — 조(趙)나라 사람. 제(齊)나라의 좨주(祭酒)와 초(楚)나라의 난릉령(蘭陵令)을 역임했고 성악설(性惡說)을 주창했다.

○鄒奭(추석) — 추석(騶奭)으로도 쓴다. 제(齊)나라 사람. 추연(鄒衍)의 학술에 따라 문장을 지었고 제왕(齊王)의 신임을 받아 대부(大夫)가 되었다.

○莒大夫(거대부) — 거대사(莒大史)일까?(《戰國策》 齊策 下 참조). 거(莒)는 주(周)나라 시대 산동(山東)에 있었던 나라 이름.

○田子方(전자방) - 위(魏)나라 사람. 문후(文侯)의 스승. 노마(老馬)를 가련하게 여기어 샀다는 '전자혼(田子魂)'의 고사(故事)로 유명하다(《莊子》 田子方, 《淮南子》 人間訓, 《史記》 권44).

○檀子(단자) - 제(齊)나라 사람. 위왕(威王)의 사신(四臣) 중 한 사람. 초(楚)나라와의 싸움에서 활약했다.

○魯連(노련) - 제(齊)나라의 저명인사인 노중련(魯仲連). 남을 위하여 기꺼이 분쟁을 중재했는데 후일 전단(田單)이 제나라 왕에게 작위를 주려고 하자 해상(海上)으로 도망하여 숨어 지냈다고 한다.

○淳于髡(순우곤) - 제(齊)나라 사람. 골계변재(滑稽辯才)로 선왕(宣王)의 정치를 간(諫)했다.

○肦子(분자) - 제(齊)나라 무장(武將)인 전분(田肦).

○田光(전광) - 전문(田文)의 잘못일까? 전문은 제(齊)나라 재상이 되었으며 맹상군(孟嘗君)이라고 호(號)했다. 나중에는 위(魏)나라 재상도 지냈으며 식객(食客)을 다수 모았던 일로 유명하다.

○顔歜(안촉) - 제(齊)나라 처사(處士). 안촉(顔斶)·안촉(顔蠋)·안촉(顔歜)으로 쓰기도 한다. 선왕(宣王)에게 선비들의 처우방법에 대하여 가르침을 주었다.

○黔子(검자) - 검부(黔夫)를 가리킴일까? 검부는 제(齊)나라 사람. 제나라 위왕(威王)이 위(魏)나라 혜왕(惠王)과 회담을 할 때 위왕의 물음에 대답을 잘했으므로 제왕은 검부를 국보(國寶)라고 했다는 고사(故事)로 유명하다.

○於陵仲子(오릉중자) - 제(齊)나라 진중자(陳仲子). 오릉(於陵)에 은거했을 때 초왕(楚王)이 불렀으나 아내의 말에 따라 거절했다.

○王叔(왕숙) - 미상. 왕두(王斗)일까? 왕두는 제(齊)나라 사람으로서 선왕(宣王)을 섬기면서 간언을 잘했다.

○卽墨大夫(즉묵대부) - 즉묵성(卽墨成)을 가리키는 것일까?

○伏徵君(복징군) - 제남(濟南) 사람. 복승(伏勝)·복생(伏生)이라고도 한다. 한(漢)나라 문제(文帝) 때 《상서(尙書)》를 가르쳤다.

○終軍(종군) - 제남(濟南) 사람. 한무제(漢武帝) 때 알자급사중(謁者給事中)이 되었고 후에 간의대부(諫議大夫)가 되어 남월왕(南越王)을 내

속(內屬)시켰다.

o 東郭先生(동곽선생)－제(齊)나라 사람. 산에 들어가 은거하고 있었는데 제(齊)나라 재상이 되었고 조삼(曹參)에 의해 상빈(上賓)으로 예우받았다.

o 叔孫通(숙손통)－노(魯)나라 설(薛) 사람. 고조(高祖) 때 진(秦)나라 법을 고쳤는데 노나라 제생(諸生)을 모아 조의(朝儀)를 제정했다. 태자태부(太子太傅)가 되었다.

o 萬石君(만석군)－석분(石奮)을 가리킨다. 아버지는 조(趙)나라 사람. 조나라가 멸망하자 하내(河內) 온(溫) 땅으로 이사했다. 석분과 그 아들 네 명이 모두 2천 석을 받는 벼슬을 했으므로 경제(景帝)가 석분을 만석군이라고 불렀다.

o 東方朔(동방삭)－평원(平原) 염차(厭次) 사람. 해학과 골계를 잘했는데 정치를 풍간(諷諫)하여 태중대부급사중(太中大夫給事中)이 되었다.

o 安期先生(안기선생)－진(秦)나라 시대, 시황제(始皇帝)에게 봉래산(蓬來山) 밑에서 자기를 찾으라고 말했던, 낭야군(琅邪郡) 부현(阜縣)의 장수자(長壽者) 안기생(安期生)을 가리킴일까? 또 《한서(漢書)》〈괴통전(蒯通傳)〉에 진말(秦末)의 제인(齊人) 안기생(安期生)이란 이름이 보인다. 사적(事跡)은 불상(不詳).

o 大司徒伏三老(대사도복삼로)－복공(伏恭). 낭야(琅邪) 동무(東武) 사람. 건무연중(建武年中)에 극령(劇令)이 되었으며 공정염결(公正廉潔)로 유명했다. 장제(章帝) 때 양로례(養老禮)의 삼로(三老)가 되었다. 단, 이 복공은 사도(司徒) 담(湛)의 조카로서 대사도(大司徒)가 아닌 사공(司空)이다.

o 江革(강혁)－임치(臨淄) 사람. 효자로 유명하다. 효렴(孝廉)·현량(賢良)·방정(方正)으로 뽑히어 간의대부(諫議大夫)가 되었다.

o 逢萌(봉맹)－북해(北海) 사람. 광무제(光武帝) 때 낭야(琅邪)의 노산(勞山)에서 노를 닦았는데 사람들은 모두 그의 인덕(人德)에 의하여 교화되었다.

o 禽慶(금경)－북해(北海) 사람. 유생(儒生)으로서 관직을 떠나 왕망(王莽)을 섬기지 아니했다.

○承幼子(승유자)—승궁(承宮 : 《후한서》에 의하면 字는 少子)을 가리킨
다. 낭아(琅邪) 고막(姑幕) 사람. 고학을 하여 영평중(永平中)에 박사
가 되었으며 시중좨주(侍中祭酒)가 되었다.

○徐防(서방)—질(銍) 땅 사람. 영평중(永平中)에 효렴(孝廉)에 천거되었
고 관직은 사도(司徒)에 이르렀다. 안제(安帝) 때 재이책(災異策) 때문
에 면직되었다.

○薛方(설방)—제(齊)나라 사람. 군연(郡掾). 좨주(祭酒)가 되었다. 왕망
(王莽) 때 부름을 받았으나 나가지 않았고 집에서 경(經)을 가르쳤다.

○鄭康成(정강성)—정현(鄭玄). 고밀(高密) 사람. 후한(後漢)의 대유(大
儒).

○周孟玉(주맹옥)—주구(周璆). 임제(臨濟) 사람. 진번(陳蕃)이 낙안태수
(樂安太守)일 때 고결(高潔)하기로 이름이 높았던 그를 초빙하였다.

○劉祖榮(유조영)—유총(劉寵). 동래(東萊) 모평(牟平) 사람. 제(齊)나라
도혜왕(悼惠王)의 후예. 예장(豫章)·회계(會稽)의 태수와 삼공(三公)
을 역임했다.

○臨孝存(임효존)—불상.

○侍其(시기)—《만성통보(萬姓統譜)》에 '한(漢)나라 광야(廣野) 땅 역이
기(酈食其)의 증손(曾孫)으로서 이기(食其)를 성(姓)으로 쓰다. 현손
(玄孫) 무(武)는 평제(平帝) 때 시중(侍中)이 되다. 성을 고치어 시기
(侍其)로 하다'라고 되어 있으므로 역이기의 후예일 것으로 생각된다.

○元矩(원구)—송칙(宋則). 동평상(東平相) 송한(宋漢)의 아들. 언릉령
(鄢陵令) 때 자기 아들이 과실로 인하여 노비에게 사살(射殺)당했건
만 그 노비를 용서해 주었다. 영천(潁川)의 순상(荀爽)은 이 일로 그
를 칭찬했다.

○孫賓碩(손빈석)—손숭(孫崇). 빈(賓)은 빈(賓)의 속자(俗字). 북해(北
海) 사람. 망명온 조기(趙岐)와 사우(死友)가 되었다.

○劉仲謀(유중모)—불상.

○劉公山(유공산)—앞에 나온 유총(劉寵)의 조카인 유대(劉岱).

○王儀伯(왕의백)—왕장(王璋 : 王章). 《후한서》〈당고전(黨錮傳)〉에서는
자를 백의(伯儀)로 적고 있다. 동래(東萊) 곡성(曲城) 사람. 벼슬은 소

부경(少府卿)에 이르다. 상세한 사적(事跡)은 불명.

o郎宗(낭종)―북해(北海) 안구(安丘) 사람. 경씨역(京氏易)을 배웠는데 안제(安帝)의 부름을 받아 후일 오령(吳令)이 되었다. 점을 쳐서 이름을 지었는데 그것으로 박사에 천거되었으나 부끄러워서 취임하지 않았다.

o禰正平(예정평)―예형(禰衡). 공융(孔融)·양수(楊修)와 친교가 있었는데 조조(曹操)가 그를 고리(鼓吏)로 삼았다는 이야기가 본 〈언어편(言語篇)〉 8에 이미 나왔다. 강하태수(江夏太守)인 황조(黃祖)에게 죽음을 당했다.

o劉成國(유성국)―불상.

o管幼安(관유안)―관녕(管寧). 북해(北海) 주허(朱虛) 사람. 황건적의 난 때 요동(遼東)으로 갔고, 위(魏)나라 황초(黃初) 연간에 태중대부(太中大夫)에, 명제(明帝) 때 광록훈(光祿勳)에 부름을 받았으나 사퇴하였다. 〈덕행편(德行篇)〉 11에 이미 나왔다.

o邴根矩(병근구)―병원(邴原). 북해 주허(朱虛) 사람. 젊었을 때부터 관녕(管寧)과 함께 이름이 알려졌다. 황건적의 난 때 요동으로 가, 조조(曹操) 밑에서 오관장장사(五官將長史)가 되었다.

o華子魚(화자어)―화흠(華歆). 평원(平原) 고당(高唐) 사람. 병원(邴原)·관녕(管寧)과 교제가 있었으며 위(魏)나라 황제 3대를 섬겼다. 〈덕행편(德行篇)〉 10~13에 이미 나왔었다.

o徐偉長(서위장)―서간(徐幹). 북해 사람. 건안칠자(建安七子) 중 한 사람. 《중론(中論)》을 저술했다.

o任昭先(임소선)―임하(任嘏). 낙안(樂安) 박창(博昌) 사람. 문제(文帝) 때 황문시랑(黃門侍郎)이 되었고 동군(東郡)·조군(趙郡)·하동태수(河東太守) 등을 역임했다.

o伏高陽(복고양)―불상.

o神農(신농)―상고시대의 황제. 백성들에게 농기구의 제작을 가르치고 농업을 흥성케 했다.

o子文(자문)―춘추시대 초(楚)나라 투곡어토(鬪穀於菟)의 자(字). 어렸을 때 운몽택(雲夢澤)에 버려졌는데 호랑이가 길러주었다. 초나라 영

윤(令尹)이 되어 온몸을 바쳐가면서 초나라의 위난을 구해냈다.

○叔敖(숙오)―초(楚)나라 사람. 사람들을 해코지하는 양두사(兩頭蛇)를 죽이고 남을 위해 음덕(陰德)을 베풀었다는 고사(故事)로 유명하다.

○接輿(접여)―춘추시대 초(楚)나라의 은자(隱者). 미친 척하고 세상을 피해 살았는데 일찍이 공자가 있던 곳을 지나가면서 '봉(鳳)이여! 봉이여! 어찌 덕이 그리도 쇠했느냐! 지난 일은 할 수 없거니와 앞으로는 바르게 좇을 것이다'라고 한 고사(故事)가 《논어(論語)》〈미자편(微子篇)〉에 보인다.

○漁父之詠滄浪(어부지영창랑)―《초사(楚辭)》〈어부사(漁父辭)〉에 '창랑의 물이 맑으면 그것에 내 갓끈을 빨 것이고, 창랑의 물이 흐리면 그것에 내가 발을 씻으리로다'라고 했다.

○漢陰丈人(한음장인)―공자의 제자 자공(子貢)이 초(楚)나라에서 돌아오던 중, 한수(漢水) 남쪽에서 우물에 내려가 물을 떠올리어 밭에 주는 노인과 만났다. 자공이 편리한 두레박이 있다는 것을 가르쳐주자 그 노인은 도리어 그 나쁜 점을 지적해 줌으로써 자공을 부끄럽게 했다는 고사(故事).

○宜僚(의료)―춘추시대 초(楚)나라 사람. 백공승(白公勝)의 난 때 협박을 받았으나 따르지 않았고, 초나라가 송(宋)나라와 싸울 때 이를 격파한 용사.

○屠羊說(도양열)―초나라 사람. 상세한 사적(事跡)은 불명.

○老萊夫妻(노래부처)―초(楚)나라 사람. 난을 피하고 있을 때 초왕(楚王)이 불렀으나 그 아내의 간언에 따라 나가지 않았다. 일설에는 노래자는 노자(老子)라고도 한다.

○屈原(굴원)―전국시대 초나라 사람. 회왕(懷王)을 섬기면서 삼려대부(三閭大夫)가 되었다. 후일 참언에 의해 도읍에서 쫓겨나고 방랑하던 끝에 멱라(汨羅)에 몸을 던져 죽었다고 전해진다.

○田光於屈原(전광어굴원)―이 구절로는 의미가 통하지 않으므로 여지고(余知古)의 《저궁고사(渚宮故事)》 권5의 '전광불급굴원(田光不及屈原)'의 구절에 따라 번역했음.

○鄧禹(등우)―후한(後漢) 남양(南陽) 신야(新野) 사람. 후한 창업 제일

의 공신. 대사도(大司徒)·태부(太傅)를 역임했다.

o 卓茂(탁무) ─ 후한 남양(南陽) 완(宛) 사람. 원제(元帝) 때 장안(長安)에서 법례(法禮)와 역산(曆算)을 배웠다. 급사황문(給事黃門), 포덕후(褒德侯)가 되었다.

o 龐公(방공) ─ 후한 남군(南郡) 양양(襄陽) 사람. 현산(峴山) 남쪽에 은거하면서, 유표(劉表)의 초빙을 거절했다.

o 龐士元(방사원) ─ 방통(龐統). 유비(劉備)를 따라 군사중랑장(軍師中郎將)이 되었는데 촉(蜀) 땅에서 전사했다. 〈언어편〉 9에 이미 나왔음.

o 何(하) ─ 하안(何晏). 남양(南陽) 완(宛) 사람. 조조(曹操)의 딸을 아내로 맞았고 명제(明帝) 사후(死後) 이부상서(吏部尙書)가 되었다. 후일 사마의(司馬懿)에게 살해당했다. 〈언어편〉 14에 이미 나왔다.

o 鄧(등) ─ 등양(鄧颺). 남양 완 사람. 위(魏)나라 시중(侍中)·상서(尙書)가 되었으며 후일 하안(何晏) 등과 함께 죽음을 당했다.

o 樂令(악령) ─ 악광(樂廣). 남양 육양(淯陽) 사람. 서진(西晉)의 상서우복야(尙書右僕射), 영리부(領吏部)를 지냈으며 담론의 명수이기도 하다. 〈덕행편〉 23, 〈언어편〉 23, 25에 이미 나왔음.

o 伏羲(복희) ─ 고대 전설상의 제왕.

o 少昊(소호) ─ 고대 전설상의 제왕.

o 舜(순) ─ 고대 전설상의 제왕. 부모에게 극진히 효도했고 요(堯)의 뒤를 따라 제위(帝位)를 이었다고 한다.

73. 유윤(劉尹 : 劉惔)은 말했다. "청풍명월(淸風明月)의 밤에는 언제나 현도(玄度 : 許詢)를 생각한다."[1]

▌**원문** | 劉尹云, 淸風郞月, 輒思玄度.[1]

(1) 《진중흥사인서(晉中興士人書)》에 이런 말이 있다 '허순(許詢)은 청담(淸談)을 잘했는데 당시 선비들은 모두 그를 경모(敬慕)했다.' 晉中興士人書曰, 許詢能淸言, 于時士人, 皆欽慕仰愛之.

주해 | ㅇ晋中興士人書(진중홍사인서)—사인(士人) 두 글자는 어쩌면 연자(衍字)인 듯하다.

74. 순중랑(荀中郎 : 荀羨)은 경구(京口)에 있을 때[1] 북고산(北固山)에 올라 바다를 바라보면서 말했다.[2] "삼산(三山)은 보이지 않지만 저절로 사람에게 구름 위로 솟구치는 기상을 품게 한다. 만약 진(秦)·한(漢)의 군주였다면 반드시 옷자락을 걷고 발을 적시며 걸어갔을 것이다."[3]

원문 | 荀中郎在京口,[1] 登北固望海云,[2] 雖未覩三山, 便自使人有陵雲意. 若秦漢之君, 必當褰裳濡足.[3]

(1) 《진양추(晋陽秋)》에 이런 말이 있다. '순선(荀羨)의 자는 영칙(令則)이며 영천(潁川) 사람으로서 광록대부(光祿大夫) 순숭(荀崧)의 아들이다. 사람됨이 맑고 부드러웠으며 식견이 있었다. 젊었을 때 공주에게 장가들어 부마도위(駙馬都尉)가 되었다. 당시 은호(殷浩)는 모든 정무(政務) 인사에 참여하고 있었는데 순선을 기용하여 차례로 의홍(義興)·오군(吳郡) 등의 태수가 되게 하였고 북중랑장(北中郎將)·서주자사(徐州刺史)로 발탁함으로써 황실의 울타리로 삼았다.'
  《중홍서(中興書)》에는 이런 이야기가 있다. '순선은 28세로 서주(徐州)·연주(兗州) 등 두 주의 자사(刺史)가 되었는데 동진시대(東晋時代)의 지방장관 중 순선만큼 젊은 사람은 없었다.'
  晋陽秋曰, 荀羨字令則, 潁川人, 光祿大夫崧之子也. 淸和有識裁, 少以主壻爲駙馬都尉. 是時, 殷浩參謀百揆, 引羨爲援, 頻莅義興·吳郡, 超授北中郎將·徐州刺史, 以蕃屛焉.
  中興書曰, 羨年二十八, 出爲徐·兗二州. 中興方伯之少, 未有若羨者也.

(2) 《남서주기(南徐州記)》에 이런 말이 있다. '현성(縣城 : 鎭江) 서북
쪽에 있는 별령(別嶺)은 장강(長江)에 돌출되어 있으며 삼면이
물에 임하여 있는데 높이는 수십 장(丈)이나 된다. 이름하여 북고
산(北固山)이라 했다.'

南徐州記曰, 城西北有別嶺入江, 三面臨水, 高數十丈, 號曰北固.

(3) 《사기(史記)》〈봉선서(封禪書)〉에 이런 이야기가 있다. '봉래(蓬
萊)·방장(方丈)·영주(瀛洲) 등 삼산(三山)은 바다 가운데 있는
데 인간계에서 멀지 않다고 전해온다. 이전에 가본 사람이 있는데
그의 말에 의하면 "수많은 선인(仙人)들과 불사묘약(不死妙藥)이
그곳에 있다. 황금과 백은(白銀)으로 궁전을 지었고 초목과 금수
(禽獸)는 모두 하얗다. 멀리서 바라보면 구름과 같은데 가까이 가
면 도리어 물속에 있었다. 그곳에 가려고 하면 어느덧 바람이 불
어와서 배를 끌어가므로 도저히 갈 수가 없다." 진(秦)나라 시황
제(始皇帝)는 회계산(會稽山)에 올랐다가 해변을 따라가면서 삼
신산(三神山)의 영약(靈藥)을 얻고자 했다. 한(漢)나라 무제(武
帝)는 태산(泰山)에서 봉선(封禪)을 했는데 아무런 풍우(風雨)의
이변(異變)이 없었다. 방사(方士)들이 차례로 와서 "봉래산의 여
러 약을 얻을 수 있나이다."라고 아뢰었으므로 황제는 기꺼이 동
해 바닷가에 이르러 봉래산의 여러 약을 얻고자 했다.'

史記封禪書曰, 蓬萊·方丈·瀛洲, 此三山, 世傳在海中, 去人
不遠. 嘗有至者, 言諸仙人不死藥在焉. 黃金白銀爲宮闕, 草物
禽獸盡白. 望之如雲, 及至, 反居水下. 欲到, 卽風引船而去, 終
莫能至. 秦始皇登會稽, 竝海上, 冀遇三神山之奇藥. 漢武帝旣
封泰山, 無風雨變, 至方士更言蓬萊諸藥可得. 於是上欣然東至
海, 冀獲蓬萊者.

주해┃ ○主壻(주서)─공주(公主)의 남편. 순선(荀羨)은 원제(元帝)의 딸이자 간문제(簡文帝)의 누이인 심양공주(尋陽公主)의 남편이었다(《晋書》〈荀羨傳〉).

○駙馬都尉(부마도위)─기도위(騎都尉)·봉거도위(奉車都尉)와 함께 삼도위(三都尉)의 하나. 공주의 남편이 맡는다.

○方伯(방백)─지방장관.

75. 사공(謝公 : 謝安)은 말했다. "성인(聖人)·현인(賢人)과 범인(凡人)과의 거리는 실로 가까운 것이다." 아들이나 조카들은 이 말에 승복하지 않았다. 사공은 한탄하며 말했다. "만약 치초(郗超)가 이 말을 들었더라면 마치 은하수처럼 끝없는 말이라고 생각하지 않았을 것이야."[1]

원문┃ 謝公云, 賢聖去人, 其閒亦邇. 子姪未之許. 公歎曰, 若郗超聞此語, 必不至河漢.[1]

(1) 《치초별전(郗超別傳)》에 이런 기록이 있다. '치초는 철리(哲理)에 정통했었다. 사문(沙門) 지도림(支道林)은 그를 당대의 준영(俊英)이라고 인정했었다.'

《장자(莊子)》에 이런 말이 있다. '견오(肩吾)가 연숙(連叔)에게 물었다. "나는 접여(接輿)에게서 이야기를 들었는데 너무나 비약하여 그 이야기에 그만 놀라고 말았소. 마치 은하수와 같아서 끝이 없더이다."'

超別傳曰, 超精於理義. 沙門支道林以爲一時之俊.

莊子曰, 肩吾問於連叔曰, 吾聞言於接輿, 大而無當, 往而不反, 怪怖其言, 猶河漢而無極也.

주해┃ ○莊子(장자)─《장자》〈소요유편(逍遙遊篇)〉에 있는 이야기임.

76. 지공(支公 : 支遁)은 학(鶴)을 좋아했다. 섬현(剡縣) 동쪽에 있는 앙산(岇山)에 살고 있을 때,[1] 어떤 사람이 그에게 학 두 마리를 선물했다. 얼마 후 학은 날개를 펴고 날고자 했다. 지둔은 아쉬운 생각이 들어 그 날개깃을 잘라 버렸다. 학은 날아오르려고 했으나 이제 날아오를 수가 없었다. 날개를 접고 머리를 숙인 채 물끄러미 바라보는데 마치 슬퍼하고 한스러운 모습이었다. 지공은 말했다. "높은 하늘을 날 수 있는 모습을 갖추고 있으면서, 어찌하여 인간들의 이목(耳目)을 즐겁게 해주는 일로 만족할 수 있으리요." 그리고 잘 길러서 날개깃이 자라나기를 기다렸다가 날아가도록 했다.

│원문│ 支公好鶴. 住剡東岇山,[1] 有人遺其雙鶴. 少時, 翅長欲飛. 支意惜之, 乃鎩其翮. 鶴軒翥不復能飛. 乃反顧翅, 垂頭視之, 如有懊喪意. 林曰, 旣有陵霄之姿, 何肯爲人作耳目近玩. 養令翮成, 置使飛去.

(1) 《지공서(支公書)》에 이런 말이 있다. '앙산(岇山)은 회계(會稽)에서 2백 리 되는 곳에 있다.'
　　支公書曰, 山去會稽二百里.

│주해│ ○軒翥(헌저) – 날아오르는 것.

77. 사중랑(謝中郎 : 謝萬)이 곡아(曲阿)의 후호(後湖)를 지나다가 좌우 사람에게 물었다. "이곳은 무슨 호수인가?"[1] 그러자 대답했다. "곡아호(曲阿湖)라고 합니다."[2] 사중랑은 말했다. "그렇다면 물이 흘러들어 잔뜩 가두고 있을 뿐 흘러나가지는 않겠구나."

│원문│ 謝中郎經曲阿後湖, 問左右, 此是何水.[1] 答曰, 曲阿

湖.[2] 謝曰, 故當淵注渟箸, 納而不流.

(1) 《중흥서(中興書)》에 이런 기록이 있다. '사만(謝萬)의 자는 만석
(萬石)이며 태부(太傅) 사안(謝安)의 동생이다. 재기(才氣) 고준
(高俊)하여 일찍부터 이름이 알려졌다. 이부(吏部)·서중랑장(西
中郎將)·예주자사(豫州刺史)·산기상시(散騎常侍)를 역임했다.'
中興書曰, 謝萬字萬石, 太傅安弟也. 才氣高俊, 蚤知名. 歷吏
部·西中郎將·豫州刺史·散騎常侍.

(2) 《태강지기(太康地記)》에는 이런 이야기가 있다. '곡아(曲阿)는 원
래 운양(雲陽)이란 이름으로 불리었다. 진(秦)나라 시황제(始皇
帝)는 그곳에 제왕(帝王)의 기(氣)가 있기 때문에 북갱산(北阬山)
을 허물어 그 기세를 없앰으로써 곧았던 길을 굽히었다. 그리하여
곡아(曲阿)라고 하는 것이다. 오(吳)나라 때 다시 운양이라고 했
으나 지금은 다시 곡아라고 부르게 되었다.'
太康地記曰, 曲阿, 本名雲陽. 秦始皇以有王氣, 鑿北阬山以敗
其勢, 截其直道, 使其阿曲, 故曰曲阿也. 吳還爲雲陽, 今復名
曲阿.

주해 | ○曲阿(곡아)—구부러진다는 뜻. 여기서는 받아들이기만 할 뿐,
남에게 베풀 줄 모르는 사곡(邪曲)한 사람을, 호수 이름으로 지어 경계
했다는 뜻일까? 그밖에 《노자(老子)》 22장의 '곡즉전(曲則全)'의 뜻을
취하여 유연한 태도로 모든 것을 받아들이는 것으로 해석하기도 한다.

78. 진(晋) 무제(武帝 : 司馬炎)는 산도(山濤)에게 식록(食祿)을 주
었는데 항상 적었다. 사태부(謝太傅)[1]가 집안 젊은 사람들에게 그
까닭을 물었다. 그러자 거기(車騎)[2]가 대답했다. "받는 쪽에서 많은
것을 원치 않기 때문에 주는 사람은 적다는 것을 깨닫지 못하는 것이

겠지요.”(3)

▌원문│ 晉武帝每餉山濤恆少. 謝太傅(1)以問子弟. 車騎(2)答曰, 當由欲者不多, 而使與者忘少.(3)

(1) 사안(謝安)이다.
　　安也.

(2) 사현(謝玄)이다.
　　玄也.

(3) 《사거기가전(謝車騎家傳)》에 이런 말이 있다. ‘사현(謝玄)의 자는 유도(幼度)이며 진서장군(鎭西將軍) 사혁(謝奕)의 삼남(三男)이다. 이지명민(理智明敏)하여 현담(玄談)를 잘했다. 숙부인 사태부(謝太傅 : 謝安)가 아들들과 조카들을 모아놓았을 때 물었다. “무제(武帝 : 司馬炎)는 산공(山公 : 山濤)을 삼사(三事)에 임명했다. 인재를 등용하는 직책이었는데 식록(食祿)은 보잘것없었다. 거기에는 이유가 있겠느냐?” 그때 사현(謝玄)의 대답은 아주 재치가 있었다.’
　　謝車騎家傳曰, 玄字幼度, 鎭西奕第三子也. 神理明俊, 善微言. 叔父太傅嘗與子姪燕集, 問武帝任山公以三事. 任以官人, 至於賜予, 不過斤合. 當有旨不. 玄答有辭致也.

▌주해│ ○餉(향)－식량을 보내는 것. 여기서는 식록(食祿)을 가리키는 것이리라.
　○三事(삼사)－삼공(三公).

79. 사호아(謝胡兒 : 謝朗)가 유도계(庾道季)(1)에게 말했다. “모두

가 오늘 밤 그대에게 가서 담론(談論)을 벌이려고 하오. 방어를 굳게
해야겠소." 유도계는 말했다. "만약 문도(文度 : 王坦之)가 온다면 나
는 군대 일부를 이끌고 나가서 응전하겠지만 만약 강백(康伯 : 韓伯)
이 온다면 황하를 건너가서 배를 불태우고 말겠소."[2]

원문| 謝胡兒語庾道季.[1]　諸人暮當就卿談. 可堅城壘. 庾
曰, 若文度來, 我以偏師待之. 康伯來, 濟河焚舟.[2]

(1) 도계(道季)는 유화(庾龢)의 어렸을 때 자(字)이다.
　　서광(徐廣)의 《진기(晋紀)》에 이런 말이 있다. '유화(庾龢)의 자
　　는 도계(道季)이며 태위(太尉) 유량(庾亮)의 아들이다. 풍아하고
　　성격이 날카로웠으며 문장담론(文章談論)으로 당시에 칭찬을 받
　　았다. 여러 관직을 역임하다가 단양윤(丹陽尹)에 이르렀으며 중령
　　군(中領軍)을 겸했다.'
　　道季, 庾龢小字.
　　徐廣晉紀曰, 龢字道季, 太尉亮子也. 風情率悟, 以文談致稱於
　　時. 歷仕至丹陽尹, 兼中領軍.

(2) 《춘추전(春秋傳)》에는 이런 이야기가 있다. '태백(泰伯 : 穆公)은
　　진(晋)나라를 치려고 황하를 건넜을 때 타고 온 배를 불태웠다.'
　　두예(杜預)는 말했다. '필사적인 각오를 나타낸 것이다.'
　　春秋傳曰, 泰伯伐晉, 濟河焚舟. 杜預曰, 示必死.

주해|　○偏師(편사)―일부의 군대. 《좌전(左傳)》 선공(宣公) 12년조 등
　에 보인다.
　○春秋傳(춘추전)―《좌전》 문공(文公) 3년조.

80. 이홍도(李弘度 : 李充)는 언제나 불우(不遇)함을 겪고 있었다.[1]

은양주(殷揚州 : 殷浩)[2]는 이충의 집이 가난한 것을 알고 찾아갔다. "그대는 현령(縣令) 정도로 만족할 수 있겠는가?" 이충이 대답했다. "제가 그 북문(北門)의 한을 품고 있다는 것은 오래 전에 들으셨을 것입니다.[3] 쫓기는 원숭이가 숲으로 도망치려고 할 때 어찌 나무를 선택할 여지가 있겠습니까?" 그래서 섬현령(剡縣令)을 제수했다.

▌원문▐ 李弘度常歎不被遇.[1] 殷揚州[2]知其家貧, 問, 君能屈志百里不. 李答曰, 北門之歎, 久已上聞.[3] 窮猿奔林, 豈暇擇木. 遂授剡縣.

(1) 《중흥서(中興書)》에 이런 이야기가 있다. '이충(李充)의 자는 홍도(弘度)이며 강하(江夏) 맹(鄳) 땅 사람이다. 할아버지는 이강(李康), 아버지는 이구(李矩)인데 모두 평판이 높았다. 이충은 처음에 승상(丞相 : 王導)의 속관·기실참군(記室參軍)으로 부름을 받았으나 집안이 가난하므로 섬현령(剡縣令)이 될 것을 원했다. 대저작랑(大著作郞)·중서랑(中書郞) 등으로 옮겨졌다.'
中興書曰, 李充字弘度, 江夏鄳人也. 祖康, 父矩, 皆有美名. 充初辟丞相掾·記室參軍, 以貧求剡縣. 遷大著作·中書郞.

(2) 은호(殷浩). 다른 곳에도 나온다.
殷浩別見.

(3) 위시(衛詩) 〈북문(北門)〉의 시는 벼슬하여 뜻을 얻지 못함을 풍자한 시이다.
衛詩北門, 刺仕不得志也.

▌주해▐ ○百里(백리)─현(縣)은 대략 사방 1백 리이다.
○祖康(조강)─할아버지 이름은 강(康). 강(康)은 병(秉)의 잘못인 듯 〈덕행편(德行篇)〉 15 주해 참조.

ㅇ殷浩(은호) — 〈정사편(政事篇)〉 22 참조.
ㅇ北門(북문) — 《시경(詩經)》〈패풍(邶風)〉 '북문(北門)'. 이 주(注)는 《모전(毛傳)》의 서(序)에 따른 것이다. 그 시에는 '북문을 나서니 근심 걱정 태산일세. 궁하고 가난하거늘 내 어려움 아무도 몰라주네'라고 되어 있다. 《시경》〈패풍〉〈용풍(鄘風)〉〈위풍(衛風)〉은 모두 위(衛)나라 시이다.

81. 왕사주(王司州 : 王胡之)는 오흥(吳興)의 인저(印渚)에까지 와서 풍경을 바라보고[1] 탄식하며 말했다. "마음이 씻겨질 뿐 아니라 일월(日月)조차도 청랑(淸朗)하게 느껴진다."

■원문| 王司州至吳興印渚中看,[1] 歎曰, 非唯使人情開滌, 亦覺日月淸朗.

(1) 《왕호지별전(王胡之別傳)》에 이런 말이 있다. '왕호지(王胡之)의 자는 수령(脩齡), 낭야(琅邪) 임기(臨沂) 사람이며 왕이(王廙)의 아들이다. 오흥태수(吳興太守)를 역임했는데 시중(侍中)·단양윤(丹陽尹)·비서감(秘書監)으로 불렀으나 모두 취임하지 않았다. 사지절(使持節)·도독사주제군사(都督司州諸軍事)·서중랑장(西中郎將)·사주자사(司州刺史)를 제수했다.'
《오흥기(吳興記)》에 이런 기록이 있다. '오잠현(於潛縣)에서 동쪽으로 70리 되는 곳에 인저(印渚)가 있다. 그 옆의 백석산(白石山)은 40장(丈)이나 되는 절벽이다. 인저는 생각하건대 수많은 골짜기 물이 모이는 곳이다. 인저에서 상류, 오잠현까지는 어디에나 돌이 깔려있는 여울로서 수로(水路)가 험하여 배로는 가지 못한다. 인저에서 하류는 수로가 험한 곳이 없다. 그러므로 여행객이 이곳으로 모여든다.'
王胡之別傳曰, 胡之字脩齡, 琅邪臨沂人, 廙之子也. 歷吳興太

守, 徵侍中·丹陽尹·秘書監, 竝不就. 拜使持節·都督司州諸
軍事·西中郞將·司州刺史.
吳興記曰, 於潛縣東七十里, 有印渚. 渚傍白石山, 峻壁四十丈.
印渚蓋衆溪之下流也. 印渚已上至縣, 悉石瀨惡道, 不可行船.
印渚已下, 水道無險, 故行旅集焉.

82. 사만(謝萬)은 새로 예주도독(豫州都督)에 임명되어 서쪽으로
가게 되었다. 도읍 사람들의 송별연이 연일 이어져서 사만은 피로했
다. 그때 고시중(高侍中 : 高崧)이 찾아와서[1] 곧바로 사만 앞에 앉더
니 물었다. "그대는 지금 자사(刺史)가 되어 나아가서 서만(西蠻)을
통치해야 하는데 어떤 방법으로 정치를 할 생각이오?" 사만은 생각했
던 바를 말했다. 그래서 고송은 사만을 위하여 서쪽의 상황을 설명하
기를 수백 어(語)나 했다. 그러자 사만은 자세를 바로했다. 고송이 떠
난 다음 사만은 그를 배웅하고 와서 말했다. "아령(阿䤡 : 高崧)은 상
당한 재능을 가지고 있군."[2] 그 덕택으로 사만은 최후까지 그 자리를
지켜낼 수가 있었다.

■ 원문| 謝萬作豫州都督, 新拜, 當西之, 都邑相送累日, 謝疲
頓. 於是高侍中往,[1] 徑就謝坐, 因問, 卿今仗節方州, 當疆理
西蕃, 何以爲政. 謝粗道其意. 高便爲謝道形勢, 作數百語. 謝
遂起坐. 高去後, 謝追曰, 阿䤡故麤有才具.[2] 謝因此得終坐.

(1) 《중흥서(中興書)》에 이런 이야기가 있다. '고송(高崧)의 자는 무
  염(茂琰)이며 광릉(廣陵) 사람이다. 아버지 고회(高悝)는 광록대
  부(光祿大夫)였다. 고송은 젊었을 때부터 학문을 좋아했는데 사전
  (史傳)을 특히 많이 알았다. 이부랑(吏部郞)·시중(侍中)에 누천
  (累遷)되었는데 공사(公事)에 연좌되어 벼슬자리에서 물러났다.'

中興書曰, 高崧字茂琰, 廣陵人. 父悝, 光祿大夫. 崧少好學,
善史傳, 累遷吏部郎·侍中, 以公累免官.

(2) 아령(阿酃)은 고송의 어렸을 때 자(字)이다.

阿酃, 崧小字也.

주해 ㅇ豫州都督(예주도독)－도독(都督)은 도독부(都督府)의 장관으로서 몇개 주(州)의 군정(軍政)을 통괄한다. 이때의 사만(謝萬)은 《진서(晉書)》 권79의 전(傳)에 의하면 '다시 예주자사로 옮겼으며 회남태수(淮南太守)를 지내면서 사주(司州)·예주·기주(冀州)·병주(幷州) 등 4개 주의 군사를 감독했다'고 되어 있으므로 예주를 포함한 4주의 도독이었다.
ㅇ仗節(장절)－조정의 명을 받고 부임하는 것.
ㅇ方州(방주)－주자사(州刺史)가 통치하는 곳.

83. 원언백(袁彦伯 : 袁宏)이 사안남(謝安南 : 謝奉)의 사마(司馬)가 되었을 때,[1] 군(郡)의 사람들은 원언백을 뇌향(瀨鄉)으로 전송해 주었다. 그런데 막상 이별할 때가 되자 원굉은 슬픔에 싸여 탄식하면서 말했다. "산하(山河)는 멀어 끝이 없어서, 실로 만 리나 되는 것 같다."[2]

원문 袁彦伯爲謝安南司馬,[1] 都下諸人送至瀨鄉. 將別, 旣自悽惘. 歎曰, 江山遼落, 居然有萬里之勢.[2]

(1) 사안남(謝安南)은 사봉(謝奉). 따로 나온다.

安南, 謝奉, 別見.

(2) 《속진양추(續晉陽秋)》에 이런 말이 있다. '원굉(袁宏)의 자는 언

백(彦伯), 진군(陳郡) 사람이며 위(魏)나라 낭중령(郎中令) 원환(袁煥)의 6세손이다. 조부인 원유(袁猷)는 동진(東晉)의 시중(侍中), 아버지 원욱(袁勖)은 임여령(臨汝令)이었다. 원굉은 건위참군(建威參軍)에 등용되어 안남사마(安南司馬)·기실참군(記室參軍)이 되었다. 태부(太傅) 사안(謝安)은 원굉이 준민(俊敏)하고 그 빠른 대응을 칭찬했다. 원굉은 이부랑(吏部郎)에서 동양군(東陽郡) 태수로 나가게 되었는데 야정(冶亭)에서 송별연이 열렸고 당시의 현자(賢者)들이 모두 모였다. 사안(謝安)은 원굉을 시험하고자 부채를 한 개 들어서 그에게 주었다. 그러자 원굉은 즉석에서 응수했다. "마땅히 이 부채를 가지고 공(公)의 덕풍(德風)을 천하에 부쳐주고 백성들을 위로하겠습니다." 그 자리에 있던 사람들은 그 재빠른 응답, 더구나 요점을 찌르는 응답에 감탄해마지 않았다. 성격은 밝고 솔직했는데 그로 인하여 벼슬은 크게 오르지 못했다. 그 군(郡 : 東陽郡)에서 세상을 떠났다.'

續晉陽秋曰, 袁宏字彦伯, 陳郡人, 魏郎中令煥六世孫也. 祖猷, 侍中. 父勖, 臨汝令. 宏起家建威參軍, 安南司馬·記室. 太傅謝安賞宏機捷辭速. 自吏部郎出爲東陽郡, 乃祖之於冶亭, 時賢皆集. 安欲卒迫試之, 執手將別, 顧左右取一扇而贈之. 宏應聲答曰, 輒當奉揚仁風, 慰彼黎庶. 合坐歎其要捷. 性亮直, 故位不顯也. 在郡卒.

주해 ｜　○別見(별견)─〈아량편(雅量篇)〉33 주(注)를 참조.

○郎中令(낭중령)─궁궐의 문호(門戶)를 관장하는데, 제낭관(諸郎官)을 총괄하는 구경(九卿)의 하나. 광록훈(光祿勳)이라고도 하며, 한(漢)나라에서 남북조(南北朝)에 걸쳐 더러는 두 명칭 가운데 한 가지만을 채용했었다.

○煥(환)─송본(宋本)·원본(袁本) 모두 '환(煥)'으로 직고 있는데 《산국지(三國志)》 권11의 본전(本傳)은 '환(渙)'으로 적었다.

○記室(기실)─여기서는 기실참군(記室參軍)을 가리킨다. 공부(公府)·왕

부(王府) 및 군부(軍府)에 속하는 참군(參軍)의 하나로서 문장을 기초하는 서기관.

84. 손작(孫綽)은 〈수초부(遂初賦)〉를 짓고 주택을 견천(畎川)에 지은 다음, 스스로 지족지분(止足之分)을 깨달았노라고 말했다.[1] 서재 앞에 한 그루의 소나무를 심고 언제나 손수 그것을 가꾸었다. 고세원(高世遠 : 高柔)도 그 무렵 이웃에 살고 있었는데[2] 손작에게 말했다. "소나무는 청초하여 어여쁘게 여길 만하지 않는 것은 아니지만 기둥이나 대들보로는 쓸 수가 없지요." 손작은 말했다. "단풍나무나 버드나무는 비록 한아름이 된다 하더라도 아무 쓸모가 없소이다."

원문| 孫綽賦遂初, 築室畎川, 自言見止足之分.[1] 齋前種一株松, 恆自手壅治之. 高世遠時亦鄰居.[2] 語孫曰, 松樹子非不楚楚可憐, 但永無棟梁用耳. 孫曰, 楓柳雖合抱, 亦何所施.

(1) 《중흥서(中興書)》에 이런 말이 있다. '손작(孫綽)의 자는 흥공(興公)이며 태원(太原) 중도(中都) 사람이다. 젊었을 때부터 문장으로 이름이 났었다. 태학박사(太學博士)·대저작(大著作)·산기상시(散騎常侍)를 역임했다.'
  《수초부(遂初賦)》의 서(叙)에는 이런 기록이 있다. '나는 젊어서부터 노장(老莊)의 도(道)를 사모했고 그 유풍(流風)을 오래도록 앙모했었다. 그런데 오릉(於陵) 현처(賢妻)의 말에 감동되어 차츰 깨달았다. 그래서 동산을 개간하고 5묘(畝)의 집을 지었다. 그곳은 길게 이어지는 언덕을 따라 무성한 숲이 있는 곳이었다. 좋은 집에 살면서 종고(鍾鼓)의 음악을 즐기는 사람과 어느 쪽이 더 좋을까? 그 즐거움은 같은 날에 말할 수는 없을 것이다.'
  中興書曰, 綽字興公, 太原中都人. 少以文稱. 歷太學博士·大著作·散騎常侍.

遂初賦敍曰, 余少慕老莊之道, 仰其風流久矣. 却感於陵賢妻之
言, 悵然悟之. 乃經始東山, 建五畝之宅, 帶長阜, 倚茂林, 孰
與坐華幕擊鍾鼓者, 同年而語其樂哉.

(2) 세원(世遠)은 고유(高柔)의 자이다. 따로 나온다.

世遠, 高柔字也. 別見.

▌주해│ ○止足之分(지족지분) ─《노자(老子)》제44장 '족한 줄을 알면
욕을 당하지 않고, 멈출 줄을 알면 위태롭지 아니하다'란 구절에 바
탕을 두고 있다. 스스로 조심하며 분수를 지킨다는 의미이다.
○合抱(합포) ─《노자》제64장에 '한아름 되는 나무도 호말(毫末)에서 생
겨난다(合抱之木 生於毫末)'란 구절이 있다. 여기서는 고유(高柔)의 애
처상(愛妻像)을 '합포(合抱)'란 말로 비웃은 것으로 풀이하는 수도 있다.
○於陵賢妻之言(오릉현처지언) ─제(齊)나라 진중자(陳仲子 : 이름은 子終,
於陵子라고도 한다)는 초왕(楚王)이 후하게 예우하겠다며 불렀으나 아
내의 간언에 의해 사양하고 부부가 은거하면서 남들을 위해 논밭을 경
작하는 생활을 즐겼다고 한다(《列女傳》권4 등 참조)

85. 환정서(桓征西 : 桓溫)가 강릉성(江陵城)을 아름답게 수축(修
築)했다.[1] 빈객과 막료들을 모아 장강(長江)에서 배를 타고 나가 이
것을 바라보며 말했다. "만약 이 성(城)을 잘 형용하는 사람이 있으면
상을 줄 것이오." 고장강(顧長康 : 顧愷之)은 그때 빈객으로 와서 자
리에 앉아 있었는데 이렇게 말했다. "멀리 층성(層城)을 바라보니 붉
은 누각이 노을과 같습니다." 환온은 그자리에서 상으로 두 명의 비
녀(婢女)를 주었다.

▌원문│ 桓征西治江陵城甚麗.[1] 會賓僚出江津望之, 云, 若能

目此城者, 有賞. 顧長康時爲客, 在坐, 因曰, 遙望層城, 丹樓
如霞. 桓卽賞以二婢.

(1) 성홍지(盛弘之)의 《형주기(荊州記)》에 이런 말이 있다. '형주성은
　　한수(漢水)에 임하여 있는데 임강왕(臨江王 : 劉榮)이 다스리던
　　곳이다. 왕이 소환되었을 때 성의 북문을 나오는데 그만 차축(車
　　軸)이 부러졌다. 한 노인이 울면서 말했다. "우리 왕은 이제 돌아
　　오시지 못할 것이야." 그 이후 북문은 폐쇄된 채로 방치되었다.'
　　盛弘之荊州記曰, 荊州城臨漢江, 臨江王所治. 王被徵出城北門,
　　而車軸折. 父老泣曰, 吾王去不還矣. 從此不開北門.

주해┃ ○層城(층성)—층층으로 쌓은 성.
○丹樓(단루)—붉게 칠을 한 누대(樓臺).
○霞(하)—노을. 여기서는 층성(層城)과 단루(丹樓)가 모두 선계(仙界)를
　　연상케 한다는 뜻으로 쓴 말이다.
○臨江王(임강왕)—유영(劉榮). 전한(前漢) 경제(景帝)의 아들. 태자로 봉
　　해졌다가 폐태자되고 임강왕이 되었다. 후일 묘당(廟堂)의 땅을 침범하
　　여 궁을 지은 일에 연좌되어 조정으로 소환당했다. 유영은 조정으로 갈
　　때 강릉성(江陵城) 북문에서 송별연을 열었다(《漢書》 권53 〈臨江閔王榮
　　傳〉).

86. 왕자경(王子敬 : 王獻之)이 왕효백(王孝伯 : 王恭)에게 말했다.
"양숙자(羊叔子 : 羊祜)는 스스로 잘했다고 하지만 나하고는 관계가
없는 일이오.(1) 원래부터 동작대(銅雀臺)에서 있었던 여악(女樂)의
고사(故事)에는 미치지 못하오."(2)

원문┃ 王子敬語王孝伯曰,　羊叔子自復佳耳.　然亦何與人
事.(1) 故不如銅雀臺上妓.(2)

(1) 《진제공찬(晋諸公贊)》에 이런 말이 있다. '양호(羊祜)의 자는 숙자(叔子)이며 태산(太山) 평양(平陽) 사람이다. 대대로 2천석의 벼슬을 지내기 양호에 이르기까지 9대째였으며 청덕(淸德)으로 기림을 받았다. 어렸을 때 문수(汶水) 가에서 놀고 있는데 지나가던 노인이 멈춰서서 그를 보고 한숨을 내쉬며 말했다. "너는 좋은 인상을 가지고 있은즉 노력을 많이 해라. 그렇게 하면 나이 60이 되기 전에 천하에서 큰 공을 세우게 될 것이다. 비록 부귀해지더라도 나를 잊지 말아다오." 그리고 노인은 어디론가 가버렸다. 도독형주제군사(都督荊州諸軍事)에 누천(累遷)되었다. 남하(南夏)에 있었을 때부터 오(吳) 땅 사람들은 기꺼이 심복(心服)했는데 그를 양공(羊公)이라고 부르면서 이름을 부르는 사람이 없었다. 남주(南州) 사람들은 양공이 세상을 떠났다는 말을 듣고 호곡했으며 그날 시장 문을 닫았다.'

晋諸公贊曰, 羊祜字叔子, 太山平陽人也. 世長吏二千石, 至祜九世, 以淸德稱. 爲兒時, 遊汶濱, 有行父止而觀焉, 歎息曰, 處士大好相, 善爲之, 未六十, 當有重功於天下. 卽富貴, 無相忘. 遂去, 莫知所在. 累遷都督荊州諸軍事. 自在南夏, 吳人悅服, 稱曰羊公, 莫敢名者. 南州人聞公喪, 號哭罷市.

(2) 위(魏)나라 무제(武帝)의 〈유령(遺令)〉에 이런 말이 있다. '내 첩들과 기생들을 모두 동작대(銅雀臺) 위에 머물게 하고 그곳에 6척(尺)의 장막을 치되, 그믐날과 보름날에는 그곳에서 여악(女樂)을 행하도록 하라.'

魏武遺令曰, 以吾妾與妓人, 皆着銅雀臺上, 施六尺牀繐帷, 月朝十五日, 輒使向帳作伎.

▌**주해**│ ○何與人事(하여인사) — 나하고는 관계가 없다는 의미.
○銅雀臺(동작대) — 위(魏)나라 무제(武帝 : 曹操)가 축조한 대(臺). 하남

성(河南省) 임장현(臨漳縣) 남서쪽에 있었다고 한다.

○ 羊祜(양호) - 양호가 죽자 그의 유덕(遺德)을 기리어 비석을 세웠는데 그 비석을 볼 때마다 모두 눈물을 흘렸으므로 타루비(墮淚碑)라고 불렀다 한다.

○ 長吏(장리) - 《진서(晉書)》〈양호전(羊祜傳)〉에는 장(長)자가 없다.

87. 임공(林公 : 支道林)은 동양(東陽)의 장산(長山)을 보고 말했다. "어쩌면 저토록 완만한 비탈길이 길게 뻗어 있단 말인가?"[1]

원문 | 林公見東陽長山曰, 何其坦迤.[1]

(1) 《회계토지지(會稽土地志)》에 이런 이야기가 있다. '산은 완만한 굴곡으로 길게 뻗어 있는데 현(縣)은 이 산에 따라 이름지어졌다.'
會稽土地志曰, 山靡迤而長, 縣因山得名.

주해 | ○縣(현) - 장산현(長山縣). 《진서(晉書)》〈지리지(地理志)〉에 '양주(揚州) 동양군(東陽郡)에 장산현(長山縣)이 있다'라는 기록이 있다. 또 《태평어람(太平御覽)》 권47에서 인용한 〈군국지(郡國志)〉에 '장산(長山)은 서로 연결되어 있기 3백 리'라고 되어 있으며, 같은 〈오록지지(吳錄地志)〉에 의하면 '상산(常山)은 선인(仙人)의 약을 캐는 곳인데 이것을 장산(長山)이라고 한다'라는 기록이 보인다.

88. 고장강(顧長康 : 顧愷之)이 회계(會稽)에서 돌아왔다. 어떤 사람이 회계 산하(山河)의 아름다움에 대해서 묻자 고장강이 대답했다. "천 개의 바위가 빼어남을 다투고 만 개의 골짜기가 흐름을 다투는데, 초목이 그 위를 온통 뒤덮고 있어서 마치 구름과 노을이 짙게 깔려 있는 듯합니다."[1]

원문| 顧長康從會稽還. 人問山川之美. 顧云, 千巖競秀, 萬壑爭流. 草木蒙籠其上, 若雲興霞蔚.[1]

(1) 구연지(丘淵之)의 《문장록(文章錄)》에 이런 말이 있다. '고개지(顧愷之)의 자는 장강(長康)이며 진릉(晉陵) 사람이다. 아버지 고열(顧悅)은 상서좌승(尙書左丞)이었다. 고개지는 의희(義熙) 초(初)에 산기상시(散騎常侍)가 되었다.'
丘淵之文章錄曰, 顧愷之字長康, 晉陵人. 父悅, 尙書左丞. 愷之, 義熙初爲散騎常侍.

주해| ㅇ悅(열) -《진서(晉書)》 권92 〈고개지전(顧愷之傳)〉에는 아버지 이름을 열지(悅之)로 적고 있다.

89. 간문제(簡文帝 : 司馬昱)가 붕어하고 효무제(孝武帝 : 司馬曜)가 10여세의 보령으로 즉위했다. 저녁이 다 되도록 곡례(哭禮)를 하지 않았다.[1] 측근자가 아뢰었다. "상례(常禮)에 따라 곡례를 하셔야 합니다." 효무제는 말했다. "슬픔이 복받치면 곡을 하리다. 어찌 상례 따위가 있단 말이오?"

원문| 簡文崩, 孝武年十餘歲立. 至暝不臨.[1] 左右啓, 依常應臨. 帝曰, 哀至則哭. 何常之有.

(1) 송명제(宋明帝)의 《문장지(文章志)》에 이런 말이 있다. '효무황제(孝武皇帝)의 휘(諱)는 창명(昌明), 간문제(簡文帝)의 셋째 아들이다. 일찍이 간문제는 참서(讖書)에 "진씨(晉氏)의 제위(帝位)는 창명(昌明)에서 끝이 난다."라는 것을 보았다. 효무제가 태어났을 때 동녘이 밝아오기 시작했다. 그래서 그 태어날 때의 정황을 따

라 휘(諱)로 삼았는데 신하들 모두는 참서의 기록을 잊고 있었다. 간문제가 묻자 그처럼 휘를 아뢰었던 것이다. 간문제는 눈물을 흘리면서 말했다. "우리 가문에서 설마 창명(昌明)이 나올 것이라고는 생각하지 않았다." 효무제는 총명하여 현재(賢才)를 등용했다. 35세의 보령으로 붕어했다.'

宋明帝文章志曰, 孝武皇帝諱昌明, 簡文第三子也. 初, 簡文觀讖書, 曰晉氏祚盡昌明. 及帝誕有, 東方始明, 故因生時以爲諱, 而相與忘告. 簡文問之, 乃以諱對. 簡文流涕曰, 不意我家昌明便出. 帝聰惠, 推賢任才, 年三十五崩.

주해 ○臨(임)─관(棺) 앞에 엎드리어 곡을 하는 것.
○諱昌明(휘창명)─《진서(晉書)》〈효무제기(孝武帝紀)〉에는 '효무황제(孝武皇帝), 휘(諱)는 요(曜), 자는 창명(昌明)'이라고 되어 있다.
○讖書(참서)─예언서.

90. 효무제(孝武帝)가 《효경(孝經)》을 강의하게 되었다. 사안(謝安)·사석(謝石) 형제는 친구들과 사저(私邸)에서 강론에 대비하여 글을 읽고 있었다.[1] 차무자(車武子 : 車胤)는 사공(謝公) 형제에게 질문하는 것을 어렵게 생각하던 끝에[2] 원양(袁羊)에게 말했다. "질문을 하지 않으면 덕(德)있는 말씀을 들을 수 없을 것이고, 질문을 많이 하면 두 분을 귀찮게 할 것 같습니다."[3] 원양은 말했다. "그런 걱정은 하지 않아도 됩니다." 차윤이 물었다. "어떻게 그것을 알 수 있습니까?" 원양은 대답했다. "명경(明鏡)이 모습을 자주 비춘다 하여 피로해진다든가 청류(淸流)가 산들바람 부는 것을 싫어하는 일이 있겠습니까?"

원문 孝武將講孝經, 謝公兄弟與諸人私庭講習.[1] 車武子難

苦問謝,[(2)] 謂袁羊曰, 不問, 則德音有遺. 多問, 則重勞二謝.[(3)]
袁曰, 必無此嫌. 車曰, 何以知爾. 袁曰, 何嘗見明鏡疲於屢照,
淸流憚於惠風.

(1) 《속진양추(續晉陽秋)》에 이런 이야기가 있다. '영강(寧康) 3년 9
    월 9일, 효무제(孝武帝)가 《효경(孝經)》을 강의했다. 복야(僕射)
    사안(謝安)은 시좌(侍坐)했고, 이부상서(吏部尙書) 육납(陸納)과
    시중(侍中) 변탐(卞耽)이 집독(執讀)하게 되었으며, 황문시랑(黃
    門侍郎) 사석(謝石)·이부랑(吏部郎) 원굉(袁宏)은 공히 집경(執
    經)하게 되었고, 중서랑(中書郎) 차윤(車胤)·단양윤(丹陽尹) 왕
    혼(王混)이 적구(摘句)가 되었다.'
    續晉陽秋曰, 寧康三年九月九日, 帝講孝經. 僕射謝安侍坐, 吏
    部尙書陸納·兼侍中卞耽讀, 黃門侍郎謝石·吏部郎袁宏兼執
    經, 中書郎車胤·丹陽尹王混摘句.

(2) 차윤(車胤)은 따로 나온다.
    車胤別見.

(3) 원양(袁羊)은 원교(袁喬)의 어렸을 때 자(字)이다.
    《원씨가전(袁氏家傳)》에 이런 말이 있다. '원교(袁喬)의 자는 언
    승(彦升), 진군(陳郡) 사람이다. 아버지 원괴(袁瓌)는 광록대부
    (光祿大夫)였다. 원교는 상서랑(尙書郎)·강하상(江夏相)을 역임
    했다. 환온(桓溫)을 따라 촉(蜀) 땅을 평정하고 상서백(湘西伯)·
    익주자사(益州刺史)에 봉해졌다.'
    袁羊, 喬小字也.
    袁氏家傳曰, 喬宇彦升, 陳郡人. 父瓌, 光祿大夫. 喬歷尙書郎·
    江夏相. 從桓溫平蜀, 封湘西伯·益州刺史.

▌주해│　○袁羊(원양) -《태평어람(太平御覽)》 권617에는 원언백(袁彦伯)

으로 적고 있다. 언백은 원굉(袁宏)의 자이다. 또 위 주(注) 1의 《속진양추(續晉陽秋)》에는 원굉이란 이름은 나오는데 원양은 보이지 않는다. 연대로 볼 때 원굉일 가능성이 많다. 원양은 환온(桓溫)을 따라 촉 땅을 평정한 다음 영화연중(永和年中)에 세상을 떠났으므로 효무제(孝武帝)의 강경(講經)과는 시대적으로 차이가 있다.

○陸納(육납)─《진서(晋書)》 권83 〈차윤전(車胤傳)〉에는 '상서(尙書) 육납 시강(侍講)'으로 되어 있다.

○兼侍中卞耽讀(겸시중변탐독)─《진서》 〈차윤전〉에는 '시중변탐집독(侍中卞耽執讀)'으로 되어 있다. 집독이란 집경(執經)의 역(役)임.

○兼(겸)─《진서》에는 '병(並)'으로 되어 있다.

○執經(집경)─질문에 대답하는 역(役).

○摘句(적구)─의문나는 점을 질문하는 역(役).

○別見(별견)─〈식감편(識鑒篇)〉 27 주(注) 1.

○彦升(언승)─《진서》 권83 〈원교전(袁喬傳)〉은 언숙(彦叔)으로 적고 있다.

○益州刺史(익주자사)─《진서》 본전(本傳)에는 원교(袁喬)가 죽은 다음 추증된 관직으로 되어 있다.

91. 왕자경(王子敬 : 王獻之)이 말했다. "산음(山陰)의 길을 걸어가노라면[1] 산과 강이 서로 마주치면서 어우러져 있으므로 하나하나 마주볼 틈이 없을 정도이다. 특히 가을철에서 겨울철로 접어드는 때는 마음속의 정회를 표현하기 어렵다."[2]

▌원문│ 王子敬云, 從山陰道上行,[1] 山川自相映發, 使人應接不暇. 若秋冬之際, 尤難爲懷.[2]

(1) 《회계토지지(會稽土地志)》에 이런 말이 있다. '현성(縣城)은 산의 북쪽에 있다. 그러므로 산음(山陰)이란 이름을 붙인 것이다.'

會稽土地志曰, 邑在山陰, 故以名焉.

(2) 《회계군기(會稽郡記)》에는 이런 말이 있다. '회계 지방은 특히 명산이 많다. 고봉·절벽에는 운무가 끼고, 소나무·전나무·단풍나무·동백나무 따위가 높이 치솟아 있으며 깊은 골짜기는 거울처럼 맑고 청류(淸流)가 흐르고 있다. 왕자경(王子敬)은 이것을 보고 말했다. "이곳 산수(山水)의 아름다움은 사람들로 하여금 마주볼 틈을 주지 않는다."'

會稽郡記曰, 會稽境特多名山水. 峯崿隆峻, 吐納雲霧, 松栝楓栢, 擢榦竦條, 潭壑鏡徹, 淸流寫注. 王子敬見之曰, 山水之美, 使人應接不暇.

92. 사태부(謝太傅 : 謝安)가 아들과 조카들에게 물었다. "집안 젊은이들의 일은 나하고는 관계가 없는 일이다. 그런데도 그 젊은이들이 잘되었으면 하고 생각을 하다니, 그 이유는 무엇인고?" 아무도 입을 여는 사람이 없었다. 사거기(謝車騎)가 대답했다.[1] "비유하자면 지란(芝蘭)과 옥수(玉樹)와 같은 것이지요. 그것을 자기 집 뜰에 키우고자 하는 것과 같은 것입니다."

■원문| 謝太傅問諸子姪. 子弟亦何預人事. 而正欲使其佳. 諸人莫有言者. 車騎答曰,[1] 譬如芝蘭玉樹, 欲使其生於階庭耳.

(1) (사거기는) 사현(謝玄)이다.
謝玄.

■주해| ○謝玄(사현)―사안(謝安)의 조카이다.

93. 도일(道壹 : 竺道壹) 도인(道人)은 즐겨 말을 꾸미었다.[1] 도읍

에서 동산(東山)에 돌아오는 길에 오중(吳中)을 지나게 되었다. 그때 마침 눈이 내렸다. 그다지 춥지는 않았지만 도인들이 그가 길에서 겪었던 일을 물었다. 일공(壹公 : 竺道壹)이 대답했다. "매서운 풍상(風霜)은 말할 것도 없고 싸락눈이 하늘 가득 참담하게 내리는가 했더니 마을은 순식간에 언뜻언뜻 보이고 숲과 산봉우리가 금방 새하얗게 되더군요."

▌원문▎ 道壹道人好整飾音辭.[1] 從都下還東山, 經吳中. 已而會雪下, 未甚寒. 諸道人問在道所經. 壹公曰, 風霜固所不論, 乃先集其慘澹, 郊邑正自飄瞥, 林岫便自皓然.

(1) 왕순(王珣)의 《유엄릉뢰시(遊嚴陵瀨詩)》의 서(敍)에 이런 기록이 있다. '도일(道壹)의 성(姓)은 축씨(竺氏)이다.'

《명덕사문제목(名德沙門題目)》에는 이런 기록이 있다. '축도일(竺道壹)은 문재(文才)가 풍부했다.'

손작(孫綽)은 그의 찬(贊)을 지어 이렇게 말했다. '분주히 유세(遊說)하되 그 말이 분명 허황되지는 아니했고, 특히 이 일공(壹公)은 침착했으며 여유가 있었다. 비유하자면 봄동산에 향기로운 꽃이 만발하고 나뭇가지가 무성하며 줄기가 꼿꼿하게 서있는 것 같았다.'

王珣遊嚴陵瀨詩敍曰, 道壹姓竺氏.

名德沙門題目曰, 道壹文鋒富瞻.

孫綽爲之讚曰, 馳騁遊說, 言固不虛. 唯玆壹公, 綽然有餘. 譬若春圃, 載芬載敷, 條柯猗蔚, 枝幹扶疎.

▌주해▎ ○東山(동산) - 회계(會稽)의 동산.

○吳中(오중) - 강소(江蘇) 오현(吳縣 : 蘇州).

○先集其慘澹(선집기참담) - 《시경(詩經)》 〈소아(小雅)〉 '규변(頍弁)'에 '눈이 내릴 때 먼저 싸락눈이 내리듯(如彼雨雪 先集維霰)'이란 구절이

있음.

ㅇ綽然有餘(작연유여)―그 말에 꾸밈이 많았음을 가리키고 있다.

94. 장천석(張天錫)은 양주자사(涼州刺史)가 되어, 서쪽 땅에서 왕(王)을 참칭하고 세력을 폈는데 전진(前秦)의 부견(符[苻]堅)에게 붙잡혔고 그의 시중(侍中)으로 기용되었다. 그후 수양(壽陽)에서 함께 패전했는데 장천석은 도읍으로 돌아왔다.[1] 효무제(孝武帝)에게 중용되었는데 궁중에 입궐할 때마다 언제나 해가 질 때까지 이야기 상대를 하고 있었다. 이 일을 질투하는 자가 있었는데 어느 좌석에서 장천석에게 물었다. "북쪽에는 어떤 좋은 점이 있습니까?" 장천석이 말했다. "오디(뽕나무 열매)는 달고도 향기로워서 올빼미 소리개가 이것을 먹으면 그 날카로운 소리가 부드럽게 바뀌고[2] 짙은 낙유(酪乳)는 온화한 성품을 길러주는 까닭에 사람에게는 질투심 같은 것이 없답니다."[3]

원문| 張天錫爲涼州刺史, 稱制西隅. 旣爲苻堅所禽, 用爲侍中. 後於壽陽俱敗, 至都.[1] 爲孝武所器, 每入, 言論無不竟日. 頗有嫉之者, 於坐問張, 北方何物可貴. 張曰, 桑椹甘香, 鴟鴞革響.[2] 淳酪養性, 人無嫉心.[3]

(1) 장자(張資)의 《양주기(涼州記)》에 이런 이야기가 있다. '장천석(張天錫)의 자는 순하(純嘏)이고 안정(安定) 오씨(烏氏) 사람이며 장이(張耳)의 후예이다. 증조부인 장궤(張軌)는 영가연중(永嘉年中)에 양주자사(涼州刺史)가 되었으며 경사(京師)의 대란(大亂)을 만나자 마침내 양주 땅에 근거지를 잡았다. 장천석은 그 지위를 찬탈하고 자립하여 양주목(涼州牧)이 되었다. 부견(苻堅)은 대장 요장(姚萇)을 보내어 양주를 쳐서 함락시켰다. 장천석은 장안(長安)으로 귀순했는데 부견은 그를 시중(侍中)·비부상서(比

部尚書)에 임명하고 귀의후(歸義侯)로 봉했다. 부견을 따라 수양(壽陽)으로 갔는데 부견의 군대가 패하자 그곳에서 남쪽으로 귀순했다. 그리고 산기상시(散騎常侍), 서평공(西平公)에 제수되었다.'

《중흥서(中興書)》에는 이런 기록이 있다. '장천석은 후에 빈곤을 이유로 여강태수(廬江太守)에 임명되었다. 죽은 후 시중(侍中)이 추증되었다.'

張資涼州記曰, 天錫字純蝦, 安定烏氏人, 張耳後也. 曾祖軌, 永嘉中爲涼州刺史. 値京師大亂, 遂據涼土. 天錫簒位, 自立爲涼州牧. 符堅使將姚萇攻沒涼州, 天錫歸長安, 堅以爲侍中・比部尚書, 歸義侯. 從堅至壽陽, 堅軍敗, 遂南歸. 拜散騎常侍, 西平公.

中興書曰, 天錫後以貧拜廬江太守. 薨. 贈侍中.

(2) 《시경(詩經)》〈송(頌)〉 '노송(魯頌)'에 이런 구절이 있다. '펄펄 나는 올빼미가 반궁(泮宮) 숲에 내려앉네(翩彼飛鴞 集于泮林) 오디를 따먹고는 내 호의를 생각하네(食我桑椹 懷我好音).'

詩魯頌曰, 翩彼飛鴞, 集于泮林. 食我桑椹, 懷我好音.

(3) 《서하구사(西河舊事)》에 이런 글이 있다. '서하(西河 : 黃河 以西의 땅)의 우양(牛羊)은 살이 쪄 있어서 낙유(酪乳)는 매우 정호(精好)하다. 단, 그 낙유를 가죽 위에 쏟아도, 조금도 녹아서 퍼지는 일이 없다.'

西河舊事曰, 河西牛羊肥, 酪過精好. 但寫酪置革上, 都不解散也.

주해 ○稱制(칭제)―천자(天子)를 대신하여 정무를 집무하는 것.
○於壽陽俱敗(어수양구패)―383년의 비수지전(淝水之戰).
○京師大亂(경사대란)―영가지란(永嘉之亂).

ㅇ比部尚書(비부상서) −상서비부조(尚書比部曹). 삼국시대 위(魏)나라에서 설치했으며 주로 법제(法制)에 관한 일을 관장했었다.

ㅇ詩魯頌(시노송) −《시경(詩經)》〈노송(魯頌)〉 '반수편(泮水篇)'.

ㅇ西河舊事(서하구사) −《태평어람(太平御覽)》 권859에서 인용한 《서하구사》에는 '기련산(祁連山)은 우양(牛羊)을 기르기에 썩 좋다. 양은 살이 찌고 유락(乳酪)은 질이 좋다. 기물(器物)은 사용하지 않는다. 풀을 베다가 그 위에 덮어도 풀어지지 아니한다'라고 되어 있다.

95. 고장강(顧長康 : 顧愷之)이 환선무(桓宣武 : 桓溫)의 묘지에 참배하고 시를 지어 이르기를 "산이 무너지고 바다가 마르니 물고기와 새는 장차 어디에 의지해야 할 것인가?"라고 했다.[1] 어떤 사람이 물었다. "당신이 그토록 환온(桓溫)을 의지하고 있다니 곡하는 모습을 한 번 보고 싶습니다." 고개지가 대답했다. "코에서 내뿜는 탄식은 광막(廣莫)의 장풍(長風)과 같고 눈에서 떨어지는 눈물은 황하의 폭포가 떨어지는 것과 같도다."[2] 일설에는 "소리는 지진과 번개가 산을 찢는 것과 같고 눈에서 흐르는 눈물은 하수(河水)를 기울여 바다에 붓는 듯하네."라고 했다고도 한다.

│원문│ 顧長康拜桓宣武墓, 作詩云, 山崩溟海竭, 魚鳥將何依.[1] 人問之曰, 卿憑重桓乃爾. 哭之狀其可見乎. 顧曰, 鼻如廣莫長風, 眼如懸河決溜.[2] 或曰, 聲如震雷破山, 淚如傾河注海.

(1) 송명제(宋明帝)의 《문장지(文章志)》에 이런 기록이 있다. '고개지(顧愷之)는 환온(桓溫)의 참군(參軍)이 되었으며 많은 친애를 받았다.'

宋明帝文章志曰, 愷之爲桓溫參軍, 甚被親暱.

(2) 《춘추고이우(春秋考異郵)》에 이런 말이 있다. '부주풍(不周風)이 분 지 45일이 지나면 광막풍(廣莫風)이 분다. 광막이란 오로지 힘차고 크다는 뜻이다. 생각하건대 북풍(北風)일 것이다. 혹은 한풍(寒風)이라고도 한다.'

春秋考異郵曰, 距不周風四十五日, 廣莫風至. 廣莫者, 精大備也. 蓋北風也. 一曰寒風.

■**주해**┃ ㅇ詩云(시운)─시로 읊어 말했다. 환온(桓溫)은 해서공(海西公)을 폐하고 간문제(簡文帝)를 옹립한 다음, 은밀히 제위(帝位) 찬탈을 꾀하였는데 뜻을 이루기 전에 병몰(病沒)했다. 고개지(顧愷之)는 환온의 사랑을 받고 있었는데 그런 혐의를 벗기 위해 일부러 과장된 시를 읊어 얼버무리려고 했던 것이리라.

ㅇ不周風(부주풍)·廣莫風(광막풍)─《회남자(淮南子)》〈천문훈(天文訓)〉에 '부주풍이 멎고(不周風至) 45일이 되면 광막풍이 멎는다(四十五日廣莫風至)'라고 되어 있다. 부주풍은 서북풍이고 광막풍은 북풍. 모두 팔풍(八風)의 하나. 《장자(莊子)》〈소요유편(逍遙遊篇)〉에는 '무하유(無何有)의 향(鄕), 광막지야(廣莫之野)'란 말이 있다.

96. 모백성(毛伯成 : 毛玄)은 일찍이 그 재능을 자부하며 언제나 말했다. "차라리 난초가 되어 꺾이고 옥(玉)이 되어 부서질 망정 들쑥〔蕭〕이 되어 무성하고 약쑥〔艾〕이 되어 번성하지는 않겠다."[1]

■**원문**┃ 毛伯成旣負其才氣, 常稱, 寧爲蘭摧玉折, 不作蕭敷艾榮.[1]

(1) 《정서료속명(征西寮屬名)》에 이런 말이 있다. '모현(毛玄)의 자는 백성(伯成)이며 영천(潁川) 사람이다. 벼슬하여 정서장군(征西將軍 : 桓溫)의 행군참군(行軍參軍)이 되었다.'

征西寮屬名曰, 毛玄字伯成, 潁川人. 仕至征西行軍參軍.

97. 범영(范甯)이 예장태수(豫章太守)가 되었을 때[1] 4월 초파일이 되어 청불례(請佛禮)를 올리면서 목간(木簡)에 찬불문(讚佛文)을 적어 보냈는데 승려들은 어찌해야 할지 망설이고 있었다. 어떤 사람은 답장을 써보내자고 했다. 한 사미승(沙彌僧)이 말석에 앉았다가 말했다. "세존(世尊)께서는 잠자코 계시면 허락한 것으로 되어 있습니다." 승려들은 그 의견에 따랐다.

▌원문| 范甯作豫章,[1] 八日請佛有板. 衆僧疑, 或欲作答. 有小沙彌, 在坐末曰, 世尊默然, 則爲許可. 衆從其義.

(1) 《중흥서(中興書)》에 이런 말이 있다. '범영(范甯)의 자는 무자(武子)이며 신양현(愼陽縣) 사람이다. 박학하며 모든 책에 통하고 있었다. 중서랑(中書郎)·예장태수(豫章太守)에 누천(累遷)되었다.' 中興書曰, 甯字武子, 愼陽縣人. 博學通覽. 累遷中書郎·豫章太守.

▌주해| ○請佛(청불)─부처님의 내림(來臨)을 봉청(奉請)하는 의식.
○沙彌(사미)─불문에 들어가 머리를 깎고 득도식(得度式)을 막 끝낸 아직 수행이 미숙한 중.
○世尊默然(세존묵연)─《고승전(高僧傳)》 권10 〈배도전(杯度傳)〉에 '문수(文殊)는 기뻐서 말했다. 불법(佛法)의 묵연(默然)은 이를 허락하는 것이다'라고 하였다.

98. 사마태부(司馬太傅 : 司馬道子)는 밤에 서재에 앉아 있었다.[1] 때마침 하늘에 떠있는 달은 청명하여 구름 한 점 없었다. 태부는 끊임없이 찬탄했다. 사경중(謝景重 : 謝重)은 그자리에 함께 있다가[2] 말했다. "오히려 다소 구름이 있는 편이 좋을 것 같습니다." 태부는 사경중을 희롱하며 말했다. "그대는 마음이 깨끗하지 못하여 억지로

라도 태청(太淸 : 하늘)을 더럽히려고 하는 것이겠지.”

■원문| 司馬太傅齋中夜坐.[1] 于時天月明淨, 都無纖翳. 太傅
歎以爲佳. 謝景重在坐,[2] 答曰, 意謂乃不如微雲點綴. 太傅因
戱謝曰, 卿居心不淨, 乃復强欲滓穢太淸邪.

(1) 《효문왕전(孝文王傳)》에 이런 말이 있다. ‘왕의 휘(諱)는 도자(道
　　子)이며 간문제(簡文帝)의 다섯째 아들이다. 회계왕(會稽王)에 봉
　　해지고 사도(司徒)·양주자사(揚州刺史)를 역임하고 태부(太傅)
　　로 승진했다. 환현(桓玄)에게 죽음을 당했고 승상(丞相)에 추증되
　　었다.’
　　孝文王傳曰, 王諱道子, 簡文皇帝第五子也. 封會稽王, 領司
　　徒·揚州刺史, 進太傅. 爲桓玄所害, 贈丞相.

(2) 《속진양추(續晋陽秋)》에 이런 기록이 있다. ‘사중(謝重)의 자는
　　경중(景重)이며 진군(陳郡) 사람인데 아버지 사랑(謝朗)은 동양태
　　수(東陽太守)였다. 사중은 총명하고 재능과 학식이 있었다. 표기
　　장군(驃騎將軍 : 司馬道子)의 장사(長史)로 세상을 떠났다.’
　　續晋陽秋曰, 謝重字景重, 陳郡人. 父朗, 東陽太守. 重明秀有
　　才會. 終驃騎長史.

■주해| ○太淸(태청)－하늘.
○孝文王傳(효문왕전)－송본(宋本)·원본(袁本) 모두 〈효문왕전(孝文王
　　傳)〉으로 적고 있는데 《진서(晋書)》 권64 〈간문삼자전(簡文三子傳)〉
　　에는 문효왕(文孝王)으로 적고 있다.

99. 왕중랑(王中郞 : 王坦之)은 장천석(張天錫)을 매우 사랑했는데
그에게 물었다. “그대는 장강(長江)을 건넌 사람들이 강남(江南) 땅

을 경영하고 있는 것을 보고, 그 족적(足跡)에 무엇인가 뛰어난 점이 있다고 보지 않는가? 젊은 제군들은 중원(中原)과 비하면 어떻다고 생각하는가?” 장천석이 대답했다. “유원(幽遠)한 철리(哲理)를 궁구하는 것은 왕필(王弼)·하안(何晏) 이후부터이며, 때에 응하여 제도를 갖춘 것은 순씨(荀氏)·악씨(樂氏) 이후의 기풍입니다.”(1) 왕중랑이 말했다. “그대의 식견은 그처럼 풍부한데 어찌하여 부견(符堅)이 하는 대로 따르게 되었단 말인가?”(2) 대답했다. “양(陽)이 쇠하면 음(陰)이 성합니다. 그런 까닭에 하늘의 운행이 둔(屯)하고 건(蹇)할 때는 비(否)와 박(剝)의 상을 이루게 되는 것입니다. 그런즉 어찌 내가 비난받아야 합니까.”

원문| 王中郎甚愛張天錫, 問之曰, 卿觀過江諸人經緯江左, 軌轍有何偉異. 後來之彦, 復何如中原. 張曰, 研求幽邃, 自王·何以還. 因時脩制, 荀·樂之風.(1) 王曰, 卿知見有餘, 何故爲符堅所制.(2) 答曰, 陽消陰息. 故天步屯蹇. 否剝成象. 豈足多譏.

(1) 순의(荀顗)·순욱(荀勖)은 법제를 정했다. 악씨(樂氏)에 대한 것은 미상(未詳).

 荀顗·荀勖脩定法制, 樂則未聞.

(2) 장자(張資)의 《양주기(涼州記)》에 이런 말이 있다. ‘장천석(張天錫)은 식견이 높고 뛰어난 인물로서 그 영명(英名)이 젊었을 때부터 나있었다.’

 張資涼州記曰, 天錫明鑒穎發, 英聲少著.

주해| ○後來之彦(후래지언)－후생(後生)의 인사(人士).
○爲符堅所制(위부견소제)－〈언어편(言語篇)〉 94의 주(注) 1 참조.

ㅇ屯蹇否剝(둔건비박) - 《역경(易經)》의 괘(卦). 둔·건은 머뭇대고 절룩
거리며 걷는 상(象). 비·박은 음(陰)이 성하고 양(陽)이 쇠하는 상으
로서 소인이 현인(賢人)을 억누르는 난세를 상징함.

100. 사경중(謝景重 : 謝重)의 딸은 왕효백(王孝伯 : 王恭)의 아들
에게 출가했다. 양가의 주인들은 서로 대단히 경애하고 있었으며,[1]
사중(謝重)이 태부(太傅 : 司馬道子)의 표기장사(驃騎長史)였을 때
탄핵을 당하자, 왕효백은 즉각 사중을 자신의 장사(長史)로 삼고 진
릉군태수(晋陵郡太守)를 겸임시켰다. 태부는 이전부터 왕효백과 사
이가 나빴는데 왕효백이 사경중을 얻지 못하게 하려고 그를 다시 자
의참군(諮議參軍)으로 기용했다. 겉으로는 사경중을 붙잡는 모양새
를 취했지만 실은 그렇게 함으로써 사경중과 왕효백 사이를 갈라놓
으려고 했던 것이다. 왕효백이 거병(擧兵)했다가 패한 다음, 태부는
동부성(東府城)을 돌며 산책[2]을 했다. 그러자 속관(屬官)들이 모두
남문(南門)에 출영하여 배례(拜禮)했다. 그때 태부가 사경중에게 말
했다. "왕공(王恭 : 王孝伯)의 모반[3]은 그대가 계책을 꾸몄다고 하던
데." 사경중은 조금도 놀라는 기색이 없이 홀(笏)을 여미면서 대답했
다. "악언보(樂彦輔 : 樂廣)는 이런 말을 했습니다. '어찌 다섯 아들
을 한 명의 딸과 바꿀 수 있겠느냐'고요." 태부는 그 대답에 만족했
다. 그래서 술을 내어 사경중에게 권하면서 말했다. "그렇다면 됐소.
그렇다면 됐소이다."

▌원문| 謝景重女適王孝伯兒. 二門公甚相愛美.[1] 謝爲太傅
長史, 被彈. 王卽取作長史, 帶晉陵郡. 太傅已構嫌孝伯, 不
欲使其得謝, 還取作諮議. 外示縶維, 而實以乖閒之. 及孝伯
敗後, 太傅繞東府城行散.[2] 僚屬悉在南門要望候拜. 時謂謝
曰, 阿寗異謀.[3] 云是卿爲其計. 謝曾無懼色, 斂笏對曰, 樂彦

輔有言, 豈以五男易一女. 太傳善其對, 因擧酒勸之曰, 故自佳,
故自佳.

(1) 《사녀보(謝女譜)》에 이런 말이 있다. '사중(謝重)의 딸 월경(月鏡)
은 왕공(王恭)의 아들 음지(愔之)에게 출가했다.'
謝女譜曰, 重女月鏡, 適王恭子愔之.

(2) 《단양기(丹陽記)》에 이런 기록이 있다. '동부성(東府城) 서쪽에
간문제(簡文帝 : 司馬昱)가 회계왕(會稽王)이었을 때의 저택이 있
다. 동쪽은 효문왕(孝文王) 사마도자(司馬道子)의 집이다. 사마도
자는 양주(揚州)를 영유하고 다스릴 때도 그곳에 살았다. 그래서
속칭 동부(東府)라고 불렀다.'
丹陽記曰, 東府城西, 有簡文爲會稽王時第, 東則孝文王道子府.
道子領揚州, 仍住先舍, 故俗稱東府.

(3) 아영(阿甯)은 왕공(王恭)의 어렸을 때 자(字)이다.
阿甯, 王恭小字也.

주해 |　○被彈(피탄)－탄핵(彈劾)당하는 것.
○孝伯敗後(효백패후)－안제(安帝) 융안(隆安) 2년(398년) 가을, 유해(庚
楷)・은중감(殷仲堪)・환현(桓玄)・양전기(楊佺期) 등이 모계(謀計)하
여 거병(擧兵)했던 사건.
○行散(행산)－〈덕행편〉 41 주해 참조.
○阿甯(아영)－송본(宋本)・원본(袁本) 모두 왕영(王甯)으로 적고 있는데
주기(注記)에 따라 아영(阿甯)으로 고쳤다.
○樂彦輔有言(악언보유언)－〈언어편〉 25 참조.
○謝女譜(사녀보)－《사씨보(謝氏譜)》의 살못일까?
○孝文王道子(효문왕도자)－《진서(晋書)》 권64 〈간문삼자전(簡文三子
傳)〉에는 '회계문효왕도자(會稽文孝王道子)'로 되어 있다.

101. 환현(桓玄)이 의흥군(義興郡)에서 돌아와 사마태부(司馬太傅 : 司馬道子)를 뵈었다. 태부는 이미 취해 있었고 좌석에는 여러 빈객들이 있었다. 태부가 어떤 사람에게 물었다. "환온(桓溫)이 돌아와서 모반을 일으키려고 하오. 어떻게 했으면 좋겠소?"[1] 환현은 부복한 채 일어설 수가 없었다. 사경중(謝景重 : 謝重)은 당시 태부의 표기장사(驃騎長史)로 있었는데 홀(笏)을 들고 대답했다. "세상을 떠난 선무공(宣武公 : 桓溫)은 암우한 천자(天子)를 내쫓고 성명(聖明)하신 천자를 등극하시게 하였은즉 그 공이 이윤(伊尹)·곽광(霍光)보다 뛰어납니다. 그러니 분분한 논의는 천자의 높으신 식견으로 판단하실 일입니다." 태부는 "알았소. 알았다구요."라고 말하더니 얼른 술잔을 들어 "환의흥(桓義興 : 桓玄), 자아, 한 잔."이라고 했다. 환현이 퇴출하자 태부는 자신의 과오를 사과했다.[2]

원문 桓玄義興還後, 見司馬太傅. 太傅已醉, 坐上多客. 問人云, 桓溫來欲作賊, 如何.[1] 桓玄伏不得起. 謝景重時爲長史, 擧板答曰, 故宣武公黜昏暗, 登聖明, 功超伊·霍. 紛紜之議, 裁之聖鑒. 太傅曰, 我知, 我知. 卽擧酒云, 桓義興, 勸卿酒. 桓出謝過.[2]

(1) 《진안제기(晉安帝紀)》에 이런 기록이 있다. '환온(桓溫)이 고숙(姑孰)에 있을 때, 조정에 넌지시 구석문(九錫文)을 요구했다. 사안(謝安)은 이부랑(吏部郞) 원굉(袁宏)에게 그 초안을 쓰게 하고 복야(僕射) 왕표지(王彪之)에게 보였던바 왕표지는 안색을 바꾸며 말했다. "사나이가 어찌 이런 일을 남에게 누설한단 말입니까?" 그래서 사안은 천천히 그의 계획을 물었다. 왕표지가 말했다. "환온은 이미 위독하다는 말을 들었습니다. 그 일은 천천히 시행하는 게 좋겠습니다." 사안은 그의 의견을 따랐으므로 일은 실현되지 아니했다.'

晉安帝紀曰, 溫在姑孰, 諷朝廷求九錫, 謝安使吏部郎袁宏具其
草, 以示僕射王彪之. 彪之作色曰, 丈夫豈可以此事語人邪. 安
徐問其計. 彪之曰, 聞其疾已篤, 且可緩其事. 安從之, 故不行.

(2) 단도란(檀道鸞)이 (《續晉陽秋》에서) 논평을 했다. '사마도자(司馬
道子)는 말하는 것이 경솔하여 사중(謝重)은 어려운 문제를 능히
풀 수 있었다고 하겠다.'

檀道鸞論之曰, 道子可謂易於由言, 謝重能解紛紜矣.

▎주해 │ ○桓玄(환현)—환온(桓溫)의 서자(庶子). 이 일이 있기 10여년
전, 아버지 환온이 입조(入朝)하여 간문제(簡文帝)를 옹립하고 제위(帝
位) 찬탈을 꾀한 일이 있었다. 그 일을 상기하면서 이제 다시 입조한
환현을 비웃는 것이었다.
○伊霍(이곽)—이윤(伊尹)은 은(殷)나라의 현상(賢相)으로서 걸왕(桀王)
을 치고 탕왕(湯王)을 도와 왕으로 세운 사람. 곽광(霍光)은 전한(前
漢) 사람으로서 소제(昭帝)의 뒤를 이었던 창읍왕(昌邑王) 유하(劉賀)
가 음탕하자 그를 폐하고 선제(宣帝)를 세웠던 현신(賢臣)이다.
○九錫(구석)—구석문(九錫文). 이것은 큰 공이 있는 권신(權臣)을 칭송
찬양하고 머지않아 그 인물에게 제위(帝位)를 선양할 준비를 하기 위
한 조칙(詔勅)이다. 왕망(王莽)으로부터 시작되었다고 한다. 송(宋)·제
(齊)·양(梁)·진(陳)나라 등이 혁명할 때에는 반드시 이것을 발포(發
布)했다.
○王彪之(왕표지)—《진서(晉書)》〈사안전(謝安傳)〉과 〈환온전(桓溫傳)〉에
는 왕탄지(王坦之)의 이야기로 되어 있다.
○由言(유언)—《시경(詩經)》〈소아(小雅)〉'소변(小弁)'에는 '군자라면 남
의 말을 가벼이 따라서는 안된다(君子無易由言)'라고 했고 정전(鄭箋)
에 유(由)는 '용야(用也)'라고 했다.

102. 선무(宣武 : 桓溫)는 진(鎭)을 남주(南州)로 옮긴 다음 도로를

평평하고 곧게 정비하였다. 어떤 사람이 왕동정(王東亭 : 王珣)에게 말했다.[1] "승상(丞相 : 王導)이 처음 건강(建康)에 도읍을 조영(造營)했을 때, 전래의 제도에 따르지 않고 도로를 구부러지게 만들었는데 지금과 비교하면 썩 못한 듯합니다."[2] 왕동정이 말했다. "그 점이 승상의 훌륭했던 점이오. 강남의 땅은 협소하여 중원의 땅과는 다르오. 만약 길을 똑바로 낸다면 한눈에 꿰뚫어볼 수가 있소이다. 그러기에 꾸불꾸불 구부러지게 내서 앞이 보이지 않도록 한 것이라오."

▌**원문** | 宣武移鎭南州, 制街衢平直. 人謂王東亭曰,[1] 丞相初營建康, 無所因承, 而制置紆曲. 方此爲劣.[2] 東亭曰, 此丞相乃所以爲巧. 江左地促, 不如中國. 若使阡陌條暢, 則一覽而盡. 故紆餘委曲, 若不可測.

(1) 《왕사도전(王司徒傳)》에 이런 말이 있다. '왕순(王珣)의 자는 원림(元琳)인데 승상 왕도(王導)의 손자이며 영군(領軍) 왕흡(王洽)의 아들이다. 젊었을 때부터 청수(淸秀)하다는 평판이 높았다. 대사마(大司馬) 환온(桓溫)이 불러 주부(主簿)로 삼았다. 환온을 따라 원진(袁眞)을 토벌하고 교지(交趾) 망해현(望海縣)의 동정후(東亭侯)에 봉해졌다. 상서좌복야(尙書左僕射)로 누천(累遷)되어 인선(人選)을 주관하다가 상서령(尙書令)에 올랐다.'
王司徒傳曰, 王珣字元琳, 丞相導之孫, 領軍洽之子也. 少以淸秀稱. 大司馬桓溫辟爲主簿, 從討袁眞, 封交趾望海縣東亭侯. 累遷尙書左僕射, 領選, 進尙書令.

(2) 《진양추(晋陽秋)》에 이런 이야기가 있다. '소준(蘇峻)이 주살(誅殺)당하고 대란(大亂)이 평정된 다음 도읍은 황폐되고 말았다. 온교(溫嶠)는 예장(豫章)으로 도읍을 옮기고 번영과 안정을 꾀했다. 조정 관원들과 삼오(三吳)의 호족들은 회계(會稽)로 천도할 것을

주장했다. 왕도(王導) 혼자만 이렇게 말했다. "천도하지 말아야
하오. 건업(建業)은 옛날의 말릉(秣陵 : 秦·漢 시대의 地名)이었
는데 예로부터 이미 제왕(帝王)의 도읍으로서 표징이 있었던 곳
이오. 또 손중모(孫仲謀 : 孫權)와 유현덕(劉玄德 : 劉備) 등도 모
두 이 땅이 왕택(王宅)이라고 생각했었소. 지금은 황폐되었지만
백성들을 위로하고, 돌아와서 생활을 안정시킬 수 있는 방법을 모
색하여 민정(民情)을 진정시키도록 해야 하오. 그렇게 하여 주거
(住居)가 완성된다면 어찌 부흥되지 않는 것을 걱정하리까." 그
결과 백성들은 안녕을 되찾게 되었다. 이것이 왕도의 정책이었다.'
晉陽秋曰, 蘇峻旣誅, 大事克平之後, 都邑殘荒. 溫嶠議徙都豫
章, 以卽豐全. 朝士及三吳豪傑, 謂可遷都會稽. 王導獨謂, 不
宜遷都. 建業, 往之秣陵, 古者旣有帝王所治之表, 又孫仲謀·
劉玄德俱謂是王者之宅. 今雖凋殘, 宜脩勞來旋定之道, 鎭靜
羣情. 且百堵皆作, 何患不克復乎. 終至康寧, 導之策也.

주해 ○阡陌(천맥)－동서남북으로 나있는 도로.
○三吳(삼오)－오군(吳郡)·오흥(吳興)·단양(丹陽)을 가리킴.
○勞來旋定(노래선정)－'노래(勞來)'는 위로하는 것. '선정(旋定)'은 환정
(還定)과 같다. 옛집으로 돌아와서 안정시키는 것. 《시경(詩經)》〈소아
(小雅)〉 '홍안(鴻鴈)'의 서(序)에 '홍안은 선왕(宣王)을 기리는 시(詩)
이다. 만민이 이산(離散)하여 편히 안정된 삶을 누리지 못하는 것을
"위로"하고 편안히 "모여 살도록" 해주어 불쌍한 사람들이나 과부에 이
르기까지도 도움을 받지 않은 자가 없었다'라고 했다.
○百堵(백도)－도(堵)는 1장(丈)의 널빤지를 5장 겹쳐서 만든 담. 또는
그것에 둘러싸인 주기(住居)를 가리킴.

103. 환현(桓玄)이 은형주(殷荊州 : 殷仲堪)를 찾아갔다. 은중감은
방에서 낮잠을 자고 있었으므로 측근자가 면회할 수 없다며 거절했

고 상대해 주지 아니했다. 환현이 나중에 이 일을 이야기하자 은중감이 말했다. "처음부터 자지 않고 있었소이다. 비록 잠을 자고 있었다 한들 어찌 현현역색(賢賢易色)하지 않을 수 있는 일이 있겠소이까."[1]

원문| 桓玄詣殷荊州, 殷在妾房晝眠. 左右辭不之通. 桓後言及此事. 殷云, 初不眠, 縱有此, 豈不以賢賢易色也.[1]

(1) 《논어(論語)》 공안국(孔安國) 주(注)에 말했다. '색(色)을 좋아하는 마음을 바꾸어 어진 사람을 어질게 여긴다면 참으로 좋은 일이다란 의미이다.'
孔安國注論語曰, 言以好色之心好賢人, 則善.

주해| ○賢賢易色(현현역색) - 《논어(論語)》〈학이편(學而篇)〉에 있는 말이다.

104. 환현(桓玄)이 양부(羊孚)에게 물었다.[1] "어찌하여 모두들 오(吳) 땅의 말을 중시하는 것일까?" 양부는 말했다. "틀림없이 그 말이 당당하고 경쾌하기 때문일 것이외다."

원문| 桓玄問羊孚,[1] 何以共重吳聲. 羊曰, 當以其妖而浮.

(1) 《양씨보(羊氏譜)》에 이런 말이 있다. '양부(羊孚)의 자는 자도(子道)이며 태산(泰山) 사람이다. 조부인 양해(羊楷)는 상서랑(尙書郎), 아버지 양수(羊綏)는 중서랑(中書郎)이었다. 양부는 태학박사(太學博士)·주별가(州別駕)·태위참군(太尉參軍)을 역임하고 나이 46세에 졸(卒)했다.'

羊氏譜曰, 孚字子道, 泰山人. 祖楷, 尚書郎. 父綏, 中書郎. 孚
歷太學博士 · 州別駕 · 太尉參軍. 年四十六卒.

주해│ ○年四十六卒(연사십륙졸)–〈상서편(傷逝篇)〉에는 '양부삼십일
졸(羊孚三十一卒)'이라고 되어 있다.

105. 사혼(謝混)이 양부(羊孚)에게 물었다. "어찌하여 그릇 중 호
련(瑚璉)을 들었을까요?"[1] 양부가 대답했다. "틀림없이 신(神)을 맞
는 그릇이기 때문일 것입니다."

원문│ 謝混問羊孚, 何以器擧瑚璉.[1] 羊曰, 故當以爲接神之器.

(1) 《진안제기(晋安帝紀)》에 이런 말이 있다. '사혼(謝混)의 자는 숙
　　원(叔源)이고 진군(陳郡) 사람이며 사공(司空) 사염(謝琰)의 막
　　내아들이다. 문학(文學)에 정진하여 이름을 떨쳤다. 중서령(中書
　　令) · 상서좌복야(尙書左僕射)로 누천(累遷)되었다. 유의(劉毅)와
　　작당했다 하여 주살(誅殺)되었다.'
　　《논어(論語)》에 이런 이야기가 있다. '자공(子貢)이 물었다. "저는
　　어떠합니까?" 공자가 대답했다. "너는 그릇이다." "어떤 그릇인가
　　요?" "호련(瑚璉)이다." 정현(鄭玄)의 주(注)에 말했다. "서직(黍
　　稷)을 담아서 바치는 그릇이다. 하(夏)나라 때는 호(瑚)라고 했으
　　며 은(殷)나라 때는 연(璉)이라고 했다."'
　　晋安帝紀曰, 混字叔源, 陳郡人, 司空琰少子也. 文學砥礪立名.
　　累遷中書令 · 尙書左僕射. 坐黨劉毅伏誅.
　　論語, 子貢問口, 賜也何如. 子曰, 汝器也. 曰, 何器也. 曰, 瑚
　　璉也. 鄭玄注曰, 黍稷器. 夏曰瑚, 殷曰璉.

주해│ ○論語(논어)–공야장편(公冶長篇). 이 호련(瑚璉)은 종묘(宗廟)

의 제기이다.

106. 환현(桓玄)이 제위(帝位)를 찬탈한 다음 옥좌(玉座)가 약간 내려앉자 군신(群臣)이 모두 실색했다. 시중(侍中) 은중문(殷仲文)이 나아가서 말했다.[1] "성덕이 깊고 무거워 대지(大地)도 지탱할 수 없었을 것이옵니다." 당시 사람들은 이 말에 감동했다.

원문| 桓玄旣簒位後, 御牀微陷, 群臣失色. 侍中殷仲文進曰,[1] 當由聖德淵重, 厚地所以不能載. 時人善之.

[1] 《속진양추(續晋陽秋)》에 이런 말이 있다. '은중문(殷仲文)은 자가 중문이며 진군(陳郡) 사람이다. 조부인 은융(殷融)은 태상(太常), 아버지 은강(殷康)은 오흥태수(吳興太守)였다. 은중문은 환현(桓玄)이 경사(京師)를 평정했다는 소식을 듣자 군태수(郡太守)의 지위를 내놓고 투항했다. 환현은 이를 크게 기뻐하며 자의참군(諮議參軍)으로 삼았다. 당시 왕밀(王謐)은 예우를 갖추어 받아들이면서도 친애하지는 않았고 변범지(卞範之)는 친애하기는 했지만 예우해 주는 일은 드물었다. 은중문에 대한 총우(寵遇)는 극진하여 이 왕밀과 변범지의 예우와 친애를 겸했었다. 환현은 제위(帝位)를 찬탈한 다음 보좌한 공로에 따라 고위(高位)에 앉혔는데 (은중문은) 민리(民利)를 심히 탐했다. (하사받은) 거마(車馬)와 기복(器服)은 모두 극히 아름다웠고 후방(後房)의 기녀(妓女)들이 수십명에 이르렀으며 관현(管絃)의 음악소리가 끊이는 날이 없었다. 은중문의 사람 됨됨이는 욕심이 많고 인색하여 숱한 뇌물을 받아들이어 집안에 천금(千金)이나 쌓아두고도 언제나 불만스럽다는 표정이었다. 환현이 패하자 제일 먼저 의군(義軍)에게 항복했다. 시중(侍中) · 상서(尚書)로 누천되었으나 죄에 의해 주살

(誅殺)당했다.'

續晉陽秋曰, 仲文字仲文, 陳郡人. 祖融, 太常. 父康, 吳興太守. 仲文聞玄平京邑, 棄郡投焉. 玄甚悅之, 引爲諮議參軍. 時王謐見禮而不親, 卞範之被親而少禮. 其寵遇隆重, 兼於王·卞矣. 及玄簒位, 以左命親貴, 厚自封崇. 輿馬器服, 窮極綺麗, 後房妓妾數十, 絲竹不絕音. 性甚貪吝, 多納賄賂, 家累千金, 常若不足. 玄旣敗, 先投義軍. 累遷侍中尙書. 以罪伏誅.

주해 | ○棄郡(기군) — 《진서(晋書)》〈은중문전(殷仲文傳)〉에는 이때 신안태수(新安太守)였다고 기록되어 있다. 한편 은중문은 환현의 여동생을 아내로 맞았었다.

107. 환현(桓玄)은 제위(帝位)를 찬탈한 다음, 제도를 개혁하여 숙직하는 관청을 두고자 측근에게 물었다. "호분중랑성(虎賁中郞省)이란 관청을 어디에 설치하면 좋겠소?" 어떤 사람이 대답했다. "그런 관청은 없습니다." 그때 한, 이 대답은 환현의 마음을 매우 거슬렸다. 그래서, "어찌하여 없다는 것을 알고 있는고?"라고 묻자 대답하기를 "반악(潘岳)의 〈추흥부(秋興賦)〉 서(叙)에는 '나는 호분중랑장(虎賁中郞將)을 겸임하여 산기성(散騎省)에서 숙직했다'라고 했습니다."[1] 환현은 감탄했고 좋다고 말했다.[2]

원문 | 桓玄旣簒位, 將改置直館, 問左右, 虎賁中郞省, 應在何處. 有人答曰, 無省. 當時絶逆旨. 問, 何以知無. 答曰, 潘岳秋興賦敍曰, 余兼虎賁中郞將, 寓直散騎之省.[1] 玄咨嗟稱善.[2]

(1) 반악(潘岳)은 따로 나온다. 그 부(賦)의 서(叙)에 말했다. '진(晋)나라 14년(278년) 나는 나이 32세로서 처음으로 백발(白髮)이 났

다. 태위연(太尉掾)으로서 호분중랑장(虎賁中郎將)을 겸임했는데 산기(散騎)의 관청에서 숙직하고 있다. 고전(高殿)은 구름이 연이 었는데 햇빛이 비치는 일도 드물었다. 나는 야인(野人)이다. 그런 내가 황송스럽게도 조정의 반열에 서는 것은 비유하자면 연못 속 의 물고기와 새장 속의 새가, 강이나 호수, 산이나 숲을 그리워하 는 것과 마찬가지이다. 그래서 붓을 적시고 종이를 펼치어 탄식하 며 부(賦)를 지었는데 때마침 가을이 찾아들어 〈추홍부(秋興賦)〉 라고 이름 붙였다.'

岳別見. 其賦敍曰, 晉十有四年, 余年三十二, 始見二毛. 以太 尉掾兼虎賁中郎將, 寓直散騎之省. 高閣連雲, 陽景罕曜. 僕野 人也. 猥廁朝列, 譬猶池魚籠鳥, 有江湖山藪之思. 於是染翰操 紙, 慨然而賦. 于時秋至, 故以秋興命篇.

(2) 유겸지(劉謙之)의 《진기(晉紀)》에 이런 말이 있다. '환현(桓玄)은 호분중랑장(虎賁中郎將)을 부활시키고자 하여, 숙직을 시키는 것 이 좋을지 어떨지 망설이다가 막료(幕僚)에게 상담했는데 아무도 결정할 수가 없었다. 참군(參軍)인 유간지(劉簡之)가 대답했다. "옛날 반악(潘岳)은 〈추홍부〉 서(序)에서 이렇게 말했습니다. 나 는 호분중랑장을 겸하면서 산기성에서 숙직한다고요. 이것으로 볼 때 숙직시키는 게 좋을 것입니다." 환현은 기뻐하며 그 말에 따랐 다.' 이 이야기는 다소 잘못되었으며 또 대답한 자의 성명도 알 수 없으므로 상세하게 기록해 둔다.

劉謙之晉紀曰, 玄欲復虎賁中郎將, 疑應直與不, 訪之僚佐, 咸 莫能定. 參軍劉簡之對曰, 昔潘岳秋興賦序云, 余兼虎賁中郎 將, 寓直于散騎之省. 以此言之, 是應直也. 玄懼然從之. 此語 微異, 又答者未知姓名, 故詳載之.

주해 ㅇ秋興賦(추홍부)-《문선(文選)》 권13에 보인다.

ㅇ虎賁中郎將(호분중랑장)-궁중의 숙위(宿衛)를 담당하는 호분랑(虎賁郎)의 장(長). 근위병을 통솔하는 장을 가리킨다. 중랑(中郎)이란 한대(漢代)의 숙위관(宿衛官)으로서 그 장(長)을 중랑장이라고 했다.

ㅇ別見(별견)-따로 나온다. 즉 〈문학편(文學篇)〉70.

ㅇ二毛(이모)-백발이 섞여 나는 것.

108. 사영운(謝靈運)은 곡병립(曲柄笠) 쓰기를 특히 좋아했다.[1] 공은사(孔隱士:孔淳之)가 말했다. "그대는 마음에 고원(高遠)한 것을 희구하면서 어찌하여 곡개(曲蓋) 따위의 외형(外形)을 잊지 못하는 게요?"[2] 사영운이 대답했다. "그림자를 두려워하는 사람은 아직 그 그림자에 관한 일을 염두에서 떨쳐버리지 못하기 때문이 아니겠소."[3]

원문| 謝靈運好戴曲柄笠.[1] 孔隱士謂曰, 卿欲希心高遠, 何不能遺曲蓋之貌.[2] 謝答曰, 將不畏影者未能忘懷.[3]

(1) 구연지(丘淵之)의 《신집록(新集錄)》에 이런 말이 있다. '사영운(謝靈運)은 진군(陳郡) 양하(陽夏) 사람이다. 조부인 사현(謝玄)은 거기장군(車騎將軍), 아버지인 사환(謝渙)은 비서랑(秘書郎)이었다. 사영운은 비서감(秘書監)·시중(侍中)·임천내사(臨川內史)를 역임했다. 죄를 지어 주살당했다.'
丘淵之新集錄曰, 靈運, 陳郡陽夏人. 祖玄, 車騎將軍. 父渙, 秘書郎. 靈運歷秘書監·侍中·臨川內史. 以罪伏誅.

(2) 《송서(宋書)》에 이런 말이 있다. '공순지(孔淳之)의 자는 언심(彦深)이며 노국(魯國) 사람이다. 젊었을 때부터 영달하기를 사양하면서 간소한 생활을 했고 벼슬을 내려도 취임하지 않았다. 원가(元嘉) 초엽에 산기랑(散騎郎)으로 부름을 받았으나 응하지 아니

하고 상우산(上虞山)에 은서(隱棲)했다.'

宋書曰, 孔淳之字彥深, 魯國人. 少以辭榮就約, 徵聘無所就.
元嘉初, 散騎郞徵, 不到, 隱上虞山.

(3) 《장자(莊子)》에 이런 이야기가 있다. '어부(漁父)가 공자(孔子)에
게 물었다. "그림자를 두려워하고 발자취를 싫어하여 그런 것들로
부터 도망치기 위해 달리는 자가 있었소. 그런데 다리를 들고 달
리면 달릴수록 발자취는 늘어갔소. 한층 더 빨리 달렸지만 그림자
는 조금도 떨어지지 않는구려. 그는 아직도 자기가 더디기 때문이
라고 생각했기에 달리고 또 달리다가 힘이 다하여 죽고 말았다오.
그는 그늘로 들어가면 그림자가 없어지고 가만있으면 발자취가
생기지 않는다는 것을 모르기 때문이오. 어리석기 짝이 없는 일이
외다. 당신이 마음을 닦고 진리를 소중히 여기며, 그 위에 물건
따위는 남에게 주고 만다면 번거로운 일이 없어질 것이오. 자기
몸도 수양하지 않고 그것을 남에게 요구한다는 것은 또한 겉치레
뿐이 아니겠소."'

莊子云, 漁父謂孔子曰, 人有畏影惡跡而去之走者. 擧足逾數,
而跡逾多, 走逾疾, 而影不離. 自以尙遲, 疾走不休, 絶力而死.
不知處陰以休影, 處靜以息跡. 愚亦甚矣. 子脩心守眞, 還以物
與人, 則無異矣. 不脩身而求之人, 不亦外事者乎.

주해 | ○曲柄笠(곡병립)—곡개(曲蓋)와 비슷한 것이리라. 이 곡개란
자루가 구부러진 일산(日傘)의 일종으로서 진(晋)나라 최표(崔豹)의
《고금주(古今註)》 권상(卷上) 여복(輿服)에 '곡개는 태공망(太公望)이
만든 것이다. 무왕(武王)이 은(殷)나라 주왕(紂王)을 정벌할 때 대풍
(大風)이 불어 곡개가 부러졌다. 태공망은 부러진 곡개의 모양을 보고
곡개를 만들었다. 전국시대에 일찍이 이를 장군에게 하사했다. 한(漢)
나라 때부터 승여(乘輿)에 4개를 사용했고 이름하여 벽예개(轊輗蓋)라
고 했다. 군호(軍號)를 내리는 자에게 한 개를 하사한다'라고 하였다.

o 謝答曰(사답왈) - 고원(高遠)한 뜻을 가지고 있으면서 즐거이 고귀한 사람의 모습을 취하는 것을 공순지(孔淳之)가 비판한 것. 사영운은 외형(外形)에 신경이 쓰이는 것은 아직 그 외형에 사로잡혀 있기 때문이라고 응답한 것이다.

o 將不(장불) - 장무(將無)와 같다. 〈덕행편(德行篇)〉19, 〈문학편(文學篇)〉18 참조.

o 渙(환) - 《진서(晉書)》권79 〈사현전(謝玄傳)〉, 《송서(宋書)》권67 〈사영운전(謝靈運傳)〉 등에는 '환(瑍)'으로 적고 있다.

o 秘書郎(비서랑) - 궁중의 도서(圖書)를 관장하는 비서감(秘書監)의 속관. 그 상관인 비서승(秘書丞)과 함께 청관(淸官)의 으뜸벼슬로 쳤다.

o 莊子(장자) - 〈어부편(漁夫篇)〉.

o 無異(무이) - 《장자》〈어부편〉의 본문 '무루(無累)'로 고쳐서 번역했다.

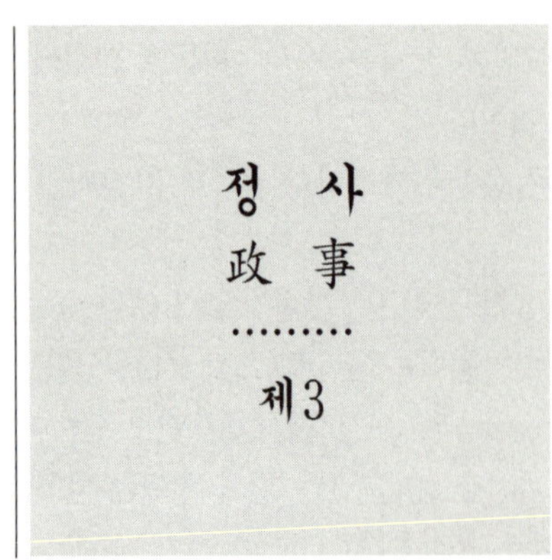

1. 진중궁(陳仲弓 : 陳寔)이 태구현(太丘縣) 현령으로 있을 때, 관원 중에 그 어머니가 병중에 있다고 속이어 휴가를 청원하는 자가 있었다. 이 일이 발각되어 그를 붙잡아다가 형리(刑吏)에게 사형을 시키라고 명했다. 주부(主簿)는 옥리(獄吏)에게 넘겨주어 여죄(餘罪)를 조사해야겠다고 청했다. 진중궁이 말했다. "임금을 속이는 것은 불충이고 어미를 병들었다고 속이는 것은 불효이다. 불충불효는 죄 가운데 제일 큰 죄이다. 여죄를 조사한들 어찌 이 이상의 죄가 있으리요."[1]

원문| 陳仲弓爲太丘長, 時吏有詐稱母病求假. 事覺收之, 令吏殺焉. 主簿請付獄考衆姦. 仲弓曰, 欺君不忠, 病母不孝. 不忠不孝, 其罪莫大. 考求衆姦, 豈復過此.[1]

(1) 진식(陳寔)은 앞에서 나왔다.
　　陳寔已別見.

2. 진중궁(陳仲弓 : 陳寔)이 태구현(太丘縣)의 현령으로 있을 때,

부자(富者)를 죽인 강도가 있었는데 담당 관원이 범인을 붙잡았다. 진중궁이 아직 사건 현장에 도착하기 전에, 길을 가던 중 태어난 자식을 산욕(産蓐)으로 거두지를 않아서 죽인 자가 있다는 말을 듣자, 진중궁은 수레를 돌리어 그곳부터 조사하러 갔다. 주부(主簿)가 말했다. "강도 쪽이 더 중대합니다. 우선 그곳에 먼저 가시어 조사하십시오." 진중궁은 대답했다. "강도가 부자를 죽인 것과 골육이 서로 해친 것과 어느 쪽이 더 중요하단 말인가?"[1]

원문| 陳仲弓爲太丘長, 有劫賊殺財主. 主者捕之. 未至發所, 道聞民有在草不起子者, 回車往治之. 主簿曰, 賊大, 宜先按討. 仲弓曰, 盜殺財主, 何如骨肉相殘.[1]

(1) 생각하건대 후한시대(後漢時代)의 가표(賈彪)에게 이런 이야기가 있으며, 진식에 대해서는 이런 일이 있었다는 이야기를 들은 적이 없다.
　案, 後漢時賈彪有此事, 不聞寔也.

주해| ○草(초) — 산욕(産蓐).
○不起子(불기자) — 갓 태어난 아이를 거두지 않는 것.
○賈彪有此事(가표유차사) — 《후한서(後漢書)》 권97 본전(本傳)에 보인다.

3. 진원방(陳元方 : 陳紀)은 11세 때[1] 원공(袁公)을 방문했는데 원공이 물었다. "그대 부친이 태구(太丘) 현령으로 있을 때, 원근 사람들 모두가 부친을 칭송했는데 그것은 어떤 일을 했기 때문일까?" 진원방이 대답했다. "아버님은 태구에 있으시면서 강한 사람에게는 덕으로써 이를 달래시고, 약한 자에게는 인(仁)으로써 이를 어루만지셨으므로 모든 사람들이 만족했던 것입니다. 그리하여 날이 지남에 따

라 더욱 경애(敬愛)했던 것이지요."[2] 원공이 말했다. "나는 지난날, 업현(鄴縣)의 현령으로 있을 때 (그대 부친과) 거의 똑같이 다스렸었어. 그런즉 그대 부친이 나를 본받았던 것일까? (아니면) 내가 그대 부친을 본받았던 것일까?"[3] 진원방은 대답했다. "주공(周公)과 공자(孔子)는 시대를 달리하여 세상에 나오신 분들인데 그 행동은 언제 어디서나 같았습니다. 그랬건만 주공이 공자를 스승으로 삼았던 것도 아니고, 공자 역시 주공을 스승으로 삼았던 것은 아닙니다."

■원문| 陳元方年十一時,[1] 候袁公. 袁公問曰, 賢家君在太丘, 遠近稱之. 何所履行. 元方曰, 老父在太丘, 彊者綏之以德, 弱者撫之以仁, 恣其所安, 久而益敬.[2] 袁公曰, 孤往者嘗爲鄴令, 正行此事. 不知卿家君法孤, 孤法卿父.[3] 元方曰, 周公·孔子, 異世而出, 周旋動靜, 萬里如一. 周公不師孔子, 孔子亦不師周公.

(1) 진기(陳紀)는 앞에서 나왔다.

　　陳紀已見.

(2) 원굉(袁宏)의 《한기(漢紀)》에 이런 말이 있다. '진식(陳寔)은 태구(太丘)의 현령이 되었는데 그 정치가 엄하지는 않았지만 잘 다스려졌고 백성들은 진식을 경애하였다.'

　　袁宏漢紀曰, 寔爲太丘, 其政不嚴而治, 百姓敬之.

(3) 여러 종류의 《한서(漢書)》를 자세히 살펴보아도 원씨(袁氏) 제공(諸公) 중, 누가 업현(鄴縣)의 현령을 지냈는지 알 수가 없으므로 그 주(注)를 빼놓고 식자(識者)의 해석을 기다리는 바이다.

　　檢衆漢書, 袁氏諸公, 未知誰爲鄴令. 故闕其文, 以待通識者.

■주해| ㅇ老父(노부)—송본(宋本)에는 '선부(先父)'로 되어 있는데《후

한서(後漢書)》권92 〈진식전(陳寔傳)〉및 〈진기전(陳紀傳)〉과 그것들
의 왕선겸(王先謙)의 집해(集解)에서 인용한 비문(碑文) 등의 기록에
의하면 진기가 11세 때, 진식은 건재했었을 것으로 생각되는 까닭에 원
본(袁本)에 '노부'라고 한 것에 따랐다.

○已見(이견)-〈덕행편(德行篇)〉6의 주(注) 참조.

4. 하태부(賀太傅 : 賀邵)는 오군(吳郡)의 태수가 되었는데 처음에
는 문밖에 나가려고 하지도 않았다. 그래서 오군의 호족(豪族)들은
그를 바보라며 관소의 문에 이렇게 써붙였다. '회계(會稽)의 닭은 감
히 울 수가 없다.'[1] 하태부는 이 말을 듣자 문에까지 나가서 둘러본
다음 붓을 찾아 이렇게 썼다. '울면 안된다. 오군 사람들 모두를 죽일
것이다.' 그리고는 각 지역의 주둔지를 돌아다니며 고씨(顧氏)와 육씨
(陸氏) 등 여러 호족들이 관병(官兵)을 사용(私用)하면서 도망자를
숨기고 있는 것을 적발하고 모두 그 사실을 보고했다. 죄에 연루된
자가 대단히 많았다. 육항(陸抗)은 이때 강릉도독(江陵都督)으로 있
었는데[2] 일부러 도읍에 갔고 손호(孫皓)에게 부탁했으므로 겨우 용
서받을 수 있었던 것이다.

원문| 賀太傅作吳郡, 初不出門. 吳中諸强族輕之, 乃題府門
云, 會稽雞, 不能啼.[1] 賀聞, 故出行, 至門反顧, 索筆足之曰,
不可啼, 殺吳兒. 於是至諸屯邸, 檢校諸顧·陸役使官兵, 及藏
逋亡, 悉以事言上. 罪者甚衆. 陸抗時爲江陵都督,[2] 故下請孫
皓, 然後得釋.

(1) 환제(環濟)의 《오기(吳紀)》에 이런 말이 있다. '하소(賀邵)의 자
　　는 흥백(興伯)이며 회계(會稽) 산음(山陰) 사람이다. 조부는 하제
　　(賀齊)이고 아버지는 하경(賀景)인데 모두 오 땅에서 관직을 역

임했다. 하소는 산기상시(散騎常侍)를 역임하고 지방에 나가 오군
태수가 되었다가 나중에 태자태부(太子太傅)로 옮겼다.'

環濟吳紀曰, 賀邵字興伯, 會稽山陰人. 祖齊, 父景, 竝歷吳官.
邵歷散騎常侍, 出爲吳郡太守, 後遷太子太傅.

(2) 《오록(吳錄)》에 이런 말이 있다. '육항(陸抗)의 자는 유절(幼節)이
고 오군(吳郡) 사람이다. 승상 육손(陸遜)의 아들이자 손책(孫策)
의 외손(外孫)이다. 강릉도독(江陵都督)이 되었으며 대사마(大司
馬)·형주목(荊州牧)으로 누천(累遷)되었다.'

吳錄曰, 抗字幼節, 吳郡人, 丞相遜子, 孫策外孫也. 爲江陵都
督, 累遷大司馬·荊州牧.

주해│ ○孫皓(손호)─《삼국지(三國志)》 권48에서는 '손호(孫晧)'로 적
고 있다.
○太子太傅(태자태부)─태자소부(太子少傅)와 함께 태자를 교육시키는
임무를 맡는다.

5. 산공(山公 : 山濤)은 훌륭한 인물이라 하여 조정 안에서 신망이
두터웠으므로 70세가 지나서도 아직 중직을 맡고 있었다.[1] 귀족의
자제인 화교(和嶠)·배해(裴楷)·왕제(王濟) 등은 모두 그를 추앙했
다. 관소(官所)의 기둥에 낙서를 한 자가 있었다. '각(閣)의 동쪽에 큰
소가 있는데 화교가 굴레를 씌우고 배해가 고삐를 잡고, 왕제가 어루
만져 주어 쉴 수가 없다'[2]라고 했다. 일설에는 반니(潘尼)가 이것을
썼다고 했다.[3]

원문│ 山公以器重朝望, 年踰七十, 猶知管時任.[1] 貴勝年少,
若和·裴·王之徒, 竝共宗詠. 有署閣柱曰, 閣東, 有大牛, 和
嶠鞅, 裴楷鞦, 王濟剔嬲, 不得休.[2] 或云潘尼作之.[3]

(1) 우예(虞預)의 《진서(晋書)》에 이런 말이 있다. '산도(山濤)의 자는 거원(巨源)이며 하내(河內) 회(懷) 땅 사람이다. 조부는 고향 군(郡)의 효렴(孝廉)으로 천거되었고 아버지 산요(山曜)는 원구령(宛句令)이었다. 산도는 일찍이 아버지를 여의고 가난했었다. 젊어서부터 기량(器量)이 뛰어나 선배 이름난 인사들조차 그를 욕뵈지 않았다. 17세 때 한 집안 사람이 선제(宣帝 : 司馬懿)에게 말했다. "산도는 경제(景帝 : 司馬師, 즉 사마의의 장남)·문제(文帝 : 司馬昭, 즉 사마사의 동생)와 함께 천하를 다스려야 할 인물입니다." 황제는 비웃으면서 말했다. "그대의 일족(一族)은 적은데 어찌 이런 호걸이 나왔을꼬?" 노장(老莊)을 좋아하고 혜강(嵇康)과 사이가 좋았다. 하내태수(河內太守)의 종사(從事)가 되었다. 석감(石鑒)과 함께 역사(驛舍)에 머물었는데 산도는 한밤중에 일어나 석감을 밟으며 말했다. "지금이 어떤 때인데 잠만 잔단 말이오? 태부(太傅 : 司馬宣王 懿)가 병상에 누운 것이 무엇을 뜻하는 것인지 알기나 하오?" 석감이 말했다. "재상이 사흘동안 조회에 참여하지 못하면 조서(詔書)를 내리어 사저(私邸)에 돌아가서 쉬게 하는 법이거늘 그대는 뭘 그렇게 걱정하는 게요?" 산도는 "흥! 그대는 싸움에 말려들지 마오."하고 할부(割符)를 집어던지고 떠났다. 과연 조상(曹爽)의 사건이 일어났다. 산도는 얼른 몸을 숨기고 세상과의 교제를 끊었다. 후에 이부상서(吏部尚書)·복야(僕射)·태자소부(太子少傅)·사도(司徒)에 누천(累遷)되었고 79세에 세상을 떠났다. 시호를 강후(康侯)라 하였다.'

虞預晉書曰, 山濤字巨源, 河內懷人. 祖, 本郡孝廉. 父曜, 宛句令. 濤蚤孤而貧, 少有器量, 宿士猶不慢之. 年十七, 宗人謂宣帝曰, 濤當與景·文共綱紀天下者也. 帝戲曰, 卿小族, 那得此快人邪. 好莊老, 與嵇康善. 爲河內從事. 與石鑒共傳宿, 濤夜起蹋鑒曰, 今何等時而眠也. 知太傅臥何意. 鑒曰, 宰相三日不朝, 與尺一令歸第. 君何慮焉. 濤曰, 咄, 石生, 無事馬蹄閒

也. 投傳而去. 果有曹爽事. 遂隱身不交世務. 累遷吏部尙書·
僕射·太子少傅·司徒. 年七十九薨, 諡康侯.

(2) 왕은(王隱)의 《진서(晉書)》에는 이런 말이 있다. '일찍이 산도는
이부(吏部)의 직책에 있었는데 반악(潘岳)은 마음속으로 그를 비
난하던 끝에 은밀히 노래를 만들어 불렀다. "관소(官所)의 동쪽에
큰 소가 있는데 왕제(王濟)가 굴레를 얹고 배해(裴楷)가 고삐를
잡고, 화교(和嶠)가 바삐 몰아서 쉴 새가 없네."'
〈죽림칠현론(竹林七賢論)〉에 이런 이야기가 있다. '산도가 인재를
선발하는 이부(吏部)의 직책에 있을 때는 인망이 있는 자가 아니
면 길이 닫혀져 있었다.' 그래서 이런 말이 남게 된 것이다.
王隱晉書曰, 初, 濤領吏部, 潘岳内非之, 密爲作謠曰, 閣東,
有大牛, 王濟鞅, 裴楷鞦, 和嶠刺促, 不得休.
竹林七賢論曰, 濤之處選, 非望路絶. 故貽是言.

(3) 《문사전(文士傳)》에는 이런 이야기가 있다. '반니(潘尼)의 자는
정숙(正叔)이며 형양(滎陽) 사람이다. 조부인 반욱(潘勗)은 상서
좌승(尙書左丞), 아버지 반만(潘滿)은 평원태수(平原太守)였는데
모두 문학으로 유명했다. 반니는 젊었을 때부터 뛰어난 재능이 있
었으며 시문(詩文)은 온아(溫雅)했다. 처음에 주(州)의 초청에 응
했고 태상경(太常卿)으로 세상을 떠났다.'
文士傳曰, 尼字正叔, 滎陽人. 祖勗, 尙書左丞. 父滿, 平原太
守. 竝以文學稱. 尼少有淸才, 文詞溫雅. 初應州辟, 終太常卿.

주해| ○閣東(각동)−《진서(晉書)》 권55 〈반니전(潘尼傳)〉에는 각도
동(閣道東)으로 되어 있다.
○河內從事(하내종사)−《진서》 권43 〈산도전(山濤傳)〉에는 하남종사(河
南從事)로 되어 있다.
○太傅臥(태부와)−위(魏)나라 말엽에 소주(少主)를 옹립한 조상(曹爽)과

사마선왕(司馬宣王) 의(懿)는 서로 반목하고 있었는데 사마의는 충돌을 피하여 병이라 핑계하고 조상이 긴장을 풀도록 했다. 그리고 조상이 사냥나간 틈을 타서 조상의 삼족을 모반죄로 주멸했다(《魏志》권9 〈曹爽傳〉).

ㅇ三日不朝(삼일부조)　與尺一令歸第(여척일령귀제)―척일(尺一)은 조서(詔書)를 쓰는 1척(尺) 1촌(寸)의 판(板). 병이 들어 3일 동안 누워 있으면 조서를 내리어 집에 돌아가서 요양토록 했던 것이다.

ㅇ傳(전)―할부(割符). 벼슬을 내놓는 것을 투전(投傳)이라고 한다.

6. 가충(賈充)은 처음 율령(律令)을 제정했을 때,[1] 양호(羊祜)와 함께 태부(太傅) 정충(鄭沖)과 상담했다.[2] 정충이 말했다. "고요(皐陶)와 같이 엄격하고 명석한 주지(主旨)는 나같이 암우한 자로서는 알 수가 없군요." 양호가 말했다. "천자께서는 좀더 부드럽게 하라는 의견이십니다." 그러자 정충은 슬며시 의견을 말했다.[3]

▌원문│ 賈充初定律令,[1] 與羊祜共咨太傅鄭沖.[2] 沖曰, 皐陶嚴明之旨, 非僕闇懦所探. 羊曰, 上意欲令小加弘潤. 沖乃粗下意.[3]

(1)《진제공찬(晋諸公贊)》에 이런 이야기가 있다. '가충(賈充)의 자는 공려(公閭)이며 양릉(襄陵) 사람이다. 아버지 가규(賈逵)는 위(魏) 때 예주자사(豫州刺史)였다. 가충은 입신출세하여 상서랑(尙書郎)이 되었다가 정위(廷尉)로 옮겼는데 재판이 공평하다는 평판이 있있다. 긴(晋)나라가 위나라 대신 들어서자 노군공(魯郡公)에 봉해졌다. 가충은 재능과 식견이 있었으며 정치에 맑고 또 형법에 통달했다. 그래서 산기상시(散騎常侍) 비해(裴楷)와 함께 법령을 정했는데 번잡한 금령(禁令)은 삭제하며 진률(晋律)을 확정했다. 죽은 후 태재(太宰)가 추증되었다.'

晉諸公贊曰, 充字公閭, 襄陵人. 父逵, 魏豫州刺史. 充起家爲
尚書, 遷廷尉, 聽訟稱平. 晉受禪, 封魯郡公. 充有才識, 明達
治體, 加善刑法. 由此與散騎常侍裴楷共定科令, 蠲除密網, 以
爲晉律. 薨, 贈太宰.

(2) 왕은(王隱)의 《진서(晋書)》에는 이런 말이 있다. '정충(鄭沖)의
자는 문화(文和)이며 형양(榮陽) 개봉(開封) 사람이다. 견실하고
연달(練達)된 재능이 있었으며 청렴하고 욕심이 없었는데 즐겨
경사(經史)를 논했다. 허름한 의복을 걸치고도 신경을 쓰지 않았
다. 사도(司徒)·태보(太保)로 누천(累遷)되었고 위나라 대신 진
(晋)나라가 들어서자 태부(太傅)로 승진했다.'
王隱晉書曰, 沖字文和, 榮陽開封人. 有核練才, 清虛寡欲, 喜
論經史. 草衣縕袍, 不以爲憂. 累遷司徒·太保. 晉受禪, 進太傅.

(3) 《속진양추(續晋陽秋)》에는 이런 이야기가 있다. '일찍이 문제(文
帝:司馬昭)는 순욱(荀勖)·가충(賈充)·배수(裴秀) 등에게 명하
여 예의·율령(律令)을 각각 정하게 하였다. 그들은 먼저 정충(鄭
沖)과 상담했는데 그런 연후에야 비로소 시행했다.'
續晉陽秋曰, 初, 文帝命荀勖·賈充·裴秀等, 分定禮儀·律
令, 皆先咨鄭沖, 然後施行也.

주해 ○皐陶(고요)─우순(虞舜)의 신하이며 법률과 형벌을 관장했다.

7. 산사도(山司徒:山濤)는 이제까지 했던 인재 등용은 거의 모든
관직에 이르렀는데, 그 선발에 있어 잘못이 없었다. 대저 인물평은 모
두 그의 말대로였다. 단 육양(陸亮)의 등용은 조칙(詔勅)에 따른 것
으로서, 산도의 의견과는 다른 것이었는데 논쟁을 벌였건만 받아들여

지지 않았던 것이다. 그 육양은 이윽고 뇌물을 받았기 때문에 면직되었다.[1]

▌원문▌ 山司徒前後選, 殆周遍百官, 擧無失才. 凡所題目, 皆如其言. 唯用陸亮, 是詔所用, 與公意異. 爭之不從. 亮亦尋爲賄敗.[1]

(1) 《진제공찬(晉諸公贊)》에 이런 말이 있다. '육양(陸亮)의 자는 장흥(長興)이고 하내(河內) 야왕(野王) 사람이며 태상(太常) 육예(陸乂)의 형이다. 성격은 명랑하고 솔직했으며 가충(賈充)에게 후대받았다. 산도는 좌복야(左僕射)가 되어 선거(選擧 : 人才의 등용)를 관장했는데 산도의 방법은 처음부터 가충과는 달랐다. 산도는 세조(世祖)로부터 경애받고 있는 것으로 생각했다. 선거의 일은 가충과 상의했는데 가충은 언제나 자기 생각대로 되지 아니했다. 어떤 호사가(好事家)가 가충에게 권했다. "심복을 이부상서(吏部尙書)에 명하여 선거에 동참시키십시오. 만약 의견이 안 맞아서 해결이 나지 않거든 공(公)을 불러 선거에 관여하시도록 해야 할 것입니다. 그렇게 되면 공의 의견을 말씀할 수 있을 것입니다." 가충은 과연 그럴 것이라고 생각했다. 그래서 육양이 공평무사한 사람이라고 말했다. 산도는 육양이 자신과 의견이 안맞아 사이가 안좋게 될 것으로 생각하고 육양은 좌승상(左丞相)은 될 수 있을지언정 선거의 재능은 없노라고 거듭 아뢰었다. 그러나 세조는 받아들이지 않았다. 산도는 결국 칭병(稱病)하고 집으로 돌아갔다. 과연 육양은 그 직책에 적임자가 아니었다. 그는 사건에 연좌되어 파면당했다.'

晉諸公贊曰, 亮字長興, 河內野王人, 太常陸乂兄也. 性高朗而率至, 爲賈充所親待. 山濤爲左僕射領選, 濤行業旣與充異, 自以爲世祖所敬. 選用之事, 與充諮論, 充每不得其所欲. 好事者説充, 宜授心腹人爲吏部尚書, 參同選擧. 若意不齊, 事不得諧, 可不召公與選. 而實得敍所懷. 充以爲然. 乃啓亮公忠無私. 濤以亮將與己異, 又恐其協情不允, 累啓亮可爲左丞相非選官才. 世祖不許. 濤乃辭疾還家. 亮在職果不能允, 坐事免官.

주해| ○題目(제목)―품정(品定).

○吏部尙書(이부상서)―선거(選擧), 즉 인재등용을 관장하는 관직.

○左丞相(좌승상)―황제를 보좌하는 최고위 정무장관이었던 승상(丞相)은 진한(秦漢) 이래 이따금 좌우(左右) 두 사람을 두었었다. 그러나 이 경우는 재상의 임무를 맡는 상서좌복야(尙書左僕射)인 것으로 생각된다(《文獻通考》 職官考 宰相 항을 참조).

8. 혜강(嵇康)이 주살당한 후 산공(山公 : 山濤)은 혜강의 아들 혜소(嵇紹)를 비서승(秘書丞)에 천거했다.[1] 혜소는 산공에게 출처진퇴를 상담했다.[2] 산공이 대답했다. "그대를 위해 오랫동안 생각했었네. 천지사시(天地四時)조차 돌고 도는 것이야. 하물며 인간에게 있어서이랴."[3]

원문| 嵇康被誅後, 山公擧康子紹爲秘書丞.[1] 紹諮公出處.[2] 公曰, 爲君思之久矣. 天地四時, 猶有消息. 而況人乎.[3]

(1) 《산공계사(山公啓事)》에 이런 말이 있다. '조서(詔書)를 내리어 비서승(秘書丞)을 뽑도록 했다. 산도는 추천하면서 아뢰었다. "혜소는 성격이 대범하면서도 온민(溫敏)하고 문재(文才)도 있으며 또 음률(音律)에도 통하므로 장차 가능성이 있는 인간입니다. 우선 비서랑(秘書郞)으로 발탁하는 것이 좋을 것입니다." 황제는 조서를 내리어 말했다. "혜소가 그러하다면 곧바로 승(丞)을 삼을 일이지 낭(郞)으로 둘 일이 아니다."'

《진제공찬(晉諸公贊)》에는 이런 이야기가 있다. '혜강이 일을 당한 지 20년 후 혜소는 산도에 의하여 발탁되었다.'

왕은(王隱)의 《진서(晉書)》에 이런 말이 있다. '혜소의 아버지 혜강이 주살당했으므로 당시의 선관(選官)은 혜소를 천거하려고 하지 않았다. 28세가 되었을 때 산도는 그를 등용할 것을 상주(上奏)했다. 세조(世祖 : 武帝)는 조서를 내리어 비서승으로 기용했다.'

山公啓事曰, 詔選秘書丞. 濤薦曰, 紹平簡溫敏, 有文思, 又曉音, 當成濟也. 猶宜先作秘書郎. 詔曰, 紹如此, 便可爲丞, 不足復爲郎也.

晉諸公贊曰, 康遇事後二十年, 紹乃爲濤所拔.

王隱晉書曰, 時以紹父康被法, 選官不敢擧, 年二十八, 山濤啓用之. 世祖發詔, 以爲秘書丞.

(2) 〈죽림칠현론(竹林七賢論)〉에 이런 말이 있다. '혜소는 자기가 관계(官界)에 받아들여지지 않을 것을 염려했는데 임관하기에 이르러 산도에게 상담하러 찾아갔다.'

竹林七賢論曰, 紹懼不自容, 將解褐, 故咨之於濤.

(3) 왕은(王隱)의 《진서(晉書)》에는 이런 이야기가 있다. '혜소의 자는 연조(延祖)인데 원래부터 문재(文才)가 있었다. 산도는 무제(武帝)에게 상주(上奏)하여 운운.'

王隱晉書曰, 紹字延祖, 雅有文才. 山濤啓武帝云云.

주해 | ○秘書丞(비서승) —비서성(秘書省)의 차관(次官)으로서 궁중의 도서(圖書)를 관장한다. 비서랑(秘書郎)보다 위계가 높다. 남조(南朝) 귀족들 사이에서는 천하 제일의 청관(淸官)으로 꼽았다.

○解褐(해갈) —갈(褐)은 허름한 의복으로서 이것을 해(解), 즉 벗는다는 것은 관직에 나아가는 것을 뜻한다.

9. 왕안기(王安期 : 王承)가 동해군(東海郡) 태수였을 때,[1] 하급 관원이 연못의 물고기를 훔쳤다. 주부(主簿)가 그 죄를 물으려고 하자 왕승은 말했다. "옛날 문왕(文王)의 어원(御苑)은 백성들과 함께 그것을 사용했었다.[2] 연못의 물고기 따위를 아까워할 일이 아니다."

│원문│ 王安期爲東海郡,[1] 小吏盜池中魚. 綱紀推之. 王曰, 文王之囿, 與衆共之.[2] 池魚復何足惜.

(1) 《명사전(名士傳)》에 이런 이야기가 있다. '왕승(王承)의 자는 안기(安期)이고 태원(太原) 진양(晋陽) 사람이며, 아버지 왕담(王湛)은 여남태수(汝南太守)였다. 왕승은 성격이 담백하고 욕심이 적었으며 자신을 꾸미려고 하지 않았다. 동해내사(東海內史)로 누천(累遷)되었는데 청렴하고 부드러운 정치를 하여 관원들도 백성들도 그를 경모하였다. 난리를 피하여 장강(長江)을 건넜는데 이 때 길에 도둑이 출몰하여 백성들이 걱정과 공포에 떨고 있었다. 왕승은 어려운 일을 당해도 언제나 태연자약하고 있었다. 원제(元帝 : 司馬叡)가 진동대장군(鎭東大將軍)이 되자 종사중랑(從事中郎)으로 기용했다.'

名士傳曰, 王承字安期, 太原晉陽人. 父湛, 汝南太守. 承沖淡寡欲, 無所脩尙. 累遷東海內史, 爲政淸靜, 吏民懷之. 避亂渡江, 是時道路寇盜, 人懷憂懼. 承每遇艱險, 處之怡然. 元皇爲鎭東, 引爲從事中郎.

(2) 《맹자(孟子)》에 이런 이야기가 있다. '제(齊)나라 선왕(宣王)이 물었다. "주(周)나라 문왕(文王)의 어원(御苑)은 사방 70리나 되었다고 하는데 그게 사실인가요? 만약 사실이라면 터무니없이 크지 않습니까?" 맹자가 대답했다. "그래도 백성들은 작다고 생각했습니다." 왕이 말했다. "내 원유(苑囿)는 사방 40리의 넓이인데 백

성들은 그것도 너무 넓다고 합니다. 왜 그러는 것일까요?” 맹자는
대답했다. “문왕의 어원에는 나무꾼도 출입할 수가 있었고 백성들
도 이것을 함께 사용했습니다. 그런즉 백성들이 좁다고 생각한 것
은 당연하지 않겠습니까. 그런데 지금 전하의 어원에서는 사슴을
죽이는 자를 사람을 죽인 자와 똑같은 죄로 다스립니다. 이렇게
되면 40리의 어원이, 나라 안에 파놓은 함정이 됩니다. 그런즉 백
성들이 너무 넓다고 생각하는 것도 당연한 일이잖습니까.”’

孟子曰, 齊宣王問, 文王之囿, 方七十里, 有諸. 若是其大乎. 對
曰, 民猶以爲小也. 王曰, 寡人之囿, 方四十里, 民猶以爲大,
何邪. 孟子曰, 文王之囿, 芻蕘者往焉, 與民同之. 民以爲小,
不亦宜乎. 今王之囿, 殺麋鹿者, 如殺人罪, 是以四十里爲阱於
國中也. 民以爲大, 不亦宜乎.

주해 │ ○綱紀(강기)−주부(主簿). 《문선(文選)》 권36 이선(李善) 주
(注)에 ‘강기는 주부를 가리킴이다’라 했고, 또 《자치통감(資治通鑑)》
진명제(晋明帝), 태녕(太寧) 2년의 호주(胡注)에 ‘강기는 부사(府事)를
종리(綜理)하는 자이다’라고 했다.
○推(추)−추문(推問). 죄를 물어 밝히는 것.
○東海內史(동해내사)−《진서(晋書)》 권75 〈왕승전(王承傳)〉에는 동해태
수(東海太守)로 되어 있다. 동해는 군(郡)이었으므로 동해태수라고 하
는 것이 맞을 것 같다.
○孟子(맹자)−〈양혜왕장구(梁惠王章句)〉 하(下).
○芻蕘(추요)−풀베는 일꾼. 나무꾼.

10. 왕안기(王安期 : 王承)가 동해군(東海郡)의 태수(太守)였을 때
한 관원이 야간통행을 금지한 법을 범한 자를 검거해 왔다. 왕안기가
“어디서 오는 길이냐?”라고 묻자 “선생님에게서 강의를 듣다가 돌아

오는 길인데 해가 지는 것도 몰랐었습니다.”라고 대답했다. 왕안기는
말했다. “영월(寧越)을 매질하여 그것으로 위광(威光)을 나타낸다는
것은 아마도 정치의 본도(本道)가 아닐 것이다.”[1] 그래서 관리에게
집으로 돌려보내라고 하였다.

│원문│ 王安期作東海郡, 吏錄一犯夜人來. 王問, 何處來. 云,
從師家受書還, 不覺日晚. 王曰, 鞭撻寧越以立威名, 恐非致
理之本.[1] 使吏送令歸家.

(1) 《여씨춘추(呂氏春秋)》에 이런 이야기가 있다. ‘영월(寧越)은 중모
   (中牟)의 시골사람이다. 들일을 하다가 지칠대로 지친 그가 친구
   에게 말했다. “어떻게 하면 이런 고통에서 벗어날 수 있을까?” 그
   친구가 말했다. “그러려면 아무래도 학문을 하는 수밖에 없지. 30
   년 동안 학문을 계속한다면 훌륭한 사람이 될 수 있을 것일세.”
   영월은 말했다. “그럼 15년 동안 해보도록 하겠네. 나는 남들이
   쉴 때도 쉬지 않고, 남들이 잠잘 때도 자지 않으면서 공부에 힘써
   볼 것이야.” 배우기를 15년 ─ . 그는 주(周)나라 위공(威公)의
   스승이 되었다.’
   呂氏春秋曰, 寧越者, 中牟鄙人也. 苦耕稼之勞, 謂其友曰, 何
   爲可以免此苦也. 其友曰, 莫如學也. 學三十歲, 則可以達矣.
   寧越曰, 請以十五歲. 人將休, 吾不敢休. 人將臥, 吾不敢臥.
   學十五歲而爲周威公之師也.

│주해│ ○犯夜(범야)─야간 통행을 금한 법률을 범한 것.
   ○呂氏春秋(여씨춘추)─〈박지편(博志篇)〉.

11. 성제(成帝)가 석두(石頭)에 있을 때,[1] 임양(任讓)이 성제의 눈

앞에서 시중(侍中)인 종아(鍾雅)[2]와 우위장군(右衛將軍) 유초(劉超)[3]를 체포했다. 성제는 울면서 말했다. "내 시중을 돌려주시오." 임양은 황제의 말을 듣지 않고 곧바로 유초와 종아의 목을 베고 말았다.[4] 반란이 평정된 다음 도공(陶公:陶侃)은 임양과 구교(舊交)가 있었던 고로 그를 용서해 줘야겠다고 생각했다. 한편 허류(許柳)[5]의 아들인 사비(思妣)란 사람은 훌륭한 인물로서 제공(諸公)들은 모두 그의 목숨을 구해 줘야겠다고 생각했다.[6] 만약 사비를 살려준다면 도공을 위해 임양을 살려주지 않을 수 없다. 그래서 두 사람을 모두 용서해 주기로 하고 이 사실을 성제에게 상주(上奏)했다. 황제는 말했다. "임양은 내 시중을 죽인 자요. 용서해 줄 수 없소이다." 제공들은 어린 군주에게 거역할 수도 없는 일이어서 두 사람 모두 참형에 처했다.

■ 원문| 成帝在石頭.[1] 任讓在帝前錄侍中鍾雅.[2] 右衛將軍劉超.[3] 帝泣曰, 還我侍中. 讓不奉詔, 遂斬超·雅.[4] 事平之後, 陶公與讓有舊, 欲宥之. 許柳[5]兒思妣者至佳. 諸公欲全之.[6] 若全思妣, 則不得不爲陶全讓. 於是欲幷宥之. 事奏. 帝曰, 讓是殺我侍中者. 不可宥. 諸公以少主不可違, 幷斬二人.

(1) 《진세보(晋世譜)》에 이런 말이 있다. '성제(成帝)의 휘(諱)는 연(衍)이고 자는 세근(世根)이며 명제(明帝:司馬紹)의 태자이다. 22세에 붕(崩)했다.'

晉世譜曰, 帝諱衍, 字世根, 明帝太子. 年二十二崩.

(2) 《진양추(晋陽秋)》에는 이런 말이 있다. '임양(任讓)은 낙안(樂安) 사람으로서 임씨 가문의 자손이었다. 소준(蘇峻)을 따라 난(亂)을 일으켰다.'

《종아별전(鍾雅別傳)》에 이런 말이 있다. '종아의 자는 언주(彦胄)이며 영천(潁川) 장사(長社) 사람이다. 위(魏)나라 태부(太傅)

종요(鍾繇)의 동생이며 중상(仲常)의 증손이다. 젊었을 때부터 재
능이 있었고 큰 뜻을 품었으며 누천(累遷)되어 시중(侍中)에 이
르렀다.'

晉陽秋曰, 讓, 樂安人, 諸任之後. 隨蘇峻作亂.

雅別傳曰, 雅字彦胄, 潁川長社人, 魏太傅鍾繇弟仲常曾孫也.
少有才志, 累遷至侍中.

(3) 《진양추(晉陽秋)》에 이런 이야기가 있다. '유초(劉超)의 자는 세
유(世踰)이고 낭야(琅邪) 사람이며 한(漢)나라 성양경왕(成陽景
王)의 6대손이다. 임기자향후(臨沂慈鄕侯)에 봉해졌고 그곳에서
살았다. 아버지 유미(劉微)는 낭야국 상장군(上將軍)이었다. 유초
는 현(縣)의 하급관리가 되었는데 이윽고 기실연(記室掾)·안동
사인(安東舍人)으로 옮겼다. 충직하고 청렴하며 신중했기 때문에
중종(中宗 : 元帝)에게 발탁되었다. 벼슬이 중서(中書)였으므로 사
람들과 왕래를 끊고 편지를 나누지 않았으며 문을 닫고 빈객이
들어오지 못하도록 했는데 집안에는 약간의 저축도 없었다. 왕돈
(王敦)의 토벌에 공이 있었으므로 영양백(零陽伯)에 봉해졌고 의
흥태수(義興太守)가 되었는데 배명(拜命)을 위해 조정에 갔다가
돌아와도 그것을 아는 사람이 없었다. 그 신중하고 과묵하기가 이
와 같았다. 우위대장군(右衛大將軍)에 옮겨졌다.'

晉陽秋曰, 超字世踰, 琅邪人, 漢成陽景王六世孫. 封臨沂慈鄕
侯, 遂家焉. 父微爲琅邪國上將軍. 超爲縣小吏, 稍遷記室掾·
安東舍人. 忠淸愼密, 爲中宗所拔. 自以職在中書, 絶不與人交
關書疏, 閉門不通賓客, 家無擔石之儲. 討王敦有功, 封零陽
伯, 爲義興太守. 而受拜及往還朝, 莫有知者, 其愼默如此. 遷
右衛大將軍.

(4) 《종아별전(鍾雅別傳)》에는 이런 이야기가 있다. '소준(蘇峻)은 황

제를 협박하여 석두(石頭)에 행행(行幸)토록 하였다. 종아와 유초
는 둘이서 황제 곁에 있으면서 황제를 지키고 있었다. 석두에 있
는 자들과 은밀히 황제를 끌어내려고 했으나 일이 발각되자 두
사람을 다 죽였다.'

雅別傳曰, 蘇峻逼主上幸石頭. 雅與劉超竝侍帝側匡衛, 與石
頭中人密期拔至尊出, 事覺被害.

(5) 《허씨보(許氏譜)》에는 이런 말이 있다. '허류(許柳)의 자는 계조
(季祖)이며 고양(高陽) 사람이다. 조부인 허윤(許允)은 위(魏)나
라 중령군(中領軍)이었고 아버지 허맹(許猛)은 이부랑(吏部郎)이
었다.'

유겸지(劉謙之)의 《진기(晉紀)》에는 이런 이야기가 있다. '허류
(許柳)의 아내는 조적(祖逖)의 아들인 조환(祖渙)의 딸이다. 소준
(蘇峻)은 조약(祖約)을 불러 반역을 일으켰다. 조약은 허류에게
민중을 이끌고 소준에게 가담하도록 시켰다. 소준이 도읍을 함락
시키자 허류는 단양윤에 올랐다. 그후 반란의 죄로 주살당했다.'

許氏譜曰, 柳字季祖, 高陽人. 祖允, 魏中領軍. 父猛, 吏部郎.
劉謙之晉紀曰, 柳妻, 祖逖子渙女. 蘇峻招祖約爲逆, 約遣柳以
衆會峻. 旣克京師, 拜丹陽尹. 後以罪誅.

(6) 《허씨보(許氏譜)》에 이런 말이 있다. '허영(許永)의 자는 사비(思
妣)이다.'

許氏譜曰, 永字思妣.

주해 │ ○右衛將軍(우위장군)─금중숙위(禁中宿衛)의 군사를 관장한다.
무제(武帝) 때 중위(中衛)를 나누어 좌우(左右) 두 위(衛)로 했고 좌
우 각각 장군이 통솔했다.
○事平(사평)─사변을 평정했다는 뜻. 327년, 소준(蘇峻)과 조약(祖約)은

북쪽에서 내려온 난민을 이끌고 건강(建康) 정부의 개혁을 기도하며 성안으로 돌입하여 수장(守將) 유양(庾亮)을 몰아냈고, 이듬해 성제(成帝 : 당시 7세)는 소준에게 이끌려 한때 석두성(石頭城)으로 옮겼다. 그곳에 도간(陶侃) 등이 구원하러 달려왔으며 소준은 전사했고 조약의 군사도 강북의 역양(歷陽)에서 패퇴했으며 성제는 건강으로 돌아왔다.

◦成陽景王六世孫(성양경왕육세손)—《진서(晋書)》 권70 〈유초전(劉超傳)〉에는 '성양경왕소(城陽景王昭)'의 7세손으로 되어 있다.

◦父微(부미)—원본(袁本)에는 징(徵)으로 적고 있다. 또 《진서》 권70 〈유초전〉에는 화(和)로 적고 있다.

◦琅邪國上將軍(낭야국상장군)—낭야국 전군(全軍)의 총대장.

◦縣小吏(현소리)—소리(小吏)란 질록(秩祿) 1백 석 이하의 하급관원을 가리키며 두식(斗食)이나 좌사(佐史) 등 연리(掾吏)가 현소리에 해당한다(《漢書》 百官公卿表 縣令 條 참조).

◦安東舍人(안동사인)—안동장군(安東將軍)의 사인(舍人). 남북조시대의 사인은 공부(公府)나 왕궁에 두어졌으며 각내(閣內)의 일을 관장했다.

◦絶不與人交關書疏(절불여인교관서소)—유초(劉超)는 안동부 사인으로 있을 때, 자신의 필적이 황제의 필적과 아주 비슷했기 때문에 사람과의 관계를 끊고 편지를 교환하지 않았다고 한다(《晋書》 〈本傳〉 참조).

◦零陽伯(영양백)—《진서(晋書)》 〈본전〉에는 '영릉백(零陵伯)'으로 적고 있다.

12. 왕승상(王丞相 : 王導)이 양주자사(揚州刺史)를 배명받았을 때, 빈객 수백 명이 모두 융숭한 대접을 받고 사람들은 한결같이 기쁜 모습이었다. 그러나 단 한 사람 임해(臨海)의 임(任)[1]이란 성(姓)의 손님과 몇명의 호인(胡人)들은 아직도 충분하지 않다는 표정이었다. 그래서 왕공은 측간에 갔다가 돌아오는 길에 임(任)의 옆을 지나가며 말했다. "그대가 떠나오니 임해에는 이제 인물이 없겠구려." 임(任)은 크게 기뻐했다. 이어서 호인들 앞으로 와서 손가락을 튕기며 말했다.

"난사(蘭闍)! 난사!" 호인들은 모두 웃었고 좌석에 있던 사람들 모두가 기뻐했다.[2]

원문| 王丞相拜揚州, 賓客數百人竝加霑接, 人人有悅色. 唯有臨海一客姓任,[1] 及數胡人爲未洽. 公因便還, 到過任邊云, 君出, 臨海便無復人. 任大喜悅. 因過胡人前彈指云, 蘭闍, 蘭闍. 羣胡同笑, 四坐竝懽.[2]

(1) 《어림(語林)》에 이런 말이 있다. '임(任)의 이름은 옹(顒)이며 당시 임관(任官)하여 도읍에 있었다. 왕도자(王道子 : 王導)의 잔치에 참석했었다.'

語林曰, 任名顒, 時宦在都, 預王公坐.

(2) 《진양추(晋陽秋)》에는 이런 말이 있다. '왕도(王導)는 사람들과 접촉할 때면 상대방의 마음을 사로잡곤 했으므로 그에게 거역하는 사람이 없었다. 친하지 않은 손님이나, 보잘것없는 손님이라 하더라도 만나면 성심껏 접대했던 까닭에 그들은 왕도로부터 옛 친구처럼 대접받았다고 생각했다.'

晋陽秋曰, 王導接誘應會, 少有牾者. 雖疎交常賓. 一見多輸寫款誠, 自謂爲導所愚, 同之舊暱.

주해| ○因便(인변)−소변을 보러 가다.
○彈指(탄지)−불교(佛敎)의 풍습으로서 허락·환희·경고 등을 나타내는 동작. 여기서는 기쁜 마음을 나타낸 것일까?
○蘭闍(난사)−서역(西域)의 언어. 난사(蘭奢)로 기록하기도 한다. 칭찬의 뜻을 나타낸다.

13. 육태위(陸太尉 : 陸玩)가 왕승상(王丞相 : 王導)을 방문하고 정

무에 관한 의견을 구하는데 언제나 헤어진 뒤에 말을 번복하곤 하므로 왕승상은 이상하다고 생각했다. 후일 육완에게 묻자,[1] 육완이 대답했다. "공(公)은 빼어난 분이시고 저는 어리석기 때문에 그자리에서는 언제나 무슨 말을 어떻게 해야 좋을지 모르다가 나중이 되어서야 그것은 그렇게 하면 안되겠다는 생각이 드는 것입니다."

│원문│ 陸太尉詣王丞相諮事. 過後輒翻異. 王公怪其如此, 後以問陸.[1] 陸曰, 公長民短. 臨時不知所言, 旣後覺其不可耳.

(1) 《육완별전(陸玩別傳)》에 이런 말이 있다. '육완의 자는 사요(士瑤)이며 오군(吳郡) 오(吳) 땅 사람이다. 조부는 육모(陸瑁), 아버지는 육영(陸英)인데 군에서 명성이 있었다. 육완은 기량(器量)이 깊고 넓었는데 시중(侍中)·상서좌복야(尙書左僕射)·상서령(尙書令)에 누천(累遷)되었고 태위(太尉)로 추증되었다.'

陸玩別傳曰, 玩字士瑤, 吳郡吳人. 祖瑁, 父英, 仕郡有譽. 玩器量淹雅. 累遷侍中·尚書左僕射·尚書令. 贈太尉.

│주해│ ㅇ陸太尉(육태위)·王丞相(왕승상)―이 왕도와 육완과의 대화에는 그 배후에 강좌(江左)로 옮겨온 북사(北士)와 토착 남인(南人)과의 대립문제가 숨겨져 있으며 이 이야기와 같은 이야기가 〈방정편(方正篇)〉24, 〈배조편(排調篇)〉10에도 보인다.

14. 승상(丞相:王導)은 어느 여름날, 석두(石頭)에 가서 유공(庾公:庾冰)을 찾았다. 유공은 마침 사무를 보고 있었다. 승상이 말했다. "덥소이다. 잠시 쉬었다가 하시구려." 유공은 말했다. "공(公)께서 일을 미루는 것을 세상에서는 좋게 보지 않는 것 같습니다."[1]

│원문│ 丞相嘗夏月至石頭看庾公. 庾公正料事. 丞相云, 暑,

可小簡之. 庾公曰, 公之遺事, 天下亦未以爲允.[1]

(1) 《은선언행(殷羨言行)》에 이런 말이 있다. '왕공(王公 : 王導)이 세상을 떠난 다음 유빙(庾冰)이 대신 승상이 되었으며 법률을 엄하게 했다. 은선(殷羨)은 어느 때 외출을 했다가 죄인을 붙잡아가는 자와 길에서 만났는데 개연히 탄식하며 말했다. "병길(丙吉)은 소가 헐떡이는 것을 보고 (그 이유를) 물었다고 하거니와 그것과는 다르군." 또 어느 때 조용히 유빙에게 말했다. "경(卿)께서는 법률에 저촉된 자들을 빠짐없이 다루시는 것 같습니다만 그것은 소도소선(小道小善)에 지나지 않습니다. 왕공(王公)께서는 일일이 법에 구애됨이 없이 처리하셨답니다." 사안석(謝安石)은 언제나 이 말에 경탄했었다. 유적옥(庾赤玉 : 庾統)이 어느 때 은선에게 물었다. "왕공(王公)의 정치는 어떠했습니까? 대체 어떤 점이 뛰어났었습니까?" 은선은 말했다. "다른 업적에 대해서는 논할 것도 없겠소이다. 다만 왕공을 등용하면 언제나 반드시 잘 다스려졌고 등용하지 않으면 반드시 문란해졌다오."'

殷羨言行曰, 王公薨後, 庾冰代相, 網密刑峻. 羨時行, 遇收捕者於途, 慨然歎曰, 丙吉問牛喘, 似不爾. 嘗從容謂冰曰, 卿輩自是網目不失, 皆是小道小善耳. 至如王公, 故能行無理事. 謝安石每歎詠此唱. 庾赤玉曾問羨, 王公治何似. 誰是所長. 羨曰, 其餘令績, 不復稱論. 然三捉三治, 三休三敗.

주해 | ○丙吉問牛喘(병길문우천) — 한(漢)나라 때의 승상이었던 병길은 어느 때 외출했다가 사람들이 싸우던 끝에 사상자가 길바닥에 쓰러져 있는 것을 보고도 불문에 붙였는데 소가 헐떡이면서 오는 것을 보고는 자기 수레를 멈추게 하고 그 까닭을 물었다. 연리(掾吏)가 그런 태도를 이상하게 여기자 병길은 "지금은 봄철인지라 그다지 넙시도 잃은데 소가 더위를 타는 것은 하늘의 음양이 조화를 이루지 못한 까닭이다. 백성들이 싸우다가 사상자가 생기는 일은 경조윤(京兆尹)이나 장안령

(長安令)이 다룰 일이지, 승상은 천지의 음양에 관한 일을 걱정해야
하느니라.”고대답했다는 것이다(《漢書》 권74 〈丙吉傳〉 참조).
o三捉三治(삼촉삼치), 三休三敗(삼휴삼패)—상세한 것은 미상(未詳). 송
본(宋本)은 ‘이촉삼치(二捉三治) 일휴삼패(一休三敗)’로 적고 있다.《세
설전본(世說箋本)》에 ‘촉(捉)은 용(用)이다. 휴(休)는 사(舍)이다. 왕공
을 쓰면[用], 즉 잘 다스려졌고 왕공을 내보내면[舍], 즉 문란해졌다.
그 현명함을 알 수 있다. 삼(三)이란 반드시 숫자에 구애되지 않으며
누누히란 의미이다’라고 했다.

15. 승상(丞相 : 王導)은 만년에 거의 정치를 살피려고 하지 않았는
데 문서는 단지 봉투를 뜯기만 하고 수락했다. 그리고 한숨지으면서
말했다. “사람들은 나를 보고 노망이 들었다고 말하지만 후세 사람들
은 틀림없이 그 노망을 사모하게 될 것이다.”(1)

■원문| 丞相末年, 略不復省事, 正封籙諾之. 自歎曰, 人言我
憒憒, 後人當思此憒憒.(1)

(1) 서광(徐廣)의 《역기(歷紀)》에 이런 말이 있다. ‘왕도는 3대에 걸
  쳐 재상을 지냈으며 다난(多難)한 국사(國事)를 다스렸는데 그
  정치는 관대하게 하고 일을 할 때는 간결을 주로 삼았다. 그리하
  여 인애(仁愛)의 명예를 후세에까지 남겼던 것이다.’
  徐廣歷紀曰, 導阿衡三世, 經綸夷險, 政務寬恕, 事從簡易. 故
  垂遺愛之譽也.

■주해| o徐廣歷紀(서광역기)—송본(宋本)·원본(袁本) 모두 ‘서광역기’
  로 되어 있는데 《수서(隋書)》〈경적지(經籍志)〉, 《구당서(舊唐書)》〈경
  적지(經籍志)〉 등의 서목류(書目類), 그리고 《진서(晋書)》 권82, 《송
  서》 권55의 〈서광전(徐廣傳)〉에는 《역기(歷紀)》란 저작이 안보인다.
  어쩌면 《진기(晋紀)》의 잘못일까?

ㅇ阿衡(아형)—아(阿)는 '의존하다', 형(衡)은 평(平)의 의미로서 왕이 이
  에 의지하여 공정함을 얻기 위한 재상(宰相)을 가리킴.《시경(詩經)》
  〈상송(商頌)〉 '장발(長發)'에 '바로 아형 이윤이 그분이며(實維阿衡), 그
  분이 상나라 임금님을 보좌하신 거라네(實左右商王)'라고 하여 재상 이
  윤(伊尹)의 관명(官名)으로 되어 있다.

16. 도공(陶公 : 陶侃)은 검약가(儉約家)로서 업무에 열심이었다.[1]
형주자사(荊州刺史)로 있을 때 배 만드는 관원에게 명하여 톱밥을 많
고 적고 간에 모으도록 하였다. 관원들은 모두 그 이유를 알지 못했
다. 그후 설날 조회식 때 눈이 쌓였다가 겨우 날이 들었는데 관소의
뜰은 눈이 녹아서 아직 젖어 있었다. 그래서 예의 톱밥을 그곳에 펴
도록 했던바 만사가 지체없이 행해질 수 있었다. 또 관소에서 대나무
를 사용할 때는 그 대나무 조각을 모으게 했는데 산더미처럼 쌓였다.
후일 환선무(桓宣武 : 桓溫)가 촉(蜀)을 정벌할 때 배를 만들었는데
이것을 가지고 못으로 사용했다. 또 어느 때 분부한 대나무 삿대를
징발했는데 어떤 상급 관원이 대나무를 뿌리채 가져왔으므로 그것을
삿대의 발판으로 사용했다. 그리고 도공은 그 관원을 두 계급 특진시
켰다고 한다.

▌**원문**▏ 陶公性檢厲, 勤於事.[1] 作荊州時, 敕船官悉錄鋸木屑,
不限多少. 咸不解此意. 後正會, 値積雪始晴, 聽事前除, 雪後
猶濕. 於是悉用木屑覆之, 都無所妨. 官用竹, 皆令錄厚頭, 積
之如山. 後桓宣武伐蜀, 裝船, 悉以作釘. 又云, 嘗發所在竹篙,
有一官長連根取之, 仍當足. 乃超兩階用之.

(1)《진양추(晋陽秋)》에 이런 이야기가 있다. '도간(陶侃)은 모든 일
   에 통달했으며 농업을 장려했는데 일선의 병사들에게도 농사를

짓게 하였다. 물건을 바치는 자가 있으면 모두 그 출처를 물었다. 만약 직접 노동을 해서 얻은 것이라고 하면 기꺼이 받았지만 그렇지 않은 것은 질책을 하며 돌려주었다. 그래서 백성도 군사도 모두 농사에 힘을 쏟아서 어느 집이나 풍족하였다. 성품이 섬세한 데다가 묻기를 좋아하는 것은 조광한(趙廣漢)과 아주 비슷했다. 일찍이 병영(兵營)에 명령하여 버드나무를 심게 했는데 도위(都尉)인 하시(夏施)가 무창(武昌) 서문(西門)에 심어놓은 버드나무를 훔쳐간 일이 있었다. 도간은 그후 스스로 나아가 수레를 하시의 진문 앞에 세워놓고 물었다. "이것은 무창 서문의 버드나무가 아닌가? 왜 이것을 훔쳐 왔는가?" 하시는 두려워서 그 죄를 인정했다. 그러자 전군(全軍)이 그 명찰(明察)을 칭송했다. 도간은 성실하고 엄정하여 스스로 열심히 일을 하되 쉬는 일이 없었고, 또 즐겨 남에게 권면했다. 그러면서 언제나 이렇게 말했다. "인간은 근면하지 않으면 안된다. 대우(大禹)는 성인(聖人)이었지만 촌음(寸陰)을 아끼셨다. 하물며 속인(俗人)인 자들은 분음(分陰)을 아껴야 한다. 어찌 게으름을 부릴 수 있으리요. 살아 있을 때 그 시대에 도움이 되지 못하고, 죽어서도 후세에 이름을 남기지 못한다면 그것은 마치 자기 자신을 버리는 것과 마찬가지이다. 또 노장(老莊)의 말은 부화(浮華)하여 선왕(先王)의 올바른 말씀이 아니므로 감히 행해서는 안된다. 군자(君子)라면 마땅히 의관을 정제하고 위의를 갖추어야지 어찌 머리를 풀어헤치고 명성이나 바라면서 스스로 굉달(宏達)하다고 일컬어서야 되겠는가?"'

《중흥서(中興書)》에는 이런 말이 있다. '도간은 일찍이 속관들을 조사하되 저포(樗蒲)·박혁(博弈)의 도구를 발견하면 이런 것들을 팽개치면서 말했다. "저포는 노자(老子)가 호(胡)에 갔다가 만든 것이라고 하니 외국의 놀이에 불과하다. 위기(圍棋)는 요순(堯舜)이 어리석은 아들들을 가르치기 위해서 만든 것이다. 박혁은 주왕(紂王)이 만든 것이다. 그대들과 같은 국사(國士)들이 어찌 그런 짓을 한단 말인가? 근무하고 여가가 생기면 그 무료함을 달래기 위해, 문사(文士)라면 왜 책을 읽지 않는단 말인가? 또 무사(武士)라면 어찌하여 활을 쏘지 않는단 말인가?" 이 말을 듣는 자들은 과연 그렇겠다고 말했다.'

晉陽秋曰, 侃練核庶事, 勤於稼穡, 雖戎陳武士, 皆勸属之. 有奉饋者, 皆問其所由. 若力役所致, 懽喜慰賜. 若他所得, 則呵辱還之. 是以軍民勤於農稼, 家給人足. 性纖密好問, 頗類趙廣漢. 嘗課營種柳, 都尉夏施盜拔武昌郡西門所種. 侃後自出, 駐車施門, 問, 此是武昌西門柳. 何以盜之. 施惶怖首伏. 三軍稱其明察. 侃勤而整, 自强不息, 又好督勸於人. 常云, 民生在勤, 大禹聖人, 猶惜寸陰, 至於凡俗, 當惜分陰, 豈可遊逸. 生無益於時, 死無聞於後, 是自棄也. 又老莊浮華, 非先王之法言而不敢行. 君子當正其衣冠, 攝以威儀, 何有亂頭養望, 自謂宏達邪. 中興書曰, 侃嘗檢校佐吏, 若得樗蒲·博弈之具, 投之曰, 樗蒲, 老子入胡所作, 外國戲耳. 圍棊, 堯舜以敎愚子. 博弈, 紂所造. 諸君國器, 何以爲此. 若王事之暇, 患邑邑者, 文士何不讀書. 武士何不射弓. 談者無以易也.

주해 ○當足(당족)－미상(未詳).《세설신어(世說新語)》유진옹평(劉辰翁評)에 '대나무 뿌리를 연이어서 삿대로 사용하는데 이것을 철족(鐵足) 대용품으로 쓴다'라고 하였다.
○趙廣漢(조광한)－《한서(漢書)》권76에 전(傳)이 있다.
○樗蒲(저포)－고대 놀이의 한 가지로 지금의 주사위놀이와 비슷하다.

17. 하표기(何驃騎 : 何充)가 회계내사(會稽內史)로 있을 때,[1] 우손(虞存)의 동생 우건(虞謇)이 군(郡)의 주부(主簿)로 있었다.[2] 우건은 하표기가 손님 만나기에 지쳐 있으므로 일반 손님은 거절하고 집안사람들로 하여금 손님 수를 조절하되 꼭 만나야 할 사람만 선발하

도록 건의하려고 했다. 그래서 건의문을 작성하여 우존에게 보여주었다. 우존은 당시 하표기의 고급 보좌관이었으며 때마침 우건과 함께 식사를 하고 있었는데 "건의문은 매우 잘 되었어. 기다리게. 식사가 끝나면 명령서를 만들지."라고 말했다. 식사가 끝나자 붓을 들고 건의서 말미에 덧붙여서 썼다. '만약 곽임종(郭林宗 : 郭泰)과 같은 문위장(門衛長)을 얻을 수 있다면 건의서대로 함이 마땅하겠으나 그대는 그런 사람을 어디서 구할 수 있다는 겐가?'[3] 그래서 우건은 건의서를 취소했다.

■원문| 何驃騎作會稽,[1] 虞存弟謇作郡主簿.[2] 以何見客勞損, 欲斷常客, 使家人節量, 擇可通者. 作白事成, 以見存. 存時爲何上佐, 正與謇共食. 語云, 白事甚好, 待我食畢作敎. 食竟, 取筆題白事後云, 若得門亭長如郭林宗者, 當如所白. 汝何處得此人.[3] 謇於是止.

(1) 《진양추(晋陽秋)》에 이런 이야기가 있다. '하충(何充)의 자는 차도(次道)이며 여강(廬江) 사람이다. 사려가 널리 통하고 문재(文才)가 있었다. 회계내사(會稽內史)·시중(侍中)·표기장군(驃騎將軍)·양주자사(揚州刺史)에 누천(累遷)되었고 사도(司徒)가 추증되었다.'
晉陽秋曰, 何充字次道, 廬江人. 思韻淹通, 有文義才情. 累遷會稽內史·侍中·驃騎將軍·揚州刺史. 贈司徒.

(2) 손통(孫統)의 《우존뢰(虞存誄)》 서(叙)에 이런 말이 있다. '우존의 자는 도장(道長)이고 회계 산음(山陰) 사람이다. 조부인 우양(虞陽)은 산기상시(散騎常侍), 아버지 우위(虞偉)는 주서조(州西曹)였다. 우존은 젊었을 때부터 보통사람보다 뛰어났었고 풍격이 빼어났었다. 위군장사(衛軍長史)·상서이부랑(尚書吏部郎)을 역

임했다.'

범왕(范汪)의 《기품(棊品)》에 이런 말이 있다. '우건(虞謇)의 자는 도직(道直)이며 벼슬을 하여 군공조(郡功曹)에 이르렀다.'

孫統存誅敍曰, 存字道長, 會稽山陰人也. 祖陽, 散騎常侍. 父偉, 州西曹. 存幼而卓拔, 風情高逸. 歷衛軍長史·尙書吏部郞. 范汪棊品曰, 謇字道直, 仕至郡功曹.

(3) 《곽태별전(郭泰別傳)》에 이런 이야기가 있다. '곽태의 자는 임종(林宗)인데 인물 감식안(鑑識眼)이 있었다. 천하의 인사들을 품평했는데 그 중에는 아직 어린아이들이라든가 촌리(村里)에 있는 사람도 있었다. 이 사람들은 후에 모두 훌륭한 인물이 되었으며 그 수는 60명 이상이나 되었다. 스스로 책 한 권을 저술하여 인물을 선발하고 요체를 논했는데 세상에 유포시키기 전에 난리를 만나 망실되고 말았다.'

泰別傳曰, 泰字林宗, 有人倫鑒識. 題品海內之士, 或在幼童, 或在里肆, 後皆成英彦六十餘人. 自著書一卷, 論取士之本, 未行, 遭亂亡失.

주해 ｜ ○敎(교)－왕후(王侯)의 명령유고(命令諭告). 《문선(文選)》권 36 '교(敎)'의 이선(李善) 주(注)에 '채옹(蔡邕)이 독단으로 말하다. 제후(諸侯)의 말을 교(敎)라고 한다'라고 했다. 여기서는 우존이 우건의 건의서에 대한 하충(何充)의 명령서를 대작(代作)한다는 것을 의미하고 있다.

○門亭長(문정장)－한대(漢代)의 경찰서장이었던 정장(亭長)에 상당하는 하급 관리.

○司徒(사도)－《진서(晋書)》권77 〈하충전(何充傳)〉에는 '사공(司空)'이라고 되어 있다.

○州西曹(주서조)－서조서좌(西曹書佐). 주자사(州刺史)의 좌리(佐吏).

18. 왕몽(王濛)과 유담(劉惔)이 임공(林公 : 支遁)과 함께 하표기(何驃騎 : 何充)를 방문했는데 하표기는 서류를 들여다보면서 돌아보지도 아니했다.[1] 왕몽이 하표기를 향하여 말했다. "나는 지금 이처럼 일부러 임공(林公)을 데리고 그대를 만나러 왔소이다. 그대는 평소에 하던 일을 집어치우고 함께 이야기를 나눌 것으로 생각했었소. 그런데 어찌하여 잠자코 그런 것이나 들여다보고 있는 게요?" 하표기는 대답했다. "내가 이것을 보지 않는다면 그대들이 어찌 그렇게 있을 수 있겠소이까?" 사람들은 잘한 대답이라고 하였다.

▎**원문**▎ 王・劉與林公共看何驃騎. 驃騎看文書不顧之.[1] 王謂何曰, 我今故與林公來相看. 望卿擺撥常務, 應對共言. 那得方低頭看此邪. 何曰, 我不看此, 卿等何以得存. 諸人以爲佳.

(1) 《진양추(晋陽秋)》에 이런 이야기가 있다. '하충(何充)은 왕몽(王濛)・유담(劉惔)과 기호(耆好)가 달랐다. 그래서 당시 사람들에게 비난을 당했다.'
　　晋陽秋曰, 何充與王濛・劉惔好尚不同. 由此見譏於當世.

▎**주해**▎ ㅇ我不看此云云(아불간차운운) － 왕몽과　유담은　노장(老莊)을 좋아했으므로, 함께 간문제(簡文帝)의 담객(談客)으로 활약했으며 인망이 있었다. 그러나 하충은 자기가 실무를 보지 아니하면 그대들이 어찌 청담에 빠져 지낼 수 있겠느냐고 말했던 것이다.

19. 환공(桓公 : 桓溫)이 형주자사(荊州刺史)였을 때 강한(江漢)의 땅을 오로지 덕정(德政)으로 다스려야겠다고 생각하고, 엄벌(嚴罰)로 백성을 바로잡고자 하는 것을 부끄러워했다.[1] 영사(令史)가 장형(杖刑)을 받을 때 등은, 마치 곤장이 붉은 옷을 스쳐지나가는 것 같았다. 환식(桓式)은 아직 젊었었는데 밖으로부터 들어와서 말했다.[2] "아까

관소(官所) 옆을 지나쳐 갔는데 영사가 곤장 맞는 것을 보았습니다. 그런데 위로는 구름 위에 닿는 것 같았고 아래로는 땅을 스쳐지나가는 것 같았습니다.” 곤장이 몸에 닿지 않는 것을 비꼬는 의미로 한 말인데 환공은 이렇게 말했다. “나는 그래도 무거운 게 아닌가 걱정하고 있다.”

■원문│ 桓公在荊州, 全欲以德被江漢, 恥以威刑肅物.[1] 令史受杖, 正從朱衣上過. 桓式年少, 從外來,[2] 云, 向從閤下過, 見令史受杖, 上掯雲根, 下拂地足. 意譏不著. 桓公云, 我猶患其重.

(1) 《환온별전(桓溫別傳)》에 이런 이야기가 있다. ‘환온은 영화(永和) 원년(元年), 서주(徐州)에서 형주자사(荊州刺史)로 옮기어 형주에서 관용한 정치를 했으므로 백성들은 안도했다.’
溫別傳曰, 溫以永和元年, 自徐州遷荊州刺史. 在州寬和, 百姓安之.

(2) 식(式)은 환흠(桓歆)의 어렸을 때 자(字)이다.
《환씨보(桓氏譜)》에 이런 말이 있다. ‘환흠(桓歆)의 자는 숙도(叔道)이며 환온의 셋째 아들이다. 벼슬하여 상서(尚書)에 이르렀다.’
式, 桓歆小字也.
桓氏譜曰, 歆字叔道, 溫第三子, 仕至尚書.

■주해│ ○令史(영사) ─ 최하급의 관리.
○朱衣(주의) ─ 《진서(晋書)》〈직관지(職官志)〉에 ‘영사 이상은 모두 강복(絳服 : 朱衣)을 입는다’라고 되어 있다.

20. 간문제(簡文帝 : 司馬昱)가 승상이었을 때 정무(政務)가 더디어

서 해를 넘겨야 겨우 처리되는 상태였다. 환공(桓公 : 桓溫)은 그렇게 더딘 것을 매우 우려하여 언제나 빨리 처리할 것을 권했으나 태종(太宗 : 簡文帝)은 이렇게 말했다. "1일에 만기(萬機 : 하루에도 여러 가지의 機微가 일어난다)라고 하지 않았소이까. 어찌 그처럼 빨리 할 수 있겠소."[1]

▌원문▌ 簡文爲相, 事動經年, 然後得過. 桓公甚患其遲, 常加勸勉. 太宗曰, 一日萬機. 那得速.[1]

(1) 《상서(尚書)》〈고요모(皐陶謨)〉에 이런 말이 있다. '일일만기(一日萬機)이다.' 공안국(孔安國)은 이렇게 말했다. '기(幾)란 조짐이다. 만사의 조짐에 주의를 하지 않으면 안된다.'
尚書皐陶謨, 一日萬機. 孔安國曰, 幾, 微也. 言當戒懼萬事之微.

21. 산하(山遐)가 동양태수(東陽太守)의 직(職)을 떠나자 왕장사(王長史 : 王濛)는 간문제(簡文帝 : 司馬昱)에게 가서 동양태수로 나가게 해달라고 청했다. "맹정(猛政)을 한 다음을 잇는 것이므로 화정(和靜)의 정치를 하는 게 좋을 것입니다."[1]

▌원문▌ 山遐去東陽. 王長史就簡文索東陽云, 承藉猛政, 故可以和靜致治.[1]

(1) 《동양기(東陽記)》에 이런 말이 있다. '산하(山遐)의 자는 언림(彦林)이며 하내(河內) 사람이다. 조부인 산도(山濤)는 사도(司徒), 아버지 산간(山簡)은 의동삼사(儀同三司)였다. 산하는 무릉왕(武陵王)의 우(友)와 동양태수를 역임했다.'
《강돈전(江惇傳)》에는 이런 이야기가 있다. '산하가 동양태수가 되자 정교(政敎)는 엄격하여 형륙(刑戮)을 행했으므로 군내 사람들은 모두 괴로워했다. 강돈(江惇)이 동양군에 은거하자 깊은 사려로 백성들을 위로했다. 그러므로 산하도 그의 인덕에 감복하여 가정(苛政)을 늦추게 되었다.'

東陽記云, 遐字彦林, 河內人. 祖濤, 司徒. 父簡, 儀同三司. 遐歷武陵王友·東陽太守.

江惇傳曰, 山遐之爲東陽, 風政嚴苛, 多任刑殺, 郡內苦之. 惇隱東陽, 以仁恕懷物, 遐感其德, 爲微損威猛.

주해 | ○索東陽(색동양)―왕몽(王濛)이 동양태수의 직을 구했다는 이야기는 〈방정편(方正篇)〉 49에도 보이는데 임용되지 않았다고 되어 있다(《晋書》 권93 〈王濛傳〉도 이것과 같다). 또 간문제(簡文帝 : 司馬昱)는 당시 무군장군(撫軍將軍)이었다.

○猛政(맹정)―《예기(禮記)》 〈단궁편(檀弓篇)〉 하(下)에 '가정(苛政)은 맹호(猛虎)이다'라고 했다.

○和靜(화정)―《장자(莊子)》 〈선성편(繕性篇)〉에 '음양화정(陰陽和靜)하면 귀신도 소란을 떨지 못한다'라고 되어 있다.

○東陽記(동양기)―송(宋)나라 정집(鄭緝) 찬(撰). 《구당서(舊唐書)》 〈경적지(經籍志)〉 상(上), 《신당서(新唐書)》 〈예문지(藝文志)〉 2 등에 저록(著錄)되어 있다.

○儀同三司(의동삼사)―의제(儀制)가 삼공(三公 : 三司)과 마찬가지로 다루어진다는 의미로서 문관(文官)은 광록대부(光祿大夫) 이상, 무관은 장군으로서 관소(官所 : 府)를 개설한 자를 개부의동삼사(開府儀同三司)와 장군호(將軍號) 속에 부기(附記)한다. 내용에 있어서는 남북조시대에 변천이 있다.

○友(우)―진대(晋代) 제왕(諸王)에게는 보도(輔導)의 임무를 띠는 사(師)·우(友)·문학(文學) 각 1명씩이 있었다. 《진서(晋書)》 권24 〈직관지(職官志)〉에 '왕은 사(師)·우(友)·문학(文學) 각 1명을 둔다……우(友)란 문왕(文王) 중니(仲尼)의 사우(四友)의 명호(名號)에 연유한

다'라고 되어 있다.

22. 은호(殷浩)가 양주자사(揚州刺史)였을 때[1] 유윤(劉尹 : 劉惔)은 외출했다가 날이 조금이라도 저물려 하면 곧 좌우 사람들을 시키어 침구(寢具)를 준비하라고 시켰다. 어떤 사람이 그 이유를 묻자 그는 대답했다. "자사(刺史)님이 엄격한 분이기 때문에 밤에는 다닐 수가 없느니라."

▌원문▌ 殷浩始作揚州.[1] 劉尹行, 日小欲晚, 便使左右取襆. 人問其故. 答曰, 刺史嚴, 不敢夜行.

(1) 《은호별전(殷浩別傳)》에 이런 말이 있다. '은호의 자는 연원(淵源)이고 진군(陳郡) 장평(長平) 사람이다. 조부인 은식(殷識)은 복양상(濮陽相), 아버지 은선(殷羨)은 광록훈(光祿勳)이었다. 은호는 젊었을 때부터 평판이 높았는데 벼슬하여 양주자사(揚州刺史)·중군장군(中軍將軍)에 이르렀다.'
《중흥서(中興書)》에 이런 이야기가 있다. '건원(建元) 초, 유량(庾亮)의 형제와 하충(何充) 등이 앞뒤로 이어서 세상을 떠났다. 태종(太宗 : 簡文帝)은 무군장군(撫軍將軍)으로서 정무를 보좌하고 은호(殷浩)를 초빙하여 양주자사로 삼았는데 그것은 민간의 여망에 따른 것이다.'
浩別傳曰, 浩字淵源, 陳郡長平人. 祖識, 濮陽相. 父羨, 光祿勳. 浩少有重名, 仕至揚州刺史·中軍將軍.
中興書曰, 建元初, 庾亮兄弟·何充等相尋薨. 太守以撫軍輔政, 徵浩爲揚州, 從民譽也.

▌주해▌ ○取襆(취복)─숙박(宿泊)을 준비하는 것. 복(襆)은 침구(寢具).

23. 사공(謝公 : 謝安)이 재상이었을 때 병사들과 하인들이 도망을 했고, 그 대부분이 가까운 남당(南塘) 아래에 매어놓은 배 안에 숨었다. 어떤 사람이 일제히 수색할 것을 권했으나 사공은 받아들이지 않고 이렇게 대답했다. "만약 그 무리들을 용서할 수가 없다면 어찌 천자가 계신 도성(都城)이라고 할 수가 있으리요."(1)

│원문│ 謝公時, 兵廝逋亡, 多近竄南塘下諸舫中. 或欲求一時搜索, 謝公不許. 云, 若不容置此輩, 何以爲京都.(1)

(1) 《속진양추(續晋陽秋)》에 이런 이야기가 있다. '중원(中原)이 혼란 속에 빠져들고 진(晋)나라 백성들이 본거지를 떠나 강남에 건국한 다음, 호족(豪族)들은 점차 토지를 빼앗아 그 소유지를 늘여나갔기 때문에 혹자는 유랑하고 호적에도 오르지를 못했다. 태원(太元) 연간에 밖으로는 강대한 저강족(氐羌族)을 막고 호구조사를 하였다. 삼오(三吳)는 특히 상세하게 조사하고 십오제(什伍制)를 바로 세웠다. 그 중에 당시 산택(山澤)에 숨어 있으면서 도읍에 왕래하는 자가 있었다. 후장군(後將軍) 사안(謝安)은 당시 그러한 유민들을 받아들였다. 그때 어떤 사람이 사안의 자리에 가서 도망한 자들을 숨겨둔 자의 죄를 다스려야 한다고 말했다. 사안은 언제나 뛰어난 덕을 가지고 백성들을 다스리며, 소소한 일에는 구애받지 않았다. 그는 강력한 이민족이 침입해온 지금 결심이 동요되어서는 안된다고 생각했다. 그래서 이렇게 대답했다. "그대는 유민에 대해서만 두려워하고 있구려. 그러나 이렇게 되지 않는다면 어찌 경도(京都)라고 할 수 있으리요." 상대방은 부끄러운 기색을 띠었다.'

續晋陽秋曰, 自中原喪亂, 民離本域, 江左造創, 豪族幷兼, 或客寓流離, 名籍不立. 太元中, 外禦强氐, 蒐簡民實. 三吳頗加澄檢, 正其里伍. 其中時有山湖遁逸, 往來都邑者. 後將軍安方

接客. 時人有於坐言宜糺舍藏之失者. 安每以厚德化物, 去其煩
細. 又以强寇入境, 不宜加動人情. 乃答之云, 卿所憂在於客耳.
然不爾, 何以爲京都. 言者有慙色.

■**주해** ｜　○兵厮(병시)－병사와 하인.
○南塘(남당)－진회(秦淮)의 남안(南岸)《資治通鑑》 권115,《晋紀》 37의
　胡三省 注에 의함).
○後將軍(후장군)－전후좌우 4군의 1군을 통솔하는 장군. 주(周)나라 말
　기에 두어졌고 후한의 광무제(光武帝) 때 폐지되었는데 삼국시대 위
　(魏)나라가 다시 부활시켰다.
○接客(접객)－객은 타지(他地)에서 와 유리(流離)하고 있는 사람.

24. 왕대(王大 : 王忱)가 이부랑(吏部郞)이었을 때,[1] 어느 날 관리
의 천거 초안을 작성했다. 상주(上奏)하려고 하는데 왕승미(王僧彌 :
王珉)가 왔으므로 슬쩍 내보였다.[2] 왕승미는 얼른 자기 생각대로, 왕
대가 천거한 것을 반 가까이나 고쳤다. 왕대는 그것을 보고는 아주
잘한 것이라 생각하고 고쳐 쓴 다음 곧 상주했다.

■**원문**｜　王大爲吏部郞,[1] 嘗作選草. 臨當奏, 王僧彌來, 聊出
示之.[2] 僧彌得便以己意改易所選者近半. 王大甚以爲佳, 更
寫卽奏.

(1) 왕침(王忱)은 이미 앞에서 나왔다.
　　王忱已見.

(2) 승미(僧彌)는 왕민(王珉)의 어렸을 때 자(字)이다.
　　《왕민별전(王珉別傳)》에는 이런 말이 있다. '왕민의 자는 계염(季
　　琰)이고 낭야(琅邪) 사람이다. 승상 왕도(王導)의 손자이며 중령

군(中領軍) 왕흡(王洽)의 막내아들이다. 재예(才藝)가 있었으며 행서(行書)를 잘 썼는데 명성이 형 왕순(王珣)보다 높았다. 시중(侍中)·중서령(中書令)에 누천(累遷)되었고 태상(太常)이 추증되었다.'

僧彌, 王珉小字也.

珉別傳曰, 珉字季琰, 琅邪人, 丞相導孫. 中領軍洽少子. 有才藝, 善行書, 名出兄珣右. 累遷侍中·中書令. 贈太常.

주해| ○得便(득편)—곧, 곧바로.

○已見(이견)—〈덕행편(德行篇)〉 44 주(注).

25. 왕동정(王東亭 : 王珣)은 장관군(張冠軍 : 張玄)[1]과 사이가 좋았다. 왕순이 오군태수(吳郡太守)가 되자 어떤 사람이 그의 동생인 소령(小令 : 王珉)[2]에게 물었다. "왕동정은 군태수가 되셨는데 그 교화정치(敎化政治)는 어떠십니까?" 대답했다. "정치 교화는 어떤지 알 수 없으나 다만 장조희(張祖希 : 張玄)와의 우정은 날로 더해갈 뿐이외다."

원문| 王東亭與張冠軍善.[1] 王旣作吳郡, 人問小令曰,[2] 東亭作郡, 風政何似. 答曰, 不知治化何如, 唯與張祖希情好日隆耳.

(1) 장현(張玄)은 이미 앞에서 나왔다.

張玄已見.

(2) 《속진양추(續晋陽秋)》에 이런 이야기가 있다. '왕헌지(王獻之)는 중서령(中書令)이었는데 왕민(王珉)이 그의 뒤를 이었다. 당시 사람들은 두 사람을 대왕령(大王令)·소왕령(小王令)이라고 했다.'

續晋陽秋曰, 王獻之爲中書令, 王珉代之, 時人曰大小王令.

주해| ○情好日隆(정호일륭) － 〈언어편(言語篇)〉 51 주(注)에서 인용한
《속진양추(續晋陽秋)》에 의하면 장현(張玄 : 혹은 張玄之)은 덕망이 높
았던 인물이었는데 그러한 인물과 교제가 깊었다고 대답함으로써 정교
(政敎)가 자연히 잘 되고 있을 것임을 암시했던 것이다.
　○已見(이견) － 〈언어편〉 51. 〈언어편〉 51 주에는 '장현지자조희(張玄之字
祖希)'라고 되어 있다. 또 《수서(隋書)》〈경적지(經籍志)〉 권4 주(注) 1
에도 '진관군장군장현지집5권록1권(晋冠軍將軍張玄之集五卷錄一卷)'이
라고 되어 있다.

26. 은중감(殷仲堪)이 형주(荊州)에 자사(刺史)로 부임하게 되었을
때 왕동정(王東亭 : 王珣)이 물었다. "덕(德)이란 백성들을 안전하게
해주는 것을 칭함이고, 인(仁)이란 남을 해치지 않는 것을 가리킨다고
합니다. 오늘날 중국에서 자사가 되는 것은 살육하는 직책에 취임하
는 것입니다. 공(公)의 원래의 뜻과는 어긋나는 일이 아니겠습니까?"
은중감이 대답했다. "고요(皐陶)는 형벌의 제도를 만들었지만 현인
(賢人)이 아니라고 말할 수 없고,[1] 공자(孔子)는 사구(司寇)의 벼슬
에 올랐었지만 인자(仁者)가 아니라고 할 수 없소이다."[2]

원문| 殷仲堪當之荊州, 王東亭問曰, 德以居全爲稱, 仁以不
害物爲名. 方今宰牧華夏, 處殺戮之職. 與本操將不乖乎. 殷
答曰, 皐陶造刑辟之制, 不爲不賢.[1] 孔丘居司寇之任, 未爲
不仁.[2]

(1) 《고사고(古史考)》에 이런 이야기가 있다. '정견(庭堅)은 고요(皐
陶)라고 호(號)했다. 순(舜)의 모신(謀臣)이다. 순은 그를 요(堯)
에게 천거했고 요는 옥관(獄官)으로 형(刑)을 관장케 했다.'
古史考曰, 庭堅號曰皐陶. 舜謀臣也. 舜擧之於堯, 堯令作士
主刑.

(2) 《공자가어(孔子家語)》에는 이런 말이 있다. '공자는 노(魯)나라
   사공(司空)에서 대사구(大司寇)가 되었으며 7일만에 법을 어긴
   대부(大夫) 소정묘(少正卯)를 주살했다.'
   家語曰, 孔子自魯司空爲大司寇, 七日而誅亂法大夫少正卯.

주해 ｜ ○宰牧(재목)—지방장관.
○華夏(화하)—중국.
○士(사)—검찰·재판을 관장하는 관원.
○家語(가어)—《공자가어》〈시주편(始誅篇)〉.
○大司寇(대사구)—주(周)나라 육경(六卿)의 하나로서 옥송(獄訟)을 관장
  하는 벼슬.

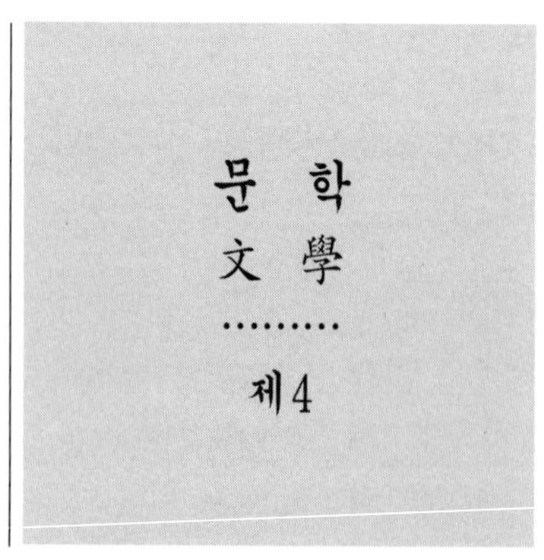

1. 정현(鄭玄)은 마융(馬融)의 문하에 있으면서[1] 3년 간 만날 수가 없었다. 다만 고제자(高弟子)가 학문을 전수해 줄 뿐이었다. 어느 때 혼천의(渾天儀)를 계산해봐도 맞지가 않았다. 제자들 가운데는 그 누구도 아는 자가 없었는데 정현이라면 가능할 것이라고 말하는 자가 있었으므로 마융은 정현을 불러 계산을 하도록 시켰다. 정현이 한번 뱅그르 돌리자 금방 해결해냈다. 한자리에 있던 자들은 모두 감탄했다. 정현은 학업을 끝내자 작별을 고하고 돌아가게 되었는데, 그런 후에 마융은 예악(禮樂)이 모두 동쪽으로 가버렸음을 한탄하고,[2] 정현이 명성을 마음껏 떨칠 것이라며 두려워하는 등 마음속으로 그를 시기했다. 정현도 추격해올지 모르겠다고 생각한 나머지 흙다리〔土橋〕 밑에 앉았다. 그리고 물 위에서 나막신을 허리에 대고 있었다. 과연 마융은 점판을 돌리어 점을 쳐본 다음 그의 뒤를 추격하려고 하다가 좌우에 있는 자들에게 말했다. "정현은 흙 밑에, 그리고 물 위에 있으면서 나무에 의지하고 있다. 이것은 틀림없이 그가 죽은 것이야." 그래서 추격을 중단했다. 정현은 겨우 도망칠 수가 있었다.[3]

▌원문| 鄭玄在馬融門下,[1] 三年不得相見. 高足弟子傳授而已. 嘗算渾天不合, 諸弟子莫能解. 或言玄能者. 融召令算, 一轉便決. 衆咸駭服. 及玄業成辭歸, 旣而融有禮樂皆東之歎.[2] 恐玄擅名而心忌焉. 玄亦疑有追, 乃坐橋下, 在水上據屐. 融果轉式逐之, 告左右曰, 玄在土下·水上, 而據木, 此必死矣. 遂罷追. 玄竟以得免.[3]

(1) 《마융자서(馬融自叙)》에 이런 이야기가 있다. '마융의 자는 계장(季長)이며 우부풍(右扶風) 무릉(茂陵) 사람이다. 젊었을 때부터 질문하기를 좋아했으며 학문을 함에 있어 정해진 스승은 없었다. 대장군(大將軍) 등척(鄧隲)이 불러 사인(舍人)으로 쓰고자 했으나 응하지 않고 무도(武都)에서 놀았다. 그 무렵 마침 강족(羌族)이 발호하여 함곡관(函谷關) 서쪽의 도로가 차단되었다. 마융은 말하기를 엣사람들은 "왼손으로 천하의 판도(版圖)를 잡고 있으면서 오른손으로 자기 목구멍을 찌르는 짓은 우부(愚夫)라도 하지 않았다."라고 했다. 왜냐하면 목숨은 천하보다 귀하기 때문이다. 다소 몸을 굽히어 속세에 따르고 낮은 벼슬자리에 나가는 것을 수치라며, 이 존귀한 몸을 멸망시킬 수는 없다고 생각한 그는 마침내 등척을 찾아가서 벼슬을 받았다. 교서랑(校書郞)이 되었고 도읍에서 나가 남군태수(南郡太守)가 되었다.'

융自敍曰, 融字季長, 右扶風茂陵人. 少而好問, 學無常師. 大將軍鄧隲召爲舍人, 棄, 遊武都. 會羌虜起, 自關以西道斷. 融以謂古人有言, 左手據天下之圖, 而右手刎其喉, 愚夫不爲. 何則生貴於天下也. 豈以曲俗咫尺爲羞, 滅無限之身哉. 因往應之. 爲校書郞, 出爲南郡太守.

(2) 《고사전(高士傳)》에 이런 이야기가 있다. '정현(鄭玄)의 자는 강성(康成)이며 북해(北海) 고밀(高密) 사람이다. 8대조인 정숭(鄭

崇)은 한(漢)나라 상서(尙書)였다.'

《정현별전(鄭玄別傳)》에 이런 말이 있다. '정현은 젊었을 때부터 즐겨 독서와 글씨를 썼고 주판을 배웠는데 13세 때 오경(五經)을 암송했고 천문(天文)·점후(占候)·풍각(風角)·은술(隱術)을 좋아했다. 17세 때 큰바람이 부는 것을 보고 현청(縣廳)에 가서 말했다. "모일(某日) 모시(某時)에 틀림없이 화재가 있을 것입니다." 그때가 되니 과연 그의 말대로 되었으므로 지자(智者)도 이상하게 생각했다. 21세 때에는 숱한 책들을 두루 섭렵하고 역수(歷數)·도위(圖緯)의 말에 정통했으며 그 위에 산수(算數)에도 정통했었다. 이윽고 관리(官吏)를 그만두고 전(前) 연주자사(兗州刺史) 제오원(第五元)을 사사했다. 또 동군(東郡)의 장공조(張恭祖)에게서 《주례(周禮)》《예기(禮記)》《춘추전(春秋傳)》을 배웠다. 많은 곳을 두루 유람하고 널리 보면서 산천을 지날 때마다 한 번 직접 본 것은 종신토록 잊지 않았다. 부풍(扶風)의 마계장(馬季長 : 馬融)은 영명한 유학자로 이름이 높았는데 정현은 찾아가 그에게서 여러 가지 의견을 들으려고 하였다. 마계장은 황후(皇后)의 인척이었기 때문에 젊은이에 대해서는 교만했었다. 정현은 그를 만날 수가 없었는데 가까운 곳에 살면서 스스로 서재를 지었다. 이윽고 소개하는 자가 있어서 만날 수가 있었다. 그때에는 탁군(涿郡)의 노자간(盧子幹)이 문인 중 으뜸이었는데 마계장이 해석할 수 없는 것이 일곱 가지가 있으면 정현은 그 중 다섯 가지를 해득(解得)했지만 노자간은 세 가지를 해득하는 데 지나지 아니했다. 마계장이 노자간에게 말했다. "나도, 그리고 자네도 정현을 따를 수가 없네." 마계장은 작별할 때 정현의 손을 잡고 말했다. "대도(大道)가 동쪽으로 가네. 힘껏 노력하게나." 정현은 후에 당고사건(黨錮事件)을 당하여 은거(隱居)했다. 저술(著述)을 하기 무려 백여만언에 이른다. 대장군 하진(何進)은 정현을 불러 예복을 입고 접견했다. 정현은 키가 8척 남짓, 눈썹도 수염도 멋져서 그 용모가 당당했다. 하진은 빈례(賓禮)로 대우하고 궤장(几杖)을 주었다. 정현은 여러 가지 잘못된 정치를 바로잡으려고 했으나 받아들여지지 않은 채 물러났다. 원소(袁紹)도 정현을 초청했다가 정현이 떠날 때 성(城) 동쪽에서 전별을 하며, 정현을 반드시 만취토록 하고자 했다. 그때 모인 사람이 모두 3백여명쯤 되는데 모두들 자리에서 일어나 술잔을 들어 권했다. 아침부터 저녁때까지 정현은 3백여잔을 마셨을 텐데도 그 온화한 모습이 종일토록 흐트러지지 않았다. 헌제(獻帝)가 허도(許都)에 있을 때 불러 대사농(大司農)으로 삼았는데 명을 받고 가던 중 원성(元城)까지 갔을 때 그곳에서 세상을 떠났다.'

高士傳曰, 玄字康成, 北海高密人. 八世祖崇, 漢尚書.
玄別傳曰, 玄少好學書數, 十三誦五經, 好天文・占候・風角・隱術. 年十七, 見大風起, 詣縣曰, 某時當有火災. 至時果然, 智者異之. 年二十一, 博極羣書, 精歷數・圖緯之言, 兼精算術. 遂去吏, 師故兗州刺史第五元. 先就東郡張恭祖受周禮・禮記・春秋傳. 周流博觀, 每經歷山川, 及接顏一見, 皆終身不忘. 扶風馬季長以英儒著名, 玄往從之, 參考同異. 季長后戚, 嫚於待士. 玄不得見, 住左右, 自起精廬. 旣因紹介得通. 時涿郡盧子幹爲門人冠首, 季長又不解剖裂七事, 玄思得五, 子幹得三. 季長謂子幹曰, 吾與汝皆弗如也. 季長臨別, 執玄手曰, 大道東矣, 子勉之. 後遇黨錮, 隱居. 著述凡百餘萬言. 大將軍何進辟玄, 乃縫掖相見. 玄長八尺餘, 須眉美秀, 姿容甚偉. 進待以賓禮, 授以几杖. 玄多所匡正, 不用而退. 袁紹辟玄, 及去, 餞之城東, 欲玄必醉. 會者三百餘人, 皆離席奉觴, 自旦及暮, 度玄飮三百餘柸, 而溫克之容, 終日無怠. 獻帝在許都, 徵爲大司農, 行至元城卒.

(3) 마융은 천하의 대유(大儒)로서 인의(仁義)를 실천했었다. 정현은

그의 문인이었으며 친히 그의 학업을 전했다. 어찌 시기하여 정현에게 짐독(鴆毒)을 먹이고자 하였겠는가? 어쨌든 항간의 풍평(風評)이란 남을 해코자 하는 것이다.

馬融海内大儒, 被服仁義. 鄭玄名列門人, 親傳其業. 何猜忌而行鴆毒乎. 委巷之言, 賊夫人之子.

주해│ ○渾天(혼천)—천체의(天體儀)를 사용하여 천문(天文)을 계산하는 것.

○式(식)—점복(占卜)을 하는 판.

○此必死矣(차필사의)—토하(土下), 수상(水上), 거목(據木)이 어찌하여 죽음의 상(象)인지 확실치는 않다. 어쩌면 역(易)의 사괘(師卦) ☷☵ (☷는 土, ☵는 水)에 연관시킨 것일까? 혹은 그 육삼(六三)의 효(爻)는 ☶(木)의 반상(半象)인 ☳의 위에 있으며 효사(爻辭)에 '사(師) 혹은 시(尸)를 여(輿)로 하는 흉(凶)'이라고 한 것에 근거한 것일까?

○滅無限之身哉(멸무한지신재)—《후한서》권60 상(上)의 본전(本傳)에 '기곤(飢困)하여 후회하고 탄식하며 운운'이라고 되어 있으며 이때 마음은 기갈(飢渴)했는데 큰 뜻을 품고 있던 나머지 낮은 벼슬을 버리고 온 것을 후회했던 것이다.

○校書郞(교서랑)—후한시대에 설치한 관직으로서 궁궐에 있는 책을 교열한다.

○風角(풍각)—바람을 보고 길흉을 점치는 것.

○隱術(은술)—은형(隱形)의 술(術).

○圖緯(도위)—예언·신비의 책.

○先就(선취)—선(先)은 《후한서》에 의해 우(又)로 고쳐서 번역했다.

○縫掖(봉액)—예복(禮服).

○大司農(대사농)—국가 재정을 관장하는 벼슬. 원래는 치속내사(治粟內史), 대농령(大農令)이라고 했었는데 전한(前漢) 무제(武帝) 때 대사농으로 개칭되었다.

○鴆毒(짐독)—독조(毒鳥)인 짐(鴆)의 날개를 술에 담그어 만든 술.

○盧子幹(노자간)—노식(盧植).

○賊夫人之子(적부인지자) – 《논어(論語)》〈선진편(先進篇)〉에 있는 말.

2. 정현(鄭玄)은 《춘추(春秋 : 左氏傳)》에 주(注)를 쓰려고 생각했는데 아직 완성하지 못했다. 어느 때 여행을 하다가 복자신(服子愼)과 같은 객사에 머물렀는데 그때까지 서로 면식이 없었다. 복자신이 밖의 수레 위에서 어떤 사람에게 자신의 전주(傳注)의 뜻을 말하고 있었다.[1] 정현은 잠시동안 듣고 있었는데 그 대부분이 자기 것과 똑같았다. 정현은 수레 있는 곳에 가서 이렇게 말했다. "나는 오래도록 주(注)를 쓰고자 했으나 아직 완성시키지 못하고 있소. 아까부터 그대가 하는 말을 듣자니 나와 같은 점이 많더이다. 내가 쓴 주를 모두 그대에게 주리다." 이렇게 해서 복씨(服氏)의 주가 되었던 것이다.

원문| 鄭玄欲注春秋傳, 尙未成. 時行, 與服子愼遇宿客舍, 先未相識. 服在外, 車上與人說己注傳意.[1] 玄聽之良久, 多與己同, 玄就車與語曰, 吾久欲注, 尙未了. 聽君向言, 多與吾同. 今當盡以所注與君. 遂爲服氏注.

(1) 《한남기(漢南紀)》에 이런 말이 있다. '복건(服虔)의 자는 자신(子愼)이며 하남(河南) 형양(滎陽) 사람이다. 젊었을 때 고학을 하여 대학(大學)의 학생이 되었는데 특히 《춘추좌씨전(春秋左氏傳)》에 밝았으며 그 훈해(訓解)를 만들었다. 효렴(孝廉)에 천거되어 상서랑(尙書郞)·구강태수(九江太守)가 되었다.'
漢南紀曰, 服虔字子愼, 河南滎陽人. 少行淸苦, 爲諸生, 尤明春秋左氏傳, 爲作訓解. 擧孝廉, 爲尙書郞·九江太守.

주해| ○服氏注(복씨주) – 《춘추좌씨전(春秋左氏傳)》의 복씨주(服氏注)는 현재 산일되었고 그 일부만 남아 있다.

3. 정현(鄭玄)네 집 노비(奴婢)는 모두 책을 읽을 줄 알았다. 어느 때 한 여종에게 일을 시켰던바 뜻대로 하지 않았다. 그래서 회초리로 때리려고 했더니 여종은 변명을 했다. 정현은 화가 나서 그녀를 이중(泥中)에서 끌고 다니도록 명했다. 잠시 후 또 다른 여종이 오더니 묻는 것이었다. "이중에서 뭘하는 게냐?"[1] 그녀는 대답했다. "하소연을 하다가 그분의 노여움을 샀다구."[2]

원문 鄭玄家奴婢皆讀書. 嘗使一婢, 不稱旨. 將撻之, 方自陳説. 玄怒, 使人曳著泥中. 須臾, 復有一婢來, 問曰, 胡爲乎泥中.[1] 答曰, 薄言往愬, 逢彼之怒.[2]

(1) 《시경(詩經)》〈위풍(衛風)〉의 '식미(式微)'에 있는 시이다. 〈모전(毛傳)〉에 '이중(泥中)은 위(衛)나라 읍명(邑名)'이라고 하였다.
   衛式微詩也. 毛公曰, 泥中, 衛邑名也.

(2) 《시경》〈위패풍(衛邶風)〉의 '백주(柏舟)'에 있는 시이다.
   衛邶柏舟之詩.

주해 ○衛(위) -《시경(詩經)》의 〈패풍(邶風)〉〈용풍(鄘風)〉〈위풍(衛風)〉은 원래 모두 위(衛)나라의 시이다. 따라서 유효표(劉孝標)는 '식미(式微)'의 시를 '위풍(衛風)'이라 하고 '백주(柏舟)'의 시를 '위패풍(衛邶風)'의 시라고 했던 것이다.

4. 복건(服虔)은 원래부터 《춘추(春秋)》에 매우 정통했는데 주(注)를 달기 위해 제가(諸家)가 해석한 바의 같고 다름을 참고하고자 했다. 최열(崔烈)이 문인(門人)을 모아 《춘추전(春秋傳)》을 강의한다는 말을 듣고,[1] 복건은 마침내 성명을 숨긴 채 최열의 문하생들의 밥을

지어주는 사람으로 고용되었다. 언제나 강의시간이 되면 살며시 문이나 벽 뒤에 숨어서 도청했다. 이윽고 자기보다 나은 사람이 없다는 것을 확인하고는, 차제에 문인들과 함께 강의 내용의 좋고 나쁨을 토론하기에 이르렀다. 최열은 이 이야기를 듣자, 어떤 자인지는 몰랐지만 일찍부터 복건이란 이름은 들어오던 터라 어쩌면 그가 아닐까 생각했다. 다음날 아침 일찍이 아직 복건이 잠자리에 있는 동안에 찾아가서, "자신(子愼)! 자신!"하고 자(字)를 부르자 복건은 무심결에 대답을 하고 말았다. 그로부터 두 사람은 친한 친구가 되었다.

■원문│ 服虔旣善春秋. 將爲注, 欲參攷同異. 聞崔烈集門生講傳,(1) 遂匿姓名, 爲烈門人賃作食. 每當至講時, 輒竊聽戶壁閒. 旣知不能踰己, 稍共諸生敍其短長. 烈聞, 不測何人. 然素聞虔名, 意疑之. 名蚤往, 及未寤, 便呼, 子愼, 子愼. 虔不覺驚應. 遂相與友善.

(1) 지우(摯虞)의 《문장지(文章志)》에는 이런 말이 있다. '최열(崔烈)의 자는 위고(威考)이고 고양(高陽) 안평(安平) 사람이며 최인(崔駰)의 손자이자 최원(崔瑗)의 조카(형의 아들)이다. 영제(靈帝) 때 벼슬이 사도(司徒)·태위(太尉)에 이르렀으며 양평정후(陽平亭侯)에 봉해졌다.'
　　摯虞文章志曰, 烈字威考, 高陽安平人, 駰之孫, 瑗之兄子也. 靈帝時, 官至司徒·太尉, 封陽平亭侯.

■주해│ ○子愼(자신)─복건(服虔)의 자(字). 〈문학편(文學篇)〉 2 주(注) 참조.

5. 종회(鍾會)는 《사본론(四本論)》을 저술했는데 겨우 끝내자 혜

공(嵆公 : 嵆康)이 꼭 한번 읽어주기를 원하여 품속에 넣고 갔는데 자리에 앉자, 혜공에게 비판당할 것이 두려웠다. 그는 품속에 넣은 채로 나왔는데 문밖에서 멀리 집어던진 채 뒤도 안돌아보고 도망했다.[1]

▌원문▌ 鍾會撰四本論始畢. 甚欲使嵆公一見, 置懷中, 旣定, 畏其難, 懷不敢出, 於戶外遙擲, 便面急走.[1]

(1) 《위지(魏志)》에 이런 말이 있다. '종회(鍾會)는 재성(才性)의 이동(異同)을 논하여 세상에 전해졌다. 사본(四本)이란 재(才)와 성(性)이 같은 것과 재와 성이 다른 것, 재와 성이 합쳐지는 것과 재와 성이 떨어지는 것을 가리킨다. 상서(尙書) 부하(傅嘏)는 같음을 논했고, 중서령(中書令) 이풍(李豊)은 다른 것을 논했으며, 시랑(侍郎) 종회는 합쳐지는 것을 논했고, 둔기교위(屯騎校尉) 왕광(王廣)은 떨어지는 것을 논했다.' 그 문장이 많으므로 싣지 아니한다.

魏志曰, 會論才性同異傳於世. 四本者, 言才性同, 才性異, 才性合, 才性離也. 尙書傅嘏論同, 中書令李豊論異, 侍郎鍾會論合, 屯騎校尉王廣論離. 文多不載.

▌주해▌ ○旣定(기정)−《태평어람(太平御覽)》권394에서 인용한《세설신어(世說新語)》에는 '기지(旣詣)'로 되어 있는데 이것에 따르면 '혜강(嵆康)의 곳에 이르자'란 뜻이 된다.

○面(면)−돌아서다. 얼굴을 돌리는 것.《한서(漢書)》권31〈항적전(項籍傳)〉에 '마동면지(馬童面之)'라고 되어 있는데 그 안사고(顔師古) 주(注)에 '면(面)이란 이것에〔之〕 등을 돌리어 대면하지 않는 것을 말한다'라고 되어 있다.

○屯騎校尉(둔기교위)−전한(前漢)에서는 기사(騎士)를 관장했었는데 후한(後漢) 이후로는 금중숙위(禁中宿衛)의 병사를 관장했다.

6. 하안(何晏)은 이부상서(吏部尚書)가 되어 관명(官名)도 명성도 높았으며 언제나 담객(談客)이 자리에 가득했다.[1] 왕필(王弼)은 아직 20세 전이었는데 가서 그를 만났다. 하안은 왕필의 명성을 듣고 있었던 터라[2] 조금 전에 이겼던 논리를 열거하면서 왕필에게 말했다. "이 논리는 나로서는 지극한 것으로 생각되는데 여기에 다시 반론을 가할 수 있겠는가?" 왕필이 즉시로 반론을 가하자 같은 자리에 있던 사람들은 하안이 당했다고 생각했다. 그래서 왕필은 스스로 문제 제출자가 되기도 하고 응답자가 되기도 하면서 몇 차례 담론을 했는데 그 자리에 있던 사람들이 모두 미칠 바가 아니었다.

▌**원문**▐ 何晏爲吏部尚書, 有位望. 時談客盈坐.[1] 王弼未弱冠, 往見之. 晏聞弼名,[2] 因條向者勝理語弼曰, 此理僕以爲極. 可得復難不. 弼便作難, 一坐人便以爲屈. 於是弼自爲客主數番, 皆一坐所不及.

(1) 《문장서록(文章叙錄)》에 이런 말이 있다. '하안(何晏)은 청담(淸談)에 뛰어났는데 거기에다가 당시 권세가였으므로 천하의 담객(談客)들이 모두 그를 존경했다.'
  《위씨춘추(魏氏春秋)》에는 이런 말이 있다. '하안은 젊었을 때부터 이재(異才)가 있었으며 《역경(易經)》《노자(老子)》를 담론하는 데 뛰어났었다.'
  文章敍錄曰, 晏能淸言, 而當時權勢, 天下談士, 多宗尚之.
  魏氏春秋曰, 晏少有異才, 善談易老.

(2) 왕필별전(王弼別傳)에 이런 이야기가 있다. '왕필의 자는 보사(輔嗣)이고 산양(山陽) 고평(高平) 사람이다. 어렸을 때부터 총명했는데 10여세에 노장(老莊)을 좋아했다. 변론에 능통했고 담론을 잘하여 부하(傅嘏)의 인정을 받았다. 이부상서(吏部尚書) 하안은

이 왕필을 기재(奇才)로 인정하면서 그를 평하여 말했다. "후배는 두려워해야 한다. 이런 사람과는 가히 함께 하늘과 인간에 관하여 논할 만하도다." 그리고 왕필을 대랑(臺郎)의 벼슬에 앉혔다. 그런데 왕필은 실무를 잘 처리하지 못했으므로 점차 업무에 마음을 둘 수가 없었다. 그는 자기가 잘할 수 있는 것으로 남을 비웃었으므로 당시 인사들에게 미움을 사게 되었다. 그 위에 사람 됨됨이가 천박하여 남의 마음을 알아차리지 못했다. 처음에는 왕려(王黎)·순융(荀融)과 사이가 좋았었는데 왕려가 자신의 직책인 황문랑(黃門郎)을 뺏었다하여 그를 원망하게 되었다. 또 순융과도 친한 사이를 유지할 수가 없었다. 정시연간(正始年間)에 송사에 걸려 벼슬이 면직되었다. 그해 가을 병으로 고생하다가 죽었다. 당시 나이가 24세. 왕필이 죽자 진(晉)나라 경제(景帝)는 슬퍼하며 탄식하기를 며칠동안, "하늘이 나를 버리셨도다."라고 말했다. 당시 식자(識者)들이 슬퍼하고 애도하는 것이 이와 같았다.'

弼別傳曰, 弼字輔嗣, 山陽高平人. 少而察慧, 十餘歲便好莊老. 通辯能言, 爲傅嘏所知. 吏部尚書何晏甚奇之, 題之曰, 後生可畏. 若斯人者, 可與言天人之際矣. 以弼補臺郎. 弼事功雅非所長, 益不留意, 頗以所長笑人, 故爲時士所嫉. 又爲人淺而不識物情. 初與王黎·荀融善, 黎奪其黃門郎, 於是恨黎. 與融亦不終好. 正始中, 以公事免. 其秋遇癘疾亡, 時年二十四. 弼之卒也, 晉景帝嗟歎之累日, 曰, 天喪予. 其爲高識悼惜如此.

주해 │ ○晏聞弼名(안문필명)…… ─《북당서초(北堂書鈔)》권98에서 인용한《세설신어(世說新語)》에는 '안내도리영지(晏乃倒履迎之)'로 되어 있으며 그밖에《태평어람(太平御覽)》권474, 617, 698 등에도 이문(異文)이 보인다.

○後生可畏(후생가외)─《논어(論語)》〈자한편(子罕篇)〉에 있는 구절.

○臺郎(대랑)─상서랑(尙書郎).

○正始中(정시중)−《삼국지(三國志)》권28 〈종회전(鍾會傳)〉 주(注)에는 '정시(正始) 10년, 조상(曹爽) 폐(廢), 이공사면(以公事免) 운운'이라고 되어 있다.
○天喪予(천상여)−《논어》〈선진편(先進篇)〉에 있는 구절.

7. 하평숙(何平叔 : 何晏)은 《노자(老子)》에 주(注)를 달았는데 완성되자 왕보사(王輔嗣 : 王弼)에게로 가지고 갔다. 그리고 왕필의 주가 정묘한 것을 보고는 비로소 탄복하며 말했다. "이런 사람이야말로 더불어 하늘과 인간과의 관계를 논할 수가 있겠다." 그리고 자신의 주석(注釋)을 도(道)·덕(德) 두 편의 논(論)으로 하였다.[1]

▌**원문**| 何平叔注老子始成, 詣王輔嗣. 見王注精奇, 迺 神伏曰, 若斯人, 可與論天人之際矣. 因以所注爲道德二論.[1]

(1) 《위씨춘추(魏氏春秋)》에 이런 말이 있다. '왕필(王弼)은 도(道)를 논하되 그 요점을 터득하기가 빼어난 점을 보건대 하안(何晏)에 미치지는 못하지만, 자연스럽게 빼어난 점은 하안보다 우수하다.' 魏氏春秋曰, 弼論道約美不如晏, 然自然出拔過之.

▌**주해**| ○道德二論(도덕이론)−아마도 도론(道論)·덕론(德論)일 것이다. ○弼論道云云(필론도운운)−《삼국지(三國志)》권28 〈종회전(鍾會傳)〉의 배주(裴注)에, '기론도부회문사(其論道傅會文辭) 불여하안(不如何晏) 자연유소발득다안야(自然有所拔得多晏也)'로 되어 있다.

8. 왕보사(王輔嗣 : 王弼)가 20세 때 배휘(裴徽)에게 갔다.[1] 배휘가 물었다. "본디 무(無)는 실로 만물의 근원이며 성인(聖人)도 감히

미치지 못했었는데 노자(老子)가 늘 무(無)를 말했던 것은 왜일
까?"[2] 왕필은 말했다. "성인(聖人)은 무(無)를 터득하고 있었지만 무
란 것은 설명을 할 수가 없으므로 항상 유(有)에 대해서 언급한 것입
니다. 노자·장자는 유(有)에서 벗어날 수가 없었던 까닭에 언제나 자
기 자신에게 부족되는 바를 설명했던 것이지요."

원문| 王輔嗣弱冠詣裴徽.[1] 徽問曰, 夫無者, 誠萬物之所資.
聖人莫肯致言, 而老子申之無已, 何邪.[2] 弼曰, 聖人體無, 無
又不可以訓, 故言必及有. 老莊未免於有, 恆訓其所不足.

(1) 《영가류인명(永嘉流人名)》에 이런 말이 있다. '배휘(裴徽)의 자는
    문계(文季)이고 하동(河東) 문희(聞喜) 사람이며 태상(太常)인
    배잠(裴潛)의 막내동생이다. 벼슬하여 기주자사(冀州刺史)에 이르
    렀다.'
    永嘉流人名曰, 徽字文季, 河東聞喜人, 太常潛少弟也. 仕至冀
    州刺史.

(2) 《왕필별전(王弼別傳)》에는 이런 이야기가 있다. '왕필의 아버지는
    상서랑(尙書郎)이며 배휘는 이부랑(吏部郎)이었다. 배휘는 왕필을
    만나 훌륭한 청년이라고 생각하고 질문을 했던 것이다.'
    弼別傳曰, 弼父爲尚書郎, 裴徽爲吏部郎. 徽見, 異之, 故問.

9. 부하(傅嘏)는 허무승리(虛無勝理)를 교묘하게 논했고,[1] 순찬
(荀粲)은 현묘유원(玄妙幽遠)한 철리(哲理)를 말하기 좋아했다.[2] 함
께 이야기를 나누다가 논쟁이 되고 결론이 안나게 되면 그런 때에 배
기주(裴冀州 : 裴徽)가 두 사람의 논지(論旨)를 밝히고 서로의 생각을
소통시키어 언제나 쌍방의 마음을 만족시킴으로써 구애되지 않도록

하는 것이었다.(3)

▌원문▎ 傅嘏善言虛勝,(1) 荀粲談尙玄遠.(2) 每至共語, 有爭而
不相喩, 裴冀州釋二家之義, 通彼我之懷, 常使兩情皆得, 彼此
俱暢.(3)

(1) 《위지(魏志)》에 이런 말이 있다. '부하(傅嘏)의 자는 난석(蘭碩)이
  고 북지(北地) 이양(泥陽) 사람이며 부개자(傅介子)의 후예이다.
  하남윤(河南尹), 상서(尙書)로 누천(累遷)되었다. 부하는 일찍이
  재성(才性)의 이동(異同)을 논했고 종회(鍾會)는 그것을 집대성
  하여 논했다.'
  《부자(傅子)》에는 이런 이야기가 있다. '부하(傅嘏)는 정치에 통
  달했으며 정의(正義)를 좋아했고 도리에 밝았으므로 사물의 대요
  (大要)를 터득하고 있었다. 재성(才性)을 논하면 그 근원에 대한
  탐구가 정미(精微)하여 그를 따르는 사람이 없었다. 사예교위(司
  隷校尉)인 종회는 나이가 아주 젊었었는데 부하는 그와 친구로
  사귀었다.'
  魏志曰, 嘏字蘭碩, 北地泥陽人, 傅介子之後也. 累遷河南尹·
  尙書. 嘏嘗論才性同異, 鍾會集而論之.
  傅子曰, 嘏旣達治好正, 而有淸理識要. 如論才性, 原本精微,
  鮮能及之. 司隷鍾會年甚少, 嘏以朋知交會.

(2) 《순찬별전(荀粲別傳)》에 이런 말이 있다. '순찬의 자는 봉천(奉
  倩)이고 영천(潁川) 영음(潁陰) 사람이며 태위(太尉) 순욱(荀彧)
  의 막내아들이다. 순찬의 형들은 유학(儒學)의 논의로 각각 이름
  이 알려져 있었다. 순찬은 현묘유원(玄妙幽遠)한 철리(哲理)를 말
  하는 데 뛰어났었는데 "자공(子貢)이 선생님께서 성(性)과 천도
  (天道)에 대해서 말씀하신 것은 얻어듣지 못했다고 하였으니 그

렇다면 육경(六經)이 비록 남아있지만 그것은 실로 성현의 찌꺼기일 뿐이다.”라고 늘 생각했었다. 언론에 뛰어난 사람도 그를 꺾지는 못했다.’

粲別傳曰, 粲字奉倩, 潁川潁陰人, 太尉彧少子也. 粲諸兄儒術論議各知名. 粲能言玄遠, 常以子貢稱夫子之言性與天道, 不可得而聞也. 然則六籍雖存, 固聖人之糠秕. 能言者不能屈.

(3) 《순찬별전》에 이런 이야기가 있다. ‘순찬은 태화(太和) 연간 초에 도읍으로 가서 부하(傅嘏)와 담론을 했다. 부하는 명리(名理)에 뛰어났고 순찬은 현원(玄遠)을 즐겨 논했다. 그 본지(本旨)는 같았지만 자칫 어느 때는 논쟁으로 이어졌고 서로 납득하지 아니했다. 그런 때 배휘(裴徽)는 상호간의 생각을 소통케 해주고 쌍방의 처지를 해석해 주었다. 그렇게 해주면 나중에 순찬과 부하는 사이가 좋아지게 되는 것이었다.’

《관로전(管輅傳)》에는 이런 말이 있다. ‘배사군(裴使君 : 裴徽)은 재능이 뛰어나고 도량이 넓으며 현묘(玄妙)를 잘 논했다.’

粲別傳曰, 粲太和初到京邑, 與傅嘏談, 善名理, 而粲尙玄遠. 宗致雖同, 倉卒時或格而不相得意. 裴徽通彼我之懷, 爲二家釋. 頃之, 粲與嘏善.

管輅傳曰, 裴使君有高才逸度, 善言玄妙也.

┃주해┃ ○集而論之(집이론지)－〈문학편(文學篇)〉5 참조.
○如論才性(여론재성)－《삼국지(三國志)》권21 〈부하전(傅嘏傳)〉에는 ‘호론재성(好論才性)’으로 되어 있다.
○子貢稱(자공칭)－《논어(論語)》〈공야장편(公冶長篇)〉.

10. 하안(何晏)은 《노자(老子)》에 주(注)를 달았는데 아직 완성되기 전에 왕필(王弼)을 만났다. 왕필은 자기가 쓴 《노자》 주(注)의 주

지(主旨)를 설명했다. 하안은 자기 생각이 따를 수 없음을 깨닫고는 아무 말도 하지 못한 채 그저 고개를 끄덕일 뿐이었다. 그리하여 주달기를 중단하고 《도덕론(道德論)》을 저술했다.[1]

│원문│ 何晏注老子未畢. 見王弼, 自說注老子旨. 何意多所短. 不復得作聲, 但應之. 遂不復注, 因作道德論.[1]

(1) 《문장서록(文章叙錄)》에 이런 말이 있다. '유자(儒者) 쪽에서 말한다면 노자는 성인(聖人)이 아니며 예학(禮學)을 파기해 놓았다고 본다. 그런데 하안은 노자가 성인과 같다고 설명했으며, 그 논지가 세상에서 행해지게 되었다.'
文章叙錄曰, 自儒者論, 以老子非聖人, 絶禮棄學. 晏說與聖人同, 著論行於世也.

│주해│ ○道德論(도덕론)―〈문학편(文學篇)〉 7의 주해 참조.
○晏說與聖人同(안설여성인동)―노자(老子)가 성인이라고 하는 하안의 논(論)은 오늘날 전존(傳存)하지 않는다. 그런데 이 성인론에 관하여 왕필(王弼)이 반박하는 주지(主旨)가 《삼국지》 권28 〈종회전(鍾會傳)〉 배씨주(裴氏注)에 보인다.

11. 서진(西晋) 때 노장(老莊)의 도(道)를 흠모하는 무리가 있었다. 그 중에 왕이보(王夷甫 : 王衍)에게 가서 의문을 토로하는 사람이 있었다. 왕이보는 그 전날, 이미 많은 이야기를 했기 때문에 피로하여 대답하려 하지 않았다. 그래서 손님에게 말했다. "나는 지금 몸이 좀 안좋소. 배일민(裴逸民 : 裴頠)도 이 부근에 살고 있으니 거기 가서 물어보는 게 좋겠소."[1]

│원문│ 中朝時, 有懷道之流. 有詣王夷甫諮疑者. 値王昨已語

多, 小極, 不復相酬答. 乃謂客曰, 身今少惡. 裴逸民亦近在
此. 君可往問.[1]

(1) 《진제공찬(晋諸公贊)》에 이런 말이 있다. '배위(裴頠)는 철리(哲
理)를 담론하는 데 왕이보(王夷甫)와 서로 양보하지 않았다.'
晋諸公贊曰, 裴頠談理, 與王夷甫不相推下.

12. 배성공(裴成公 : 裴頠)이 《숭유론(崇有論)》을 저술하자 당시
사람들은 그것을 놓고 논란을 벌였는데 누구도 그것을 꺾을 수가 없
었다. 다만 왕이보(王夷甫 : 王衍)가 오자 다소 굴복시키는 것처럼 보
였다. 그래서 당시 사람들이 왕이보의 논리로서 그를 논박했는데 배
위의 이론은 도리어 더 득세하였다.[1]

│원문│ 裴成公作崇有論, 時人攻難之, 莫能折. 唯王夷甫來,
如小屈. 時人卽以王理難, 裴理還復申.[1]

(1) 《진제공찬(晋諸公贊)》에 이런 말이 있다. '위(魏)나라 태상(太常)
인 하후현(夏侯玄), 보병교위(步兵校尉)인 완적(阮籍) 이하가 모
두 《도덕론(道德論)》을 저술했다. 그 무렵 시중(侍中) 악광(樂
廣), 이부랑(吏部郞)인 유한(劉漢)도 또한 도(道)를 체득(體得)했
었는데 그 말은 간결했고, 상서령(尙書令) 왕이보는 철리(哲理)를
강구하여 재기가 현허(玄虛)했으며 산기상시(散騎常侍) 대오(戴
奧)는 도를 배우는 것을 업으로 삼았고, 후진(後進)인 유애(庾敱)
의 무리는 모두 간이함과 광달(曠達)함을 흠모했다. 배위(裴頠)는
세간에서 허무의 이치를 숭상하는 것을 못마땅하게 여겼기 때문
에 '숭유론(崇有論)'과 '귀무론(貴無論)' 등 두 편을 지어 논박했
는데 그 재기가 드넓고 논급함이 폭넓어서 학자들이 제대로 궁구
할 수가 없었다. 나중에 악광과 배위가 한가한 때에 철리를 논했

는데 배위는 해박한 언사를 펼쳤지만 악광은 스스로 허무의 도를 체득했다고 생각하여 웃기만 하고 아무 말도 하지 않았다.'

《혜제기거주(惠帝起居注)》에는 이런 말이 있다. '배위가 두 편의 논문을 지어 허탄함의 폐단을 바로잡고자 했는데, 그 문사(文辭)가 정밀하고도 풍부하여 일세(一世)의 명론(名論)이 되었다.'

晉諸公贊曰, 自魏太常夏侯玄·步兵校尉阮籍等, 皆著道德論. 于時侍中樂廣·吏部郎劉漢, 亦體道而言約, 尚書令王夷甫, 講理而才虛, 散騎常侍戴奧, 以學道爲業, 後進庾敱之徒, 皆希慕簡曠. 頠疾世俗尚虛無之理, 故著崇有二論以折之. 才博喩廣, 學者不能究. 後樂廣與頠淸閒欲說理, 而頠辭喩豐博, 廣自以體虛無, 笑而不復言.

惠帝起居注曰, 頠著二論, 以規虛誕之弊. 文詞精富, 爲世名譣.

주해 ㅇ步兵校尉(보병교위)—상림원문(上林苑門)의 둔병(屯兵)을 관장하는 책임을 진 관원.

ㅇ劉漢(유한)—〈상예편(賞譽篇)〉 22 유주(劉注)에서 인용한 《진후략(晋後略)》에는 '유막(劉漢)'으로 되어 있음.

ㅇ崇有二論(숭유이론)—《삼국지(三國志)》 권23 〈배잠전(裴潛傳)〉 주(注)에는 '저숭유귀무이론(著崇有貴無二論)'으로 되어 있음.

ㅇ爲世名譣(위세명험)—《삼국지》〈배잠전〉 주(注)에는 '위세명론(爲世名論)'으로 되어 있음. 험(譣)은 의(議)의 의미이다.

13. 제갈굉(諸葛宏)은 젊었을 때 학문을 하고자 하지 않았는데 처음으로 왕이보(干夷甫：王衍)와 담론을 했을 때 이미 진수에 도달했다. 왕연은 찬탄하며 말했다. "그대의 천부적인 재능은 탁월하오. 만약 그 위에 다소 연찬(研鑽)을 더한다면 전혀 유감스러운 일이 없을 것이외다." 제갈굉은 후에 《장자(莊子)》《노자(老子)》를 읽고 다시 왕연과 담론했던바 충분히 대항할 수가 있었다.[1]

■원문| 諸葛宏年少不肯學問. 始與王夷甫談, 便已超詣. 王歎曰, 卿天才卓出, 若復小加研尋, 一無所愧. 宏後看莊老, 更與王語, 便足相抗衡.[1]

(1) 왕은(王隱)의 《진서(晋書)》에 이런 말이 있다. '제갈굉(諸葛宏)의 자는 무원(茂遠)이고 낭야(琅邪) 사람이며 위(魏)나라 옹주(雍州) 자사 제갈서(諸葛緒)의 아들이다. 빼어난 재능을 가지고 출사(出仕)하여 사공주부(司空主簿)에 이르렀다.'
王隱晋書曰, 宏字茂遠, 琅邪人, 魏雍州刺史緒之子. 有逸才, 仕至司空主簿.

14. 위개(衛玠)는 어렸을 때 악령(樂令 : 樂廣)에게 꿈에 대하여 질문을 하였다. 악령은 말했다. "생각[想]이다." 위개가 말했다. "형(形)과 심(心)이 접하지 아니했는데 꿈을 꿉니다. 그런데 그것이 어찌하여 상(想)인 것인가요?" 악령은 대답했다. "원인[因]이 있는 것이야. 수레를 타고 쥐구멍에 들어간다든지 절구질을 한 다음 쇠 절굿공이를 씹어먹는 꿈을 아직 한번도 꾸지 않는 것은 생각도 없고 원인도 없기 때문이다."[1] 위개는 생각에 대하여 며칠씩이나 생각을 거듭했지만 해답을 얻지 못하다가 마침내 병(病)이 되었다. 악령은 그 말을 듣자 일부러 수레를 준비시키어, 위개에게 그것을 해명해 주자 위개의 병이 다소 나았다. 악령은 감탄하며 말했다. "이 아이의 가슴속에는 틀림없이 고황(膏肓)의 병은 없을 것이다."[2]

■원문| 衛玠總角時, 問樂令夢. 樂云是想. 衛曰, 形神所不接而夢, 豈是想邪. 樂云, 因也. 未嘗夢乘車入鼠穴, 擣韲噉鐵杵, 皆無想無因故也.[1] 衛思因經日不得, 遂成病. 樂聞, 故命駕爲剖析之, 衛卽小差. 樂歎曰, 此兒胸中, 當必無膏肓之疾.[2]

(1) 《주례(周禮)》에 육몽(六夢)이 있다. 1은 정몽(正夢), 아무 감동도 없이 평안히 있으면서 꿈을 꾸는 것이다. 2는 악몽(噩夢), 놀랄 일이 있어서 꿈을 꾸는 것이다. 3은 사몽(思夢), 깨어났을 때 생각했던 것을 꿈꾸는 것이다. 4는 오몽(寤夢), 깨어있을 때 말한 것을 꿈꾸는 것이다. 5는 희몽(喜夢), 즐거웠던 일이 있고 그것을 꿈꾸는 것이다. 6은 구몽(懼夢), 무언가를 두려워하고 그것을 꿈꾸는 것이다.

생각하건대 악령이 말한 상(想)이란 아마도 사몽(思夢)이며, 인(因)은 아마도 정몽(正夢)이리라.

周禮有六夢. 一曰正夢, 謂無所感動, 平安而夢也. 二曰噩夢, 謂驚愕而夢也. 三曰思夢, 謂覺時所思念也. 四曰寤夢, 謂覺時道之而夢也. 五曰喜夢, 謂喜說而夢也. 六曰懼夢, 謂恐懼而夢也. 按, 樂所言想者, 蓋思夢也. 因者, 蓋正夢也.

(2) 《춘추전(春秋傳)》에 이런 말이 있다. '진(晋)나라 경공(景公)은 병이 들자 진(秦)나라에서 의사를 불러오도록 하였다. 진백(秦伯)은 의사인 완(緩)을 보냈다. 의사가 아직 도착하기 전에 경공은 병(病)이, 두 명의 동자(童子)가 되어 이야기하는 꿈을 꾸었다. 한 동자가 말했다. "그 사람은 훌륭한 의사야. 틀림없이 우리를 해칠 것이다." 또 한 명의 동자가 말했다. "황(肓) 위쪽, 고(膏) 아래쪽에 있으면 우리를 어떻게 할 수 없을 것이야." 의사가 와서 말했다. "이 병은 고칠 수 없습니다. 황(肓) 위쪽, 고(膏) 아래쪽에 있으므로 공격을 해도 도달할 수가 없고 찔러도 미치지를 못하며, 약도 그곳에 이르지를 못합니다." 경공은 말했다. "과연 명의(名醫)로다."' 주(注)에 '황(肓)은 격(鬲 : 橫鬲)이다. 심장 아래를 고(膏)라고 한다'라고 되어 있다.

春秋傳曰, 晋景公有疾, 求醫於秦. 秦伯使醫緩爲之. 未至, 公夢疾爲二竪子. 曰, 彼良醫也, 懼傷我焉. 其一曰, 居肓之上膏

之下, 若我何. 醫至, 曰, 疾不可爲也. 在肓之上膏之下, 攻之
不可達, 刺之不可及, 藥不至焉. 公曰, 良醫也. 注, 肓, 鬲也.
心下爲膏.

주해┃ ㅇ想(상) -《열자(列子)》〈주목왕편(周穆王篇)〉에 '자열자(子
列子)가 말했다. 신(神)을 만나는 것을 꿈이라 하고 형(形)을 접하는
것을 사(事)라고 한다. 그러므로 낮에는 생각〔想〕을 하고 밤에는 꿈
을 꾼다'라고 되어 있다. 상(想)은 사물에 연결되어 생각을 하는 것.
ㅇ因(인) -무언가 과거의 경험에 기인(起因)하는 것을 가리킴인 듯.
ㅇ周禮(주례) -〈춘관점몽(春官占夢)〉.
ㅇ春秋傳(춘추전) -성공(成公) 10년조
ㅇ注(주) -두예(杜預)의 주(注)를 가리킴.

15. 유자숭(庾子嵩 : 庾敳)은 《장자(莊子)》를 읽었을 때 책을 펴놓
고 1척(尺)쯤 읽어나가자 팽개치면서 말했다. "내 생각과 조금도 다
르지 않네."[1]

원문┃ 庾子嵩讀莊子, 開卷一尺許便放去. 曰, 了不異人意.[1]

(1) 《진양추(晋陽秋)》에 이런 이야기가 있다. '유애(庾敳)의 자는 자
숭(子嵩)이고 영천(潁川) 사람이며 시중(侍中) 유준(庾峻)의 셋
째 아들이다. 마음이 넓고 도량이 컸는데 자신은 노장(老莊)의 무
리라고 생각하고 있었다. "이전에 이 책을 읽지 않았을 때부터 항
상 올바른 도리란 것은 이런 것이라고 생각했었지. 이제 이 책을
보고 있노라니 내 생각과 아주 일치되고 있어."라고 말했다. 벼슬
을 하여 예주장사(豫州長史)에 이르렀다.'
晋陽秋曰, 庾敳字子嵩, 潁川人, 侍中峻第三子. 恢廓有度量,
自謂是老莊之徒. 曰, 昔未讀此書, 意嘗謂至理如此. 今見之,

正與人意暗同. 仕至豫州長史.

16. 손님이 악령(樂令 : 樂廣)에게 '지부지(旨不至 : 어떤 물체에 결코 이르지 못한다)'에 대해서 물었다. 악령은 특별히 그 자구(字句)를 해석해 주지 않고 얼른 주미(麈尾) 자루를 들어 서안(書案)을 두드리며 말했다. "이르렀는가?" 손님은 대답했다. "이르렀습니다." 그러자 악령은 또 주미를 들면서 말했다. "만약 이르렀다면 어찌 떨어질 수가 있겠는가?"[1] 그래서 손님은 즉석에서 깨달았다. 악령의 말이 간결하고 그 주지(主旨)가 잘 통하는 게 모두 이와 같았다.

원문 | 客問樂令旨不至者. 樂亦不復剖析文句, 直以麈尾柄确几曰, 至不. 客曰, 至. 樂因又擧麈尾曰, 若至者, 那得去.[1] 於是客乃悟服. 樂辭約而旨達, 皆此類.

(1) 배를 감추어놓더라도 그 배는 은밀히 움직여지며, 어깨를 꼭 밀착시키더라도 그것은 곧 떨어지고 만다. 만물은 잠시도 그대로 있는 일이 없으며 금방 생멸(生滅)하고 만다. 날고 있는 새의 그림자는 이동하는 것이 아니고, 달리는 수레바퀴는 지면(地面)을 덮고 있지 아니한다. 그러므로 떠나는 것은 사실은 떠나는 것이 아니다. 어찌하여 이르는 것(붙는 것)이 있겠는가. 이른다는 것은 실은 이르는 것이 아니다. 어찌 떠나는 것(헤어지는 것)이 있겠는가. 그런 까닭에 먼저 이른 것과 나중에 이른 것이 다르지 아니하며 처음으로 이른다는 이름이 생기는 것이며 먼저 이른 것과 나중에 이른 것이 다르지 아니하기에 거기서 떠난다는 이름이 성립되는 것이다. 그런데 지금 천하에 진정으로 떠나는 것이 없건만 떠난다고 하는 것은 거짓이 아니겠는가? 만약 거짓이라면 이르는 것 또한 어찌 진실이겠는가?

夫藏舟潛往, 交臂恆謝. 一息不留, 忽焉生滅. 故飛鳥之影莫見

其移, 馳車之輪曾不掩地. 是以去不去矣, 庸有至乎. 至不至矣,
庸有去乎. 然則前至不異後至, 至名所以生, 前去不異後去, 去
名所以立. 今天下無去矣, 而去者非假哉. 旣爲假矣, 而至者豈
實哉.

주해│ ㅇ旨不至(지부지)−《장자(莊子)》〈천하편(天下篇)〉에 '지부지
지부절(指不至至不絶 : 특정한 사물의 이름은 모든 것을 다 나타낼 수
가 없고 사물은 無라고 할 수도 없다)'이라고 했는데 그것을 악령(樂
令)은 주미(麈尾)의 자루로 나타냈다. 《열자(列子)》〈중니편(仲尼篇)〉
에도 '지부지(指不至)'란 말이 보인다.
ㅇ藏舟云云(장주운운)−《장자》〈대종사편(大宗師篇)〉의 한 구절을 인용
하고 있다.

17. 처음 《장자(莊子)》에 주(注)를 붙인 사람은 수십 명이나 있었
는데 그 취지를 궁구할 수는 없었다. 상수(向秀)는 옛 주(注) 외에
해석을 달고 그 미묘한 취지를 교묘하게 분석하여 크게 유현(幽玄)의
학풍을 넓히었다.[1] 그러나 〈추수(秋水)〉〈지락(至樂)〉 두 편만은 완
성시키지 못한 채 죽었다. 상수의 아들은 어렸기 때문에 그 해석은
이미 잊혀지게 되었는데 그 사본(寫本)이 달리 전해지고 있었다. 곽
상(郭象)이란 사람은 그 성품이 경박하기는 했지만 뛰어난 재능을
가지고 있었다.[2] 상수의 해석이 세상에 전해지지 않는 것을 알고
은밀히 그것을 가지고 자신의 주석(注釋)으로 삼고, 그 자신이 〈추
수〉〈지락〉 두 편에 주를 붙이고 또 〈마제(馬蹄)〉 1편의 주를 고쳐
쓰고 그밖의 잡편(雜篇)은 군데군데 문구를 수정했을 뿐이었다.[3] 후
에 상수가 해석한 별본(別本)이 세상에 나왔으므로 오늘날에는 상수와
곽상, 두 종류의 《장자주(莊子注)》가 있는데 그 내용은 거의 똑같다.

원문│ 初, 注莊子者數十家, 莫能究其旨要. 向秀於舊注外爲

解義, 妙析奇致, 大暢玄風.⁽¹⁾ 唯秋水·至樂二篇未竟而秀卒.
秀子幼, 義遂零落. 然猶有別本. 郭象者, 爲人薄行有儁才.⁽²⁾
見秀義不傳於世, 遂竊以爲己注, 乃自注秋水·至樂二篇, 又
易馬蹄一篇, 其餘衆篇, 或定點文句而已.⁽³⁾ 後秀義別本出. 故
今有向郭二莊, 其義一也.

(1) 《상수별전(向秀別傳)》에 이런 말이 있다. '상수는 혜강(嵇康)·여
안(呂安)과 친구 사이였는데 그 처세하는 태도는 달랐다. 혜강은
오만하고 세속에 얽매이지 않았으며, 여안은 방일(放逸)하고 탈속
적이었지만, 상수는 항상 독서하기를 좋아했다. 두 사람은 그를
비웃었었다. 후에 상수는 《장자》에 주(注)를 달고자 하고 우선 혜
강·여안 두 사람에게 이야기했다. 혜강과 여안은 함께 대답했다.
"이 책에 무슨 이유로 또 주(注)가 필요하겠는가? 그렇게 하면 사
람들이 즐길 거리를 없애고 말 뿐일세." 주(注)가 완성되고 상수
가 두 사람에게 보이자 혜강은 "자네는 이처럼 뛰어났었던가?"라
했고 여안은 놀라며, "장주(莊周)가 죽지 않았다고 해야겠네."라
고 했다. 그후 《주역(周易)》에 주를 달았는데 그 취지가 훌륭하여
한대(漢代) 유자(儒者)들과 서로 갑론을박이 있었는데 《장자》 해
석의 깊이에는 이르지 못했다.'
《상수본전(向秀本傳)》에는 또 이런 말도 있다. '상수는 여러 현
인(賢人)들과 교유하면서 한평생을 조용히 지냈으며 저술(著述)
따위는 일체 하지 않았다. 다만 《장자》를 좋아하여 최선(崔譔)
의 《장자주》에 잊지 않을 마음가짐으로 약간 써놓았다고 한다.'
〈죽림칠현론(竹林七賢論)〉에는 이런 말이 있다. '상수는 이 주석
을 썼는데 이것을 읽는 사람은 초연히 세속에서 벗어나 멀고 먼
천상(天上)을 꿰뚫어보고 비로소 시청계(視聽界)의 바깥 세싱을
깨닫지 않는 사람이 없었다. 그리고 신묘현원(神妙玄遠)한 덕(德)
과 지(知)를 갖추고 천하를 잊으며 만물에 사로잡히지 않을 수가

있었다. 세상에서 다투고 있던 자라 하더라도 자기의 행위를 반성
케 하고 모두 초연하게 현실에서 벗어나는 마음을 가지게 하였다.'
秀別傳曰, 秀與嵇康·呂安爲友, 趣舍不同. 嵇康傲世不羈, 安
放逸邁俗, 而秀雅好讀書, 二子頗以此嗤之. 後秀將注莊子, 先
以告康·安. 康·安咸曰, 此書詎復須注. 徒棄人作樂事耳. 及
成, 以示二子, 康曰, 爾故復勝不. 安乃驚曰, 莊周不死矣. 後注
周易, 大義可觀. 而與漢世諸儒互有彼此, 未若隱莊之絶倫也.
秀本傳或言, 秀遊託數賢, 蕭屑卒歲, 都無注述. 唯好莊子, 聊
應崔譔所注, 以備遺忘云.
竹林七賢論云, 秀爲此義, 讀之者, 無不超然若已出塵埃, 而窺
絶冥, 始了視聽之表. 有神德玄哲, 能遺天下, 外萬物. 雖復使
動競之人, 顧觀所徇, 皆悵然自有振拔之情矣.

(2) 《문사전(文士傳)》에 이런 이야기가 있다. '곽상(郭象)의 자는 자
현(子玄)이며 하남(河南) 사람이다. 젊었을 때 담론(談論)에 뛰어
났고 도(道)를 사모하며 배우기를 좋아하더니 노장(老莊)에 뜻을
기울였다. 당시 사람들은 모두 왕필(王弼)에 버금가는 것으로 생
각했다. 사공연(司空掾)·태학박사(太學博士)로 부름을 받았다.'
文士傳曰, 象字子玄, 河南人. 少有才理, 慕道好學, 託志老莊.
時人咸以爲王弼之亞. 辟司空掾·太學博士.

(3) 《문사전(文士傳)》에 이런 이야기가 있다. '곽상은 《장자》 주를 붙
였는데 상당히 청신한 사구(辭句)와 준일(遒逸)한 취지가 있었다.'
文士傳曰, 象作莊子注, 最有清辭遒旨.

주해 │ ○崔譔(최선)─《수서(隋書)》〈경적지(經籍志)〉에 '양유장자10
권(梁有莊子十卷), 동진의랑최선주(東晉議郎崔譔注) 망(亡)'이라고
했다.

ㅇ太學博士(태학박사) — 원본(袁本) 및 《진서(晋書)》 권50 〈곽상전(郭象
傳)〉에는 '태부주부(太傅主簿)'로 되어 있다.

18. 완선자(阮宣子 : 阮脩)는 훌륭한 명성이 있었다. 태위(太尉) 왕
이보(王夷甫 : 王衍)가 불러서 물었다. "노장(老莊)의 가르침과 공자
(孔子)의 가르침은 같은가? 어떤가?" 대답했다. "아마 같을 것입니다
〔將無同〕." 왕태위는 그 말이 마음에 들어서, 그를 불러 연리(掾吏)
로 삼았다. 그러자 세상 사람들은 그를 가리켜 '삼어연(三語掾)'이라
고 했다. 위개(衛玠)는 이 일을 비웃어 말했다. "한 글자로도 임용(任
用)될 수 있겠거늘 어찌 세 글자가 필요한고?" 완선자가 말했다. "진
실로 천하의 인망(人望)을 모으고 있으면 무언(無言)이더라도 임용되
는 법이거늘 어찌 한 글자인들 필요하겠는가?" 이렇게 해서 두 사람
은 친한 친구가 되었다.(1)

원문 阮宣子有令聞. 太尉王夷甫見而問曰, 老莊與聖敎同
異. 對曰, 將無同. 太尉善其言, 辟之爲掾. 世謂三語掾. 衛玠
嘲之曰, 一言可辟, 何假於三. 宣子曰, 苟是天下人望, 亦可無
言而辟, 復何假一. 遂相與爲友.(1)

(1) 《명사전(名士傳)》에 이런 말이 있다. '완수(阮脩)의 자는 선자(宣
子)이며 진류(陳留) 위씨(尉氏) 사람이다. 《노자(老子)》와 《역경
(易經)》을 좋아했으며 흔히 철리(哲理)를 말했다. 속인(俗人)과
만나기를 싫어했는데 어쩌다가 만나면 곧 그 사람을 떠나서 돌아
갔다. 의연하게 생계를 돌보지 않았기 때문에 집안에는 다소의 저
축도 없었건만 태평했다. 낭야(琅邪)의 왕처숭(王處仲 . 王敦)은
홍려경(鴻臚卿)이었는데 그에게 말했다. "홍려승(鴻臚丞)이란 직
책은 봉록이 꽤 좋소. 그대는 언제나 어렵게 지내는 것 같은데 한

번 해보지 않으려오?” 완수가 말했다. “해보는 것도 괜찮을 것 같은데요.” 그래서 홍려승·태자세마(太子洗馬)가 되었다.’

名士傳曰, 阮脩字宣子, 陳留尉氏人. 好老易, 能言理. 不喜見俗人, 時誤相逢, 卽捨去. 傲然無營, 家無擔石之儲, 晏如也. 琅邪王處仲爲鴻臚卿, 謂曰, 鴻臚丞差有祿, 卿常無食, 能作不. 脩曰, 爲復可耳. 遂爲鴻臚丞, 太子洗馬.

주해 │ ㅇ阮脩(완수)—이 완수와 왕연(王衍)의 회화는 《진서(晉書)》 권49 〈완첨전(阮瞻傳)〉, 《태평어람(太平御覽)》 권390 인사부(人事部) 31 언어(言語), 동권(同卷) 209 직관부(職官部) 7 삼공부연속(三公府掾屬)에서 인용한 《위개별전(衛玠別傳)》에서는 완첨과 왕융(王戎)이 나눈 대화로 되어 있다. 완수는 완첨의 숙부, 왕연은 왕융의 종제(從弟)이다.

ㅇ將無同(장무동)—장무(將無)는 육조(六朝)의 진(晉)·송(宋) 시대에 자주 보이는 어법(語法)이다. 《세설신어》에서는 이밖에 〈덕행편(德行篇)〉 19, 〈아량편(雅量篇)〉 28, 〈임탄편(任誕篇)〉 40에 그 용례가 있다. 이 말은 정황을 직접적으로 단정하는 것을 피하여 완곡하게 말할 때 사용된다. ‘……가 아닐까?’란 생각으로 사용된다. 또 유사한 어법에 ‘장불(將不)’ ‘장비(將非)’가 있다.

ㅇ鴻臚丞(홍려승)—여러 외국에서 바치는 조공(朝貢)을 관장하는 홍려경(鴻臚卿)의 속관(屬官).

19. 배산기(裴散騎 : 裴遐)는 왕태위(王太尉 : 王衍)의 딸을 아내로 맞았다. 결혼한 지 3일이 되자 왕씨네 사위들이 성대한 잔치를 열었는데,[(1)] 그 당시의 명사들과 왕씨네·배씨네 자제들이 모두 모였다. 곽자현(郭子玄)도 그 자리에 와서 배산기와 담론(談論)을 도전했다. 곽자현은 아주 재능이 풍부했는데 몇 번씩이나 도전을 했지만 승부가 나지 않았다. 곽자현은 다양한 논전을 폈다. 배산기는 침착하게 대응

하다가 그때까지의 논의를 정리했는데 그 논리는 대단히 정밀해서 한 자리에 있던 사람들은 모두 감탄하여 훌륭하다고 말했다.[2] 왕연 역시 그 재능이 기이하다면서 사람들에게 말했다. "제군도 이런 짓은 하지 않는 게 좋겠어. 우리 사위에게 당할 것이니까."

│원문│ 裴散騎娶王太尉女. 婚後三日, 諸婿大會,[1] 當時名士, 王·裴子弟皆悉集. 郭子玄在坐, 挑與裴談. 子玄才甚豐贍, 始數交, 未快. 郭陳張甚盛. 裴徐理前語, 理致甚微. 四坐咨嗟稱快.[2] 王亦以爲奇, 謂諸人曰, 君輩勿爲爾, 將受困寡人女婿.

(1) 《진제공찬(晋諸公贊)》에 이런 말이 있다. '배하(裴遐)의 자는 숙도(叔道)이고 하동(河東) 사람이며 아버지 배작(裴綽)은 장수교위(長水校尉)이다. 배하는 젊었을 때부터 철리(哲理)에 뛰어나다는 평판이 있었고 사공연(司空掾)·산기랑(散騎郎)으로 부름을 받았다.'
《영가류인명(永嘉流人名)》에는 이런 말이 있다. '왕연(王衍)의 자는 이보(夷甫)인데 그 넷째 딸이 배하에게 출가했다.'
晋諸公贊曰, 裴遐字叔道, 河東人. 父綽, 長水校尉. 遐少有理稱. 辟司空掾·散騎郎.
永嘉流人名, 衍字夷甫, 第四女適遐也.

(2) 등찬(鄧粲)의 《진기(晋紀)》에 이런 이야기가 있다. '배하는 평생 담론(談論)에 뛰어났었는데 명리(名理)에 우수했고 어기(語氣)는 청신하고 유창하여 마치 금슬(琴瑟)의 소리처럼 청아했다. 그의 말을 들어본 사람은 그를 아는 사람이든 모르는 사람이든 모두 감탄하지 않는 사람이 없었다.'
鄧粲晋紀曰, 遐以辯論爲業, 善敍名理, 辭氣淸暢, 冷然若琴瑟. 聞其言者, 知與不知, 無不歎服.

주해 | ○受困(수곤)−'곤란한 일을 …… 받는다'란 의미. 수(受)는 피
(被)와 같은 어법(語法)이다.

○長水校尉(장수교위)−전한(前漢)시대는 섬서지방(陝西地方) 장수선곡
(長水宣曲)에서 호기(胡騎)를 관장했었는데 후한(後漢) 이후에는 금중
숙위(禁中宿衛)의 군사를 관장했다.

20. 위개(衛玠)는 처음 강남에 건너와서 왕대장군(王大將軍 : 王敦)
을 만나러 갔는데[1] 밤을 맞게 되었다. 대장군은 사유여(謝幼輿 : 謝
鯤)를 불러 상대하게 했다.[2] 위개는 사유여를 보자 대단히 기뻐했고
왕대장군을 찾지도 아니하며 새벽까지 현담(玄談)을 계속했다. 왕대
장군은 밤새도록 끝내 참견할 수가 없었다. 위개는 원래 병약했으므
로 언제나 어머니로부터 논의하지 말라는 경계를 받고 있었는데 이날
밤 갑자기 지쳤고 그때부터 병이 무거워졌으며 끝내 일어나지 못하게
되고 말았다.[3]

원문 | 衛玠始度江, 見王大將軍,[1] 因夜坐. 大將軍命謝幼
輿.[2] 玠見謝, 甚悅之, 都不復顧王, 遂達旦微言. 王永夕不得
豫. 玠體素羸, 恆爲母所禁. 爾夕忽極, 於此病篤, 遂不起.[3]

(1) 《왕돈별전(王敦別傳)》에 이런 말이 있다. '왕돈의 자는 처중(處
仲)이며 낭야(琅邪) 임기(臨沂) 사람이다. 젊었을 때부터 논리에
뛰어났으며 청주자사(靑州刺史)에 누천(累遷)되었다. 강남으로 피
난했다가 시중(侍中)·승상·대장군·양주목(揚州牧)을 역임했는
데 죄를 지어 주살(誅殺)당했다.'

敦別傳曰, 敦字處仲, 琅邪臨沂人. 少有名理, 累遷靑州刺史.
避地江左, 歷侍中·丞相·大將軍·揚州牧. 以罪伏誅.

(2) 《진양추(晋陽秋)》에는 이런 이야기가 있다. '사곤(謝鯤)의 자는

유여(幼輿)이고 진군(陳郡) 사람이며 아버지 사형(謝衡)은 진(晋)나라의 대학자이다. 사곤의 성격은 어떤 일에도 구애됨이 없었고 《노자》《역경(易經)》을 좋아했으며 음악에 재주가 있어 평소에도 금(琴)과 서(書)에 뛰어났다. 난을 피하여 강남으로 옮겼다가 예장태수(豫章太守)가 되었는데 왕돈(王敦)이 불러 장사(長史)를 시켰다.'

《사곤별전(謝鯤別傳)》에 이런 말이 있다. '사곤은 43세로 죽었는데 태상(太常)이 추증되었다.'

晋陽秋曰, 謝鯤字幼輿, 陳郡人. 父衡, 晋碩儒. 鯤性通簡, 好老易, 善音樂, 以琴書爲業. 避亂江東, 爲豫章太守, 王敦引爲長史.

鯤別傳曰, 鯤四十三卒, 贈太常.

(3) 《위개별전(衛玠別傳)》에는 이런 이야기가 있다. '위개는 젊었을 때부터 논리에 뛰어났고 《역경(易經)》과 《노자》를 득의로 했는데 병약했기 때문에 원래 밖에서는 함부로 논의하는 일이 없었다. 당시의 친구가 감탄하여 말했다. "위군(衛君)은 말을 하지 않는데 말을 하면 반드시 현명(玄冥)에 도달한다." 무창(武昌)에서 대장군 왕돈(王敦)을 찾았는데 왕돈은 함께 이야기를 나누면서 연속 감탄하지 않을 수 없었다.'

玠別傳曰, 玠少有名理, 善易老, 自抱羸疾, 初不於外擅相酬對. 時友歎曰, 衛君不言, 言必入冥. 武昌見大將軍王敦, 敦與談論, 咨嗟不能自己.

 ㅇ極(극)−지치는 것. 피로해지는 것. 〈문학편(文學篇)〉 11에도 '소극(小極)'이란 말이 보인다.

21. 구설(舊說)에 이런 말이 있다. 왕승상(王丞相：王導)은 강남

땅으로 건너간 다음에는 단지 '성무애락론(聲無哀樂論)',[1] '양생론(養生論)',[2] '언진의론(言盡意論)'[3] 등 세 가지 이론을 말할 뿐이었다. 그러면서도 그것들을 자유자재로 관련시키며 전개하여 어떤 문제에도 대처하지 못하는 것이 없었다.

■원문| 舊云王丞相過江左, 止道聲無哀樂[1]·養生[2]·言盡意[3]三理而已. 然宛轉關生, 無所不入.

(1) 혜강(嵇康)의 '성무애락론(聲無哀樂論)'의 개략은 다음과 같다. '대저 다른 나라, 다른 풍속에서는 노래도 웃음도 같지 않다. 이것을 잘못 사용하면 곡하는 소리를 듣고 기뻐한다거나, 노래하는 소리를 듣고 슬퍼하게 된다. 그런데 애락(哀樂)의 정은 같은 것이다. 이제 그 같은 정을 가지고 갖가지 만 가지 다른 소리를 낸다면 그것은 음성(音聲)에 일정한 애락이 없다는 게 되지 않을까.'
嵇康聲無哀樂論畧曰, 夫殊方異俗, 歌笑不同. 使錯而用之, 或聞哭而懽, 或聽歌而戚. 然哀樂之情均也. 今用均同之情, 發萬殊之聲, 斯非音聲之無常乎.

(2) 혜숙야(嵇叔夜 : 嵇康)의 〈양생론(養生論)〉에 이런 말이 있다. '대저 이[虱]는 머리에 붙으면 검어지며 사향노루는 잣나무 잎을 먹으면 좋은 향을 내뿜는다. 험준한 산에 있으면 목에 혹이 생기고 치아는 진(晉)나라에 있으면 노란색이 된다. 어찌 다만 인체를 변화시키되 중시할 뿐 가벼이 할 수 없겠는가? 또 이것에 향을 묻히어 방향(芳香)시킬 뿐 수명을 연장시킬 수 없겠는가. 진실로 영지(靈芝)로 찜을 하고 예천(醴泉)에서 씻는다면 무위(無爲)로 자득(自得)하여 몸이 젊어지고 마음은 심오해질 것이다. 그렇게 한 다음 비로소 선문(羨門)이나 왕자교(王子喬) 등 선인(仙人)들과 수명을 견줄 수 있게 되는 것이니 어찌 양생할 수 없을 것인가?'

嵆叔夜養生論曰, 夫虱著頭而黑, 麝食柏而香, 頸處險而廮, 齒
居晉而黃. 豈唯烝之使重無使輕, 芬之使香勿使延哉. 誠能烝以
靈芝, 潤以醴泉, 無爲自得, 體妙心玄. 庶與羨門比壽, 王喬爭
年. 何爲不可養生哉.

(3) 구양견석(歐陽堅石 : 歐陽建)의 〈언진의론(言盡意論)〉의 개략은 다
  음과 같다. '대저 도리를 마음에 터득하더라도 그것이 말로 표현
  되지 않으면 널리 전달되지 아니한다. 사물이 정해졌다 하더라도
  이름이 붙여지지 않으면 구별할 수가 없다. 이름은 사물에 따라서
  바뀌고 말은 도리에 따라 변한다. 이 양자(兩者)를 별개의 것으로
  할 수는 없다. 만약 이 양자가 별개의 것이 아니라면 말은 뜻을
  완전히 표현하지 않음이 없는 게 아니겠는가?'

  歐陽堅石言盡意論畧曰, 夫理得於心, 非言不暢. 物定於彼, 非
  名不辨. 名逐物而遷, 言因理而變, 不得相與爲二矣. 苟無其二,
  言無不盡矣.

주해 ○歌笑不同(가소부동) —하문(下文)에 '가(歌)'—'곡(哭)'의 대
  (對)로 논하고 있으므로 《전삼국문(全三國文)》 권49에 기록되어 있듯
  이 '가곡부동(歌哭不同)' 편이 타당할 것이다.

○虱著頭云云(슬착두운운) —《문선(文選)》 권53 이선(李善) 주(注)에 '《포
  박자(抱朴子)》에 말했다. 이제 이가 몸에 붙으면 모두 다소 변하여 하
  얗게 되고 머리에 붙으면 모두 점차 변하여 검어진다. 즉 이는 검고
  하얀 질이 정해져 있는 것이 아니라 옮겨지는 곳에 따라 변하는 것이
  다. 《본초명의(本草名醫)》에 말했다. 사향노루는 항상 잣나무 잎을 먹
  는데 5월 그 향을 얻는다 운운'이라고 되어 있다.

○頸處險云云(경처험운운) —이선(李善) 주(注)에서 인용한 《회남자(淮南
  子)》에 '사람이 험준한 산에 있으면, 수목의 혹이 그 산 수상(水上)에
  임하고 그 물을 마시면 곧 혹이 생긴다'라고 되어 있다.

○齒居晋云云(치거진운운) —《오잡조(五雜俎)》에 '진(晋)나라에는 대추가

많은데 그것을 먹으면 치아가 노랗게 된다'라고 되어 있다.
ㅇ 羨門(선문) ─ 옛날의 선인(仙人).
ㅇ 王喬(왕교) ─ 왕자교(王子喬). 주(周)나라 영왕(靈王)의 태자인 진(晉)이다. 도인(道人) 부구공(孚丘公)이 불러 숭고산(嵩高山)에 올라갔다고 전해진다.

22. 은중군(殷中軍 : 殷浩)은 유공(庾公 : 庾亮)의 장사(長史)가 되었는데,[1] 강을 내려가 도읍으로 갔다. 왕승상(王丞相 : 王導)은 그를 위해 연회를 베풀고 환공(桓公 : 桓溫)·왕장사(王長史 : 王濛)·왕남전(王藍田 : 王述)[2]·사진서(謝鎭西 : 謝尙)도 모두 동석했다. 승상은 스스로 일어서서 장막을 걷고 주미(麈尾)를 손에 든 다음 은호에게 말을 걸었다. "나는 오늘 그대와 함께 이야기를 하며 명리(名理)를 해명코자 하네." 그래서 함께 청담(淸談)을 나누었는데 한밤중이 되고 말았다. 왕승상은 은호와 함께 응수했는데 다른 사람들은 거의 입을 열 겨를이 없었다. 이미 쌍방의 의견을 모두 말하고 나자 왕승상은 한숨을 내쉬면서 말했다. "지금까지 한 논의로는 아직 이치의 근원이 어디로 귀착될는지 알 수가 없어. 그러나 재미나는 이야기를 서로 양보하지 않았다는 점은 정시시대(正始時代)의 청담에 비교할 수 있을 것이야." 다음날 아침 환선무(桓宣武)는 사람들에게 이처럼 말했다. "어제 밤, 은호·왕도의 청담을 들었는데 아주 훌륭했어. 사인조(謝仁祖)도 입을 다물고만 있지는 않았는데 나 역시 마음속으로 얻은 바가 있었거니와 두 사람의 왕연(王掾)[3]을 돌아보니 잠자코 있을 뿐, 마치 길들여지지 않은 암캐와 같았어."

▌**원문**| 殷中軍爲庾公長史,[1] 下都. 王丞相爲之集, 桓公·王長史·王藍田[2]·謝鎭西竝在. 丞相自起解帳, 帶麈尾, 語殷曰, 身今日當與君共談析理. 旣共淸言, 遂達三更. 丞相與殷

共相往反, 其餘諸賢, 略無所關. 旣彼我相盡, 丞相乃歎曰, 向
來語, 乃竟未知理源所歸. 至於辭喩不相負, 正始之音, 正當爾
耳. 明旦, 桓宣武語人曰, 昨夜聽殷·王淸言, 甚佳. 仁祖亦不
寂寞, 我亦時復造心. 顧看兩王掾,[3] 輒翣如生母狗馨.

(1) 생각하건대 《유량요속명(庾亮僚屬名)》 및 《중흥서(中興書)》에서
   는 은호(殷浩)가 유량의 사마(司馬)가 되었다고 했으니 장사(長
   史)가 되었던 것은 아니다.
   案, 庾亮僚屬名及中興書, 浩爲亮司馬, 非爲長史也.

(2) 《왕술별전(王述別傳)》에 이런 말이 있다. '왕술의 자는 회조(懷
   祖)이고 태원(太原) 진양(晉陽) 사람이며, 조부인 왕담(王湛)과
   아버지 왕승(王承)은 함께 명성이 높았다. 왕술은 일찍이 아버지
   를 여의었는데 어머니에게 효성이 지극했다. 가난한 생활 속에서
   도 편안한 마음으로 살았다. 그런 일로 식자(識者) 사이에 알려졌
   다. 남전후(藍田侯)의 작위(爵位)를 이었다.'
   王述別傳曰, 述字懷祖, 太原晉陽人. 祖湛, 父承, 竝有高名.
   述蚤孤, 事親孝謹, 簞瓢陋巷, 宴安永日. 由是爲有識所知. 襲
   爵藍田侯.

(3) 왕몽(王濛)과 왕술(王述)은 모두 왕도(王導)의 부름을 받았다.
   王濛·王述, 竝爲王導所辟.

▍주해┃ ○身(신)－자칭어(自稱語). 연장자가 연소자에게 말할 때 사용
   되는 일이 많다.
   ○三更(삼경)－한밤중 12시가 지난 시각.
   ○正始之音(정시지음)－정시(正始)는 위(魏)나라 연호(240~249년). 하안
   (何晏)·왕필(王弼) 등 청담가(淸談家)들이 활약한 시대.

ㅇ輒霎(첩삽)-나란히 서서 움직이지 않는 것의 형용.

ㅇ如生母狗馨(여생모구형)-형(馨)은 육조(六朝) 시기의 어사(語辭). ‘여(如)’와 대응하여 ‘……와 같다’의 뜻. 〈문학편(文學篇)〉 33, 〈분견편(忿狷篇)〉 3을 참조. 송본(宋本)은 ‘형(馨)’을 ‘성(聲)’으로 적고 있다. 생모구(生母狗)는 사람에게 길들여지지 않은 암캐.

23. 은중군(殷中軍 : 殷浩)은 불경을 보고 말했다. “이(理)는 이 가운데에도 있을 것임에 틀림없다.”[1]

┃원문┃ 殷中軍見佛經云, 理亦應在阿堵上.[1]

(1) 불경이 중국에 전래된 것은 오래 전의 일인데 그 시초는 상세하지 않다.

《모자(车子)》에 이런 말이 있다. ‘한(漢)나라 명제(明帝)는 밤에 꿈속에서 몸에 광채가 나는 신인(神人)을 보았다. 이튿날 군신(群臣)들에게 묻자 달통한 사람인 부의(傅毅)가 대답했다. “신(臣)이 듣잡건대 천축(天竺)에 득도자가 있는데 그 이름을 불(佛)이라 한다 합니다. 그 몸이 가벼워서 공중을 날아다닐 수 있고 몸에서는 광채가 나서 실로 신(神)과 같다고 합니다.” 그래서 우림장군(羽林將軍) 진경(秦景), 박사제자(博士弟子) 왕준(王遵) 등 12명을 대월지국(大月氏國)에 파견하여 불경 42장경(章經)을 필사해 오도록 하여 난대(蘭臺)의 석실(石室)에 보관해 두었다.’

유자정(劉子政 : 劉向)의 《열선전(列仙傳)》에 이런 말이 있다. ‘백가(百家)의 책을 열람하여 살펴보면 선인(仙人)이 된 자가 146명, 그 중 74명은 이미 불경에 기록되어 있다. 그래서 나머지 선인 70명을 기록하여 모두가 두루 열람토록 하였다.’ 이 기록대로라면 즉 한(漢)나라 성제(成帝)·애제(哀帝) 무렵에 이미 불경이 존재했고, 《모자》의 기록과 일치되지 아니한다.

《위략(魏略)》〈서융전(西戎傳)〉에는 이런 말이 있다. '천축에 임아국(臨兒國)이 있다. 《부도경(浮屠經)》에서 이르기를 "그 나라의 왕은 부도(浮屠 : 佛 : Buddha)를 낳았다. 부도는 태자(太子)이며 아버지는 설두야(屑頭邪 : Śuddhodana)라 하고 어머니는 막야(莫邪 : Māyā)라고 한다. 부도는 몸에 노란색 옷을 입고 머리는 파란 실과 같으며 손톱은 구리[銅]와 같았다. 그 어머니는 하얀 코끼리의 꿈을 꾸고 그를 잉태했다. 태어날 때 오른쪽 옆구리로 나왔는데 틀어올린 머리카락이 있었고 바닥에 떨어지자마자 일곱 발짝을 떼었다."고 하였다. 또 천축에는 사율(沙律)이란 신인(神人)이 있었다. 옛날 한(漢)나라 애제(哀帝) 원수(元壽) 원년(기원전 2년) 박사제자 경려(景盧)는 대월지국왕이 이존(伊存)에게 구전(口傳)시킨 부도경(浮屠經)을 받았다. 부두(復豆 : Buddha)라고 하는 사람이 그 사람이다.'

《한무고사(漢武故事)》에 이런 이야기가 있다. '곤야왕(昆邪王)이 휴도왕(休屠王)을 살해하고 그 무리를 이끌고 와서 한나라에 항복했다. 그에게서 금동신상(金銅神像)을 얻었고 그것을 감천궁(甘泉宮)에 안치했다. 신상은 어느 것이나 신장(身長)이 1장(丈) 남짓한데 제사지낼 때 소나 양을 쓰지 않고 다만 소향예배(燒香禮拜)를 할 뿐이다. 무제는 흉노 나라의 습속에 따라 제사지냈다.' 이런 신(神)은 부처와 아주 흡사하다. 그렇다면 어찌 한나라 무제 때 아직 불경은 중국에 전래되지 아니했고 단지 신(神)만 제사지낼 수 있었을까? 따라서 유향(劉向)이나 어환(魚豢 : 《魏略》의 저자)의 설을 검토해 보면 불교가 전래된 것은 애제·성제 시대로부터였음이 분명하다. 더구나 《모자》라든가 부의가 말하는 42장경은 경문이 현존하고 있으니 터무니없는 일이 아니다. 생각하건대 한나라 명제(明帝)가 사자(使者)를 파견하여 널리 이문(異聞)을 구했는데 이때 불경이 없었던 것이 아니다.

佛經之行中國尚矣, 莫詳其始.

牟子曰, 漢明帝夜夢神人, 身有日光. 明日, 博問羣臣. 通人傅
毅對曰, 臣聞天竺有道者, 號曰佛, 輕擧能飛, 身有日光, 殆將
其神也. 於是遣羽林將軍秦景·博士弟子王遵等十二人之大月
氏國, 寫取佛經四十二部, 在蘭臺石室.

劉子政列仙傳曰, 歷觀百家之中, 以相檢驗, 得仙者百四十六
人, 其七十四人, 已在佛經, 故撰得七十, 可以多聞博識者遐觀
焉. 如此, 卽漢成·哀之閒, 已有經矣. 與牟子傳記, 便爲不同.

魏略西戎傳曰, 天竺城中, 有臨兒國. 浮屠經云, 其國王生浮圖.
浮圖者, 太子也. 父曰屑頭邪, 母曰莫邪. 浮圖者, 身服色黃, 髮
如青絲, 爪如銅. 其母夢白象而孕, 及生, 從右脅出, 而有髻, 墜
地能行七步. 天竺又有神人曰沙律. 昔漢哀帝元壽元年, 博士弟
子景慮, 受大月氏王使伊存口傳浮屠經. 曰復豆者, 其人也.

漢武故事曰, 昆邪王殺休屠王, 以其衆來降. 得其金人之神, 置
之甘泉宮. 金人皆長丈餘, 其祭不用牛羊, 唯燒香禮拜. 上使依
其國俗祀之. 此神全類於佛. 豈當漢武之時, 其經未行於中土,
而但神明事之耳. 故驗劉向·魚豢之說, 佛至自哀·成之世明
矣. 然則牟·傳所言四十二者, 其文今存, 非妄. 蓋明帝遣使廣
求異聞, 非是時無經也.

주해┃ ○阿堵(아도)─육조(六朝)의 속어(俗語). 아(阿)는 발어사(發語
辭). 도(堵)는 이것들이란 의미이다.

○復豆(부두)─《삼국지(三國志)》〈위서(魏書)〉 권30 배송지(裴松之) 주
(注)에서 인용한 《위략(魏略)》〈서융전(西戎傳)〉에서는 '부립(復立)'이
라 적고 있다.

24. 사안(謝安)은 젊었을 때 완광록(阮光祿 : 阮裕)에게 백마론(白
馬論)을 설명해 주기를 청했다.[1] 그래서 완유는 논(論)을 지어 사안

에게 보여주었다. 그러나 그때 사안은 완유의 논에 대해서 이해할 수가 없었으므로 연이어 자꾸 물었다. 그러자 완유는 감탄하며 말했다. "언변에 뛰어난 사람을 얻기도 어렵거니와 이처럼 알고 싶어하는 사람을 얻기도 어려운 일이로다."(2)

▌원문▏ 謝安年少時, 請阮光祿道白馬論.(1) 爲論以示謝. 于時謝不卽解阮語, 重相咨盡. 阮乃歎曰, 非但能言人不可得, 正索解人亦不可得.(2)

(1) 《공총자(孔叢子)》에 이런 말이 있다. '조(趙)나라 사람 공손룡(公孫龍)은 말했다. "백마(白馬)는 말이 아니다. 말이란 그 형체를 이름 붙인 것이고, 백(白)이란 그 색깔을 이름 붙인 것이다. 색깔에 이름 붙인 것은 형체에 이름 붙인 것이 아니다. 그러므로 백마는 말이 아니라고 하는 것이다."'
孔叢子曰, 趙人公孫龍云, 白馬非馬. 馬者所以命形, 白者所以命色. 夫命色者非命形. 故曰, 白馬非馬也.

(2) 《중흥서(中興書)》에는 이런 말이 있다. '완유(阮裕)는 논난(論難)에 대단히 뛰어났었다.'
中興書曰, 裕甚精論難.

▌주해▏ ○孔叢子(공총자)─현존하는 《공총자》에는 이 구절이 없다. 《공손룡자(公孫龍子)》에 보인다.

25. 저계야(褚季野 : 褚裒)는 손안국(孫安國 : 孫盛)(1)에게 말했다. "북방 사람의 학문은 깊고도 넓소이다." 손성이 말했다. "남방 사람의 학문은 정통하면서도 간명하오." 지도림(支道林)이 이 말을 듣고 말

했다. "성현은 본디 말을 잊는 법이오. 중간보다 못한 사람에 대해서 말한다면 북방 사람이 책을 읽는 것은 밝은 곳에서 달을 보는 것과 같으며, 남방 사람의 학문은 창 안에서 해를 쳐다보는 것과 같은 것이라오."[2]

│원문│ 褚季野語孫安國[1]云, 北人學問, 淵綜廣博. 孫答曰, 南人學問, 清通簡要. 支道林聞之曰, 聖賢固所忘言. 自中人以還, 北人看書, 如顯處視月, 南人學問, 如牖中窺日.[2]

(1) 저부(褚裒)와 손성(孫盛)에 대해서는 모두 앞에 나왔다.
　　褚裒 · 孫盛竝已見.

(2) 지도림(支道林)이 말한 것은 단지 손성의 논리에 비유를 든 것이다. 그렇다면 학문을 넓히고자 하는 경우 주밀하기가 어렵고, 주밀하기가 어려우면 지식이 어두워진다. 그러므로 밝은 곳에서 달을 바라보는 것과 같아서 지식이 명확하지가 않다. 학문이 좁으면 확실하다. 확실하기에 지식은 밝아진다. 그런 까닭에 창문 안에서 해를 바라보는 것과 같다고 한 것이다.
　　支所言, 但譬成孫 · 褚之理也. 然則學廣則難周, 難周則識闇. 故如顯處視月. 學寡則易覈, 易覈則智明, 故如牖中窺日也.

│주해│ ○忘言(망언)－《장자(莊子)》〈외물편(外物篇)〉에 '언자소이재의(言者所以在意), 득의이망언(得意而忘言)', 즉 '말은 생각을 전하기 위해 있는 것이며 생각하는 바를 알고 난 다음에는 말을 잊고 만다'고 했다.
○已見(이견)－저부(褚裒)는 〈덕행편(德行篇)〉 34, 손성(孫盛)은 〈언어편(言語篇)〉 49에 나왔다.

26. 유진장(劉眞長 : 劉惔)과 은연원(殷淵源 : 殷浩)이 담론을 하고

있었는데 유담의 논의가 다소 열세인 듯하였다. 은호는 말했다. "아니, 자네는 좀더 가능성이 있는 운제(雲梯)를 사용해서 공격하려 하지 않는 건가?"[1]

│원문│ 劉眞長與殷淵源談, 劉理如小屈. 殷曰, 惡, 卿不欲作將善雲梯仰攻.[1]

(1) 《묵자(墨子)》에 이런 말이 있다. '공수반(公輸般)이 높다란 운제(雲梯)를 만들어 송(宋)나라를 치려고 했다. 묵자는 그 말을 듣자 노(魯)나라에서 달려갔다. 옷을 찢어 발을 동여맨 채로 밤낮을 쉬지 않고 10일이 걸려 (초나라 도읍인) 영(郢)에 도착했다. 그리고 초왕(楚王)을 만나서 말했다. "듣자하니 대왕께서는 송나라를 공격하고자 하는 것 같은데 그게 사실입니까?" 왕은 "그렇소."라고 대답했다. 묵자는 "정히 그러시다면 공수반에게 송나라를 공략할 기구를 준비시켜 주십시오. 저는 시험삼아 한번 막아보겠습니다."라고 했다. 그래서 공수반은 송나라 공략 계획을 세우고, 묵자는 허리띠를 풀어 성을 지켰다. 공수반은 아홉 차례 공략했으나 묵자가 아홉 번 모두 퇴치했기 때문에 들어갈 수 없었고 마침내 출병(出兵)을 그만두었다.'

墨子曰, 公輸般爲高雲梯, 欲以攻宋. 墨子聞之自魯往. 裂裳裹足, 日夜不休, 十日十夜而至於郢. 見楚王曰, 聞大王將攻宋, 有之乎. 王曰, 然. 墨子曰, 請令公輸般設攻宋之具, 臣請試守之. 於是公輸般設攻宋之計, 墨子縈帶守之. 輸九攻之, 而墨子九却之. 不能入, 遂輟兵.

│주해│ ○惡(오)－감탄사. '아니!' '아아!'란 뜻.

○墨子(묵자)－《묵자》〈공수편(公輸篇)〉.

○雲梯(운제)－성(城)을 공격하기 위해서 만든 사닥다리.

27. 은중군(殷中軍 : 殷浩)이 말했다. "한강백(韓康伯 : 韓伯)은 아직 내 언외(言外)의 뜻을 깨달을 수가 없다."[1]

┃원문┃ 殷中軍云, 康伯未得我牙後惠.[1]

(1) 《은호별전(殷浩別傳)》에 이런 말이 있다. '은호는 《노자(老子)》와 《역경(易經)》에 깊이 통하여 청담(淸談)을 잘했었다.' 강백(康伯)은 은호의 조카인데 은호는 그를 매우 사랑했었다.

浩別傳曰, 浩善老易, 能淸言. 康伯, 浩甥也. 甚愛之.

┃주해┃ ○牙後惠(아후혜)─언외(言外)의 뜻을 가리킨다.

28. 사진서(謝鎭西 : 謝尙)가 젊었을 때, 은호(殷浩)가 청담에 뛰어나다는 말을 듣고 일부러 나가서 그의 집을 찾았다. 은호는 아직 수인사도 끝나기 전에 사상(謝尙)을 위해 여러 가지 문제를 열거하고 수백 마디의 말을 했다. 그것은 빼어난 취지를 가진 것인 데다가 표현도 풍부하여 사람의 마음을 감동시키기에 충분했다. 사상은 정신을 바싹 차리고 들었기 때문에 흐르는 땀이 얼굴을 적시는 것도 알아차리지 못할 정도였다. 은호는 무심코 옆의 사람에게 말했다. "수건으로 사랑(사상)의 얼굴에 흐르는 땀을 닦아 주어라."[1]

┃원문┃ 謝鎭西少時, 聞殷浩能淸言, 故往造之. 殷未過有所通, 爲謝標榜諸義, 作數百語. 旣有佳致, 兼辭條豊蔚, 甚足以動心駭聽. 謝注神傾意, 不覺流汗交面. 殷徐語左右, 取手巾與謝郎拭面.[1]

(1) 생각하건대 은호(殷浩)는 사상(謝尙)보다 3세 연상으로서 당시의 명사(名士)였다. 어쩌면 그 뛰어난 풍격(風格)을 존중하여 그를

위해 땀을 닦아 주었던 것이리라.

案, 殷浩大謝尚三歲, 便是時流. 或當貴其勝致, 故爲之揮汗.

주해 | ○過(과)−경(經)과 같다. 일찍이란 의미.

○通(통)−인사란 뜻. 〈문학편(文學篇)〉 53에 '통한서(通寒暑)'란 용례가
있다.

29. 선무(宣武 : 桓溫)가 여러 명사들을 모아놓고 《역경(易經)》을
강의했는데[1] 하루에 한 괘(卦)를 설명했다. 간문제(簡文帝 : 司馬昱)
는 강의를 들어봐야겠다고 생각했었는데 이 말(강의 진도)을 듣자 그
대로 돌아갔다. 그리고 말했다. "내용에는 당연히 어렵고 쉬운 것이
있을 것인데 하루 한 괘(卦)로 한정지을 수는 없지."

원문 | 宣武集諸名勝講易,[1] 日説一卦. 簡文欲聽, 聞此便還.
曰, 義自當有難易, 其以一卦爲限邪.

(1) 《역건착도(易乾鑿度)》에 이런 말이 있다. '공자(孔子)가 말했다.
역(易)이란 간이(簡易)이고 변역(變易)이며 불역(不易)이다. 이
세 가지의 덕(德)이 도(道)의 열쇠이다. '간이'란 그 덕을 말한다.
사방을 밝히고 일월성신(日月星辰)은 고루 연하여 있으며 팔괘
(八卦)는 질서를 유지하고 사시(四時)는 조화한다. '변역'이란 천
지의 기(氣)가 변동하지 않으면 아침을 맞을 수가 없고 부부의 기
(氣)가 변동하지 않으면 가정을 형성할 수가 없다. '불역'이란 그
자리를 말한다. 하늘은 위에 있고 땅은 아래에 있으며 군주는 남
면(南面)하고 신하는 북면(北面)하며, 아버지는 앉아있고 아들은
엎드린다. 이것이 그 '불역'이라고 하는 것이다. 그러므로 역(易)
이란 천(天)·지(地)·인(人)의 도(道)이다.'
정현(鄭玄)은 역(易)에 서(序)하여 말했다. '역이란 이름은 한 단

어에 세 가지 뜻이 포함되어 있다. '간이'가 그 제1의(第一義)요, '변역'이 그 제2의요, '불역'이 그 제3의이다.'
〈계사전(繫辭傳)〉에는 이런 말이 있다. '건곤(乾坤)의 두 괘(卦)는 역(易)의 온오(蘊奧)이며 역(易)의 문이다.'
또 말한다. '건(乾)의 괘는 인간에게 평이한 이법(理法)을 확실하게 나타내고, 곤(坤)의 괘는 인간에게 간약(簡約)한 이법을 진실하게 나타낸다. 평이하면 알기가 쉽고, 간약하면 따르기가 쉽다.' 이것은 '간이(簡易)'의 법칙을 말하고 있는 것이다.
또 말한다. '역(易)의 도(道)란 것은 자주 변화하고 변동하여 정지하지 않는다. 두루 육허(六虛)에 유통하고 상하로 움직이어 정해져 있지 아니한다. 강(剛)과 유(柔)는 서로 바꿔 들어 일정한 법칙을 이루지 아니한다. 단지 변화가 가는 곳에 맡겨둘 뿐이다.' 이것은 곧 때에 따라 출입 이동하는 '변역'을 말하고 있는 것이다.
또 말한다. '하늘은 존귀하고 땅은 비천하다는 점에서 건곤(乾坤)이 정해진다. 비천한 것과 높은 것이 있어서 귀천의 자리가 정해진다. 동정(動靜)에 상리(常理)가 있어서 강유(剛柔)가 나뉘어지는 것이다.' 이것은 곧 사물이 자리에 따라 '불역'임을 말하는 것이다. 이 세 가지 뜻에 근거하여 역(易)의 도(道)를 설명하면 넓고도 크도다.

易乾鑿度曰, 孔子曰, 易者, 易也, 變易也, 不易也. 三成德, 爲道苞籥者. 易也其德也. 光明四通, 日月星辰布, 八卦序, 四時和也. 變也者, 天地不變, 不能成朝. 夫婦不變, 不能成家. 不易者, 其位也. 天在上, 地在下, 君南面, 臣北面, 父坐子伏, 此其不易也. 故易者天地人道也.

鄭玄序易曰, 易之爲名也, 一言而函三義. 簡易一也, 變易二也, 不易三也.

繫辭曰, 乾坤, 易之蘊也, 易之門戶也.

又曰, 乾確然示人易矣, 坤隤然示人簡矣. 易則易知, 簡則易從.

此言其簡易法則也.

又曰, 其爲道也屢遷, 變動不居, 周流六虛, 上下無常, 剛柔相易, 不可以爲典要, 唯變所適. 此則言其從時出入移動也.

又曰, 天尊地卑, 乾坤定矣. 卑高以陳, 貴賤位矣. 動靜有常, 剛柔斷矣. 此則言其張設布列不易也. 據此三義而說易之道, 廣矣大矣.

주해 | ○易乾鑿度(역건착도) ─ 한대(漢代)에 만들어진 위서(緯書).

○鄭玄序易(정현서역) ─ 정현의 《역경(易經)》 서(序)는 《주역정의(周易正義)》의 서(序)에 '역론(易論)'으로 인용되어 있다.

○六虛(육허) ─ 사방(四方)과 상하(上下)를 가리킨다.

30. 북방에서 온 승려로서 철리(哲理)의 담론(談論)을 좋아하는 자가 있었는데 임공(林公 : 支遁)과 와관사(瓦官寺)에서 만나 《소품반야경(小品般若經)》을 강론했다. 그때 축법심(竺法深)과 손흥공(孫興公 : 孫綽)도 함께 듣고 있었다. 이 승려는 자주 질문과 반박을 시도해보았으나 임공의 대답은 명석했으며 말투도 부드러워서 그 승려는 그때마다 궁지에 몰리곤 했다. 손작이 심공(深公 : 축법심)에게 물었다. "상인(上人)께서는 바람을 거스르시는 분인데 아까부터 어찌하여 잠자코 계시는 것입니까?"[1] 심공은 웃으면서 대답을 하지 않았다. 임공이 말했다. "백전단(白旃檀)은 향나무임에 틀림이 없습니다만 어찌하여 바람에 거슬리어 냄새를 풍기는 것입니까?"[2] 심공은 그 의미를 알고 있었지만 태연히 상대하지 않았다.

원문 | 有北來道人好才理, 與林公相遇於瓦官寺, 講小品. 于時竺法深·孫興公悉共聽. 此道人語, 屢設疑難, 林公辯答清析, 辭氣俱爽. 此道人每輒摧屈. 孫問深公, 上人當是逆風家.

向來何以都不言.[1] 深公笑而不答. 林公曰, 白旃檀非不馥, 焉
能逆風.[2] 深公得此義, 夷然不屑.

(1) 강법창(康法暢)의 《인물론(人物論)》에 이런 말이 있다. '법심(法
深)은 학문·사상이 깊고 넓으며 그 명성이 일찍부터 떨치고 있었
다. 불도(佛道)를 세상에 펼친 법사(法師)이다.'
康法暢人物論曰, 法深學義淵博, 名聲蚤著, 弘道法師也.

(2) 〈성실론(成實論)〉에 이런 말이 있다. '파리질다천수(波利質多天
樹)는 그 향기가 바람에 거슬리어 풍긴다.'
成實論曰, 波利質多天樹, 其香則逆風而聞.

▌**주해**▏　○瓦官寺(와관사)−금릉(金陵 : 南京)에 있는 절.
○小品(소품)−《소품반야경(小品般若經)》. 지루가참(支婁迦讖)이 번역.
○逆風家(역풍가)−어떤 일에 있어서도 반발하는 일언거사(一言居士).
○白旃檀(백전단)−바람을 거슬러 냄새를 풍기는 파리질다천수(波利質多
天樹)에는 미치지 못한다는 뜻. 역풍(逆風)이란 말과 연관시켜서 말한 것.
○康法暢(강법창)−송본(宋本)·원본(袁本)은 모두 '유법창(庾法暢)'으로
적고 있는데 그것은 잘못이다. 〈언어편(言語篇)〉 52 참조.
○成實論(성실론)−《소품반야경(小品般若經)》〈문향품(聞香品)에 있다.

31. 손안국(孫安國 : 孫盛)은 은중군(殷中軍 : 殷浩)에게로 가서 함
께 의논을 했다. 정신을 집중하여 담론하다보니 주객(主客)의 구별이
없었다. 좌우에 있던 사람들이 식사할 것을 권했으나 만들어서 식은
음식을 데우기 여러번을 했다. 서로 주미(麈尾)를 격렬하게 흔드는
바람에 그 털이 마구 떨어져 음식 속에 가득 떨어졌는데 주인과 손님
은 마침내 해가 떨어질 때까지 식사하는 것을 잊고 말았다. 은호는

그래서 손성에게 말했다. "여보게, 사납게 날뛰는 말[馬]이 되지 말라구. 자네 코에 구멍을 뚫어 줄 것이야." 손성이 대답했다. "코에 구멍을 뚫는 것은 소란 것을 모르나? 자네 볼에 구멍을 뚫어 줄 것이야!"[1]

▌원문│ 孫安國往殷中軍許共論. 往反精苦, 客主無閒. 左右進食, 冷而復煖者數四. 彼我奮擲, 塵尾悉脫落, 滿餐飯中. 賓主遂至暮忘食. 殷乃語孫曰, 卿莫作强口馬, 我當穿卿鼻. 孫曰, 卿不見決鼻牛, 人當穿卿頰.[1]

(1) 《속진양추(續晋陽秋)》에 이런 말이 있다. '손성(孫盛)은 이론에 뛰어났었다. 그 당시 중군장군(中軍將軍) 은호(殷浩)가 명성을 떨치고 있었는데 함께 격론을 벌일 수 있는 사람은 다만 손성뿐이었다.'
續晋陽秋曰, 孫盛善理義. 時中軍將軍殷浩擅名一時, 能與劇談相抗者, 唯盛而已.

▌주해│ ㅇ劇談(극담) —경박한 말로 심하게 서로 힐난하다.

32. 《장자(莊子)》〈소요유편(逍遙遊篇)〉은 예로부터 난해하여, 명사(名士)들이 연구하고 음미해야 했는데 곽상(郭象)·상수(向秀)를 능가하는 해석은 아직 나오지 않았다. 지도림(支道林)은 백마사(白馬寺)에서 풍태상(馮太常 : 馮懷)과 이야기를 나누고 있었는데,[1] 이야기가 〈소요유편〉에 이르자 지도림은 두 사람을 능가하는 새 해석을 내놓았으며 제가(諸家)와는 다른 선해를 밀했다. 그것들은 모두 여러 명사들이 연구·음미하고도 도달하지 못했던 점이 있었으므로 그후에는 이 지도림의 해석이 사용되기에 이르렀다.[2]

■원문| 莊子逍遙篇, 舊是難處, 諸名賢所可鑽味, 而不能拔理 於郭·向之外. 支道林在白馬寺中, 將馮太常共語,[1] 因及逍 遙. 支卓然標新理於二家之表, 立異義於衆賢之外. 皆是諸名 賢尋味之所不得. 後遂用支理.[2]

(1) 《풍씨보(馮氏譜)》에 이런 말이 있다. '풍회(馮懷)의 자는 조사(祖 思)이며 장락(長樂) 사람이다. 태상(太常)·호군장군(護軍將軍)을 역임했다.'

   馮氏譜曰, 馮懷字祖思, 長樂人. 歷太常·護軍將軍.

(2) 상자기(向子期)·곽자현(郭子玄)의 〈소요의(逍遙義)〉에 이런 말이 있다. '대저 대붕(大鵬)은 하늘에 날아오르기 9만 리이고 메추라기는 애써보았자 느릅나무나 참빗살나무 가지의 높이에까지 오르는 것이 고작이어서, 그 대소(大小)에 차이는 있지만 각기 그본성에 따르고 있다. 만약 그 본분에 적합하다면 소요(逍遙)라는 점에서 다를 바가 없다. 그러나 온갖 만물은 모두 그 바탕에 의지하는 바가 있는 것인즉 그 의지하는 바를 얻은 후에야 소요할 수가 있다. 오직 성인(聖人)만이 만물과 합치되어 대자연의 변화에 순응하기 때문에 의지하는 것이 없더라도 언제나 도(道)에 통할수가 있다. 자신이 도에 통할 뿐 아니라 의지할 필요가 있는 대상도 의지해야 하는 그것을 잃지 않도록 하는 것이다. 그것을 잃지아니하게 하면, 곧 대도(大道)에 동화(同化)하는 것이다.'
   지씨(支氏 : 支遁)의 《소요론》에 이런 말이 있다. '대저 소요라고하는 것은 지인(至人)의 마음을 밝히는 것이다. 장자(莊子)는 대도(大道)를 설파하면서 그 하고자 하는 바를 대붕(大鵬)과 메추라기에게 의탁했다. 대붕은 살아가는 도(道)가 매우 광대(廣大)하기 때문에 자신의 외부에 적종(適從)해야 하는 것이 없다. 메추라기는 가까운 곳에 있으면서 먼 곳의 것을 비웃는데 그 마음속에는 긍지의 기분이 있다. 지인(至人)은 하늘의 정기(正氣)를 타고 높이 올라가 무한한 세계에서 놀며 방랑한다. 대상을 대상물로 사용하되 대상에게 사용당하지 않으므로, 마음을 자유로이 하며 스스로 득의(得意)하지 아니하고 심오하게 감응하여 작위(作爲)하지 않는다. 그리고 서두르지 않고도 신속하므로 자유로이 가지 못하는 바가 없는 것이다. 이것이 바로 소요라는 것이다. 한 시간도 채 안되어 쾌연히 천진난만과 흡사한 기분이 되는데, 그것은 굶주린 자가 배부르게 먹고 목마른 자가 듬뿍 마신 것과 같은 것이다. 어찌 맛있는 맛을 조잡한 음식 때문에 망각하고 고급 술맛을 막걸리 때문에 망각할 수 있겠는가? 만약 진실로 만족을 얻지 못한다면 어찌 소요라고 할 수 있겠는가?' 이것도 상수·곽상의 주(注)에서는 아직 언급한 일이 없었던 것이다.

向子期, 郭子玄逍遙義曰, 夫大鵬之上九萬, 尺鷃之起楡枋, 小大雖差, 各任其性. 苟當其分, 逍遙一也. 然物之芸芸, 同資有待, 得其所待, 然後逍遙耳. 唯聖人與物冥而循大變, 爲能無待而常通. 豈獨自通而已. 又從有待者不失其所待. 不失, 則同於大道矣.

支氏逍遙論曰, 夫逍遙者, 明至人之心也. 莊生建言大道, 而寄指鵬鷃. 鵬以營生之路曠, 故失適於體外. 鷃以在近而笑遠, 有矜伐於心内. 至人乘天正而高興, 遊無窮於放浪. 物物而不物於物, 則遙然不我得, 玄感不爲. 不疾而速, 則逍然靡不適, 此所以爲逍遙也. 若夫有欲當其所足. 足於所足, 快然有似天眞, 猶飢者一飽, 渴者一盈, 豈忘烝嘗於糗糧, 絶觴爵於醪醴哉. 苟非至足, 豈所以逍遙乎. 此向·郭之注所未盡.

주해ㅣ ㅇ護軍將軍(호군장군)—영군장군(領軍將軍)과 함께 중앙 군권(軍權)의 요직으로서 무관(武官)의 임용을 관장하는 벼슬.

ㅇ烝嘗(증상)—겨울철의 제사, 가을철의 제사에 바치는 고급 음식.

ㅇ糗糧(구량) – 맛있다. 좋다.
ㅇ觴爵(상작) – 제사에 사용하는 주기(酒器). 그것에 담은 고급 술.
ㅇ醪醴(요례) – 요(醪)는 막걸리, 예(醴)는 감주.

33. 은중군(殷中軍 : 殷浩)은 어느 때 유윤(劉尹 : 劉惔)에게 가서 청담(淸談)을 나눈 적이 있다. 얼마동안 담론을 하는 사이에 은호의 논리는 다소 막히는 바가 있었으나 말하기를 그치지 아니했다. 유담은 그 이상은 대응하지 않았다. 은호가 돌아간 다음에 유담이 말했다. "촌녀석 같으니라구. 억지로 남의 흉내를 내면서 그 따위 말을 하는군."[1]

▎원문│ 殷中軍嘗至劉尹所. 淸言良久, 殷理小屈, 遊辭不已. 劉亦不復答. 殷去後, 乃云, 田舍兒, 强學人作爾馨語.[1]

(1) 유담(劉惔)은 앞에서 나왔다.
　　劉惔已見.

▎주해│　ㅇ已見(이견) –〈덕행편(德行篇)〉35에 나왔다.

34. 은중군(殷中軍 : 殷浩)은 무슨 일에나 통달했었는데 재성(才性) 문제에 있어서는 특히 정통했다. 어쩌다가 이야기가 '재성사본(才性四本)'에 미치면 곧바로 탕지철성(湯池鐵城)과 같아서 도저히 공략해 들어갈 틈이 없었다.[1]

▎원문│ 殷中軍雖思慮通長, 然於才性偏精. 忽言及四本, 便若湯池鐵城, 無可攻之勢.[1]

(1) 《신농서(神農書)》에 이런 이야기가 있다. '대저 10인(仞)의 돌 성벽과 백보(百步)의 끓는 물이 담겨져 있는 해자와 백만 명의 갑병(甲兵)이 있다 하더라도 병량(兵糧)이 없으면 성을 고수(固守)할 수가 없다.'

神農書曰, 夫有石城十仞, 湯池百步, 帶甲百萬, 而無粟者, 不能自固也.

35. 지도림(支道林 : 支遁)은 〈즉색론(卽色論)〉을 지었는데,[1] 논(論)이 완성되자 왕중랑(王中郎 : 王坦之)에게 보였다.[2] 왕중랑은 아무 말도 하지 않았다. 지도림이 말했다. "묵묵히 마음속으로 이해했소이까?"[3] 왕중랑이 말했다. "문수(文殊)도 없는데 누가 내 침묵하는 마음을 이해할 수 있단 말입니까?"[4]

■원문│ 支道林造卽色論.[1] 論成, 示王中郎.[2] 中郎都無言. 支曰, 默而識之乎.[3] 王曰, 旣無文殊, 誰能見賞.[4]

(1) 지도림(支道林)의 《집묘관장(集妙觀章)》에 이런 말이 있다. '대저 색(色 : 物)의 본성은 그 자체로 색이 있는 것은 아니다. 색은 그 자체로는 있는 것이 아니기 때문에 색이라 하더라도 공(空)이다. 그러므로 색은 즉 공이지만 색은 역시 공과는 다르다고 하는 것이다.'

支道林集妙觀章云, 夫色之性也, 不自有色. 色不自有, 雖色而空. 故曰色卽爲空, 色復異空.

(2) 왕탄지(王坦之)는 앞에서 나왔다.

王坦之已見.

(3) 《논어(論語)》에 이런 말이 있다. '묵묵히 마음속으로 이해하고 남

을 가르치는 데 게으르지 않는 것이 어찌 나에게 있으리요.'
論語曰, 默而識之, 誨人不倦, 何有於我哉.

(4)《유마힐경(維摩詰經)》에 이런 말이 있다. '문수사리(文殊師利)가
유마힐에게 물었다. "무엇이 보살의 입불이법문(入不二法門)입니
까?" 그때 유마힐은 묵묵히 말이 없었다. 문수사리가 찬탄하며 말했
다. "이것이야말로 참다운 입불이법문이로다."'
維摩詰經曰, 文殊師利問維摩詰云, 何者是菩薩入不二法門. 時
維摩詰默然無言. 文殊師利歎曰, 是眞入不二法門者也.

■ 주해│ ○卽色論(즉색론)─《고승전(高僧傳)》권4 〈지둔전(支遁傳)〉에는
'즉색유현론(卽色遊玄論)'으로 되어 있다.
○旣無文殊(기무문수)─문수(文殊)도 아닌 당신이 내 침묵의 마음을 알
수 있겠는가?
○色(색)─형상을 가지고 생성변화(生成變化)하는 물질의 현상.
○已見(이견)─〈언어편(言語篇)〉 72 주(注).
○論語(논어)─〈술이편(述而篇)〉.
○維摩詰經(유마힐경)─〈입불이법문품(入不二法門品)〉.
○入不二法門(입불이법문)─진리의 법문(法門)에 들어가는 것. 일체 현상
의 시비선악(是非善惡) 등 차별적인 경계에 대하여 '무사무지(無思無
知) 무견무문(無見無問)'하고 '무언무설(無言無說)'하여 온갖 모순을 초
탈한 불법문(佛法門)을 가리킨다. 선종(禪宗)에서는 이것을 일종의 처
세 태도로 삼는다.

36. 왕일소(王逸少：王羲之)가 회계내사(會稽內史)가 되어 처음으
로 부임해 보니 그곳에 지도림(支道林：支遁)이 있었다. 손흥공(孫興
公：孫綽)이 왕일소에게 말했다. "지도림은 참신하고 이색적인 사람
이며 품고 있는 사상은 훌륭합니다. 한번 만나보지 않으시렵니까?"

왕일소는 원래 투철한 기질이어서 지도림 따위는 전혀 문제시하지도 않았다. 후일 손작(孫綽)과 지도림이 함께 수레를 타고 왕일소를 찾아왔는데 왕일소는 굳게 마음문을 닫고 이야기를 나누려고 하지 않으므로 지도림은 곧 떠났다. 그후 왕일소가 외출을 하려던 참에 만났는데 수레는 이미 그의 문앞에 준비되어 있었다. 지도림이 왕일소에게 말했다. "기다려 주십시오. 빈도(貧道)는 그대와 애기하고 싶습니다만." 그리고 《장자(莊子)》〈소요유(逍遙遊)〉를 논했다. 지도림은 수천 마디의 말을 했는데 그 말은 재기에 넘치고 신선하여 백화가 난만한 것 같았다. 그러자 왕일소는 흉금을 완전히 열고 언제까지나 서있으면서 가지 않으려고 했다.[1]

원문| 王逸少作會稽, 初至, 支道林在焉. 孫興公謂王曰, 支道林拔新領異, 胸懷所及, 乃自佳. 卿欲見不. 王本自有一往儁氣, 殊自輕之. 後孫與支共載往王許, 王都領域, 不與交言. 須臾支退. 後正值王當行, 車已在門. 支語王曰, 君未可去, 貧道與君小語. 因論莊子逍遙遊, 支作數千言. 才藻新奇, 花爛映發. 王遂披襟解帶, 流連不能已.[1]

(1) 《지법사전(支法師傳)》에 이런 말이 있다. '법사는 십지(十地)를 연구하여 칠주(七住)에 대한 돈오(頓悟)를 알았으며 장주(莊周)를 논하면 성인(聖人)의 소요를 밝히었다. 당시의 명사들은 모두 그의 언사(言辭)와 주의(主意)를 즐기었다.' 《도현론(道賢論)》은 칠사문(七沙門)을 죽림칠현(竹林七賢)에 비교하고 지둔(支遁)을 상수(向秀)에 비교하고 있다. 본디 노장(老莊)을 숭상했는데 두 사람이 시대는 달랐지만 취향이 현묘(玄妙)하다는 점에서 동일했다.

支法師傳曰, 法師研十地, 則知頓悟於七住. 尋莊周, 則辯聖人之逍遙. 當時名勝, 咸味其音旨. 道賢論以七沙門比竹林七賢,遁比向秀. 雅尚老莊. 二子異時, 風尚玄同也.

│주해│ ○十地(십지)·七住(칠주)−불교용어. 보살의 수업 단계이다.

37. 삼승(三乘)은 불가(佛家)의 어려운 문제인데 지도림(支道林 : 支遁)은 이것을 분류 정리하여 삼승의 의의를 밝혔다. 사람들은 고좌(高座) 아래서 그것을 듣고 모두 이해했다고 생각했는데 지둔(支遁)이 고좌에서 내려온 다음 자기네들끼리 생각하는 바를 이야기해보니 이승(二乘)뿐이라면 잘 알 수 있겠지만 삼승은 혼란스럽게 되고 말았다. 오늘날의 해석은 제자들이 전한 것인데 그 의의를 완전하게 터득한 것은 아니다.[1]

│원문│ 三乘佛家滯義, 支道林分判, 使三乘炳然. 諸人在下坐聽, 皆云可通. 支下坐, 自共說, 正當得兩, 入三便亂. 今義弟子雖傳, 猶不盡得.[1]

(1) 《법화경(法華經)》에 이런 말이 있다. '삼승(三乘)이란 첫째 성문승(聲聞乘), 둘째 연각승(緣覺乘), 셋째 보살승(菩薩乘)을 가리킨다. 성문(聲聞)이란 사체(四諦)를 깨달아 득도(得道)한 것이다. 연각(緣覺)이란 12인연(因緣)을 깨달아 득도한 것이다. 보살이란 육도(六度)를 행하여 득도한 것이다. 따라서 아라한(阿羅漢)이 득도하는 것은 부처의 가르침을 들음으로써 얻는 것이기에 성문(聲聞)이라 이름 붙인 것이다. 벽지불(辟支佛 : 緣覺)이 득도하는 것은 혹은 12인연을 들어 해탈하고 혹은 패옥(佩玉)의 소리를 듣고 깨달음을 얻는다. 그 인연에 의해 홀로 도에 이르는 능력이 있으므로 연각(緣覺)이라고 했던 것이다. 보살이란 대도(大道)의 사람이며 방편에 있어서는 육도(六度)만을 행하고 진교(眞敎)에 있어

서는 모든 선(善)을 모두 갖추되 그 공을 자기 것으로 삼지 아니
하고 중생을 널리 제도(濟度)하는 까닭에 대도라고 한다.'

法華經曰, 三乘者, 一曰聲聞乘, 二曰緣覺乘, 三曰菩薩乘. 聲
聞者, 悟四諦而得道也. 緣覺者, 悟因緣而得道也. 菩薩者, 行
六度而得道也. 然則羅漢得道, 全由佛敎, 故以聲聞爲名也. 辟
支佛得道, 或聞因緣而解, 或聽環佩而得悟. 神能獨達, 故以緣
覺爲名也. 菩薩者, 大道之人也. 方便則行六度, 眞敎則通脩萬
善, 功不爲己, 悉皆廣濟, 故以大道爲名也.

주해 | ㅇ入三(입삼) — 《고승전(高僧傳)》 권4 〈지둔전(支遁傳)〉에는
'회령자설(廻令自說), 득양(得兩), 삼반편란(三反便亂)'이라 되어 있는데
어쩌면 여기서도 응답의 세 번째에는 의미가 혼란스러웠다는 의미인지
도 모르겠다. 한편 지둔에게는 《변삼승론(辯三乘論)》이란 저술이 있었
다는 것이 육징(陸澄) 찬(撰) 《법론목록(法論目錄)》에 기록되어 있다.
ㅇ四諦(사체) — 미(迷)·오(悟) 양계(兩界)의 인과를 설명한 불교의 근본
의미로서 불성도(佛成道) 이후 최초의 설법에서 이 이치를 설법했다고
전해진다. 1의 고체(苦諦)란 현실세계는 무상(無常)한 것인데 그러기
에 고(苦)라 하였고, 2의 집체(集諦)란 고(苦)인 현실세계를 생기(生
起)하는 원인을 가리키는데 주로 번뇌와 업(業)을 가리킨다. 3의 멸체
(滅諦)란 번뇌와 업(業)을 멸하고 생사의 고(苦)를 떠난 적멸(寂滅)의
열반을 말하고, 4의 도체(道諦)란 열반에 도달하는 방법으로서의 팔정
도(八正道)를 가리킨다.
ㅇ因緣(인연) — 12연(緣). 무명(無明)·행(行)·식(識)·명색(名色)·육입
(六入)·촉(觸)·수(受)·애(愛)·취(取)·유(有)·생(生)·노사(老死)
의 미계(迷界)의 12인과관계를 표시한 것을 가리킴이다. 이 12계열은
여러 가지로 설명되는데 통상은 과거·현재·미래의 3세(世)에 윤회
(輪廻)하는 생사의 연속을 설파한다. 1의 무명(無明)은 미(迷)의 근본
인 무지(無知), 2의 행(行)은 무명에서 나와 다음의 의식을 일으키는
선악의 행업(行業), 3의 식(識)은 탁태(託胎)의 초일념(初一念), 4의

명색(名色)은 심작용(心作用)과 사대(四大) 및 소조색(所造色), 5의 육입(六入)은 안(眼) 등의 오근(五根)과 의근(意根), 6의 촉(觸)은 내외간에 접촉하는 것, 7의 수(受)는 접촉에서 일어나는 감각, 8의 애(愛)는 고(苦)를 피하여 상주(常住)의 낙을 구하는 근본욕망, 9의 취(取)는 자기 욕망에 집착하는 것, 10의 유(有)는 생존하기 위하여 애(愛)와 취(取)와 함께 미래의 생(生)의 인(因)이 되는 것이다. 11의 생(生)은 현재의 업(業)에 의해 미래에 생(生)을 받는 것, 12의 노사(老死)는 미래에 생을 받고 다시 노사(老死)하는 것을 가리킨다.

ㅇ六度(육도) − 육바라밀(六波羅蜜)을 가리킴이다. 보살이 이를 실천하여 열반의 피안(彼岸)에 도달해야 하는 여섯 종의 수행 덕목으로서 보시(布施) · 지계(持戒) · 인욕(忍辱) · 정진(精進) · 선정(禪定) · 지혜(智慧)를 가리킨다.

38. 허연(許掾 : 許詢)이 젊었을 때 사람들은 그를 왕구자(王苟子 : 王脩)에 비교했다.[1] 허연은 불만이 많았다. 때마침 여러 명사들과 임법사(林法師 : 支遁) 등이 함께 회계(會稽)의 서사(西寺)에서 불전(佛典)을 강론하게 되었는데 왕구자도 그곳에 있었다. 허연은 마음속으로 분개했던 차라 곧 서사로 가서 왕구자와 논의하여 우열을 가리고자 했다. 격론을 벌인 결과 왕구자가 대패하고 말았다. 허연은 다시 왕구자의 논리를 사용하고, 왕구자는 허연의 논리를 사용하는 등 각각 처지를 바꾸어 논쟁을 벌였으나 왕구자는 다시 패하고 말았다. 허유는 지법사(支法師 : 支遁)에게 말했다. "아까 제가 벌인 논의는 어떠했습니까?" 지둔은 조용히 말했다. "그대의 논의는 좋기는 좋습디다만 어찌 그토록 강력하게 할 필요가 있겠소? 그렇게 하면 어찌 이(理)의 중정(中正)을 구하는 논의라 할 수 있겠소이까?"

▌**원문**| 許掾年少時, 人以比王苟子.[1] 許大不平. 時諸人士及林法師, 並在會稽西寺講, 王亦在焉. 許意甚忿, 便往西寺與王

論理, 共決優劣. 苦相折挫, 王遂大屈. 許復執王理, 王執許理, 更相覆疏, 王復屈. 許謂支法師曰, 弟子向語何似. 支從容曰, 君語, 佳則佳矣. 何至相苦邪. 豈是求理中之談哉.

(1) 구자(苟子)는 왕수(王脩)의 어렸을 때 자(字)이다.

《문자지(文字志)》에 이런 이야기가 있다. '왕수(王脩)의 자는 경인(敬仁)이며 태원(太原) 진양(晉陽) 사람이다. 아버지 왕몽(王濛)은 사도좌장사(司徒左長史)인데 왕수는 총명한 수재로서 명성이 있었다. 예서와 행서를 잘 써서 유혁청거(流弈淸擧 : 매끄럽고 깔끔한 筆致)라 불렸다. 저작좌랑(著作佐郞)으로 기용되었다가 낭야왕문학(琅邪王文學)이 되었으며, 중군사마(中軍司馬)로 옮겨졌는데 배명(拜命)하기 전에 사망했다. 향년 24세였다. 옛날 왕필(王弼)이 죽은 것도 왕수와 같은 나이였으므로 왕수의 동생 왕희(王熙)는 감탄하며 말했다. "옛사람에 비할 때 부끄럽지 아니하다. 더구나 향년까지도 그와 똑같지 아니한가."'

苟子, 王脩小字也.

文字志曰, 脩字敬仁, 太原晉陽人. 父濛, 司徒左長史. 脩明秀有美稱. 善隸行書, 號曰流弈淸擧. 起家著作佐郞, 琅邪王文學, 轉中軍司馬, 未拜而卒, 時年二十四. 昔王弼之歿, 與脩同年. 故脩弟熙歎曰, 無愧於古人, 而年與之齊也.

주해│ ○許掾(허연)─허순(許詢). 이 허연에 관한 일은 〈언어편(言語篇)〉 69 주(注)에 보인다. 사도연(司徒掾)으로 부름을 받았으나 일찍 죽었기 때문에 허연(許掾)이란 칭호가 붙었다.

○王脩(왕수)─송본(宋本)은 왕둔지(王循之)로 적고 있다. 《진서(晉書)》 긴93에 〈왕수전(王脩傳)〉이 있다.

○著作佐郞(저작좌랑)─국사(國史) 편찬을 관장한다. 진대(晉代)에는 육품(六品) 또는 칠품(七品)이며 기가관(起家官)으로서 청관(淸官)으로 인정되었었다.

ㅇ熙(희)-《진서(晋書)》 권93의 전(傳)에 의하면 희(熙 : 字는 叔和)는 왕수의 동생 왕온(王蘊)의 아들로 되어 있다.

39. 임도인(林道人 : 支遁)이 사공(謝公 : 謝安)을 찾아갔다. 동양(東陽 : 謝朗)은 그때 갓 머리를 딴 소년인데다가 병상에서 겨우 일어났으므로 아직 무리를 할 수 없는 몸이었는데 임공(林公)과 논의를 심하게 했으므로 몸이 괴로웠다.[1] 사랑(謝朗)의 어머니인 왕부인(王夫人)이 벽 뒤쪽에서 듣고 있다가 두 번씩이나 사람을 보내어 불러내고자 했는데 사안(謝安)은 이를 만류했다. 그래서 왕부인은 몸소 가서 말했다. "나는 젊었을 때 남편을 잃었고 평생 의지할 아이는 이 아들밖에 없습니다." 그리고 눈물을 흘리며 아들을 데리고 돌아왔다. 사공은 좌석에 있는 사람들에게 말했다. "형수님의 말씀이나 그 격렬한 성품은 후세에 꼭 전해야 할 것이오. 조정 인사들에게 보여주지 못한 것이 유감스럽소이다."[2]

▌**원문┃** 林道人詣謝公. 東陽時始總角, 新病起, 體未堪勞. 與林公講論, 遂至相苦.[1] 母王夫人在壁後聽之, 再遣信令還, 而太傅留之. 王夫人因自出云, 新婦少遭家難, 一生所寄, 唯在此兒. 因流涕抱兒以歸. 謝公語同坐曰, 家嫂辭情慷慨, 致可傳述. 恨不使朝士見.[2]

(1) 동양(東陽)은 사랑(謝朗)을 가리킴이다. 앞에서 이미 나왔다.
《중흥서(中興書)》에 이런 이야기가 있다. '사랑(謝朗)은 박학하고 뛰어난 재능의 소유자이며 현리(玄理)를 담론하기를 득의(得意)로 했다.'
東陽, 謝朗也. 已見.
中興書曰, 朗博涉有逸才, 善言玄理.

(2)《사씨보(謝氏譜)》에 이런 말이 있다. '사랑의 아버지 사거(謝據)
　　는 태원(太原)의 왕도(王韜)의 딸 수(綏)에게 장가들었다.'
　　謝氏譜曰, 朗父據, 取太原王韜女, 名綏.

주해｜　○新婦(신부)−당시 널리 사용되던 '부인'이란 뜻.
○已見(이견)−〈언어편(言語篇)〉71.
○據(거)−사안(謝安)의 둘째 형. 〈언어편〉 71 주 참조.

40. 지도림(支道林 : 支遁)과 허연(許掾 : 許詢) 등이 회계왕(會稽
王)이 개최한 재회(齋會)에 참석했다.[1] 지도림이 법사(法師)가 되고
허연이 도강(都講)이 되었다.[2] 지도림이 한 가지 해석을 내릴 때마다
좌중의 사람들은 마음속으로 만족하지 않는 자가 없었는데 허연이 그
것을 반박하면 또 사람들은 모두 기뻐하는 것이었다. 다만 두 사람의
뛰어남에 대하여 감탄만 할 뿐이었지 어느 쪽이 도리에 맞는지는 알
지 못했다.

원문｜　支道林・許掾諸人, 共在會稽王齋頭.[1] 支爲法師, 許
爲都講.[2]　支通一義, 四坐莫不厭心, 許送一難, 衆人莫不抃
舞. 但共嗟詠二家之美, 不辯其理之所在.

(1) (회계왕은) 간문제(簡文帝)이다.
　　簡文.

(2)《고일사문전(高逸沙門傳)》에 이런 이야기기 있다. '지도림(支道
　　林)은 이때 《유마힐경(維摩詰經)》을 강론했다.'
　　高逸沙門傳曰, 道林時講維摩詰經.

주해｜　○齋頭(재두)−재회(齋會)인 듯. 재회는 승려들을 모아놓고 하

는 불교의 행사.

ㅇ法師(법사)·都講(도강) ─ 이 이야기로 미루어 볼 때 강좌(講座)에서 경전을 강술(講述)하는 사람이 법사이고, 그 강술에 질문을 하는 사람이 도강이었던 듯하다.

41. 사거기(謝車騎 : 謝玄)가 아버지 안서(安西 : 謝奕)의 상중(喪中)일 때[1] 임도인(林道人 : 支遁)이 찾아가서 이야기를 나누다가 해질 무렵에야 돌아갔다. 돌아가는 길에 만난 사람이 물었다. "어디 갔다 오시는 겁니까?" 그는 대답했다. "오늘 상주(喪主)인 사씨와 한바탕 격론을 벌이고 오는 길이오."[2]

│원문│ 謝車騎在安西艱中.[1] 林道人往就語, 將夕乃退. 有人道上見者, 問云, 公何處來. 答云, 今日與謝孝劇談一出來.[2]

(1) 안서(安西)는 사혁(謝奕)을 가리킴이다. 앞에서 나왔다.

　　安西, 謝奕, 已見.

(2) 《사현별전(謝玄別傳)》에 이런 이야기가 있다. '현(玄)은 청담을 잘했으며 명리(名理)를 득의(得意)로 했다.'

　　玄別傳曰, 玄能清言, 善名理.

│주해│ ㅇ謝孝(사효) ─ 효(孝)는 효자. 아버지 상복을 입고 있는 아들이란 뜻.

ㅇ一出(일출) ─ 한 번이란 뜻.

ㅇ已見(이견) ─ 〈덕행편(德行篇)〉 33.

42. 지도림(支道林 : 支遁)이 처음으로 동쪽에서 도읍으로 올라왔을 무렵, 동안사(東安寺)에 살고 있었다.[1] 왕장사(王長史 : 王濛)는 사전

에 정밀한 논리를 짜맞추고 그 위에 뛰어난 언사(言辭)를 선별해 두었다가 지도림과 담론을 했는데 그의 논의는 그다지 조리에 맞는 것이 아니었다. 왕몽은 수백 마디의 말을 했는데 스스로는 그것을 논리에 맞고 말도 잘한 것으로 생각하고 있었다. 지도림이 천천히 말했다. "나는 그대와 헤어진 지 여러 해나 되었는데 그대의 철학 담론은 전혀 진보되지 않았구려." 왕몽은 크게 부끄러워하며 돌아갔다.

원문| 支道林初從東出, 住東安寺中.[1] 王長史宿構精理, 幷撰其才藻, 往與支語, 不大當對. 王敍致作數百語, 自謂是名理奇藻. 支徐徐謂曰, 身與君別多年, 君義言了不長進. 王大慙而退.

(1) 《고일사문전(高逸沙門傳)》에 이런 이야기가 있다. '지둔(支遁)은 회계(會稽)에 살고 있었다. 진(晋)나라 애제(哀帝)는 그의 풍격을 아끼어 궁중에서 사자(使者)를 동쪽으로 보내어 지둔을 불렀다. 그래서 지둔은 산속에서 나와 도읍에 있으면서 명성을 떨쳤다.' 高逸沙門傳曰, 遁居會稽. 晋哀帝欽其風味, 遣中使至東迎之. 遁遂辭丘壑, 高步天邑.

주해| ○中使(중사) — 천자(天子)가 사적으로 파견하는 사자(使者).
○天邑(천읍) — 천자가 있는 도읍.

43. 은중군(殷中軍 : 殷浩)은 《소품반야경(小品般若經)》을 읽고[1] 2백 개소에 표시를 해두었는데 그곳은 모두 정밀 미세한 곳이어서 세상 일반사람들로서는 심현(深玄)하여 이해가 안되는 곳이었나. 일찍이 지도림(支道林)과 그것을 논하고자 했으나 끝내 하지 못하였다. 지금도 이 《소품반야경》은 전존(傳存)하고 있다.[2]

▌원문▐ 殷中軍讀小品,[1] 下二百籤, 皆是精微, 世之幽滯. 嘗欲與支道林辯之, 竟不得. 今小品猶存.[2]

(1) 석씨(釋氏)의 《변공경(辯空經)》에는 상세한 것과 간략한 것이 있다. 상세한 것을 대품(大品)이라고 하며, 간략한 것을 소품(小品)이라고 한다.

釋氏辯空經, 有詳者焉, 有畧者焉. 詳者爲大品, 畧者爲小品.

(2) 《고일사문전(高逸沙門傳)》에 이런 이야기가 있다. '은호(殷浩)는 명리(名理)를 담론하는 데 뛰어났었는데 자신이 납득할 수 없는 점이 있었으므로 지둔(支遁)에게 물으려고 했다. 그러나 끝내 만날 수 없어서 대단히 유감스럽게 생각했다. 지둔이 명사들에게 존경받은 것이 이와 같았다.'

《어림(語林)》에는 이런 말이 있다. '은호는 불경 속에 분명치 않은 점이 있었으므로 사람을 보내어 임공(林公 : 支遁)을 부르고자 했다. 그래서 임공은 별 생각없이 가고자 했으나 왕우군(王右軍 : 王羲之)이 이를 말리며 말했다. "은연원(殷淵源 : 殷浩)은 사상이 깊고 풍부하여 상대하기가 용이하지 않습니다. 그 위에 그 자신이 풀 수 없는 부분은 그대도 충분히 이해하지 못할 것입니다. 비록 그를 설복(說伏)시킨다 하더라도 그다지 명예롭지도 못할 것입니다. 만약 자칫 착각을 일으키어 이야기가 안 맞게 되면 그야말로 장년(長年)의 평판을 잃게 되고 말 것입니다. 그러므로 갈 필요가 없을 것입니다." 임공 역시 그럴 것으로 생각하고 그만두었다.'

高逸沙門傳曰, 殷浩能言名理, 自以有所不達, 欲訪之於遁. 遂邂逅不遇, 深以爲恨. 其爲名識賞重, 如此之至焉.

語林曰, 浩於佛經, 有所不了, 故遣人迎林公. 林公乃虛懷欲往.

王右軍駐之曰, 淵源思致淵富, 旣未易爲敵. 且己所不解, 上人未必能通. 縱復服從, 亦名不益高. 若佻脫不合, 便喪十年所保.
可不須往. 林公亦以爲然, 遂止.

주해│ ○釋氏辯空經(석씨변공경)―공(空)을 논한 불경으로서 《반야경
(般若經)》을 가리키는 것으로 생각된다.

44. 불경(佛經)에서는 정신을 수양하면 성인(聖人)이 될 수 있다고
한다.[1] 간문제(簡文帝：司馬昱)가 말했다. "정상에 오르고 궁극에 이
르게 되는지 어떻지는 알 수가 없다. 그러나 도야(陶冶) 연마의 효과
는 역시 무시할 수가 없다."

원문│ 佛經以爲祛練神明, 則聖人可致.[1] 簡文云, 不知便可
登峯造極不. 然陶練之功, 尚不可誣.

(1) 석씨(釋氏)의 경(經)에 이런 이야기가 있다. '모든 중생(衆生)은
   모두 불성(佛性)을 가지고 있다. 다만 높은 지혜를 지니고 번뇌를
   끊고 모든 행위가 갖추어지면 부처도 될 수가 있는 것이다.'
   釋氏經曰, 一切衆生, 皆有佛性. 但能脩智慧, 斷煩惱, 萬行具
   足, 便成佛也.

45. 우법개(于法開)는 처음, 지공(支公：支遁)과 명성을 다투었다.
후에 인기가 점점 지공에게 돌아가자 내심 불쾌해졌다. 그래서 섬(剡)
땅에 은둔하고 말았다. 제자를 도읍으로 심부름 보낼 때 회계(會稽)
땅을 지나가라고 일렀다. 그 무렵 지공은 마침 《소품반야경(小品般若
經)》을 강론하고 있었다. 우법개는 제자에게 단단히 타일렀다. "네가
도착할 무렵 도림(道林：支遁)의 강의는 이런 품(品：篇)일 것이다."

그리고 논박할 방도를 수십 가지나 가르쳐 주고 "결국 이런 점은 해결하지 못할 것이다."라고 말했다. 제자는 시키는 대로 지공을 찾아갔던바, 마침 강의를 하고 있었으므로, 조심조심 우법개의 의견을 말했다. 논쟁은 장시간에 걸쳐 벌어졌는데 임공은 마침내 굴하고 말았다. 그리고 임공은 소리 높여 말했다. "그대는 누구 부탁을 받고 이곳에 왔는가?"[1]

원문│ 于法開始與支公爭名. 後情漸歸支, 意甚不分, 遂遁跡剡下. 遣弟子出都, 語使過會稽. 于時支公正講小品. 開戒弟子, 道林講, 比汝至, 當在某品中. 因示語攻難數十番, 云, 舊此中不可復通. 弟子如言詣支公. 正値講, 因謹述開意. 往反多時, 林公遂屈. 厲聲曰, 君何足復受人寄載來.[1]

(1) 《명덕사문제목(名德沙門題目)》에 이런 말이 있다. '우법개(于法開)는 종횡의 변재(辯才)가 있으며 수술(數術)을 가지고 가르침을 넓혀나갔다.'
　　《고일사문전(高逸沙門傳)》에는 이런 말이 있다. '우법개는 처음에 불교의 교의(教義)로 이름을 떨쳤는데 그후 지둔(支遁)과 경쟁을 벌였기 때문에 섬현(剡縣)에 은둔하면서 다시 의술(醫術)·점술(占術) 등을 배웠다.'
　　名德沙門題目曰, 于法開才辯從橫, 以數術弘教.
　　高逸沙門傳曰, 法開初以義學著名, 後與支遁有競, 故遁居剡縣, 更學醫術.

주해│ ○于法開(우법개) — 우법개와 지둔(支遁)은 '즉색공의(卽色空義)'에 대하여 논쟁을 했다(《高僧傳》 권4 于法開).
　○不分(불분) — 불평이란 뜻.
　○數術(수술) — 점서(占筮)·의술(醫術) 등을 가리킨다.

46. 은중군(殷中軍 : 殷浩)이 물었다. "자연은 사람에게 천성(天性)을 줌에 있어 무심한데 어찌하여 선인(善人)은 적고 악인(惡人)이 많은 것일까?" 아무도 뭐라고 말할 수가 없었는데 유윤(劉尹 : 劉惔)이 대답하였다. "예를 들자면 물을 땅바닥에 부으면 자연히 세로 가로로 흘러 퍼져서 거의 직사각형이나 둥근 모양이 되는 것과 같은 것이외다." 당시 사람들은 감탄하면서 훌륭한 해석이라고 말했다.[1]

원문| 殷中軍問, 自然無心於稟受, 何以正善人少, 惡人多. 諸人莫有言者. 劉尹答曰, 譬如瀉水着地. 正自縱橫流漫, 略無正方圓者. 一時絶歎, 以爲名通.[1]

(1) 《장자(莊子)》에 이런 이야기가 있다. '천뢰(天籟)란 여러 가지 다른 것을 불어서, 각각 특유한 소리를 그 자체에서 일어나게 하는 것이다.' 곽자현(郭子玄 : 郭象)의 주(注)에 이렇게 말했다. '무(無)가 무(無)이기에 유(有)를 생성할 수가 없다. 그러나 또 유(有)가 아직 생겨나 있지 아니하면 생긴 것이라고는 할 수 없다. 그렇다면 생(生)을 태어나게 하는 것은 도대체 무엇일까? 그것은 홀연히 홀로 태어나는 것이다. 내가 태어나도록 하는 것이 아니다. 나는 물체를 태어나게 하지는 않지만 물체 또한 나를 태어나게 하지 못한다. 즉 자연 그대로 이미 그러한 것이며 그것을 천연(天然)이라고 한다. 천연은 인위(人爲)가 아니다. 따라서 천(天)자를 써서 표현하는 것이며 이것에 의해 이것이 자연스럽게 태어난다는 것을 밝히고 있다.'

莊子曰, 天籟者, 吹萬不同, 而使其自己也. 郭子玄注曰, 無旣無矣, 則不能生有. 有之未生, 又不能爲生. 然則生生者誰哉. 塊然而自生耳. 非我生也. 我不生物, 物不生我, 則自然而已然, 謂之天然. 天然非爲也. 故以天言之, 所以明其自然故也.

주해| ㅇ莊子(장자) ─ 〈제물론편(齊物論篇)〉.

47. 강승연(康僧淵)이 처음으로 강남(江南)에 건너왔을 무렵, 아무도 아직 그를 알아보는 이가 없었으며, 언제나 시장에서 어슬렁거리며 먹을 것을 구걸하며 살고 있었다. 어느 때 은연원(殷淵源)을 찾아갔는데 마침 손님들이 많이 있었다. 은연원은 그를 앉힌 다음 조용히 계절에 대한 인사를 나누었고 계속해서 철학 논의를 하였다. 강승연은 언변과 논지에 조금도 손색이 없이 요점을 먼저 피력하고 단숨에 핵심을 찔렀다. 이런 일이 있은 다음 그 이름이 알려지게 되었다.[1]

│원문│ 康僧淵初過江, 未有知者, 恆周旋市肆, 乞索以自營. 忽往殷淵源許, 值盛有賓客. 殷使坐, 粗與寒溫, 遂及義理. 語言辭旨, 曾無愧色, 領略粗擧, 一往參詣. 由是知之.[1]

(1) 승연(僧淵)의 씨족(氏族)은 출신이 상세하게 알려져 있지 않다. 어쩌면 호인(胡人)일 것이다. 상서령(尙書令) 심약(沈約)은 《진서(晋書)》를 찬(撰)하고 강승연(康僧淵)이 불교의 교리에 밝다고 칭찬했다.

僧淵氏族, 所出未詳. 疑是胡人. 尙書令沈約撰晉書, 亦稱其有義學.

│주해│ ○寒溫(한온)－계절에 대한 인사.
○所出未詳(소출미상)－《고승전(高僧傳)》 권4 〈강승연전(康僧淵傳)〉에는 '본시 서역(西域) 사람인데 장안(長安)에서 태어났다'라고 되어 있다.

48. 은호(殷浩)·사안(謝安) 등이 함께 모였다.[1] 그때 사안이 은호에게 물었다. "눈이 가서 만물에 닿는 것일까? 만물이 와서 눈으로 들어가는 것일까."[2]

│원문│ 殷·謝諸人共集.[1] 謝因問殷, 眼往屬萬形, 萬形來入

眼不.⁽²⁾

(1) 은(殷)·사(謝)는 은호(殷浩)와 사안(謝安).
　　殷浩, 謝安.

(2) 〈성실론(成實論)〉에는 이런 이야기가 있다. ‘안식(眼識)은 물상과
　　접촉하지 않더라도 벌써 그것의 허상(虛像)을 감지한다. 공간과
　　빛을 빌리기 때문에 물색(物色)을 볼 수가 있다. 만약 눈이 물색
　　과 직접 접촉한다면 공간과 빛이 없어지게 된다. 눈꺼풀이 눈을
　　덮으면 그 눈꺼풀을 볼 수 없게 되는 것과 같다. 그러므로 물상에
　　가지 않더라도 물상을 감지해서 알게 되는 것이리라.’ 이런 설(說)
　　에 의하면 눈이 가지 아니하고, 물상이 눈에 들어오지 않는 상태,
　　즉 떨어져 있는 상태에서 볼 수 있는 것이다. 사안의 질문만 있고
　　은호의 대답이 없다. 아마도 빠진 문장일 것이다.
　　成實論曰, 眼識不待到而知虛塵. 假空與明, 故得見色. 若眼到
　　色, 到色閒則無空明, 如眼觸目, 則不能見色. 當知眼識不到而
　　知. 依如此説, 則眼不往, 形不入, 遙屬而見也. 謝有問, 而殷
　　無答, 疑闕文.

주해┃　o若眼到色(약안도색)—여기서부터 이하 20자(字)는 송본(宋本)
그대로는 이해하기 어렵다. 여기서는 〈성실론(成實論)〉에 있는 ‘약안도
색(若眼到色), 즉무공명(則無空明), 여비촉안(如篦觸眼), 즉부득견(則
不得見)’에 따라 의역했다.

49. 어떤 사람이 은중군(殷中軍 : 殷浩)에게 불었다. “어씨하여 장
차 버슬자리에 나가려 할 때에는 관(棺)의 꿈을 꾸고, 장차 재산을 얼
게 될 때에는 분뇨(糞尿)의 꿈을 꾸게 되는 겁니까?” 은중군이 대답

했다. "벼슬자리는 본디 썩은 것이오. 그런 까닭에 그것을 얻게 될 때에는 관(棺)이라든가 시체의 꿈을 꾸지. 재산은 본디 분토(糞土)와 같은 것이오. 그런 까닭에 그것을 얻게 될 때에는 오물의 꿈을 꾸는 것이라오." 당시 사람들은 훌륭한 해석이라고 하였다.

▌원문ㅣ 人有問殷中軍, 何以將得位而夢棺器, 將得財而夢屎穢. 殷曰, 官本是臭腐, 所以將得而夢棺屍. 財本是糞土, 所以將得而夢穢汙. 時人以爲名通.

50. 은중군(殷中軍 : 殷浩)은 벼슬을 박탈당하고 동양군(東陽郡)으로 옮겨가서 있을 때[1] 처음으로 불경(佛經)을 읽었다. 제일 먼저 《유마경(維摩經)》을 보았을 때[2] 반야바라밀(般若波羅蜜)이란 단어가 너무 많은 것을 이상히 생각했다. 그러나 후에 《소품반야경(小品般若經)》을 보고 그 단어가 적은 것을 유감으로 생각했다.[3]

▌원문ㅣ 殷中軍被廢東陽,[1] 始看佛經, 初視維摩詰,[2] 疑般若波羅蜜太多. 後見小品, 恨此語少.[3]

(1) 은호(殷浩)의 면직(免職)에 관한 이야기는 따로 나온다.
　　浩黜廢事. 別見.

(2) 승조주(僧肇注)의 《유마경(維摩經)》에 이런 이야기가 있다. '유마힐(維摩詰)은 후진(後秦)에서는 정명(淨名)이라고 한다. 대저 법신(法身)의 보살로서 이 속계에 나타나서 도를 널리 전파했다.'
　　僧肇注維摩經曰, 維摩詰者, 秦言淨名. 蓋法身之大士, 見居此土, 以弘道也.

(3) 바라밀(波羅蜜)이란 피안(彼岸)에 도달하는 것을 이름이다. 경

(經)에 이런 말이 있다. '피안에 도달하는 데는 여섯 가지의 수행(修行)이 있다. 1은 단(檀)이라고 하는데 단(檀)이란 보시(布施)이다. 2는 비려(毗黎)라고 하는데 비려란 지계(持戒)이다. 3은 산제(羼提)라고 하는데 산제란 인욕(忍辱)이다. 4는 시라(尸羅)라고 하는데 시라는 정진(精進)이다. 5는 선(禪)이라고 하는데 선은 정(定)이다. 6은 반야(般若)라고 하는데 반야는 지혜이다. 따라서 앞의 다섯 가지가 배[船]이고 반야는 선도(船道)이다. 선도가 있기에 유상(有相)의 흐름을 초월하여 무상(無相)의 피안에 도달하는 것이다. 그러므로 바라밀이라고 한다.' 은연원(殷淵源 : 殷浩)은 아직 반야바라밀의 의미를 통효하지 못했을 때에는 그 단어가 적은데도 불구하고 많다고 생각했는데 얼마 후 그 의미에 정통하자 그 단어가 많은데도 불구하고 적다며 유감으로 생각했던 것이다.

波羅蜜, 此言到彼岸也. 經云, 到者有六焉. 一曰檀, 檀者, 施也. 二曰毗黎, 毗黎者, 持戒也. 三曰羼提, 羼提者, 忍辱也. 四曰尸羅, 尸羅者, 精進也. 五曰禪, 禪者, 定也. 六曰般若, 般若者, 智慧也. 然則五者爲舟. 般若爲導. 導則爲絶有相之流, 升無相之彼岸也. 故曰波羅蜜也. 淵源未暢其致, 少而疑其多. 已而究其宗, 多而患其少也.

주해 | ○被廢東陽(피폐동양) － 영화(永和) 10년(354년), 은호(殷浩)는 북정(北征)의 실패로 인하여 환온(桓溫)의 탄핵을 받고 동양(東陽)에 좌천되었다(《晉書》 권77).

○別見(별견) － 〈출면편(黜免篇)〉 3 참조.

○僧肇注維摩經(승조주유마경) － 여기서는 서품(序品)의 주(注)를 가리킨다

○毗黎者(비려자) 持戒也(지계야) － 비려(毗黎 : 毗黎耶)란 vīrya의 음역(音譯)으로 정진(精進)의 의미이다. 여기서 비려를 지계(持戒)라고 한 것은 잘못이다.

ㅇ尸羅者(시라자) 精進也(정진야)—시라(尸羅)란 śīla의 음역으로 지계(持戒)란 의미이다. 여기서 시라를 정진(精進)이라고 한 것은 잘못이다.

51. 지도림(支道林 : 支遁)과 은연원(殷淵源 : 殷浩)은 함께 상왕(相王)의 거처[1]에 있었다. 상왕은 두 사람에게 말했다. "시험삼아 한 번 담론을 펼쳐보시오. 그러나 재성론(才性論)만큼은 아무래도 연원(淵源)이 효함(崤函)과 같은 견고함을 갖추고 있는 것 같소.[2] 그러니 그대는 신중을 기하시오." 지도림은 처음에는 평소에 하던 방법을 바꿔서 그 문제는 피해갔으나 몇차례 논쟁이 오고가자 자기도 모르게 재성론으로 빠져들고 말았다. 상왕은 지도림의 어깨를 두드리고 웃으면서 말했다. "이것은 역시 그의 독무대인즉 어찌 맡겨둘 수가 있겠소이까?"

원문 | 支道林, 殷淵源俱在相王許.[1] 相王謂二人, 可試一交言. 而才性殆是淵源崤函之固.[2] 君其愼焉. 支初作, 改轍遠之. 數四交, 不覺入其玄中. 相王撫肩笑曰, 此自是其勝場. 安可爭鋒.

(1) 상왕(相王)은 후일의 간문제(簡文帝).
　　簡文.

(2) 효(崤)는 이릉(二陵) 땅을 가리키며 함(函)은 함곡관(函谷關)이다. 두 곳 모두 진(秦) 땅의 험한 요새이며 왕자(王者)의 거소(居所)이다. 좌사(左思)의 〈위도부(魏都賦)〉에 이런 말이 있다. '효함(崤函)은 제왕지택(帝王之宅)이다.'
　　崤, 謂二陵之地, 函, 函谷關也. 竝秦之險塞, 王者之居. 左思魏都賦曰, 崤函, 帝王之宅.

주해|　ㅇ二陵(이릉)－하남성(河南省)　낙녕현(洛寧縣)의　북쪽.　함곡관 동쪽 끝자락에 효산이 있다.

ㅇ魏都賦(위도부)－〈촉도부(蜀都賦)〉에 '효함유제황지택(崤函有帝皇之宅)' 이라고 있으며 〈위도부〉에는 '효함황무(崤函荒蕪)'라고만 되어 있다.

52. 사공(謝公 : 謝安)은 자제들이 모인 곳에서 질문했다. "모시(毛詩) 중 어느 구(句)가 가장 좋다고 생각하는가?" 사알(謝遏 : 謝玄)이 읊었다.[1] "옛날 내가 떠날 때에는 버드나무 한들거리더니, 오늘 내가 올 때에는 눈비가 흩날리네(昔我往矣, 楊柳依依, 今我來思, 雨雪霏霏)." 공(公)은 말했다. "큰 책모로 정령(政令)을 제정하고, 원대한 계획을 제때에 반포하네(訏謨定命, 遠猷辰告).[2] 생각하건대 이 구(句)는 특히 '아(雅)' 작가의 깊은 뜻이 담겨 있다."

원문|　謝公因子弟集聚問, 毛詩何句最佳. 遏稱曰,[1] 昔我往矣, 楊柳依依. 今我來思, 雨雪霏霏. 公曰, 訏謨定命, 遠猷辰告.[2] 謂此句偏有雅人深致.

(1) 알(遏)은 사현(謝玄)의 어렸을 때 자(字)이다. 앞에서 나왔다.

　　謝玄小字, 已見.

(2) 《시경(詩經)》 〈대아(大雅)〉의 시이다. 모전(毛傳)에 이런 말이 있다. '우(訏)는 대(大)이다. 모(謨)는 모(謀)이다. 신(辰)은 시(時)이다.' 정전(鄭箋)에 이런 말이 있다. '유(猷)는 도(圖)이다. 큰 책모로 정령(政令)을 제정한다는 것은 정월(正月) 초 천지(天地)의 기(氣)가 화(和)하여 나라 구석구석까지 정령을 반포한다는 것을 말한다.'

　　大雅詩也. 毛萇注曰, 訏, 大也. 謨, 謀也. 辰, 時也. 鄭玄注曰, 猷, 圖也. 大謀定命, 謂正月始和, 布政于邦國都鄙.

│주해│　o昔我往矣云云(석아왕의운운)－《시경》〈소아(小雅)〉의 ‘채미
　(采薇)’ 구절.
　o已見(이견)－〈언어편(言語篇)〉 78 주(注).
　o大雅詩也(대아시야)－〈대아〉 ‘억(抑)’의 편.

53. 장빙(張憑)은 효렴(孝廉)으로 천거되어 도읍으로 올라갔는데 자신의 재능만 믿고 반드시 당시의 명사들 축에 낄 것이라고 생각했다. 그래서 유윤(劉尹 : 劉惔)을 방문하려고 했다. 향리 사람들과 또 함께 효렴에 천거된 사람들은 모두 이를 비웃었지만 장빙은 상관치 않고 유윤을 방문했다. 유윤은 마침 정무(政務)를 끝낸 다음인지라 장빙을 아랫자리에 앉히고 다만 계절에 대한 인사만 나누었을 뿐 진심으로 응대하려고 하지는 않았다. 장빙은 자기가 먼저 이야기를 꺼내려고 했지만 그럴 계기가 없었다. 잠시 후 장사(長史 : 王濛) 등 여러 명사들이 찾아왔고 청담을 하기 시작했으나 묻는 자와 대답하는 자 사이에 서로 납득하지 못하는 경우가 생겼다. 장빙은 말석에 있으면서 그 문제에 판정을 내렸다. 그의 말은 간략하면서도 주지(主旨)는 심원하여 쌍방의 마음을 충분히 납득시킬 수 있었다. 그 자리에 있던 사람들은 모두 놀랐다. 유진장(劉眞長 : 劉惔)은 장빙을 상석으로 불러앉히고 해가 지기까지 청담을 계속했으며 그날 밤은 그대로 묵어가게 하였다. 새벽녘이 되어 장빙이 돌아가려고 하자 유윤이 말했다. “그대는 일단 돌아가 있으오. 틀림없이 그대를 데리고 함께 무군(撫軍 : 司馬昱)을 찾아뵙도록 하리다.” 장빙이 배에 돌아오자 동료들은 어디서 묵었느냐고 물었는데 장빙은 웃으면서 대답하지 않았다. 얼마 후 유진장이 사람을 보내어 장효렴의 배를 찾게 했으므로 동료들은 깜짝 놀랐다. 두 사람은 곧 배에 같이 타고 무군을 방문했다. 문

에까지 오자 유윤이 먼저 들어가서 무군에게 말했다. "저는 오늘 공(公)을 위해 훌륭한 태상박사(太常博士) 후보자 한 사람을 찾아가지고 데려왔습니다." 장빙이 안으로 들어가자 무군은 장빙과 이야기를 나누어보고 감탄하여 칭찬했다. "장빙은 작은 키에 어그적거리고 건지만 깊은 도리를 갖추고 있도다." 그리고 곧 태상박사에 임용했다.[1]

원문| 張憑擧孝廉出都, 負其才氣, 謂必參時彦. 欲詣劉尹, 鄕里及同擧者共笑之. 張遂詣劉. 劉洗濯料事, 處之下坐, 唯通寒暑, 神意不接. 張欲自發, 無端. 頃之, 長史諸賢來淸言. 客主有不通處. 張乃遙於末坐判之. 言約旨遠, 足暢彼我之懷. 一坐皆驚. 眞長延之上坐, 淸言彌日, 因留宿. 至曉, 張退, 劉曰, 卿且去, 正當取卿共詣撫軍. 張還船, 同侶問何處宿. 張笑而不答. 須臾, 眞長遣傳敎覓張孝廉船. 同侶惋愕. 卽同載詣撫軍. 至門, 劉前進謂撫軍曰, 下官今日爲公得一太常博士妙選. 旣前, 撫軍與之話言, 咨嗟稱善曰, 張憑勃窣爲理窟. 卽用爲太常博士.[1]

(1) 송(宋) 명제(明帝 : 蕭鸞)의 《문장지(文章志)》에 이런 이야기가 있다. '장빙(張憑)의 자는 장종(長宗)이며 오군(吳郡) 사람이다. 의기가 강성하여 향리 사람들의 칭찬이 자자했다. 그 몸에 익힌 학문은 명민(明敏)했고 문재(文才)가 있었다. 태수는 그 재능을 보고 효렴(孝廉)으로 천거했는데 대책(對策)에 상위로 급제했다. 유담(劉惔)의 천거로 태상박사(太常博士)에 보임되었고 이부랑(吏部郎) · 어사중승(御史中丞)으로 누천(累遷)되었다.'

　　宋明帝文章志曰, 憑字長宗, 吳郡人. 有意氣, 爲鄕閭所稱. 學尙所得, 敏而有文. 太守以才選擧孝廉, 試策高第. 爲惔所擧, 補太常博士. 累遷吏部郎 · 御史中丞.

주해 ○勃窣(발졸) −《한서(漢書)》〈사마상여전(司馬相如傳)〉에 '반선발졸(媻姍勃窣)로서 금제(金隄)에 오르다'라고 했으며 그 안사고(顔師古) 주(注)에 '반선발졸(媻姍勃窣)이란 총박(叢薄) 사이로 가는 것을 말한다'라고 있다. 또 《문선(文選)》〈자허부(子虛賦)〉 주(注)를 인용한 위소(韋昭) 주에 '반선발졸(媻姍勃窣)이란 포복(匍匐)하여 오르는 것'이라고 했다. 어쩌면 여기서는 장빙(張憑)의 언사와 태도가 뜻대로 오르지 못한 것을 가리킨 것으로 생각된다. 또 양용(楊勇)의 《교전(校箋)》에는 《태창주지(太倉州志)》에 '오어(吳語)에 몸이 작고 걸음이 어그적거리는 것을 발졸(勃窣)이라고 한다'는 것을 인용하여 장빙의 몸은 작았지만 하는 말은 훌륭했음을 가리킨 것이라고 했다.

○太常博士(태상박사) − 도읍에 있는 대학(大學)의 교수. 태상경(太常卿)의 속관(屬官)이었으므로 이런 명칭이 붙었다.

○御史中丞(어사중승) − 황제의 측근에서 규찰(糾察)의 일을 맡는 어사대부(御史大夫) 아래에 있는 관직. 후한(後漢) 때 어사대부가 대사공(大司空)으로 개칭되었으며 차츰 실무를 보지 않게 되었으므로 실질상의 어사대(御史臺) 장관이었다.

54. 태법사(汰法師 : 竺法汰)는 말했다. "육통(六通)과 삼명(三明)은 돌아가는 곳이 같으며 이름이 다를 뿐이다."[1]

원문 汰法師云, 六通·三明同歸, 正異名耳.[1]

(1) 《도안법사전(道安法師傳)》에 이런 이야기가 있다. '축법태(竺法汰)는 기량(器量)이 넓고 대범했으며 불도에 정심(精深)했다. 도안법사와 우의가 두터웠다. 일설에 의하면 축법태는 도안의 제자라고도 한다.'
경(經)에 이런 말이 있다. '육통(六通)이란 삼승(三乘)의 공덕이다. 1은 천안통(天眼通)이라고 하며 먼 곳을 본다. 2는 천이통(天耳通)이라고 하며 장애물을 뚫고 소리를 듣는다. 3은 신통(身通)이라고 하며 공중을 비행하여 모습을 나타내기도 하고 감추기도 한다. 4는 타심통(他心通)이라고 하며 모든 사람의 마음을 비춰본다. 5는 숙명통(宿命通)이라고 하며 과거를 꿰뚫어본다. 6은 누진통(漏盡通)이라고 하며 지혜에 의해 누대(累代)의 번민을 잘라낸다. 삼명(三明)이란 마음에 해탈을 얻어 삼세(三世)를 비춰내는 것이다.' 따라서 천안(天眼)·천이(天耳)·신통(身通)·타심(他心)·누진(漏盡)의 다섯 가지 신통력은 모두 현재심(現在心)의 명(明)이며, 숙명통(宿命通)은 과거심(過去心)의 명(明)이며, 천안통(天眼通)으로 미래의 지혜를 펴는 것은 미래심(未來心)의 명(明)이다. 돌아가는 곳은 같은데 이름이 다름에 지나지 않는다는 것은 이런 의미이다.

安法師傳曰, 竺法汰者, 體器弘簡, 道情冥到, 法師友而善焉. 一說法汰卽安公弟子也.

經云, 六通者, 三乘之功德也. 一曰天眼通, 見遠方之色. 二曰天耳通, 聞障外之聲. 三曰身通, 飛行隱顯. 四曰他心通, 水鏡萬慮. 五曰宿命通, 神知已往. 六曰漏盡通, 慧解累世. 三明者, 解脫在心, 朗照三世者也. 然則天眼·天耳·身通·他心·漏盡此五者, 皆見在心之明也. 宿命則過去心之明也. 因天眼發未來之智, 則未來心之明也. 同歸異名, 義在斯矣.

주해 | ○弟子(제자)─《고승전(高僧傳)》권5의 〈축법태전(竺法汰傳)〉에 의하면 법태(法汰)는 도안(道安)과 동학(同學)이었다고 기록하고 있다.

55. 지도림(支道林)·허순(許詢)·사안(謝安) 등 훌륭한 사람들이 모두 왕몽(王濛)의 집에 모였다.[1] 사안이 사람들을 향하여 말했다. "오늘은 훌륭한 분들이 모였다고 해도 좋을 것입니다. 시간은 붙들어둘 수 없는 것이고 이러한 모임도 항상 있기는 어렵습니다. 마땅히 함께 담론을 벌이고 시를 읊어서 마음속의 생각을 토로해보지 않으

시렵니까." 그래서 허순이 주인에게 《장자(莊子)》가 있느냐고 묻자 마침 〈어부(漁父)〉 한 편이 있었다.[2] 허순은 표제(標題)를 보더니 곧 좌중의 사람들에게 그 해석을 쓰도록 하였다. 지도림이 먼저 해석하여 7백 어(語)가량의 글을 지었다. 그 서술의 대략은 정밀하고 화려했으며 또 그 재기에 넘치는 언사(言辭)는 기발했으므로 사람들은 모두 그를 칭찬했다. 그리고 좌중의 사람들이 각각 생각한 바를 말한 다음 사안이 물었다. "경들은 다 말씀했습니까?" 모두들 말했다. "오늘의 담론에서 다 피력하지 못한 것이 거의 없습니다." 사안은 나중에 문제점을 지적한 뒤에 스스로 1만 어(語) 남짓한 글을 지었다. 그 재기에 넘치는 필봉(筆鋒)이 수려하여[3] 더 이상 건드릴 수가 없었으며 게다가 의기(意氣)까지 깃들어 있어서 흔연히 스스로 만족해하였다. 그리고 좌중의 사람들 중 흡족해하지 않는 사람이 없었다. 지도림이 사안에게 말했다. "공(公)은 일거에 핵심을 찔렀습니다. 그러기에 그처럼 훌륭한 것입니다."

│원문│ 支道林・許・謝盛德, 共集王家.[1] 謝顧謂諸人, 今日可謂彦會. 時旣不可留, 此集固亦難常. 當共言詠, 以寫其懷. 許便問主人有莊子不, 正得漁父一篇.[2] 謝看題, 便各使四坐通. 支道林先通, 作七百許語. 敍致精麗, 才藻奇拔. 衆咸稱善. 於是四坐各言懷畢. 謝問曰, 卿等盡不. 皆曰, 今日之言, 少不自竭. 謝後粗難, 因自敍其意, 作萬餘語. 才峯秀逸.[3] 旣自難干, 加意氣擬託, 蕭然自得, 四坐莫不厭心. 支謂謝曰, 君一往奔詣. 故復自佳耳.

(1) 허(許)・사(謝)・왕(王)이란 허순(許詢)・사안(謝安)・왕몽(王濛)이다.

　　許詢・謝安・王濛.

(2) 《장자(莊子)》에 이런 이야기가 있다. '공자(孔子)는 무성한 숲속을 가다가 행단(杏壇) 위에서 휴식을 취했다. 공자는 노래를 부르며 금(琴)을 타고 있었는데 곡을 반쯤 탔을 때 한 어부가 배에서 내렸다. 그의 수염과 눈썹은 모두 하얗고 풀어헤친 머리에 옷소매를 펄럭이며 들판을 지나 언덕에 올라가서 발길을 멈추더니 왼손을 무릎에 놓고 오른손으로 턱을 괴고 노래를 듣고 있었다. 곡이 끝나자 자공(子貢)과 자로(子路)를 불러놓고 말했다. "저분은 누구요?" "공씨(孔氏)입니다." "공씨는 대체 무슨 일을 하는 사람인가요?" 자공이 말했다. "충신(忠信)을 품고 인의(仁義)를 행하여 예악(禮樂)을 닦고 인륜(人倫)의 서(序)를 정합니다. 이것이 공자가 하는 일입니다." 어부는 말했다. "영지(領地)를 가진 군주인가요?" "그렇지는 않습니다." 어부는 말했다. "인(仁)은 인(仁)임에 틀림없지만 아마 그 몸에 화(禍)를 면치 못할 것이외다." 공자는 이 말을 듣고 그에게 질문했다. 그러자 그는 팔자(八疵)와 사병(四病)에 대해서 이야기하며 공자를 경계했다.'

莊子曰, 孔子遊乎緇帷之林, 休坐乎杏壇之上. 孔子絃歌鼓琴, 奏曲未半, 有漁者下船而來, 須眉交白, 被髮揄袂, 行原以上, 距陸而止, 左手據膝, 右手持頤以聽. 曲終, 而招子貢·子路語曰, 彼何爲者也. 曰, 孔氏. 曰, 孔氏何治. 子貢曰, 服忠信, 行仁義, 飾禮樂, 選人倫. 孔子之所治也. 曰, 有土之君歟. 曰, 非也. 漁父曰, 仁則仁矣, 恐不免其身. 孔子聞, 而求問之. 遂言八疵·四病, 以誡孔子.

(3) 《문자지(文字志)》에는 이런 말이 있다. '사안(謝安)은 풍신이 좋고 철리(哲理)를 논하기 좋아했다.'

文字志曰, 安神情秀悟, 善談玄遠.

주해 ㅇ彦會(언회) — 훌륭한 인사(人士)들의 모임.

○寫懷(사회)−생각을 그려내는 것.
○莊子(장자)−〈어부편(漁夫篇)〉.
○八疵(팔자)−인간에게 있는 여덟 가지의 결점. 총(摠)·영(佞)·첨(諂)·유(諛)·참(讒)·적(賊)·특(慝)·험(險)을 가리킨다.
○四病(사병)−사환(四患). 도(叨)·탐(貪)·흔(很)·긍(矜)을 가리킨다.

56. 은중군(殷中軍 : 殷浩)·손안국(孫安國 : 孫盛)·왕(王)·사(謝) 등 청담의 명사들이 모두 회계왕(會稽王 : 簡文帝 司馬昱)에게 모였다. 은호는 손성과 역(易)의 상(象)은 현실의 형체보다 미묘하다는 점을 토론했다.[1] 손성의 논의는 이(理)에 맞았고 의기는 하늘을 찌르는 듯했다. 좌중의 사람들은 누구나 손성의 논리에 만족은 하지 않았지만 그를 공박할 수도 없었다. 회계왕은 개탄하며 말했다. "만약 유진장(劉眞長 : 劉惔)이 본다면 틀림없이 그를 공박할 수 있을 터인데……." 곧 유진장을 부르러 보냈는데 손성은 내심 자기가 미치지 못한다는 것을 느끼고 있었다. 그런데 유진장이 왔고 우선 손성에게 자설(自說)을 말하라고 했다. 손성은 자기 이론을 대략 피력했는데 역시 방금 전에 했던 논리에 미치지 못한다는 것을 직감했다. 이에 유진장이 곧 2백여 언(言)의 말로 반론을 펼쳤는데 그것은 간결하고도 핵심을 찌르는 것이었다. 손성은 마침내 논리에 패하고 말았다. 좌중의 사람들은 그와 동시에 손뼉을 치면서 웃었고 한참 동안 유진장을 칭찬했다.

│원문│ 殷中軍·孫安國·王·謝能言諸賢, 悉在會稽王許. 殷與孫共論易象妙於見形.[1] 孫語道合, 意氣干雲. 一坐咸不安孫理, 而辭不能屈. 會稽王慨然歎曰, 使眞長來, 故應有以制彼. 卽迎眞長, 孫意己不如. 眞長旣至, 先令孫自敍本理. 孫粗說己語, 亦覺絶不及向. 劉便作二百許語, 辭難簡切. 孫理遂

屈. 一坐同時拊掌而笑, 稱美良久.

(1) 그 논리의 대략은 다음과 같다. '성인(聖人)은 형체로 나타난 것을 관찰하는 것만으로는 충분히 변화에 통효할 수 없다는 것을 알고 있었으므로 모든 현상을 복서(卜筮)에 나타내 보는 것이다. 모든 현상은 일정한 법칙을 나타내지 않는다. 그러므로 그 신묘한 변동을 육효(六爻)에 기탁하는 것이다. 육효는 두루 유통되어 오직 변화되는 채 따른다. 그러므로 괘(卦)의 한 획이라 하더라도 그것에 길흉이 나타나는 까닭에 한 획이라도 빼놓으면 알 수 없게 되고 만다. 형체가 있는 것에 비유하여 상(象)에 기탁하여야 비로소 길흉이 각각 나타나게 되므로 형체가 있는 것에 사로잡히게 되면 알 수가 없게 된다. 팔괘(八卦)가 설정된 것은 그 변화에 연유한 상징이다. 세상은 일시적으로 가탁된 모습에 지나지 아니한다. 나타난 하나의 상(象)이나 형체는 아직 나타나지 않은 것을 포함하고 있다. 따라서 천지의 도(道)를 궁극적으로 보더라도 건(乾)·곤(坤)의 괘(卦)의 정묘함에는 미치지 못하며 풍우(風雨)의 변화는 복서(卜筮)의 손(巽), 감괘(坎卦)와 그 본체와 같지 아니하다.'
其論畧曰, 聖人知觀器不足以達變, 故表圓應於著龜. 圓應不可爲典要, 故寄妙迹於六爻. 六爻周流, 唯化所適. 故雖一畫, 而吉凶竝彰, 微一則失之矣. 擬器託象, 而慶咎交著, 繫器則失之矣. 故設八卦者, 蓋緣化之影迹也. 天下者, 寄見之一形也. 圓影備未備之象, 一形兼未形之形. 故盡二儀之道, 不與乾坤齊妙. 風雨之變, 不與巽坎同體矣.

주해 | ○王(왕)·謝(사)ㅡ불상(不詳).〈문학편(文學篇)〉55와 마찬가지로 왕몽(王濛)과 사안(謝安)일까? 사(謝)는 사상(謝尙)으로 보는 설도 있다.
○見形(현형)ㅡ현형(現形)과 같다. 현실적 만물의 형상.
○巽坎(손감)ㅡ손(巽)은 풍괘(風卦), 감(坎)은 우괘(雨卦).

57. 승의(僧意)가 와관사(瓦官寺)에 있을 때[1] 왕구자(王苟子 : 王脩)가 찾아와서[2] 함께 담론하게 되었는데 먼저 승의에게 논제(論題)를 내게 했다. 그래서 승의는 왕수에게 말했다. "성인(聖人)에게는 정(情)이 있겠소, 없겠소?" 왕수가 말했다. "없소." 승의가 다시 물었다. "그럼 성인은 기둥과 같은 것이오?" 왕수가 말했다. "산목(算木)과 같은 것이오. 정이 없다고 하더라도 이것을 움직이는 데는 정이 있소이다." 그러자 승의는 말했다. "누가 성인을 움직이는 거요?" 왕구자는 대답이 궁해져서 떠났다.[3]

▌원문│ 僧意在瓦官寺中,[1] 王苟子來,[2] 與共語, 便使其唱理. 便謂王曰, 聖人有情不. 王曰, 無. 重問曰, 聖人如柱邪. 王曰, 如籌算. 雖無情, 運之者有情. 僧意云, 誰運聖人邪. 苟子不得答而去.[3]

(1) 승의(僧意)의 출신, 씨족(氏族)은 미상.
　　未詳僧意氏族所出.

(2) 구자(苟子)는 왕수(王脩)의 어렸을 때 자(字)이다.
　　苟子, 王脩小字.

(3) 여러 판본에는 승의가 말했다는 최후의 한 구절이 없다. 아마 그것은 결락(缺落)된 것이리라. 여러 판본을 널리 검열했던바 모두가 그러했다. 단 한 책에만 이 구절이 있었다. 그래서 취하여 문의(文意)를 완성시켰다. 그러나 왕수는 현담(玄談)을 득의로 하고 있었으며 이러한 논(論)은 인정에 맞지 않는다. 역시 이 글에는 잘못이 있는 것이리라.
　　諸本無僧意最後一句, 意疑其闕, 廣校衆本皆然. 唯一書有之, 故取以成其義. 然王脩善言理, 如此論, 特不近人情. 猶疑斯文爲謬也.

주해| ○聖人有情不(성인유정불)−성인에게 정이 있느냐 없느냐에 대해서는 하안(何晏)·왕필(王弼)의 설이 유명하다. 〈문학편(文學篇)〉10 주해 참조.
○王脩(왕수)−송본(宋本)은 왕순(王循)으로 적고 있는데 원본(袁本)·《진서(晉書)》권93의 전(傳) 등에 따라 고쳤다.

58. 사마태부(司馬太傅 : 司馬道子)가 사거기(謝車騎 : 謝玄)에게 물었다. "혜자(惠子 : 惠施)에게는 그 저서가 수레 5대분이나 있었다고 하는데 어찌하여 깊은 경지에 달한 이야기가 한마디도 없는 것입니까?" 사현이 대답했다. "틀림없이 그 현묘한 점이 전해오지 않는 것이겠지요."[1]

원문| 司馬太傅問謝車騎, 惠子其書五車, 何以無一言入玄. 謝曰, 故當是其妙處不傳.[1]

(1) 《장자(莊子)》에 이런 이야기가 있다. '혜시(惠施)의 학문은 다방면에 걸쳤으며 그 저서는 수레 5대나 되었다. 그러나 그 말하는 바는 잡박하고 그 말은 타당성을 잃고 있었다. 이르기를, "달걀에 털이 있고 닭다리가 세 개, 말은 알을 낳고 개는 양(羊)이라고 할 수 있다. 불은 뜨겁지 않고 눈이 보는 것은 아니다. 거북은 뱀보다 길고 개구리에게 꼬리가 있다. 하얀 개는 검고 연이어진 쇠사슬은 풀어진다."고 했다. 변론에서 이길 수는 있지만 사람을 심복(心服)시킬 수는 없다. 생각하건대 변설가의 영역에 머무르는 수준이다.'
莊子曰, 惠施多方, 其書五車, 其道舛駁, 其言不中. 謂卵有毛, 雞三足, 馬有卵, 犬可爲羊. 火不熱, 目不見. 龜長於蛇, 丁子

有尾. 白狗黑, 連環可解. 能勝人之口, 不能服人之心. 蓋辯者
之囿也.

주해│ ○惠子(혜자)－전국시대(戰國時代) 송(宋)나라에서 태어나 위
(魏)나라 혜왕(惠王)·양왕(襄王)을 섬겼던 사상가. 명가(名家)로 분류
되는 한 사람.
○莊子(장자)－〈천하편(天下篇)〉.

59. 은중군(殷中軍 : 殷浩)은 벼슬을 박탈당하고 동양(東陽)에 온
다음 불경을 많이 읽어 그 어느 것에나 정통했는데 다만 사수(事數)
부분은 이해할 수가 없었다.[1] 나중에 우연히 한 승려를 만나서 표시
해 두었던 곳에 대하여 물었던 바 금방 시원스럽게 해석해 주었다.

원문│ 殷中軍被廢, 徙東陽, 大讀佛經, 皆精解. 唯至事數處
不解.[1] 遇見一道人, 問所籤, 便釋然.

(1) 사수(事數)란 오음(五陰)·십이입(十二入)·사체(四諦)·십이인연
(十二因緣)·오근(五根)·오력(五力)·칠각(七覺)의 유(類)를 말
함이다.
事數, 謂若五陰·十二入·四諦·十二因緣·五根·五力·七
覺之屬.

주해│ ○五陰(오음)－오온(五蘊)이라고도 한다. 색온(色蘊 : 有形의 물
질), 수온(受蘊 : 인상 감각), 상온(想蘊 : 지각·상상), 행온(行蘊 : 의지
사상 기타 선악 제행을 만드는 마음의 작용), 식온(識蘊 : 식별)의 다섯
가지의 총칭. 합치어 사람의 몸을 이루는 것이라고 하는 다섯 가지의
요소를 가리킨다.
○十二入(십이입)－눈·귀·코·혀·몸·뜻의 육근(六根)과 그것들의 감

지(感知) 대상인 색(色)·성(聲)·향(香)·미(味)·촉(觸)·법(法)의
육진(六塵 : 六境)과의 병칭(倂稱). 십이처(十二處) 또는 십이사(十二
舍)라고도 한다.

○四諦(사체)−〈문학편(文學篇)〉 37 참조.

○十二因緣(십이인연)−〈문학편〉 37 참조.

○五根(오근)−눈·귀·코·혀·몸의 다섯 가지 감각기관. 또는 그밖의
모든 선법(善法)을 낳는 근본이 되는 오법(五法 : 信根·精進根·念
根·定根·慧根)을 오근(五根)이라고도 한다.

○五力(오력)−37도품(道品) 중의 일류(一類). 신(信 : 信仰)력, 근(勤 :
노력)력, 염(念 : 憶念)력, 정(定 : 禪定)력, 혜(慧 : 지혜)력의 다섯 가지.
이런 것들은 악을 깨부수는 데 힘이 있으므로 역(力)이라고 한다. 또
부처의 설법이 갖추어져 있는 언설력(言說力), 수의력(隨宜力), 방편력
(方便力), 법문력(法門力), 대비력(大悲力)의 다섯 가지 역(力)도 오력
이라고 총칭된다.

○七覺(칠각)−칠각지(七覺支). 깨달음에 도달하는 데 도움이 되는 일곱
가지의 방법. 수도(修道)할 때 진위선악(眞僞善惡)을 관찰 각료(覺了)
하는 것을 각지(覺支)라고 하며 이것에는 택법각지(擇法覺支)·정진각
지(精進覺支)·희각지(喜覺支)·경안각지(輕安覺支)·사각지(捨覺支)·
정각지(定覺支)·염각지(念覺支) 등 일곱 개가 있다.

60. 은중감(殷仲堪)은 현학(玄學)의 논(論)에 정진하여 연구하지
않는 것이 없다고 세상 사람들은 생각했었다. 그런데 은중감은 한탄
하며 말했다. "만약 내가 재성사본(才性四本)의 논(論)을 이해할 수
있다면 내 담론(談論)은 이 정도가 아닐텐데……"[1]

▌원문│ 殷仲堪精覈玄論. 人謂莫不研究. 殷乃歎曰, 使我解四
本, 談不翅爾.[1]

(1) 주지(周祗)의 《융안기(隆安記)》에 이런 이야기가 있다. '은중감

(殷仲堪)은 학문을 좋아하고 그 사고(思考)는 논리적이었다.'
周祗隆安記曰, 仲堪好學, 而有理思也.

┃주해┃ ○玄論(현론)−현학(玄學)에 대한 논의이며, 그 사상적 내용으로는 역(易)과 노장(老莊) 및 불교를 중심으로 했다.
○四本(사본)−〈문학편(文學篇)〉 5 참조.

61. 은형주(殷荊州 : 殷仲堪)가 어느 때 원공(遠公 : 慧遠)에게 물었다.[1] "《역(易)》은 무엇을 본질로 삼고 있습니까?" 원공이 대답했다. "《역》은 감응(感應)을 본질로 하고 있습니다." 은중감은 말했다. "동산(銅山)이 서쪽에서 무너지면 종(鍾)이 동쪽에서 그것에 응하여 운다라고 하는 그것이 《역》입니까?"[2] 원공은 웃으면서 대답을 하지 않았다.

┃원문┃ 殷荊州曾問遠公,[1] 易以何爲體. 答曰, 易以感爲體. 殷曰, 銅山西崩, 靈鍾東應, 便是易耶.[2] 遠公笑而不答.

(1) 장야(張野)의 《혜원법사명(慧遠法師銘)》에 이런 이야기가 있다. '사문(沙門) 석혜원(釋慧遠)은 안문(鴈門) 누번(樓煩) 사람이다. 본성(本姓)은 가씨(賈氏)이며 대대로 고관을 지낸 가문이었다. 12세 때 외숙인 영고씨(令孤氏)를 따라 허창(許昌)과 낙양(洛陽)에 유학했다. 21세 때 강남으로 건너가 범선자(范宣子 : 范宣)에게서 배우려고 했으나 길이 막혀서 가질 못했고 석도안(釋道安)을 만나 그에게서 배웠는데 삭발하고 출가하여 불경을 연구했다. 석담익(釋曇翼)은 언제나 등촉(燈燭)의 비용을 대주어 그를 도왔다. 식견이 넓었고 도를 깨우침이 깊었다. 도안(道安)은 언제나 감탄하며 말했다. "불도(佛道)가 동쪽으로 전파되는 것은 혜원의 힘에 의해서일 것이다." 양양(襄陽)이 함락되자 행각을 강남으로 옮겼

고 영악(靈嶽)에 암자를 지었다. 60세 이후로는 더 이상 산에서 나오지 않으려고 했는데 명성은 서역(西域)에까지 들리어 그 나라의 승려들은 모두 중국에 대승사문(大乘沙門)이 있다면서 향을 피우고 예불할 때마다 동쪽을 향하여 경의를 표했다. 83세에 입적했다.'

張野遠法師銘曰, 沙門釋慧遠, 鴈門樓煩人. 本姓賈氏, 世爲冠族. 年十二, 隨舅令狐氏遊學許·洛. 年二十一, 欲南渡, 就范宣子學, 道阻不通, 遇釋道安以爲師. 抽簪落髮, 研求法藏. 釋曇翼每資以燈燭之費. 識鑒淹遠, 高悟冥頤. 安常歎曰, 道流東國, 其在遠乎. 襄陽旣沒, 振錫南遊, 結宇靈嶽. 自年六十, 不復出山. 名被流沙, 彼國僧衆, 皆稱漢地有大乘沙門, 每至然香禮拜, 輒東向致敬. 年八十三而終.

(2) 《동방삭전(東方朔傳)》에는 이런 이야기가 있다. '한(漢)나라 무제(武帝) 때 미앙궁(未央宮) 앞의 궁전에 있는 종이 이유없이 홀로 울렸는데 사흘 밤 사흘 낮 동안 그치지 아니했다. 황제가 조서를 내리어 태사대조(太史待詔)인 왕삭(王朔)에게 묻자 왕삭은 "전란(戰亂)이 일어날 조짐인가 하옵니다."라고 아뢰었다. 그래서 다시 동방삭에게 물으니 동방삭은 "신(臣)은, 동(銅)은 산(山)의 자식이요, 산은 동의 어미란 말을 들었나이다. 음양의 기류(氣類)로 볼 때 자식과 어미는 감응하는 것이옵니다. 아마도 어디에선가 산이 무너지려 하므로 종이 사전에 울린 것이겠습지요. 《역(易)》에 우는 학이 그늘에 있으니 그 새끼가 그것에 화답한다고 한 것은 지극히 정밀한 것이니이다. 그 징후가 앞으로 5일 안에 일어날 것이옵니다."라고 아뢰었다. 그로부터 사흘 후 남군태수(南郡太守)가 무려 20여 리에 걸쳐 산이 무너졌다는 상주문을 올렸다.'

《번영별전(樊英別傳)》에 이런 이야기가 있다. '한(漢)나라 순제(順帝) 때 궁전 아래에 있던 종이 울리자 번영에게 물었다. 번영이 대답했다. "촉(蜀) 땅의 민산(岷山)이 무너진 것이옵니다. 산 (山)은 동(銅)의 어미인 고로 어미가 무너지자 자식이 운 것이오 며 성조(聖朝)의 재앙은 아니니이다." 그후 과연 촉 땅의 산이 무 너졌다는 상주(上奏)가 있었는데 그 월일(月日)도 일치하였다.' 두 설(說)이 다소 차이가 있으므로 모두 함께 기록하였다.

東方朔傳曰, 漢武皇帝時, 未央宮前殿鐘, 無故自鳴, 三日三夜 不止. 詔問太史待詔王朔, 朔言, 恐有兵氣. 更問東方朔, 朔曰, 臣聞銅者山之子, 山者銅之母. 以陰陽氣類言之, 子母相感, 山 恐有崩弛者, 故鐘先鳴. 易曰, 鳴鶴在陰, 其子和之, 精之至 也. 其應在後五日內. 居三日, 南郡太守上書言, 山崩, 延袤二 十餘里.

樊英別傳曰, 漢順帝時, 殿下鐘鳴, 問英. 對曰, 蜀　　崩. 山於 銅爲母, 母崩子鳴, 非聖朝災. 後蜀果上山崩. 日月相應. 二説 微異, 故竝載之.

주해 ○笑而不答(소이부답) – 《역(易)》의 진의(眞意)인 감응(感應)의 뜻을 은중감(殷仲堪)이 미신적인 전설로 해석했기 때문에 웃으면서 대 답을 하지 않았던 것이리라.

○抽簪落髮(추잠낙발) – 관(冠)을 벗고 삭발을 하고 출가하는 것.

○振錫(진석) – 석장(錫杖)을 짚고 행각하는 것.

○靈嶽(영악) – 여산(廬山).

○東方朔傳(동방삭전) – 《수사(隋史)》에 〈동방삭전(東方朔傳)〉 8권이 있다.

○易(역) – 중부(中孚).

○樊英(번영) – 《후한서(後漢書)》 〈방술전(方術傳)〉 상(上)에　본전(本傳) 이 있음.

62. 양부(羊孚)의 동생은 왕영언(王永言 : 王訥之)의 딸을 아내로 맞아들였다.[(1)] 왕씨 집안에서 사위를 접견할 때 양부는 동생을 보내면

서 함께 갔다. 그때 왕영언의 아버지인 동양(東陽 : 王臨之)은 아직 생존해 있었으며,[2] 동양의 사위인 은중감(殷仲堪)도 동석하고 있었다.[3] 양부는 원래 철리(哲理)를 담론하기 좋아했으므로 은중감과 〈제물론(齊物論)〉을 논하였다.[4] 은중감이 이를 반박하자 양부가 말했다. "그대는 네 번 담론을 벌이면 틀림없이 나와 같은 의견에 도달할 것이외다." 은중감은 웃으면서 말했다. "아무리 담론을 벌인다 해도 어찌 의견이 같아지겠소이까?" 그런데 네 번 담론을 해보니 의견이 일치되고 말았다. 은중감은 감탄하며 말했다. "과연 나에게 이론이 없어지고 말았소이다." 그리고 그를 탁월한 의견을 내는 신인(新人)이라며 칭찬해마지 않았다.

원문| 羊孚弟娶王永言女.[1] 及王家見婿, 孚送弟俱往. 時永言父東陽尙在.[2] 殷仲堪是東陽女婿, 亦在坐.[3] 孚雅善理義, 乃與仲堪道齊物.[4] 殷難之. 羊云, 君四番後, 當得見同. 殷笑曰, 乃可得盡, 何必相同. 乃至四番後一通. 殷咨嗟曰, 僕便無以相異. 歎爲新拔者久之.

(1) 양부(羊孚)의 동생은 양보(羊輔)이다.
　　《양씨보(羊氏譜)》에 이런 이야기가 있다. '양보(羊輔)의 자는 유인(幼仁)이며 태산(太山) 사람이다. 조부 양해(羊楷)는 상서랑(尙書郎)이었으며 아버지 양수(羊綏)는 중서랑(中書郎)이었다. 양보는 출사하여 위군공조(衛軍功曹)에 이르렀고, 낭야(琅邪) 땅 왕눌지(王訥之)의 딸이며 자(字) 승수(僧首)를 아내로 맞았다.'
　　孚弟輔也.
　　羊氏譜曰, 輔字幼仁, 太山人. 祖楷, 尙書郎. 父綏, 中書郎. 輔仕至衛軍功曹, 娶琅邪王訥之女, 字僧首.

(2) 《왕씨보(王氏譜)》에 이런 이야기가 있다. '왕눌지(王訥之)의 자는

영언(永言)이고 낭야 사람이다. 조부인 왕표지(王彪之)는 광록대부(光祿大夫), 아버지 왕임지(王臨之)는 동양태수(東陽太守)를 지냈으며 왕눌지는 상서좌승(尙書左丞)·어사중승(御史中丞)을 역임했다.'

王氏譜曰, 訥之字永言, 琅邪人. 祖彪之, 光祿大夫. 父臨之, 東陽太守. 訥之歷尙書左丞·御史中丞.

(3) 《은씨보(殷氏譜)》에는 이런 이야기가 있다. '은중감(殷仲堪)은 낭야 땅 왕임지의 딸 자(字) 영언(英彦)을 아내로 맞이했다.'

殷氏譜曰, 仲堪娶琅邪王臨之女, 字英彦.

(4) 《장자(莊子)》의 편명(篇名)이다.

莊子篇也.

▌주해▏ ○王訥之(왕눌지)─《송서(宋書)》 권60 〈왕준지전(王准之傳)〉에는 '왕납지(王納之)'로 되어 있다.

63. 은중감(殷仲堪)이 말했다. "사흘 동안 《도덕경(道德經)》을 읽지 않으면 곧장 혀뿌리가 굳어지는 느낌이 든다."[1]

▌원문▏ 殷仲堪云, 三日不讀道德經, 便覺舌本閒强.[1]

(1) 《진안제기(晋安帝紀)》에 이런 이야기가 있다. '은중감은 논리정연하며 청담에 뛰어났다.'

晋安帝紀曰, 仲堪有思理, 能清言.

▌주해▏ ○道德經(도덕경)─《노자도덕경(老子道德經)》을 가리킴이다.

64. 제파(提婆)가 처음으로 (建康에) 와서 동정(東亭 : 王珣)네 집

안을 위해 《아비담(阿毗曇)》을 강론했다.[1] 강의를 시작하고 반쯤 진행되었을 때 승미(僧彌 : 王僧彌)가 말했다. "이제 충분히 알았소이다." 그리고 좌중에서 몇몇 뜻이 맞는 승려들을 선발하고 다시 별실로 가서 스스로 강의를 했다. 제파의 강의가 끝나자 동정이 법강도인(法岡道人)에게 물었다.[2] "나는 아직 전혀 모르겠는데 아미(阿彌 : 王僧彌)는 어떻게 다 알았다는 거요? 도대체 어느 정도나 알았을까요?" 법강도인이 말했다. "대체적으로 이해하고 있기는 하지만 틀림없이 아직도 다소 정확성이 결여되었을 것입니다."[3]

■ 원문 | 提婆初至, 爲東亭第講阿毗曇.[1] 始發講, 坐裁半, 僧彌便云, 都已曉. 卽於坐分數四有意道人, 更就餘屋自講. 提婆講竟, 東亭問法岡道人曰,[2] 弟子都未解, 阿彌那得已解. 所得云何. 曰, 大略全是. 故當小未精覈耳.[3]

(1) 《출경서(出經敍)》에 이런 이야기가 있다. '승가제파(僧伽提婆)는 계빈(罽賓 : 카시미르) 사람으로서 성(姓)은 구담씨(瞿曇氏)이다. 명민(明敏)하고 깊은 식견을 갖추고 있었다. 부견(符堅)이 장안(長安)에 들어왔을 때 모든 불경을 역출(譯出)했다. 후일 강남으로 옮기자 원법사(遠法師 : 慧遠)는 그에게 부탁하여 《아비담(阿毗曇)》을 번역하게 하였다.'
혜원법사(慧遠法師)의 《아비담심서(阿毗曇心序)》에 이런 말이 있다. '《아비담심》은 삼장(三藏)의 요령이며 깊은 뜻의 마음을 영가(詠歌)한 게송(偈頌)이다. 원류(源流)는 광대하고 모든 불경을 종합하여 그 주된 것을 통괄하고 있다. 그러므로 저자는 '심(心)'자로 명칭을 삼았던 것이다. 출가한 개사(開士), 자(字)가 법승(法勝)이란 사람은 《아비담》의 원류가 광대하므로 금방 찾아내기가 어려워서 따로 논부(論部)를 저술하였다. 모두 250게(偈)가 있으며 요해(要解)이므로 심(心)이라고 하였다. 계빈(罽賓)의 사문(沙

門) 승가제파는 젊었을 때 이 글을 애송했기에 청하여 이것을 번
역케 했다.'

아비담이란 진(晋)나라 말로는 '대법(大法)'에 해당한다. 도표법사
(道標法師)가 말했다. "아비담이란 전진(前秦)의 말 무비법(無比
法)에 해당한다."

出經敍曰, 僧伽提婆, 罽賓人, 姓瞿曇氏. 僑朗有深鑒, 符堅至
長安, 出諸經. 後渡江, 遠法師請譯阿毗曇.

遠法師阿毗曇敍曰, 阿毗曇心者, 三藏之要領, 詠歌之微言. 源
流廣大, 管綜衆經, 領其宗會, 故作者以心爲名焉. 有出家開士
字法勝, 以阿毗曇源流廣大, 卒難尋究, 別撰斯部, 凡二百五十
偈, 以爲要解, 號之曰心. 罽賓沙門僧伽提婆, 少翫斯文, 因請
令譯焉.

阿毗曇者, 晋言大法也. 道標法師曰, 阿毗曇者, 秦言無比法也.

(2) 법강(法岡)은 씨족(氏族) 미상(未詳).

法岡, 未詳氏族.

(3) 《출경서(出經敍)》에 이런 이야기가 있다. '제파(提婆)는 융안(隆安)
초, 도읍(都邑 : 建康)에 내유(來遊)했다. 동정후(東亭侯) 왕순(王
珣)은 자기 집에 맞아들이어 《아비담》을 강론케 했다. 제파의 종
지(宗旨)는 명석하고 심오한 교리를 발양하였다. 왕승미(王僧彌)
는 한 차례 듣고 나자 곧 스스로 강론했다. 제파의 밝은 교리가
사람들의 마음을 열기 이와 같았다. 생몰연대는 미상이다.'

出經敍曰, 提婆以隆安初遊京師. 東亭侯王珣迎至舍, 講阿毗曇.
提婆宗致旣明, 振發義奧, 王僧彌一聽便自講. 其明義易啓人心
如此. 未詳年卒.

주해 | ○提婆(제파) ─ 승가제파(僧伽提婆). 성(姓)은 구담(瞿曇 : Gau-
tama), 카시미르 사람. 태원(太元) 16년(391년) 여산(廬山)에 들어와

혜원(慧遠)과 지우가 되었다. 융안(隆安) 원년(397년) 건강(建康)에 내유(來遊)하였다. 제파는 그때까지 일체(一切)가 '공(空)'이라고 설파하는 반야경계(般若經系)의 초기 대승불교(大乘佛敎)가 지배적이었으며 아비담(阿毗曇) 등의 설, 즉 소승불교(小乘佛敎)에 비판적이었던 것을, 명석한 강론으로 아비담을 설파함으로써, 중국에 소승불교 확립의 발판을 마련했다. 저서에 혜원 밑에서 번역한 《아비담심론》 4권, 《삼법도론(三法度論)》 3권이 있다.

○僧彌(승미)─《고승전(高僧傳)》 권1 〈승가제파전(僧伽提婆傳)〉에는 왕승진(王僧珍)이라고 되어 있다.

○出經敍(출경서)─현존하지는 않으며, 양(梁), 승우(僧祐)의 《출삼장기집(出三藏記集)》과 같은 번역 불경해제집과 같은 것이었으리라.

○阿毗曇敍(아비담서)─《출삼장기집(出三藏記集)》 권10에 수록되어 있다.

○三藏(삼장)─경(經)·율(律)·논(論) 등 세 가지.

○開士(개사)─보살. 부견(符堅)이 유덕한 사문(沙門)에게 개사란 호를 주었다(《釋氏要覽》).

○法勝(법승)─서역(西域) 토카라 사람. 3세기 중반에 《아비담심론(阿毗曇心論)》을 저술함. 생몰 연대는 미상.

○法岡(법강)─《고승전(高僧傳)》의 〈승가제파전〉에 '법강(法綱)'으로 되어 있다.

65. 환남군(桓南郡 : 桓玄)은 은형주(殷荊州 : 殷仲堪)와 담론할 때면 언제나 크게 논박을 주고받았는데 1년쯤 지나자 그저 한두 차례 논박을 벌일 뿐이었다. 환현은 자신의 재사(才思)가 점차 쇠미해진 것이라고 한탄했다. 그러자 은중감은 말했다. "그것은 그대가 점점 이해해 나가기 때문이오."[1]

원문│ 桓南郡與殷荊州共談, 每相攻難. 年餘後, 但一兩番. 桓自歎才思轉退. 殷云, 此乃是君轉解.[1]

(1) 주지(周祗)의 《융안기(隆安記)》에 이런 이야기가 있다. '환현(桓
  玄)은 현학(玄學)을 논하는 데 뛰어났다. 태수(太守)의 벼슬을 버
  리고 귀국한 뒤로는 언제나 은형주(殷荊州 : 殷仲堪)와 종일토록
  쉬지 않고 담론을 하였다.'
  周祗隆安記曰, 玄善言理, 棄郡還國, 常與殷荊州仲堪, 終日談
  論不輟.

주해 ㅇ棄郡(기군) ―의홍태수(義興太守)의 벼슬을 내놓은 것(《晋書》
권99 〈桓玄傳〉).

66. 위(魏) 문제(文帝 : 曹丕)는 어느 때 동아왕(東阿王 : 曹植)에게
칠보시(七步詩)를 지으라고 명하고, 만약 짓지 못하면 극형에 처하겠
노라고 했다. 동아왕은 그 말을 듣자 곧 시를 지었다. '콩을 삶아 국
을 끓이고 콩을 걸러 즙을 내네. 콩깍지는 솥 밑에서 타고 콩은 솥 안
에서 우네. 본디는 같은 뿌리에서 태어났거늘 서로 지지고 볶는 것이
어찌 이다지도 급한가.' 문제는 크게 부끄러워했다.[(1)]

원문 文帝嘗令東阿王七步中作詩, 不成者行大法. 應聲便
爲詩曰, 煮豆持作羹, 漉豉以爲汁. 萁在釜下燃, 豆在釜中泣.
本自同根生, 相煎何太急. 帝深有慙色.[(1)]

(1) 《위지(魏志)》에 이런 이야기가 있다. '진사왕(陳思王) 조식(曹植)
  의 자는 자건(子建)이며 문제(文帝)의 친동생이다. 10여 세 때 시
  (詩)·논(論) 및 사부(辭賦) 수만언(數萬言)을 독송(讀誦)했다.
  문장 짓기를 좋아했는데 어느 때 태조(太祖 : 曹操)는 그 문장을
  보고 말했다. "너는 남에게 (지어 달라고) 부탁했더냐?" 조식은
  무릎을 꿇고 아뢰었다. "말을 하면 논(論)이 되고 붓을 대면 문장

이 이루어지옵니다. 당장에라도 면전에서 시험을 해보시옵소서. 어찌 남에게 부탁을 하겠습니까?” 당시 업도(鄴都)에 동작대(銅雀臺)가 낙성되었는데 태조는 왕자들을 모두 데리고 대에 올라, 각각 부(賦)를 짓게 하였다. 조식은 붓을 들자마자 부를 지었는데 그것은 가히 볼만했다. 성품이 대범하고 위의(威儀)를 차리지 않았으며 거마(車馬)도 복장도 화려한 것을 좋아하지 않았다. 어려운 문제를 낼 적마다 언제든 그 자리에서 대답했다. 태조는 조식을 총애하여 태자로 책봉코자 생각했던 때도 몇번이나 있었다. 문제가 즉위하자 견성후(鄄城侯)에 봉해졌으나 나중에는 옹구(雍丘)로 옮겨졌다가 다시 동아왕에 봉해졌다. 조식은 매번 등용해 주기를 청했으나 등용되지 못했고 봉국(封國)도 자주 바뀌어 조급한 마음에 즐거움이 없었다. 41세에 세상을 떠났다.’

魏志曰, 陳思王植, 字子建, 文帝同母弟也. 年十餘歲, 誦詩論及辭賦數萬言. 善屬文, 太祖嘗視其文曰, 汝倩人耶. 植跪曰, 出言爲論, 下筆成章. 顧當面試, 奈何倩人. 時鄴銅雀臺新成, 太祖悉將諸子登之, 使各爲賦. 植援筆立成, 可觀. 性簡易, 不治威儀. 輿馬服飾, 不尙華麗. 每見難問, 應聲而答. 太祖寵愛之, 幾爲太子者數矣. 文帝卽位, 封鄄城侯, 後徙雍丘, 復封爲東阿. 植每求試, 不得, 而國屢遷易, 汲汲無懽. 年四十一薨.

주해 ○詩(시)—칠보시(七步詩)에는 이문(異文)이 있다. 《문선(文選)》 권60, 《초학기(初學記)》 권10, 《몽구(蒙求)》 하, 《태평어람(太平御覽)》 권841 등에 인용되어 있는데 5언·7언, 4구·6구 등등 갖가지 형태가 있다.
○大法(대법)—중대한 국법(國法). 사형.
○每見難問(매견난문)—지금 전해지는 《위지(魏志)》에는 ‘매진견난문(每進見難問)’으로 되어 있다.

67. 위(魏)나라 조정은 진(晉) 문왕(文王 : 司馬昭)을 공(公)에 봉

하고 구석(九錫)의 예(禮)를 준비했으나 문왕은 사양하며 받지 아니
했다. 공경(公卿)과 장교(將校)들은 문왕의 막부로 찾아가서 정중하
게 권유했다. 사공(司空) 정충(鄭沖)[1]이 급히 사신을 완적(阮籍)에게
보내어 '권진문(勸進文)'을 지어 달라고 청했다. 완적은 그때 원효니
(袁孝尼 : 袁準)의 집에 있었다.[2] 밤을 새워가며 술을 마신 터라 부
축하여 일으켰더니 단숨에 목찰(木札)에 써내려갔거니와 손을 댈 곳
이 없어서 그대로 필사하여 사신에게 주었다. 당시 사람들은 그것을
신필(神筆)이라고 여겼다.[3]

■원문| 魏朝封晉文王爲公, 備禮九錫. 文王固讓不受. 公卿將
校, 當詣府敦喻. 司空鄭沖,[1] 馳遣信就阮籍求文. 籍時在袁
孝尼家,[2] 宿醉扶起, 書札爲之, 無所點定, 乃寫付使. 時人
以爲神筆.[3]

(1) 정충(鄭沖)은 앞에서 설명한 바 있다.
　　沖已見.

(2) 《원씨세기(袁氏世紀)》에 이런 이야기가 있다. '원준(袁準)의 자는
　　효니(孝尼)이며 진군(陳郡) 양하(陽夏) 사람이다. 아버지 원환(袁
　　渙)은 위(魏)나라 낭중령(郎中令)이다. 원준은 성실하고 행동은
　　바르며 아랫사람에게 묻기를 부끄러워하지 않았는데 다만 남이
　　자기보다 우수하지 않은 점을 두려워할 뿐이었다. 세상사에 험난
　　한 점이 많았기 때문에 아예 물러나 있으면서 굳이 출사(出仕)하
　　려 하지 않았다. 저서는 10여만언(十餘萬言)에 이른다.'
　　순작(荀綽)의 《연준주기(兗準州記)》에는 이런 말이 있다. '원준
　　(袁準)은 빼어난 재능이 있었는데 태시연중(太始年中)에 급사중
　　(給事中)이 되었다.'
　　袁氏世紀曰, 準字孝尼, 陳郡陽夏人. 父渙, 魏郎中令. 準忠信

居正, 不恥下問, 唯恐人不勝己也. 世事多險, 故治退不敢求進.
著書十餘萬言.
荀綽兗准州記曰, 準有儁才, 太始中, 位給事中.

(3) 고개지(顧愷之)의 《진문장기(晋文章記)》에 이런 이야기가 있다.
'완적(阮籍)의 권진문(勸進文)은 거침없이 광대한 정취가 있었는
데 최후의 단(段)까지 서서히 우회적인 방법으로 설득하고 있다.'
어떤 책의 주(注)에 완적이 쓴 권진문의 개략을 싣고 이렇게 말했
다. '삼가 듣자오니 공(公)께서 극구 사양하시기 때문에 정충(鄭
沖) 등은 매우 염려하고 있다 하옵니다. 생각하건대 옛 성왕(聖
王)이 정해놓은 제도는 만대에 걸쳐 변하는 법이 없사오며 덕을
칭송하고 공(功)을 상주는 일은 빠짐없이 행하여 왔사옵니다. 주
공(周公)은 그 이루어놓은 국가 안정의 공업(功業)에 따라 곡부
(曲阜)에 봉해졌고 노(魯)나라를 보전시켰나이다. 공께서도 성지
(聖旨)를 받드시고 이 큰 복을 받으시오소서.'
顧愷之晋文章記曰, 阮籍勸進, 落落有宏致, 至轉說徐而攝之
也. 一本注, 阮籍勸進文畧曰, 竊聞明公固讓, 沖等眷眷, 實懷
愚心, 以爲聖王作制, 百代同風, 褒德賞功, 其來久矣. 周公藉
已成之業, 據旣安之勢, 光宅曲阜, 奄有龜蒙. 明公宜奉聖旨.
受茲介福也.

주해 | ○九錫(구석) – 훈공(勳功)이 있는 제후(諸侯)에게 특별히 내리
는 9가지의 품목. 거마(車馬)·의복·악기·주호(朱戶)·납폐(納陛)·호
분(虎賁)·철월(鐵鉞)·궁시(弓矢)·거창(秬鬯). 이것을 내린다는 것은
머지않아 그 인물이 천자의 자리를 양위받게 된다는 전제였다.
○求文(구문) – 완적(阮籍)이 쓴 권진문(勸進文)은 《문선(文選)》 권40에
실려 있다.
○已見(이견) – 〈정사편(政事篇)〉 6 주(注).
○治退(치퇴) – 송본(宋本)·원본(袁本)에는 모두 '치퇴'라고 되어 있으나

‘염퇴(恬退)’의 잘못으로 보고 번역했다.

o 兖准州記(연준주기) ─ 원본(袁本)에는 ‘연주기(兖州記)’라고 되어 있는
데 어느 쪽이 정확한지는 알 수가 없다.

o 給事中(급사중) ─ 천자를 좌우에서 받들며 전중(殿中)의 주사(奏事)를
담당하는 벼슬아치. 진한시대(秦漢時代)에는 가관(加官)이었는데 진
(晉)나라 이후 정관(正官)이 되었다.

o 一本注(일본주) ─ 유효표(劉孝標) 이외의 주석본(注釋本)이 존재했었던
것이리라.

68. 좌태충(左太沖 : 左思)이 〈삼도부(三都賦)〉를 지었을 당초에,[1]
당시 사람들은 이러쿵저러쿵하며 폄하했으므로 좌사는 마음이 편치
못했다. 그후 장공(張公 : 張華)에게 보여주자[2] 장공이 말했다. “이것
은 〈이경부(二京賦)〉와 나란히 헤아려도 좋을 정도로 잘 되었네. 그
러나 그대의 문장은 아직 세상에서 중요시되지 못하고 있어. 마땅히
고명인사(高名人士)의 추천을 받는 게 좋을 거야.” 그래서 좌사는 황
보밀(皇甫謐)과 상담했다.[3] 황보밀은 작품을 보고 감탄하였으며 그
를 위해 서(敍)를 썼다. 그 이후로는 전에 폄하하던 사람들도 태도를
바꾸어 칭찬하지 않는 사람이 없었다.[4]

▌**원문**| 左太沖作三都賦初成,[1] 時人互有譏訾. 思意不愜. 後
示張公,[2] 張曰, 此二京可三. 然君文未重於世, 宜以經高名之
士. 思乃詢求於皇甫謐.[3] 謐見之嗟歎, 遂爲作敍. 於是先相
非貳者, 莫不斂衽讚述焉.[4]

(1) 《좌사별전(左思別傳)》에 이런 이야기가 있다. ‘좌사의 자는 태충
　　(太沖)이며 제(齊)나라 임치(臨淄) 사람이다. 아버지 좌옹(左雍)
　　은 필찰리(筆札吏)에서 기가(起家)했는데 사무에 정통하여 전중
　　시어사(殿中侍御史)가 되었다. 좌사는 일찍이 어머니를 여의었는

데 아버지 좌옹은 그를 불쌍히 여기어 너무 심하게 공부시키고자 하지 않았다. 그러나 성장해감에 따라 명문(名文)을 널리 읽고 백가(百家)를 두루 독파했다. 사공(司空) 장화(張華)는 그를 불러 좨주(祭酒)로 삼았으며 가밀(賈謐)은 비서랑(秘書郎)으로 천거했다. 그러나 가밀이 주살당하자 좌사는 고향에 돌아와 저술에 전념했다. 제왕(齊王) 사마경(司馬冏)이 기실참군(記室參軍)으로 불렀으나 좌사는 응하지 않았는데 당시에는 〈삼도부〉가 완성되지 않았었다. 그후 몇년 지나서 병으로 세상을 떠났다. 〈삼도부〉에 대한 개정은 죽을 때까지 계속되었다. 처음 〈촉도부(蜀都賦)〉를 짓되 '금마(金馬)는 높은 언덕에서 번개를 내뿜고 벽계(碧鷄)는 날개를 떨치면서 구름을 헤치네. 귀탄(鬼彈)을 날리니 쿵탕쿵탕, 화정(火井)을 날리니 번쩍번쩍'이라고 기록했는데 지금 전하는 것에는 '귀탄(鬼彈)……'이란 구절은 없는 등, 그 부(賦)는 자주 바뀌었다. 좌사의 사람 됨됨이는 관리로서의 재능은 없었으나 문재(文才)가 있었다. 또 황비(皇妃)와 줄이 닿는 것을 자랑하며 으스댔으므로 제나라 사람들은 그를 중시하지 않았다.'

思別傳曰, 思字太沖, 齊國臨淄人. 父雍, 起於筆札, 多所掌練, 爲殿中御史. 思蚤喪母, 雍憐之, 不甚敎其書學. 及長, 博覽名文, 遍閱百家. 司空張華辟爲祭酒, 賈謐擧爲秘書郎. 謐誅, 歸鄕里, 專思著述. 齊王冏請爲記室參軍, 不起. 時爲三都賦未成也. 後數年疾終. 其三都賦改定, 至終乃止. 初, 作蜀都賦云, 金馬電發於高岡, 碧雞振翼而雲披. 鬼彈飛丸以礌磝, 火井騰光以赫曦. 今無鬼彈, 故其賦往往不同. 思爲人無吏幹而有文才, 又頗以椒房自矜, 故齊人不重也.

(2) 장화(張華)는 앞에서 나왔다.

張華已見.

(3) 왕은(王隱)의 《진서(晋書)》에 이런 이야기가 있다. '황보밀(皇甫

謐)의 자는 사안(士安)이고 안정(安定) 조나(朝那) 사람이며 한(漢)나라 태위(太尉) 황보숭(皇甫嵩)의 증손이다. 조부인 황보숙헌(皇甫叔獻)은 파릉령(灞陵令), 아버지 황보숙후(皇甫叔侯)는 효렴(孝廉)으로 천거되었다. 황보밀의 일족은 모두 부귀했는데 그는 홀로 청빈(淸貧)을 지켰다. 그의 양육을 맡았던 숙모는 한탄하며 말했다. "옛날 맹자(孟子)의 어머니는 세 번이나 사는 곳을 옮기어 아들을 길러냈고, 증자(曾子)의 아버지는 돼지를 잡아서 가르침을 주었다고 한다. 우리집이 좋은 이웃을 선택하여 이사를 가지 않아서일까? 어찌하여 너는 그렇게도 어리석단 말이냐? 이제부터라도 수양하고 공부에 힘을 써서 스스로 학문을 이루도록 하여라. 나는 더 어찌할 수가 없다." 그리고 황보밀 앞에서 눈물을 흘리었다. 이에 황보밀은 크게 감격했는데 20여 세가 되어서 향리의 석탄(席坦)에 나아가 공부를 하면서 만나는 사람 모두에게 질문을 하느라고 쉬는 날이 거의 없었다. 무제(武帝)는 황보밀에게 수레 두 대분의 책을 빌려주었는데 이것을 빼놓지 않고 독파했다. 태자중서자(太子中庶子), 의랑(議郞)에 초징되었지만 모두 취임하지 않았으며 집에서 생애를 마쳤다.'

王隱晉書曰, 謐字士安, 安定朝那人, 漢太尉嵩曾孫也. 祖叔獻, 灞陵令. 父叔侯, 擧孝廉. 謐族從皆累世富貴, 獨守寒素. 所養叔母歎曰, 昔孟母以三徙成子, 曾父以烹豕存敎, 豈我居不卜鄰, 何爾魯之甚乎. 脩身篤學, 自汝得之, 於我何有. 因對之流涕. 謐乃感激. 年二十餘, 就鄕里席坦受書, 遭人而問, 少有寧日. 武帝借其書二車, 遂博覽. 太子中庶子, 議郞徵, 竝不就, 終於家.

(4) 《좌사별전(左思別傳)》에 이런 말이 있다. '좌사는 장재(張載)를 찾아가서 민촉(岷蜀) 지방의 일에 대하여 질문한 적은 있었으나 교제는 친밀하지 아니했다. 황보밀은 서주(西州)의 명사였으며 지

중치(摯仲治 : 摯虞)는 저명한 석학이었으므로 좌사가 상대할 사람이 아니었다. 유연림(劉淵林 : 劉逵)과 위백여(衛伯興 : 衛權)는 일찍 죽었기 때문에 모두 좌사의 부(賦)에 서주(序注)를 쓰지 아니했다. 따라서 주해(注解)는 모두 좌사 스스로 기록한 것이다. 작품의 권위를 세우기 위하여 당시 명사들의 이름을 빌렸던 것이다.'

思別傳曰, 思造張載, 問㟻蜀事, 交接亦疎. 皇甫謐西州高士, 摯仲治宿儒知名, 非思倫疋. 劉淵林・衛伯興並蚤終, 皆不爲思賦序注也. 凡諸注解, 皆思自爲. 欲重其名, 故假時人名姓也.

주해│ ○三都賦(삼도부) — 위(魏)・오(吳)・촉(蜀) 세 나라의 도읍을 읊은 것.

○二京(이경) — 그때까지 세상의 평판이 높았던 반고(班固)의 〈양도부(兩都賦)〉와 장형(張衡)의 〈양경부(兩京賦)〉를 가리킨다. '이경가삼(二京可三)'이란 좌사의 〈삼도부(三都賦)〉가 이 두 가지 부(賦)와 어깨를 나란히 할 수 있는 것이라고 칭찬한 것이다.

○殿中御史(전중어사) — 전중시어사(殿中侍御史). 전내금중(殿內禁中)의 비법(非法)을 조사 처리하는 관직.

○祭酒(좨주) — 국학(國學)의 장(長). 오늘날의 국립대학 총장에 해당한다. ○椒房(초방) — 황후(皇后)의 어전(御殿). 또는 전(轉)하여 황후를 가리킨다. 산초(山椒)를 벽에 칠했기 때문에 그렇게 말한다. 좌사의 누이동생 좌분(左芬)은 서진(西晉) 무제(武帝)의 후비(后妃 : 貴嬪)였었다(《晉書》 권31 〈左貴嬪傳〉).

○已見(이견) — 〈덕행편(德行篇)〉 12.

○士安(사안) — 송본(宋本)은 '사언(士彦)'으로 적고 있다. 원본(袁本) 및 《진서(晉書)》 권51 〈황보밀전(皇甫謐傳)〉에 따라 고쳤다.

○曾父以烹豕存敎(증부이팽시존교) — 《한비자(韓非子)》 〈외저설좌상(外儲說左上)〉에, 증자(曾子)의 아내가 아들에게 돼지를 잡아서 요리를 만들어 주겠다는 약속을 했으면서 그것을 위반했을 때, 증자가 아내를 야단치면서 돼지를 잡아주어 잘못을 고치게 했다는 이야기가 보인다. 여기

서는 증자의 아버지[曾父]로 되어 있지만 아마 그 이야기를 가리키는
것이리라.

○議郎(의랑)−문관 관료의 출발점이 되는 낭관(郎官) 중 최고의 자리.
광록훈(光祿勳)에 속한다.

69. 유령(劉伶)은 〈주덕송(酒德頌)〉을 지었는데, 그것은 그의 기개
를 의탁한 것이었다.[1]

█ 원문| 劉伶著酒德頌. 意氣所寄.[1]

(1) 《명사전(名士傳)》에 이런 이야기가 있다. '유령(劉伶)의 자는 백
   륜(伯倫)이며 패군(沛郡) 사람이다. 자기 마음대로 행동하고 우주
   를 좁다고 했다. 언제나 녹거(鹿車)를 타고 한 병의 술을 휴대했
   는데 하인으로 하여금 삽을 들고 따르게 하였다. 그리고 "내가 죽
   거든 곧 구덩이를 파고 묻도록 하라."고 말했다. 육신을 흙이나
   나무처럼 생각하고 자기 마음대로 이 세상을 살았다.'
   〈죽림칠현론(竹林七賢論)〉에 이런 이야기가 있다. '유령은 천지
   사이에 있으면서 유유히 자기 마음대로 살았는데 어떤 일도 괘념
   치 아니했다. 어느 때 속인(俗人)과 서로 다투었는데 그 사람이
   옷소매를 흔들면서 일어나 그를 치려고 하자 유령은 태연한 표정
   으로 말했다. "계륵(鷄肋) 같은 사람에게 어찌 존귀하신 주먹을
   날릴 수 있겠습니까?" 그 사람은 자기도 모르게 화를 풀고 돌아
   갔다. 특별히 문장에 마음을 쓰는 일이 없었는데 생애를 마칠 때
   까지 오직 〈주덕송(酒德頌)〉 한 편을 지었을 뿐이다. 그 글은 이
   러하다. "대인선생(大人先生)이란 분이 있는데 그는 영겁(永劫)의
   천지를 하루 아침으로 여기고, 만년(萬年)을 잠깐 동안이라고 생
   각하며, 해와 달을 창문으로 삼고, 팔방을 마당으로 삼는다. 가도
   수레바퀴 자국이 없고, 거처해도 집이 없으며, 하늘을 장막으로

덮고, 땅을 자리로 깔아, 뜻 가는 대로 맡겨둔다. 멈추면 큰 술잔을 움켜잡고 움직이면 술단지를 끌어 찬다. 오직 술, 이것만을 힘쓰니 어찌 그 나머지 일을 알겠는가? 귀개공자(貴介公子)와 진신처사(縉紳處士)가 나의 풍문을 듣고 그 까닭을 논의하다가 이내 옷소매를 떨치고 옷깃을 추켜올리며 눈을 부라리고 이를 갈면서 예법을 늘어놓으니 시비가 칼날이 일 듯한다. 이에 선생이 바야흐로 술독을 받들어 걸러낸 뒤, 잔을 입에 대고 탁주를 마신다. 수염을 털어내고 두 다리를 쭈욱 뻗으며 앉았다가 술지게미를 베고 누우니 근심 걱정이 하나도 없이 즐겁기만 하다. 도도히 취했다가 기분 좋게 깨니 잠자코 들어도 천둥소리조차 들리지 않고 눈여겨보아도 태산의 형체조차 보이지 않으며 피부에 와닿는 추위나 더위와 이욕(利欲)의 감정조차 느끼지 못한다. 굽어보니 시끌벅적하게 어지러운 만물은 마치 개구리밥이 떠도는 장강(長江)과 한수(漢水)와 같고 곁에 모신 이호(二豪)는 마치 푸른 나방의 유충을 업은 나나니벌과 같다.'

名士傳曰, 伶字伯倫, 沛郡人. 肆意放蕩, 以宇宙爲狹. 常乘鹿車, 攜一壺酒, 使人荷鍤隨之. 云, 死便掘地以埋. 土木形骸, 遨遊一世.

竹林七賢論曰, 伶處天地閒, 悠悠蕩蕩, 無所用心. 嘗與俗士相迕. 其人攘袂而起, 欲必築之. 伶和其色曰, 雞肋豈足以當尊拳. 其人不覺廢然而返. 未嘗措意文章, 終其世, 凡著酒德頌一篇而已. 其辭曰, 有大人先生者, 以天地爲一朝, 萬朞爲須臾, 日月爲扃牖, 八荒爲庭衢. 行無軌迹, 居無室廬, 幕天席地, 縱意所如. 行則操巵執觚, 動則挈榼提壺, 唯酒是務, 焉知其餘. 有貴介公子, 縉紳處士, 聞吾風聲, 議其所以. 乃奮袂攘襟, 怒目切齒, 陳說禮法, 是非鋒起. 先生於是方捧甖承槽, 銜杯漱醪, 奮髥踑踞, 枕麴藉糟, 無思無慮, 其樂陶陶. 兀然而醉, 慌爾而醒, 靜聽不聞雷霆之聲, 熟視不見太山之形, 不覺寒暑之切肌,

利欲之感情. 俯觀萬物之擾擾, 如江漢之載浮萍, 二豪侍側焉,
如蜾蠃之輿螟蛉.

주해 |　○宇宙(우주)－천지사방(天地四方)과 고왕금래(古往今來).

○土木形骸(토목형해)－형해는 육체·외물(外物). 토목은 그것을 진
(塵)·개(芥)와 같이 하찮게 취급하는 것.

○築(축)－격(擊)의 뜻.

○雞肋(계륵)－닭의 갈비뼈. 먹자니 먹을 것이 없고 버리자니 아깝다는
뜻으로 사용된다. 여기서는 하찮은 몸이란 뜻이다.

○萬朞(만기)－만년(萬年).

○八荒(팔황)－사방(四方)의 끝으로서 전세계란 뜻.

○行則(행즉)－《문선(文選)》 권47 및 《진서(晉書)》 권49 〈유령전(劉伶
傳)〉에는 '지즉(止則)'이라고 되어 있는데 그것에 따라 번역했다.

○巵(치)·觚(고)－큰 술잔.

○挈榼提壺(계합제호)－술병을 기울이는 것.

○貴介公子(귀개공자)－신분이 높은 공자.

○縉紳處士(진신처사)－지난날 높은 벼슬아치로서 퇴관하여 집에 있는
사람.

○罌(앵)·槽(조)－앵은 독, 조는 술을 담는 통.

○蜾蠃云云(과라운운)－《시경(詩經)》 〈소아(小雅)〉 '소완(小宛)'에 '푸른
나방의 유충을 업은 나나니벌이(螟蛉有子 蜾蠃負之), 자식을 가르치고
깨우치어 그처럼 선하게 만들어야지(敎誨爾子 式穀似之)'라고 있다. 나
나니벌이 푸른 나방의 유충을 업고 자기 새끼처럼 기른다는 데서, 여기
서는 그처럼 따르고 있음을 말한 것이다.

70. 악령(樂令 : 樂廣)은 청담에 뛰어났는데 문장은 잘 짓지 못했
다. 하남윤(河南尹)의 벼슬을 사퇴코자 할 때 반악(潘岳)에게 상표문
(上表文)을 지어 달라고 부탁했다.[1] 반악이 말했다. "짓기는 짓겠습

니다만 모름지기 당신의 의중(意中)을 묻겠습니다." 악광은 자신이 사퇴코자 하는 이유를 말하기를 2백 어(語)가량 늘어놓았다. 반악은 그것을 받아 곧 엮어나갔는데 명문장이 되었다. 당시 사람들은 모두 말했다. "만약 악광이 반악에게 문장을 지어 달라고 부탁하지 않고, 반악이 악광의 주지(主旨)를 취하지 않았더라면 이런 문장이 되지 않았을 것이다."

■원문│ 樂令善於淸言, 而不長於手筆. 將讓河南尹, 請潘岳爲表.[1] 潘云, 可作耳. 要當得君意. 樂爲述己所以爲讓, 標位二百許語. 潘直取錯綜, 便成名筆. 時人咸云, 若樂不假潘之文, 潘不取樂之旨, 則無以成斯矣.

(1) 《진양추(晋陽秋)》에 이런 이야기가 있다. '반악(潘岳)의 자는 안인(安仁)이며 형양(滎陽) 사람이다. 일찍부터 뛰어난 재능으로 이름을 떨치었다. 문장을 잘 짓는 데다가 맑고 아름다운 풍격은 채옹(蔡邕)도 뛰어넘을 수 없을 정도였다. 벼슬하여 황문시랑(黃門侍郞)에까지 올랐는데 손수(孫秀)에게 살해당했다.'
晋陽秋曰, 岳字安仁, 滎陽人. 夙以才穎發名. 善屬文, 淸綺絶世, 蔡邕未能過也. 仕至黃門侍郞, 爲孫秀所害.

■주해│ ㅇ標位(표위) ─ 늘어놓는 것.

71. 하후담(夏侯湛)은 주시(周詩)를 지어[1] 반안인(潘安仁 : 潘岳)에게 보여주었다. 반악이 말했다. "이 시는 단지 온아할 뿐 아니라, 그대의 천성적인 효성스러움이 나타나 있소이다."[2] 반악은 이 시로 인하여 마침내 〈가풍시(家風詩)〉를 지었다.[3]

┃원문┃ 夏侯湛作周詩成,[(1)] 示潘安仁. 安仁曰, 此非徒溫雅,
乃別見孝悌之性.[(2)] 潘因此遂作家風詩.[(3)]

(1) 《문사전(文士傳)》에 이런 이야기가 있다. '하후담(夏侯湛)의 자는
효약(孝若)이고 초국(譙國) 사람이며 위(魏)나라 정서장군(征西
將軍) 하후연(夏侯淵)의 증손이다. 재능이 뛰어나고 문장이 교묘
했으며 〈소아(小雅)〉의 시에 가사를 보충하는 데 뛰어나 명성이
반악(潘岳)에 버금갔다. 중서시랑(中書侍郎)을 역임했다.'
《하후담집(夏侯湛集)》의 서(叙)에서 말했다. '주시(周詩)란 남해
(南陔)·백화(白華)·화서(華黍)·유경(由庚)·숭구(崇丘)·유의
(由儀)의 6편이다. 편명과 서(序)만 있고 시의 가사는 없어졌다.
하후담은 그 없어진 시를 보충했다. 그래서 주시라고 하는 것이다.'
文士傳曰, 湛字孝若, 譙國人, 魏征西將軍夏侯淵曾孫也. 有盛
才, 文章巧思, 善補雅詞, 名亞潘岳. 歷中書侍郎.
湛集載其叙曰, 周詩者, 南陔·白華·華黍·由庚·崇丘·由
儀六篇, 有其義而亡其辭, 湛續其亡, 故云周詩也.

(2) 그 시에 말했다. '정중하고 경건하게 우러러 넓으신 은혜를 기리
네. 저녁 자리 보아드리고 새벽 문안 올리며 아침에 받들고 저녁
에 모시네. 밤중에 안부 여쭙고 물러나니, 대문에서 닭이 우네. 부
지런히 가르침을 공손히 받고 아침부터 저녁까지 이것에 힘쓰네.'
其詩曰, 皒皒斯虔, 仰說洪恩. 夕定辰省, 奉朝侍昏. 宵中告退,
雞鳴在門. 孳孳恭誨, 夙夜是敦.

(3) 반악의 〈가풍시(家風詩)〉는 그 선조의 덕을 기록하고 스스로 경
계하는 뜻을 나타내고 있다.
岳家風詩, 載其宗祖之德, 及自戒也.

┃주해┃ ○其詩(기시)─어버이에게 조석으로 효성을 다함을 읊은 것. 석

정(夕定)이란 저녁때 부모를 위해 잠자리를 보살펴 드리는 것을 뜻한다.
○家風詩(가풍시)-《예문유취(藝文類聚)》23.

72. 손자형(孫子荊 : 孫楚)은 부인의 상(喪)을 벗으면서 시를 지어 왕무자(王武子 : 王濟)에게 보여주었다.[1] 왕제가 말했다. "시가 정에서 생겨나는 것인지, 아니면 정이 시에서 생겨나는지, 그것은 알 수 없으나[2] 이것을 읽으니 슬퍼지면서 부부의 애정이 더욱 깊어짐을 느끼겠소."

▎원문▎ 孫子荊除婦服, 作詩以示王武子.[1] 王曰, 未知文生於情, 情生於文,[2] 覽之悽然, 增伉儷之重.

(1) 《손초집(孫楚集)》에 이런 이야기가 있다. '아내는 호모씨(胡母氏)이다. 그 시에 있다. "시간은 치달려 멈추지 않고, 세월은 번개처럼 흘러가네. 당신의 영혼이 저 먼 하늘로 올라간 지 어느덧 1주년이 되었구려. 복상(服喪)의 제도에 정함이 있기에 이제 당신의 무덤에 탈복(脫服)함을 고하오. 제단에 임하여 비통함을 느끼나니 내 가슴을 도려내는 듯하구려."라고 했다.'
孫楚集云, 婦胡母氏也. 其詩曰, 時邁不停, 日月電流. 神爽登遐, 忽已一周. 禮制有敍, 告除靈丘. 臨祠感痛, 中心若抽.

(2) 어떤 곳에는 '문어정생(文於情生), 정어문생(情於文生)'으로 되어 있다.
一作文於情生, 情於文生.

▎주해▎ ○除服(제복)-상(喪)이 끝나서 상복을 벗는 것.
○伉儷(항려)-부부를 의미한다.

ㅇ 神爽登遐(신상등하)—신령(神靈)이 떠나 하늘에 오르는 것.
ㅇ 禮制(예제)—복상(服喪)의 제도.
ㅇ 靈丘(영구)—묘지(墓地).

73. 태숙광(太叔廣)은 언변이 매우 뛰어났고 지중치(摯仲治)는 문필(文筆)에 뛰어났는데 두 사람 모두 열경(列卿)의 지위에 있었다. 언제나 공석(公席)에 나아가면 태숙광이 담론을 걸 경우 지중치는 응답할 수가 없었다. 퇴출하여 붓을 들고 태숙광을 논박하면 이번에는 태숙광이 응답하지 못했다.[1]

█ 원문┃ 太叔廣甚辯給, 而摯仲治長於翰墨, 俱爲列卿. 每至公坐, 廣談, 仲治不能對. 退著筆難廣, 廣又不能答.[1]

(1) 왕은(王隱)의 《진서(晉書)》에 이런 이야기가 있다. ‘태숙광(太叔廣)의 자는 계사(季思)이며 동평(東平) 사람이다. 성도왕(成都王)이 황태제(皇太弟)가 되었을 때 그를 낙양(洛陽)으로 보내고자 했는데 태숙광의 자손은 낙양에 많이 있었으므로 자손들이 죽음을 당할 것으로 생각한 태숙광은 자살했다. 지우(摯虞)의 자는 중치(仲治)이며 경조(京兆) 장안(長安) 사람이다. 조부인 지무(摯茂)는 수재(秀才), 아버지인 지모(摯模)는 위(魏)나라 태복경(太僕卿)이었다. 지우는 어렸을 때부터 학문을 좋아했는데 황보밀(皇甫謐)에게 사사했다. 문장을 연마하기 좋아했고 저작을 많이 했다. 비서감(秘書監)·태상경(太常卿)을 역임했다. 혜제(惠帝)를 따라 장안에 갔는데 호(鄠)·두(杜) 근방에서 유랑했다. 옛일을 좋아하여 책이란 책은 모두 읽었다. 영가(永嘉) 5년, 낙중(洛中)에 대기근이 있었으며 결국 굶어 죽었다. 지우는 태숙광과 명성을 거의 같게 했었다. 태숙광은 변설에 뛰어났고 지우는 문필에 뛰어

났었는데 공히 정무(政務)를 맡는 일은 드물었다. 공석(公席)에서 태숙광이 담론을 하면 지우는 대응할 수가 없었고, 퇴출하여 지우가 붓으로 태숙광을 논난하면 태숙광은 대답하지 못하였다. 그래서 서로가 서로를 비웃는 바람에 세상의 이야깃거리가 되었다. 태숙광은 글로 써서 남길 수가 없었으나 지우는 써서 남긴 것이 많았으므로 지우의 승리가 되었다.'

王隱晉書曰, 廣字季思, 東平人. 拜成都王爲太弟, 欲使詣洛, 廣子孫多在洛, 慮害, 乃自殺, 摯虞字仲治, 京兆長安人. 祖茂, 秀才. 父模, 太僕卿. 虞少好學, 師事皇甫謐. 善校練文義, 多所著述. 歷秘書監·太常卿. 從惠帝至長安, 遂流離鄠·杜閒. 性好博古, 而文籍蕩盡. 永嘉五年, 洛中大饑, 遂餓而死. 虞與廣名位畧同. 廣長口才, 虞長筆才, 俱少政事. 衆坐廣談, 虞不能對, 虞退筆難廣, 廣不能答. 於是更相嗤笑, 紛然於世. 廣無可記, 虞多所錄, 於斯爲勝也.

주해 ○辯給(변급)─급(給)은 충분하다는 뜻. 즉 변재(辯才)가 많다는 의미이다.

○摯仲治(지중치)─《진서(晋書)》 권51 〈지우전(摯虞傳)〉에는 '중흡(仲洽)'으로 되어 있다.

○拜成都王爲太弟(배성도왕위태제)─하간왕(河間王) 옹(顒)은 태자 담(覃)을 폐하고 성도왕 영(穎)을 황태제(皇太弟)로 세웠다. 성도왕 영은 제왕(齊王) 경(冏)과 함께 조왕(趙王) 윤(倫)을 죽인 다음 인심을 크게 얻었으나 후에 제왕 경이 실각하자 업(鄴) 땅에 있으면서 황태제의 자격으로 조정을 자기 마음대로 주물렀다.

○乃自殺(내자살)─왜 자살을 했는지에 대하여 그 사정은 밝히지 아니했다.

○虞多所錄(우다소록)─《진서(晋書)》 권51에 의하면 《문장유별집(文章流列集)》과 《문장지(文章志)》《삼보결록주(三輔決錄注)》 등이 있다.

74. 동진(東晉) 시대가 되었을 때 은태상(殷太常) 부자(父子 : 殷融·殷浩)는 모두 철리(哲理)의 담론에 뛰어났었는데 웅변과 눌변과의 차이가 있었다. 양주(揚州 : 殷浩)는 그 입담이 매우 거칠었으므로 태상(太常 : 殷融)은 언제나 이렇게 말했다. "너는 내 이론을 좀더 깊이 생각해 보도록 해라."[1]

▌원문▎ 江左殷太常父子竝能言理, 亦有辯訥之異. 揚州口談至劇. 太常輒云, 汝更思吾論.[1]

(1) 《중흥서(中興書)》에 이런 이야기가 있다. '은융(殷融)의 자는 홍원(洪遠)이며 진군(陳郡) 사람이다. 환이(桓彝)는 인물을 감정하는 식견이 있었는데 은융을 보고 매우 칭찬했다. 《상부진의론(象不盡意論)》과 《대현수역론(大賢須易論)》을 저술했다. 이론·해석이 정밀하여 사람들은 이것을 칭송했다. 형(兄 : 殷羨)의 아들인 은호(殷浩) 또한 청담을 잘했었다. 은융은 이 은호와 청담을 나누곤 했었는데 때로는 지기도 했지만 물러나 논문을 쓰면 은융이 우수했다. 사도좌서속(司徒左西屬)이 되었다. 술을 마시면 춤을 잘 추었으며 종일동안 시를 음송하고 세속의 일로 자신을 속박하는 일은 전혀 없었다. 이부상서(吏部尚書)·태상경(太常卿)에 누천(累遷)되었다가 세상을 떠났다.'

中興書曰, 殷融字洪遠, 陳郡人. 桓彝有人倫鑒, 見融甚歎美之. 著象不盡意·大賢須易論. 理義精微, 談者稱焉. 兄子浩, 亦能淸言. 每與浩談, 有時而屈, 退而著論, 融更居長. 爲司徒左西屬. 飮酒善舞, 終日嘯詠, 未嘗以世務自嬰. 累遷吏部尚書·太常卿卒.

▌주해▎ ○父子(부자) - 《중흥서(中興書)》에도 있는 것처럼 은호(殷浩)는 은융(殷融)의 형 은선(殷羨)의 아들이므로 두 사람은 숙질간인데 당시는 그런 관계도 '부자(父子)'라고 칭했다. 《한서(漢書)》〈소광전(疏廣

傳)〉의 소광과 소수(疏受), 《진서(晋書)》〈사안전(謝安傳)〉의 사안과
사현(謝玄) 등 같은 예를 볼 수 있다.

○司徒左西屬(사도좌서속)−사도의 부(府)에서 일하는 속관의 하나.

75. 유자숭(庾子嵩 : 庾敳)이 《의부(意賦)》를 다 지었을 때,[1] 조카
인 문강(文康 : 庾亮)이 그것을 보고 물었다. "만약 뜻이 있다면 부
(賦)로 모두 말할 수는 없을 것입니다. 만약 뜻이 없다면 어찌 부를
지을 수 있겠습니까?" 유자숭은 대답했다. "바로 유의무의(有意無意)
의 사이에 있기 때문이란다."

▌**원문**| 庾子嵩作意賦成.[1] 從子文康見, 問曰, 若有意邪, 非
賦之所盡. 若無意邪, 復何所賦. 答曰, 正在有意無意之閒.

(1) 《진양추(晋陽秋)》에 이런 이야기가 있다. '유애(庾敳)는 영가연간
(永嘉年間)에 석륵(石勒)에 의해 살해당하였다. 이보다 앞서 유애
는 진왕실(晋王室)의 다사다난함을 보고 끝내는 그 화에 말려들
것을 알고는 《의부(意賦)》를 저술하여 자신의 감회를 기탁했다.'
晋陽秋曰, 敳永嘉中爲石勒所害. 先是, 敳見王室多難, 知終嬰
其禍, 乃作意賦以寄懷.

▌**주해**| ○非賦之所盡(비부지소진)−《역경(易經)》〈계사전(繫辭傳)〉에
'말은 뜻을 모두 나타낼 수 없다'라고 했다.

76. 곽경순(郭景純 : 郭璞)의 시에 '숲에는 고요한 나무가 없고, 시
내에는 멈추는 흐름이 없네(林無靜樹 川無停流)'[1]라고 했는데 완부
(阮孚)가 말했다.[2] "깊은 물과 높은 산의 스산함은 진실로 무엇이라
말할 수 없는데 언제나 이 시를 읽을 때마다 정신과 몸이 초탈함을
느낀다."

│원문│ 郭景純詩云, 林無靜樹, 川無停流.[1] 阮孚云,[2] 泓崢
蕭瑟, 實不可言. 每讀此文, 輒覺神超形越.

(1) 왕은(王隱)의 《진서(晋書)》에 이런 이야기가 있다. '곽박(郭璞)의
자는 경순(景純)이며 하동(河東) 문희(聞喜) 사람이다. 아버지 곽
원(郭瑗)은 건평태수(建平太守)였다.'
《곽박별전(郭璞別傳)》에 이런 말이 있다. '곽박은 실로 박식다통
(博識多通)하고 문사(文辭)는 화려했었다. 그 재능·학문·담론은
상류 사람들과 교분하기에 충분했다. 그 시(詩)·부(賦)·뇌(誄)·
송(頌)은 모두 세상에 전해지고 있다. 그런데 눌변이었고, 즉석에
서 시를 짓는 것은 보통사람과 다름이 없었다. 또 예의범절을 차
리지 아니하고 몸과 마음도 단정치 못했으며 기분 내키는 대로
행동했다. 교만한 데다가 게을렀는데 때로는 과음과 과식의 실수
를 저지르곤 하였다. 친구인 간영승(干令升 : 干寶)이 이를 경계하
며 말했다. "그런 짓은 사람의 생명을 해치는 도끼일세." 곽박이
말했다. "내가 타고난 분수는 언제나 이것을 모두 쓰지 못할까 걱
정스러울 정도인데 어찌 주색(酒色)으로 해를 받겠는가?" 왕돈
(王敦)이 그를 참군(參軍)으로 삼았는데 왕돈이 도심지에 군대를
주둔시켜 놓고 대사(大事)를 자문했을 때 곽박이 일의 성패에 대
하여 극언하면서 뜻을 굽히지 않자 왕돈이 꺼리어 그를 죽이고
말았다.' 이 시는 곽박의 〈유사편(幽思篇)〉이다.
王隱晉書曰, 郭璞字景純, 河東聞喜人. 父瑗, 建平太守.
璞別傳曰, 璞奇博多通, 文藻粲麗, 才學賞豫, 足參上流. 其詩
賦誄頌, 竝傳於世. 而訥於言, 造次詠語, 常人無異. 又不持儀
檢, 形質頹索, 縱情嫚惰, 時有醉飽之失. 友人干令升戒之曰,
此伐性之斧也. 璞曰, 吾所受有分, 恆恐用之不盡, 豈酒色之能
害. 王敦取爲參軍. 敦縱兵都輦, 乃諮以大事. 璞極言成敗, 不
爲回屈. 敦忌而害之. 詩, 璞幽思篇者.

⑵ 완부(阮孚)는 따로 나온다.

阮孚別見.

주해 | ○伐性之斧(벌성지부) ─사람의 성명(性命)을 해치는 것이란 뜻.
○幽思篇(유사편) ─산일되어 전하지 않는다.
○別見(별견) ─〈아량편(雅量篇)〉 15의 주(注).

77. 유천(庾闡)이 처음 〈양도부(揚都賦)〉를 지어 온교(溫嶠)·유량(庾亮)을 평하여 말했다. "온교는 의(義)의 표상을 내걸고, 유량은 만민의 희망[望]이 되어 있어. 명성을 비유한다면 쇠의 소리요, 덕을 비유한다면 옥의 빛남[亮]이로다." 유량은 부가 완성되었다는 말을 듣고 보여주기를 청했으며 아울러 선물을 보냈다. 그래서 유천은 다시 '망(望)'자를 '준(儁)'자로 고치고 '양(亮)'자를 '윤(潤)'자로 고쳤다고 한다.[1]

원문 | 庾闡始作揚都賦, 道溫·庾云, 溫挺義之標, 庾作民之望. 方響則金聲, 比德則玉亮. 庾公聞賦成, 求看, 兼贈眂之. 闡更改望爲儁, 以亮爲潤云.[1]

⑴ 《중흥서(中興書)》에 이런 이야기가 있다. '유천(庾闡)의 자는 중초(仲初)이고 영천(潁川) 사람이며 태위(太尉) 유량(庾亮)의 일족이다. 어렸을 때 아버지를 여의고 아홉 살이 되자 이미 글을 잘 지었다. 산기시랑(散騎侍郎)으로 옮겼다가 대저작(大著作)에 임명되었다. 〈양도부(揚都賦)〉를 지었는데 당시에 명성을 떨쳤다. 54세로 세상을 떠났다.'

中興書曰, 闡字仲初, 潁川人, 太尉亮之族也. 少孤, 九歲便能屬文. 遷散騎侍郎, 領大著作. 爲揚都賦, 邈絶當時. 五十四卒.

주해 ○作民之望(작민지망) -《시경(詩經)》〈소아(小雅)〉 '도인사(都
人士)'에 '주(周)나라로 출가하는데 만백성이 우러러보네(行歸于周, 萬
民所望)'라고 했다.
○方響云云(방향운운) -《맹자(孟子)》〈만장장구(萬章章句)〉 하(下)에
'금성이옥진지야(金聲而玉振之也)'라고 되어 있다.
○改望爲儁云云(개망위준운운) -유량(庾亮)의 이름자를 피하여 '양(亮)'
을 '윤(潤)'으로 고치고 운(韻) 때문에 '망(望)'을 '준(儁)'으로 고쳤던
것이다. 망·양·준·윤은 압운(押韻).

78. 손홍공(孫興公 : 孫綽)은 유공(庾公)의 뇌(誄)를 지었다. 원양
(袁羊 : 袁喬)은 평(評)하여 말했다. "이것을 보니 해이해졌던 마음이
긴장된다." 당시 이것을 명평(名評)이라고 했다.[1]

원문 孫興公作庾公誄. 袁羊曰, 見此張緩. 于時以爲名
賞.[1]

(1) 《원씨가전(袁氏家傳)》에 이런 말이 있다. '원교(袁喬)는 문재(文
才)가 있었다.'
袁氏家傳曰, 喬有文才.

주해 ○庾公誄(유공뢰) -〈방정편(方正篇)〉 48 주(注)에 보인다.
○張緩(장완) -이완된 것을 긴장시킨다.

79. 유중초(庾仲初 : 庾闡)는 〈양도부(揚都賦)〉를 지었는데 완성되
자 유량(庾亮)에게 보여주었다. 유량은 친척 사이였기 때문에 그것을
좋게 평가하여 말했다. "종래에 있던 〈이경부(二京賦)〉와 더불어 삼
경(三京)이 되겠고 〈삼도부(三都賦)〉와 더불어 사도(四都)가 되기에

충분하다.” 그리하여 사람들은 다투어 그것을 필사했으므로 도읍의 종잇값이 올랐다. 사태부(謝太傅 : 謝安)는 말했다. “그것은 안될 일이지. 그것은 지붕 밑에 지붕을 또 얹는 것에 지나지 않아. 일마다 흉내를 내면 아무래도 비천해지는 것이야.”[1]

원문ㅣ 庾仲初作揚都賦成, 以呈庾亮. 亮以親族之懷, 大爲其名價云, 可三二京, 四三都. 於此人人競寫, 都下紙爲之貴. 謝太傅云, 不得爾. 此是屋下架屋耳. 事事擬學, 而不免儉狹.[1]

(1) 왕은(王隱)이 양웅(揚雄)의 《태현경(太玄經)》을 논하여 말했다. ‘《현경》은 잘 되어 있기는 하지만 도움이 되는 것은 아니다. 그러므로 옛날 사람은 지붕 밑에 지붕을 또 얹은 것이라고 했던 것이다.’

王隱論揚雄太玄經曰, 玄經雖妙, 非益也. 是以古人謂其屋下架屋.

주해ㅣ ○可三二京(가삼이경) 四三都(사삼도)—여기서 이경(二京)이라고 한 것은 반고(班固)와 장형(張衡)이 지은 〈이경부(二京賦)〉. 가삼(可三)이란 동서이경(東西二京)에 이 양도(揚都)을 더하여 삼경부(三京賦)가 된다는 것. 삼도(三都)란 좌사(左思)가 지은 〈삼도부(三都賦)〉로서 이것에 양도(揚都)를 더하여 사도부(四都賦)가 된다는 의미. 〈문학편(文學篇)〉 68 참조.

80. 습착치(習鑿齒)는 사학(史學)의 재주가 비범했다. 선무(宣武 : 桓溫)는 이를 대단한 일재(逸材)로 중시하여, 아직 30세도 되지 않았는데 형수(荊州) 지중(治中)에 임용했다. 습착지의 〈사표문(謝表文)〉에서도 이렇게 적고 있다. ‘만약 명공(明公)을 만나지 못했더라면 형주의 종사(從事)로 늙었을 것이다.’ 나중에 도읍에 나가서 간문제

(簡文帝)를 뵙고 돌아와서 보고할 때 선무가 묻기를 "상왕(相王 : 간문제)을 만나뵌 소감이 어떠한가?"라고 하자 습착지는 이렇게 대답했다. "태어나서 지금까지 그런 분은 만나뵌 적이 없습니다." 이로부터 선무의 뜻을 거슬려, 형양군(滎陽郡) 태수(太守)로 밀려났다가 그곳에서 마침내 심신(心身)에 이상이 생겼다. 병중에 있으면서도 《한진춘추(漢晉春秋)》를 지었는데 그의 인물에 대한 품평은 탁월했었다.[1]

원문| 習鑿齒史才不常. 宣武甚器之, 未三十, 便用爲荊州治中. 鑿齒謝牋亦云, 不遇明公, 荊州老從事耳. 後至都, 見簡文返命. 宣武問, 見相王何如. 答云, 一生不曾見此人. 從此迕旨, 出爲滎陽郡, 性理遂錯. 於病中猶作漢晉春秋, 品評卓逸.[1]

(1) 《속진양추(續晉陽秋)》에 이런 이야기가 있다. '습착치는 젊었을 때 박학하였고 재사(才思)가 뛰어났었다. 환온(桓溫)은 그를 매우 남달리 여기어 주종사(州從事)에서 1년 동안에 세 차례 영전시키어 치중(治中)에 이르도록 하였다. 그후 환온의 의향과 맞지 아니하여 호조참군(戶曹參軍)·형양태수(衡陽太守)로 좌천되었다. 도읍에 있으면서 《한진춘추(漢晉春秋)》를 저술하여 환온의 야망을 은근히 지적했다.'
《습착치집(習鑿齒集)》에 실려 있는 그 논(論)의 개략은 다음과 같다. '한말(漢末)의 수년에 걸친 다툼을 평정하고 전국을 가린 어둠을 걷어내어 천 년의 위대한 공훈을 크게 세운 것은 모두 사마씨(司馬氏 : 晉나라)이다. 설령 위(魏)나라에 왕자(王者)를 대신할 덕이 있었다 하더라도 그것으로는 부족했으며, 난을 평정한 공적이 있었다 하더라도 손씨(孫氏 : 吳나라)와 유씨(劉氏 : 蜀나라)와 정립(鼎立)하였다. 공왕(共王)과 진왕(秦王) 정(政 : 秦始皇)조차도 오히려 제왕으로 기록되지 않았는데, 하물며 잠시 몇개 주(州)의 백성을 제압한 자임에랴! 또한 한(漢)나라는 주(周)나라의 왕업(王業)을 계승했지만 진(晋)나라는 위(魏)나라의 자취를 이어 받은 바가 없다. 춘추시대 오(吳)나라와 초(楚)나라가 왕을 참칭했지만 만약 유덕(有德)한 왕을 헤아린다면 한나라의 왕실은 반드시 스스로 주나라를 계승한 것으로 여기지 오나라·초나라 따위를 전대의 왕으로 치지는 않는다. 하물며 조정에 앉아서 천하를 제어하고 오나라·촉나라 양국을 평정한 것은 천하를 통일한 진(晋)나라의 공훈이 아니겠는가!'

續晉陽秋曰, 鑿齒少而博學, 才情秀逸. 溫甚奇之, 自州從事歲中三轉至治中. 後以迕旨, 左遷户曹參軍·衡陽太守. 在郡著漢晉春秋, 斥溫覬覦之心也.

鑿齒集載其論畧曰, 靜漢末累世之交爭, 廓九域之蒙晦, 大定千載之盛功者, 皆司馬氏也. 若以魏有代王之德, 則不足. 有靜亂之功, 則孫·劉鼎立. 共王·秦政, 猶不見敍於帝王, 況蕞制數州之衆哉. 且漢有係周之業, 則晉無所承魏之迹矣. 春秋之時, 吳楚稱王, 若推有德, 彼必自係於周, 不推吳楚也. 況長轡廟堂, 吳蜀兩定, 天下之功也.

주해 | ㅇ治中(치중)－치중종사(治中從事). 주자사(州刺史) 밑에 있으면서 별가(別駕)의 다음가는 요직이다.

ㅇ謝牋(사전)－전(牋)은 편지.

ㅇ從事(종사)－주자사(州刺史)의 속관.

ㅇ返命(반명)－돌아와서 보고하는 것.

ㅇ滎陽(형양)－원본(袁本)에는 '형양(衡陽)'으로 되어 있으며 유주(劉注)에 인용된 《속진양추(續晉陽秋)》에도 '형양(衡陽)'의 태수로 좌천되었다고 되어 있다. 한편 《진서(晋書)》 권82 본전(本傳)에는 '형양(滎陽)'으로 되어 있다.

ㅇ其論略(기론략)－이 논(論)은 《진서(晋書)》 권82에 보이는데 여기서는 그 글을 참작하여 번역했다. 그 취지는 한(漢)나라와 진(晋)나라가 주(周)나라를 계승한 왕실임을 주장한 것이다.

ㅇ共王(공왕)-공공(共工)의 잘못일 것이다. 공공은 신화상의 인물로서 치수(治水)에 공이 있었으며 패자(覇者)가 되었다.
ㅇ長轡廟堂(장비묘당)-조정에 앉아서 천하를 제어하는 것.

81. 손흥공(孫興公 : 孫綽)이 말했다. "〈삼도부(三都賦)〉와 〈이경부(二京賦)〉는 오경(五經)을 선양하는 고취곡(鼓吹曲)이다."[1]

│원문│ 孫興公云, 三都·二京, 五經鼓吹.[1]

(1) 이것은 이 5개의 부(賦)가 경전(經典)의 날개임을 말한 것이다.
言此五賦, 是經典之羽翼.

│주해│ ㅇ三都二京(삼도이경)-《진서(晋書)》 권56 〈손작전(孫綽傳)〉에는 '장형(張衡)·좌사(左思)의 부(賦)를 중시하도다. 삼도(三都) 이경(二京)은 오경(五經)의 고취(鼓吹)이다'라고 있은즉 여기서는 장형의 〈동경부(東京賦)〉〈서경부(西京賦)〉와 좌사의 〈위도부(魏都賦)〉〈오도부(吳都賦)〉〈촉도부(蜀都賦)〉 등 '삼도부(三都賦)'와의 도합 오부(五賦)를 가리키는 것이리라. 따라서 〈문학편(文學篇)〉 68 및 79와는 가리키는 바가 다소 다를 것으로 생각된다.

82. 사태부(謝太傅 : 謝安)가 주부(主簿)인 육퇴(陸退)[1]에게 물었다. "장빙(張憑)은 어찌하여 어머니의 뇌문(誄文)은 지었으면서 아버지의 뇌문은 짓지 아니하였는가?" 육퇴가 대답했다. "그것은 틀림없이, 남자의 미덕은 평생의 사업에서 나타나지만 여자의 미덕은 뇌문에 의하지 않으면 드러나지 않아서일 것입니다."[2]

│원문│ 謝太傅問主簿陸退,[1]　張憑何以作母誄，而不作父誄.

退答曰, 故當是丈夫之德, 表於事行, 婦人之美, 非誄不顯.[2]

(1) 《육씨보(陸氏譜)》에 이런 이야기가 있다. '육퇴(陸退)의 자는 여민(黎民)이며 오군(吳郡) 사람이다. 고조부인 육개(陸凱)는 오(吳)나라 승상, 조부 육앙(陸仰)은 이부랑(吏部郎), 아버지 육이(陸伊)는 주주부(州主簿)였다. 육퇴는 벼슬하여 광록대부(光祿大夫)에 이르렀다.'
陸氏譜曰, 退字黎民, 吳郡人. 高祖凱, 吳丞相. 祖仰, 吏部郎. 父伊, 州主簿. 退仕至光祿大夫.

(2) 《육씨보(陸氏譜)》에 이런 말이 있다. '육퇴는 장빙(張憑)의 사위이다.'
陸氏譜曰, 退, 憑壻也.

83. 왕경인(王敬仁 : 王脩)은 13세 때 《현인론(賢人論)》을 저술했다. 왕장사(王長史 : 왕수의 아버지인 王濛)가 유진장(劉眞長 : 劉惔)에게 보내어 보였던 바 유진장은 이런 회답을 보내왔다. '경인군이 저술한 논(論)을 보았는데 충분히 미언(微言)의 대열에 들어 있습니다.'[1]

▌원문│ 王敬仁年十三, 作賢人論. 長史送示眞長. 眞長答云, 見敬仁所作論, 便足參微言.[1]

(1) 《왕수집(王脩集)》에 그 논(論)을 실었는데 다음과 같다. '어떤 사람이 물었다. "《역경(易經)》에 현인(賢人)은 노란 치마가 최고로 길하다[黃裳元吉]고 말했는데 만약 이(理)를 회통(會通)하지 못할 때는 어찌 이(理)에 통하기를 구하지 않을 수 있겠습니까? 회통하기를 구하고자 하면 대본(大本)을 손상하는 수가 있습니다. 손상되는 바가 있다면 원길(元吉)이라고 할 수 없는 것이 아니겠

습니까?" 이에 대답했다. "현인은 사실로 이(理)와 회통하지 못하더라도 가만히 있건만 대본(大本)이 따라오게 되는 것입니다. 이(理)를 궁구하려는 것은 마치 터럭 한 개로 들보 한 개를 끌어당기는 것과 같습니다. 터럭 한 개로 들보 한 개를 끌어당긴다는 것은 이(理)를 손상시키는 바가 있지만 들보를 휘게 하지는 못합니다. 현인은 정(情)이 지극히 적고, 터럭 한 개는 지극히 작은 것입니다. 터럭 한 개는 들보를 휘게 할 수 없습니다. 현인이 어찌 이(理)를 손상시키는 일이 있겠습니까?"'

脩集載其論曰, 或問, 易稱賢人黃裳元吉, 苟未能闇與理會, 何得不求通. 求通則有損, 有損則元吉之稱將虛設乎. 答曰, 賢人誠未能闇與理會, 然居然體從. 比之理盡, 猶一豪之領一梁. 一豪之領一梁, 雖於理有損, 不足以撓梁. 賢有情之至寡, 豪有形之至小. 豪不至撓梁, 於賢人何有損之者哉.

주해 │ ○賢人論(현인론)─《진서(晉書)》권93 〈왕수전(王脩傳)〉에 의하면 12세 때 《현전론(賢全論)》을 저술한 것으로 되어 있다.

○微言(미언)─심원한 철리(哲理)에 대한 언설(言說).

○脩集(수집)─《수서(隋書)》〈경적지(經籍志)〉에 모두 '양유표기사마왕수집이권(梁有驃騎司馬王脩集二卷)……망(亡)'이라고 되어 있으며, 《구당서(舊唐書)》〈경적지〉와 《신당서(新唐書)》〈예문지(藝文志)〉에 모두 '왕수집이권(王脩集二卷)'이라고 되어 있는데 현재는 전하지 않는다.

○其論(기론)─매우 난해한 문장인데 그 대의(大意)를 추찰해 보면 다음과 같을 것이다. 어떤 사람이 왕수에게 《역경(易經)》의 '노란 치마가 최고로 길하다〔黃裳元吉〕'란 문구를 들어, 현인(賢人)은 무의식 속에서 이(理)와 합치된다고 하였는데 그것이 되지 않을 때, 현인은 이(理)에 통하고자 하는 욕구가 일어나고, 그때에 당연히 의식이 작용할 것이니 《역경》의 문구는 옳지 않은 게 아니냐고 질문했다. 그것에 대하여 왕수는 현인을 들보에 비유하고 의식의 작용(作用 : 情)을 한 개의 터럭에 비유하되, 한 개의 터럭으로 들보를 끌어당길 경우 힘이 작용한다 하

더라도 들보를 움직일 힘은 될 수 없다고 하고, 현인이 가지는 극히 적은 정 따위는 문제삼을 것이 없고, 현인은 가만있어도 대본(大本)을 따라가는 법이라고 설명하고 있다. 한편 〈문학편〉 57에 '성인(聖人)에게는 정(情)이 없다'고 하는 왕수의 주장이 보인다.

o 黃裳元吉(황상원길)─《역경》 곤(坤)의 육오(六五)의 문구. 황상(黃裳)이란 중용유순(中庸柔順)의 덕이 내부에 차고 넘쳐서 자연히 외부에까지 나타나게 된 인물의 상징이다. 따라서 그것은 최선의 길(吉 : 元吉)이 되는 것이다.

84. 손흥공(孫興公 : 孫綽)은 말했다. "반악(潘岳)의 문장은 비단을 걸치고 있는 것처럼 현란하여 아름답지 않은 곳이 없으며[1] 육기(陸機)의 문장은 모래를 헤치며 금을 찾아내는 것과 같아서 여기저기에 보물이 발견된다."[2]

원문| 孫興公云, 潘文爛若披錦, 無處不善.[1] 陸文若排沙簡金, 往往見寶.[2]

(1) 《속문장지(續文章志)》에 이런 말이 있다. '반악(潘岳)의 글은 그 언어를 잘 선정하여 청기(淸綺)한 면이 따를 자가 없다.'
續文章志曰, 岳爲文, 選言簡章, 淸綺絶倫.

(2) 《문장전(文章傳)》에는 이런 말이 있다. '육기(陸機)는 글을 잘 지었다. 사공(司空) 장화(張華)가 그 글을 보고 편(篇)마다 훌륭하다고 칭찬하면서도 그의 문장이 너무 고운 것을 비평하여 이르기를 "남들이 문장을 지을 때는 재능이 없는 것을 걱정하지만 그대가 문장을 지을 때는 재능이 너무 많은 것을 걱정한다."고 했다.'
文章傳曰, 機善屬文. 司空張華見其文章, 篇篇稱善, 猶譏其作文大治. 謂曰, 人之作文, 患於不才, 至子爲文, 乃患太多也.

주해 ○大治(대치) — 대야(大冶)의 잘못인 듯하다.

85. 간문제(簡文帝)가 허연(許掾 : 許詢)을 칭찬하며 말했다. "현도(玄度 : 許詢)의 오언시(五言詩)는 당시 누구보다도 훨씬 뛰어나다고 해야 할 것이다."[1]

원문 簡文稱許掾云, 玄度五言詩, 可謂妙絶時人.[1]

(1) 《속진양추(續晋陽秋)》에 이런 이야기가 있다. '허순(許詢)은 문재(文才)가 뛰어나 문장을 잘 지었다. 사마상여(司馬相如)·왕포(王褒)·양웅(揚雄) 등 제현(諸賢) 이래 대대로 부송(賦頌)을 숭상하여 《시경(詩經)》《초사(楚辭)》의 체를 본받으며 백가(百家)의 말을 종합하였다. 건안(建安)에 이르러 시문(詩文)이 크게 번성하였다. 서진(西晋) 말이 되자 반악(潘岳)·육기(陸機) 등은 때로 질박함과 수식적인 차이는 있었지만 그 귀착점이 다르지는 않았다. 정시(正始) 연간에는 왕필(王弼)·하안(何晏)이 노장의 현담(玄談)을 좋아하여 세상에서는 마침내 그것을 귀하게 여겼다. 진(晋)나라가 강남으로 옮긴 이후로는 불교가 성행하게 되었다. 그때 곽박(郭璞)의 오언시(五言詩)는 처음으로 도가(道家)의 말들을 모아서 읊었으며 허순(許詢) 및 태원(太原)의 손작(孫綽)이 그것을 이어받았고 다시 불교삼세(佛教三世)의 설을 더했으므로 《시경》《초사》의 체는 끊어지고 말았다. 허순·손작은 모두 당시 문단의 으뜸이었으며 그 이후의 작자는 모두 그들을 본받았다. 의희(義熙) 연간에 사혼(謝混)이 겨우 이것을 바로잡았다.'
續晋陽秋曰, 詢有才藻, 善屬文. 自司馬相如·王褒·揚雄諸賢, 世尚賦頌, 皆體則詩騷, 傍綜百家之言. 及至建安, 而詩章大盛. 逮乎西朝之末, 潘陸之徒, 雖時有質文, 而宗歸不異也.

正始中, 王弼·何晏, 好莊老玄勝之談, 而世遂貴焉. 至過江, 佛理尤盛. 故郭璞五言, 始會合道家之言而韻之. 詢及太原孫綽, 轉相祖尚. 又加以三世之辭, 而詩騷之體盡矣. 詢·綽竝爲一時文宗, 自此作者悉體之. 至義熙中, 謝混始改.

86. 손흥공(孫興公 : 孫綽)은 〈천태부(天台賦)〉를 지었는데 완성되자 범영기(范榮期 : 范啓)[1]에게 보여주면서 말했다. "그대는 시험삼아 땅바닥에 던져 보게. 틀림없이 금석(金石)의 소리를 낼 것입니다." 범계는 말했다. "그대가 말하는 금석이란 설마 (음악의) 궁상(宮商)의 정음(正音)은 아니겠지." 그러나 빼어난 구절[2]을 대하게 될 때마다 말했다. "흐음, 이것은 우리들의 말이로군."

■ **원문|** 孫興公作天台賦成, 以示范榮期[1]云, 卿試擲地. 要作金石聲. 范曰, 恐子之金石, 非宮商中聲. 然每至佳句,[2] 輒云, 應是我輩語.

(1) 《중흥서(中興書)》에 이런 말이 있다. '범계(范啓)의 자는 영기(榮期)이며 신양(愼陽) 사람이다. 아버지 범견(范堅)은 호군장사(護軍長史)였다. 범계는 문재사리(文才思理)로 세상에 알려졌으며 벼슬하여 황문랑(黃門郎)에 이르렀다.'
中興書曰, 范啓字榮期, 愼陽人. 父堅, 護軍. 啓以才義顯於世, 仕至黃門郎.

(2) '적성산은 노을처럼 솟아 이정표가 되고, 폭포는 날아 흘러 길의 경계가 되네(赤城霞起而建標, 瀑布飛流而界道).' 이 구절이 이 부(賦)의 뛰어난 곳이다.
赤城霞起而建標, 瀑布飛流而界道. 此賦之佳處.

주해┃ ○天台賦(천태부)―《문선(文選)》권11에는 〈유천태산부(遊天台山賦)〉란 제목으로 실려 있다.

○宮商(궁상)―궁(宮)·상(商)·각(角)·치(徵)·우(羽)의 오음계(五音階)에 따른 올바른 음(音).

○護軍(호군)―《진서(晋書)》권75 〈범견전(范堅傳)〉에 호군장사(護軍長史)로 되어 있다.

87. 환공(桓公 : 桓溫)은 사안석(謝安石 : 謝安)이 지은 간문제(簡文帝)의 시호를 정하기 위한 상주문(上奏文)을 보았다. 다 본 다음 그 자리에 있던 빈객들 앞에 집어던지면서 말했다. "이것은 안석(安石)의 금부스러기요."[1]

원문┃ 桓公見謝安石作簡文諡議. 看竟, 擲與坐上諸客曰, 此是安石碎金.[1]

(1) 유겸지(劉謙之)의 《진기(晋紀)》에 사안(謝安)의 상주문을 싣고 있다. '삼가 시법(諡法)을 생각해보건대 "덕을 온전히 하여 게으르지 않은 것을 간(簡)이라 하고, 도덕이 높고 박식한 것을 문(文)이라 한다."고 했사옵니다. 《역(易)》은 간단[簡]하여 천하의 도리를 터득하고 인문(人文)을 관찰하여 천하를 교화시킨다고 하나이다. 훌륭하신 덕업(德業)을 살펴보건대 그것과 비슷한 점이 있사오니 존호(尊號)를 태종(太宗)이라 하고, 시호를 간문(簡文)이라 하는 것이 마땅할 것이옵니다.'
劉謙之晋紀載安議曰, 謹案諡法, 一德不懈曰簡, 道德博聞曰文. 易簡而天下之理得, 觀乎人文, 化成天下. 儀之景行, 猶有仿佛. 宜尊號曰太宗, 諡曰簡文.

주해┃ ○碎金(쇄금)―사안석(謝安石)의 문재(文才) 중 극히 한 조각을 표현한 것에 지나지 않는다는 비유.

ㅇ 諡法(시법)－《일주서(逸周書)》 시법해(諡法解) 제54에 보인다.

88. 원호(袁虎 : 袁宏)는 젊었을 때 빈궁했는데[1] 한번은 남에게 고용되어 배로 세공미(歲貢米)를 운반하였다. 사진서(謝鎭西 : 謝尙)는 어느 때 배를 타고 여행을 하다가 바람이 맑고 달이 밝은 밤에, 강 기슭의 상선(商船) 위에서 시를 읊조리는 소리를 들었는데, 그 소리는 매우 정취가 있었으며, 낭송하는 오언시(五言詩)도 일찍이 들어본 적이 없는 것이었다. 사진서는 감탄해 마지않았으며 곧 사람을 보내어 칭송하고 부르니 그것은 원호가 자작한 〈영사시(詠史詩)〉를 읊은 것이었다. 그래서 그를 맞아들이어 크게 칭송하였다.[2]

│원문│ 袁虎少貧.[1] 嘗爲人傭, 載運租. 謝鎭西經船行, 其夜淸風朗月, 聞江渚閒估客船上, 有詠詩聲. 甚有情致. 所誦五言, 又其所未嘗聞. 歎美不能已. 卽遣委曲訊問, 乃是袁自詠其所作詠史詩. 因此相要, 大相賞得.[2]

(1) 호(虎)는 원굉(袁宏)의 어렸을 때 자(字)이다.

　　虎, 袁宏小字也.

(2) 《속진양추(續晋陽秋)》에 이런 이야기가 있다. ‘원호(袁虎)는 젊었을 때부터 뛰어난 재능이 있었으며 문장도 대단히 미려(美麗)했다. 어느 때 영사시(詠史詩)를 지었는데 그것은 그 마음의 풍정(風情)을 기탁한 것이었다. 젊어서 아버지를 여의고 집안이 빈궁하여 세공미(歲貢米)의 운반을 직업으로 삼았다. 진서(鎭西) 사상(謝尙)은 이때 우저(牛渚)를 다스리고 있었는데 가을철의 청풍명월(淸風明月)에 이끌리어 문득 좌우의 사람들을 거느리고 강물

위에 배를 띄웠다. 이때 마침 원호는 세공미를 수송하는 배 안에
서 시를 읊조리고 있었다. 그 소리가 너무나 청아하고 곡조에 잘
맞았을 뿐만 아니라 가사도 빼어났는데 사상은 지금껏 그런 것을
들은 적이 없었다. 그는 가까이 가서 그것을 듣고는 좌우에 있는
자에게 물었거니와 대답하기를 "저 사람은 원임여(袁臨汝 : 袁勗)
의 아들입니다. 읊조리던 시는 자작시인 〈영사시〉라고 합니다."
사상은 그에게 멋진 정취가 있음을 기뻐하여 즉시로 맞아들이고
아침이 되기까지 이야기를 나누었다. 그후로 명성이 나날이 높아
졌다.'

續晉陽秋曰, 虎少有逸才, 文章絶麗, 曾爲詠史詩, 是其風情所
寄. 少孤而貧, 以運租爲業. 鎭西謝尚, 時鎭牛渚, 乘秋佳風月,
率爾與左右微服泛江, 會虎在運租船中諷詠. 聲旣淸會, 辭又藻
拔, 非尚所曾聞. 遂往聽之, 乃遣問訊. 答曰, 是袁臨汝郎. 誦
詩, 卽其詠史之作也. 尚佳其率有勝致, 卽遣要迎, 談話申旦.
自此名譽日茂.

주해 ○牛渚(우저) - 안휘성(安徽省) 당도현(當塗縣) 서북쪽의 땅.
○微服(미복) - 남의 눈에 안띄도록 평복을 입는 것.
○袁臨汝郎(원임여랑) - 원굉(袁宏)의 아버지 원욱(袁勗)은 임여령(臨汝
    令)이었다. 낭(郎)은 아들이란 뜻.
○申旦(신단) - 날이 샐 때까지란 의미.

89. 손흥공(孫興公 : 孫綽)이 말했다. "반악(潘岳)의 문장은 얕지만
깨끗하고, 육기(陸機)의 문장은 깊지만 무잡(蕪雜)하다."

원문 孫興公云, 潘文淺而淨, 陸文深而蕪.

주해 반악과 육기에 대한 똑같은 비교가 〈문학편〉 84에도 보인다.

90. 배랑(裴郞)이 《어림(語林)》을 저술했는데 처음으로 세상에 나오자마자 원근 사람들에게 널리 전해졌다. 당대의 청년들로서 전사(轉寫)하지 않는 자가 없었고 각각 한 권씩 가지고 있었다. 그 속에 왕동정(王東亭 : 王珣) 작 〈왕공(王公)의 주막 아래를 지나면서 지은 부[經王公酒壚下賦]〉를 실었는데 그것은 재기와 정취가 물씬 풍기는 것이었다.[1]

원문| 裴郞作語林, 始出, 大爲遠近所傳. 時流年少, 無不傳寫, 各有一通. 載王東亭作經王公酒壚下賦. 甚有才情.[1]

(1) 《배씨가전(裴氏家傳)》에 이런 이야기가 있다. '배영(裴榮)의 자는 영기(榮期)이고 하동(河東) 사람이며 아버지 배치(裴稚)는 풍성령(豊城令)이다. 배영기는 젊었을 때부터 풍모와 재기(才氣)가 뛰어났다. 고금의 인물을 기꺼이 논하고 《어림(語林)》 몇권을 저술했는데 《배자(裴子)》라고 이름 붙였다.' 단도란(檀道鸞)이 말했다. "배송지(裴松之)는 배계(裴啓)가 《어림》을 지었다고 하는데 그렇다면 배영의 별명을 배계라고 한 것일까?"

裴氏家傳曰, 裴榮字榮期, 河東人. 父稚, 豊城令. 榮期少有風姿才氣. 好論古今人物, 撰語林數卷, 號曰, 裴子. 檀道鸞謂, 裴松之以爲啓作語林, 榮黨別名啓乎.

주해| ㅇ王公(왕공) - 〈상서편(傷逝篇)〉 2와 〈경저편(輕詆篇)〉 24 주(注) 인용. 《속진양추(續晋陽秋)》와 《진서(晋書)》 권43은 '황공(黃公)'으로 적고 있다.

ㅇ酒壚(주로) - 흙을 쌓아서 노(壚)를 만들고 이것에 술항아리를 놓고 파는 장소. 전(轉)하여 주점(酒店)을 가리킴. 〈상서편〉 2 주에서 인용한 《한서(漢書)》의 위소(韋昭) 주(注)에 그런 설명이 있음.

ㅇ語林(어림) - 〈경저편〉 주에서 인용한 단도란(檀道鸞)의 《속진양추》에 의하면 '진융화(晋隆和, 362~363) 중(中), 하동배계찬한위이래(河東裴

啓撰漢魏以來) 흘우금시(迄于今時), 언어응대지가칭자(言語應對之可稱
者), 위지어림(謂之語林)'이라고 되어 있으며《수서(隋書)》〈경적지(經
籍志)〉에도 '어림10권(語林十卷), 동진처사배계찬(東晋處士裴啓撰), 망
(亡)'이라고 되어 있다. 본문에 배영(裴榮)이라고 한 것은 자(字)인 영
기(榮期)에 따라 잘못 쓴 것이 아닐까?

91. 사만(謝萬)은《팔현론(八賢論)》을 저술하고 손흥공(孫興公：
孫綽)과 토론을 주고받다가 논리에 막힘이 있었다.[1] 사만이 나중에
그것을 고군제(顧君齊：顧夷)에게 보여주었던바[2] 고군제는 말했다.
"나 역시 책을 썼는데 그대의 것은 아무래도 비평조차 못할 것임을
알겠소이다."

▌원문▏謝萬作八賢論, 與孫興公往反, 小有利鈍.[1] 謝後出以
示顧君齊.[2] 顧曰, 我亦作, 知卿當無所名.

(1) 《중흥서(中興書)》에 이런 이야기가 있다. '사만(謝萬)은 글을 쓰
는 데 뛰어났으며 담론에도 자신이 있었다.' 《사만집(謝萬集)》에
는 네 명의 은자(隱者), 네 명의 현자(顯者)를 서술하여 팔현론
(八賢論)을 싣고 있다. 그 팔현이란 어부(漁父)·굴원(屈原)·계
주(季主)·가의(賈誼)·초로(楚老)·공승(龔勝)·손등(孫登)·혜
강(嵇康)을 가리킨다. 그 주지(主旨)는 출사(出仕)치 않는 것을
훌륭하다 했고 출사한 것을 나쁘다고 했다. 손작(孫綽)은 이것에
반대하고, 현오(玄奧)를 체득하여 심원한 것을 아는 자는 출사하
건 하지 않건 간에 결국 마찬가지라고 했다. 글의 양이 많으므로
싣지 아니한다.'
中興書曰, 萬善屬文, 能談論. 萬集載其敍四隱四顯, 爲八賢之
論. 謂漁父·屈原·季主·賈誼·楚老·龔勝·孫登·嵇康也.
其旨以處者爲優, 出者爲劣. 孫綽難之, 以謂體玄識遠者, 出處

同歸. 文多不載.

(2) 《고씨보(顧氏譜)》에 이런 말이 있다. '고이(顧夷)의 자는 군제(君齊)이며, 오군(吳郡) 사람이다. 조부인 고흠(顧歆)은 효렴(孝廉)으로 천거되었고 아버지 고패(顧覇)는 소부경(少府卿)이었다. 고이는 주주부(州主簿)에 초청받았으나 나아가지 아니했다.'

顧氏譜曰, 夷字君齊, 吳郡人. 祖歆, 孝廉. 父覇, 少府卿. 夷辟州主簿, 不就.

주해 ｜ ㅇ八賢論(팔현론) — 《초학기(初學記)》 권17에는 이 가운데 굴원(屈原) · 초로(楚老) · 혜강(嵇康)에 대한 글의 일부가 인용되어 있다.

ㅇ我亦作云云(아역작운운) — 이 글의 의미는 미상.

ㅇ四隱(사은) — 어부(漁夫) · 계주(季主) · 초로(楚老) · 손등(孫登).

ㅇ四顯(사현) — 굴원(屈原) · 가의(賈誼) · 공승(龔勝) · 혜강(嵇康).

ㅇ漁父(어부) — 《초사(楚辭)》〈어부편(漁夫篇)〉.

ㅇ季主(계주) — 사마계주(司馬季主). 초(楚)나라의 매복자(賣卜者 : 《史記》〈日者列傳〉).

ㅇ龔勝(공승) — 한말(漢末)의 광록대부(光祿大夫). 한나라의 충신으로서 왕망(王莽)에게 굴복하지 아니했던 인물(《漢書》 권72).

ㅇ孫登(손등) — 《진서(晋書)》 권94〈은일전(隱逸傳)〉, 《세설신어》〈서일편(棲逸篇)〉 2에 보인다.

92. 환선무(桓宣武 : 桓溫)는 원언백(袁彦伯 : 袁宏)에게 명하여 《북정부(北征賦)》를 짓게 했다.[1] 완성되자 환온은 당시의 명사들과 함께 그것을 보았는데 일동 모두가 감탄했다. 마침 왕순(王珣)이 그 자리에 있다가 말했다. "애석하게도 한 구절이 부족한 것 같습니다. '사(寫)'자를 써서 운(韻)을 보충한다면 틀림없이 좋은 글이 될 것입니다." 원굉은 그 자리에서 붓을 들어 써넣었다. '감화(感化)가 내 마음

에서 끊이질 않아 유풍(遺風)을 이어 홀로 써내네(感不絶於余心, 泝
流風而獨寫).' 환온이 왕순에게 말했다. "이제는 이 일로 인해 원언백
을 추숭(推崇)하지 않을 수 없게 되었군."[2]

│원문│ 桓宣武命袁彦伯作北征賦.[1] 旣成, 公與時賢共看, 咸
嗟嘆之. 時王珣在坐云, 恨少一句. 得寫字足韻, 當佳. 袁卽於
坐攬筆益云, 感不絶於余心, 泝流風而獨寫. 公謂王曰, 當今不
得不以此事推袁.[2]

(1) 《속진양추(續晋陽秋)》에 이런 이야기가 있다. '원굉(袁宏)은 환온
(桓溫)이 선비(鮮卑)를 치는 데 종군했다. 그래서 《북정부(北征
賦)》를 지었다. 원굉의 시문(詩文)에서도 특히 뛰어난 것이었다.'
續晋陽秋曰, 宏從溫征鮮卑. 故作北征賦. 宏文之高者.

(2) 《원굉집(袁宏集)》에 그 부(賦)를 싣고 있다. '(예로부터의) 소문을
듣자하니 이 들녁에서 기린을 잡았다고 하네. 영물(靈物)은 상서
로운 덕으로 탄생되는 법인데, 어찌하여 동산지기에게 몸을 주었
단 말인가? 이부(尼父:孔子)가 통곡함을 슬퍼하노니 진실로 애
통함이요, 거짓이 아닌 것 같네. 어찌 한 동물(기린)만을 애달프게
생각했으리요. 사실은 천하를 애달프게 생각한 것이라네. 감회가
내 마음에서 끊이지를 않아 (선인의) 유풍(遺風)을 이어 홀로 (나
의 정회를) 쓰도다.'
《진양추(晋陽秋)》에는 이런 말이 있다. '원굉은 일찍이 왕순(王
珣)·복도(伏滔)와 함께 환온을 모시고 자리를 함께한 적이 있었
다. 환온은 복도에게 그 부(賦)를 읽도록 했는데 "천하를 애달프
게 생각한 것이다(致傷於天下)."란 구절에 이르러 운(韻)이 바뀌
어 있었다. (왕순이) 이르기를 "이 부에서 읊고 있는 것은 천년의
깊은 감회를 기탁한 것인데 지금 천하의 뒤에서 바로 운을 바꾸

어 버렸기 때문에 글로 써서 전달하려는 뜻에 미진함이 있는 듯합니다.”라고 했다. 그러자 복도가 이르기를 “사(寫)자를 운으로 삼아 한 구절을 첨가한다면 좀더 나아질 것입니다.”라고 했다. 환공이 원굉에게 말하기를 “경(卿)이 한 번 첨가해 보도록 하시오.”라고 하자 원굉이 즉시 첨가해 썼다. 그러자 왕순과 복도가 훌륭하다고 칭찬했다.’

宏集載其賦云, 聞所聞於相傳, 云獲麟於此野. 誕靈物以瑞德, 奚授體於虞者. 悲尼父之慟泣, 似實慟而非假. 豈一物之足傷, 實致傷於天下. 感不絶於余心, 遡流風而獨寫.

晉陽秋曰, 宏嘗與王珣·伏滔同侍溫坐. 溫令滔續其賦, 至致傷於天下, 於此改韻. 云, 所詠, 慨深千載, 今於天下之後便移韻, 於寫送之致, 如爲未盡. 滔乃云, 得益寫一句, 或當小勝. 桓公語宏, 卿試思益之. 宏應聲而益. 王·伏稱善.

주해 | ○北征賦(북정부) ─ 이 글의 대의(大意)는 옛날 기린을 이 들에서 붙잡았다고 하는데, 본디 영물(靈物)은 상서로운 덕을 지니고 태어나는 것인데 어찌하여 사냥꾼 따위에게 붙잡히고 말았단 말인가? 공자(孔子)가 한탄한 것이야말로 당연한 것이었다. 그러나 단순히 기린에 대해서만 한탄한 일이 아니다. 실로 쇠미해진 세상을 한탄했던 것이다. 생각은 내 마음에 머물고 옛일을 추구하다가 홀로 회포를 읊는다.

○泝流風而獨寫(소류풍이독사) ─ 선인(先人)의 유풍을 이어받아 나 홀로 정회를 읊다.

○聞所聞於相傳(문소문어상전) ─ 《춘추공양전(春秋公羊傳)》 삼세(三世)의 설(說)에 소견(所見)·소문(所聞)·소전문(所傳聞)의 세(世)가 있다. 여기의 것은 소전문의 가장 먼 세상의 이야기.

○獲麟(획린) ─ 춘추시대(春秋時代) 노(魯)나라의 애공(哀公) 14년조에 보이는 고사(故事).

○靈物(영물) ─ 여기서는 기린을 가리킨다.

○虞者(우자) ─ 사냥터의 관원.

ㅇ尼父(이부)-공자(孔子)를 가리킨다.

ㅇ續(속)-《진서(晉書)》권62 〈원굉전(袁宏傳)〉에 따라 '독(讀)'자로 고치어 번역했다.

93. 손흥공(孫興公 : 孫綽)이 말했다. "조보좌(曹輔佐 : 曹毗)의 문재(文才)는 하얀 바탕의 명광금(明光錦)을 재단하여[1] 비천한 신분인 사람이 입는 바지를 만드는 것과 같다.[2] 무늬의 채색이 없는 것은 아니지만 재봉 솜씨가 없다."

▌원문| 孫興公道, 曹輔佐才, 如白地明光錦,[1] 裁爲負版絝.[2] 非無文采, 酷無裁製.

(1) 《중흥서(中興書)》에 이런 이야기가 있다. '조비(曹毗)의 자는 보좌(輔佐)이고 초국(譙國) 사람이며 위(魏)나라 대사마(大司馬) 조휴(曹休)의 증손이다. 책을 좋아하고 문장을 잘 지었다. 태학박사(太學博士)·상서랑(尙書郞)·광록훈(光祿勳)에 누천(累遷)되었다.'

中興書曰, 曹毗字輔佐, 譙國人, 魏大司馬休曾孫也. 好文籍, 能屬辭. 累遷太學博士·尙書郞·光祿勳.

(2) 《논어(論語)》에 이런 말이 있다. '공자는 나라의 호적을 짊어진 자에게 예의를 표하였다.' 정씨주(鄭氏注)에 말했다. '판(版)이란 나라의 호적장부이다. 이것을 짊어진 자는 신분이 비천한 사람이다.'

論語曰, 孔子式負版者. 鄭氏注曰, 版, 謂邦國籍也. 負之者, 賤隸人也.

▌주해| ㅇ明光錦(명광금)-비단의 일종. 진(晉)나라 육홰(陸翽)의 《업중기(鄴中記)》에 '비단에는 대등고(大登高)·소등고(小登高)·대명광

(大明光) · 소명광(小明光) · 대박산(大博山) · 소박산(小博山) 운운'이라
고 했다.

○ 休曾孫也(휴증손야) − 《진서(晉書)》 권92 〈조비전(曹毗傳)〉에는 '고조(高
祖) 휴(休)는 위(魏)나라 대사마(大司馬)'라고 되어 있는데 이것에 의하
면 조비는 조휴의 현손(玄孫)에 해당한다.

○ 論語(논어) − 〈향당편(鄕黨篇)〉.

94. 원언백(袁彦伯 : 袁宏)은 《명사전(名士傳)》을 써낸 다음,[1] 사
공(謝公 : 謝安)을 만났다. 사공은 웃으면서 말했다. "나는 전에 사람
들에게 중원시대(中原時代)의 일을 이야기했었는데 그것은 단지 농담
이었을 뿐이야. 그것을 언백은 그대로 책에 쓰고 말았어."

▌원문▏ 袁彦伯作名士傳成,[1] 見謝公. 公笑曰, 我嘗與諸人道
江北事, 特作狡獪耳. 彦伯遂以箸書.

(1) 원굉(袁宏)은 하후태초(夏侯太初 : 夏侯玄) · 하평숙(何平叔 : 何
晏) · 왕보사(王輔嗣 : 王弼)를 정시(正始)의 명사라 하고 완사종
(阮嗣宗 : 阮籍) · 혜숙야(嵆叔夜 : 嵆康) · 산거원(山巨源 : 山濤) ·
상자기(向子期 : 向秀) · 유백륜(劉伯倫 : 劉伶) · 완중용(阮仲容 :
阮咸) · 왕준충(王濬沖 : 王戎)을 죽림(竹林)의 명사라 했으며, 배
숙칙(裴叔則 : 裴楷) · 악언보(樂彦輔 : 樂廣) · 왕이보(王夷甫 : 王
衍) · 유자숭(庾子嵩 : 庾凱) · 왕안기(王安期 : 王應) · 완천리(阮千
里 : 阮瞻) · 위숙빈(衛叔賓 : 衛玠) · 사유여(謝幼輿 : 謝鯤)를 중원
시대(中原時代)의 명사라고 했다.

宏以夏侯太初 · 何平叔 · 王輔嗣爲正始名士, 　　阮嗣宗 · 嵆叔
夜 · 山巨源 · 向子期 · 劉伯倫 · 阮仲容 · 王濬沖爲竹林名士,
裴叔則 · 樂彦輔 · 王夷甫 · 庾子嵩 · 王安期 · 阮千里 · 衛叔
賓 · 謝幼輿爲中朝名士.

주해 ○袁彦伯(원언백)―송본(宋本)·원본(袁本) 모두 '원백언(袁伯
彦)'으로 적고 있으나 〈언어편(言語篇)〉 83, 《진서(晉書)》 권92 〈원굉
전(袁宏傳)〉, 기타에 의해 고쳤다. 다음 문장에도 언백(彦伯)으로 되어
있는데 단순한 과오일 것으로 생각된다.

○名士傳(명사전)―《진서(晉書)》 〈원굉전(袁宏傳)〉에는 '죽림명사전3권(竹
林名士傳三卷)'이라고 되어 있으며, 《수서(隋書)》 〈경적지(經籍志)〉에는
'정시명사전3권(正始名士傳三卷)'이 저록(著錄)되어 있다. 유효표(劉孝
標)의 주(注)에 의하면 이 양자(兩者)에 중조(中朝)의 명사전(名士傳)을
더한 것의 총칭이 여기서 말하는 〈명사전〉이었던 것으로 생각된다.

○江北事(강북사)―진(晉)나라가 중원에서 쫓기어 강남으로 옮기기 이전
의 시대를 가리킴이다.

95. 왕동정(王東亭 : 王珣)이 환공(桓公 : 桓溫)의 속관이 되어 소
문(小門) 옆 방에 엎드려 있었다. 환공이 사람에게 명하여 그가 쓴
'신임관리 소개문'을 몰래 가져오게 하였다. 왕동정은 곧 다시 고쳐
썼는데 이전의 문장과 한 글자도 중복되는 것이 없었다.[1]

원문 王東亭到桓公吏, 旣伏閤下. 桓令人竊取其白事. 東亭
卽於閤下更作, 無復向一字.[1]

(1) 《속진양추(續晉陽秋)》에 이런 말이 있다. '왕순(王珣)은 학문이
해박하고 영민했으며 당시에 문명(文名)이 빼어났었다.'
　　續晉陽秋曰, 珣學涉通敏, 文高當世.

주해 ○到桓公吏旣伏閤下(도환공리기복합하)―이 글이 《북당서초(北堂
書鈔)》 권69에는 '위환공리(爲桓公吏)'라고 되어 있는데 여기서는 그것
에 따라 번역했다. 또 '기복합하(旣伏閤下)'의 4자는 없다. 한편 왕순은
환온을 연(掾)·주부(主簿)로서 섬겼던 일이 있다(《晉書》 권65).

96. 환선무(桓宣武 : 桓溫)가 북정(北征)했을 때,[1] 원호(袁虎 : 袁宏)도 종군했는데 견책을 받고 면직되었다. 때마침 포고문이 필요했으므로 원호를 불러내어 말[馬] 앞에서 쓰게 하니 손에 들고 있던 붓을 멈추는 일 없이 금방 일곱 장의 종이에 써냈는데 실로 잘된 글이었다. 왕동정(王東亭 : 王珣)이 옆에 있다가 그 문재(文才)를 칭찬하자 원호는 말했다. "그 말하는 것처럼 실속이 있게 해주십시오."

▮원문▮ 桓宣武北征.[1] 袁虎時從, 被責免官. 會須露布文, 喚袁倚馬前令作. 手不輟筆, 俄得七紙. 絶可觀. 東亭在側, 極歎其才. 袁虎云, 當令齒舌閒得利.

(1) 《환온별전(桓溫別傳)》에 이런 말이 있다. '환온은 태화(太和) 4년(369)에 상소하여 스스로 선비(鮮卑)를 치려고 하였다.'
   溫別傳曰, 溫以太和四年, 上疏自征鮮卑.

▮주해▮ ○露布(노포)─널빤지에 글을 써 가지고 봉하지 않은 채, 작대기 끝에 매달아서 사람들에게 보여주는 포고문.
○當令齒舌閒得利(당령치설간득리)─입으로만 칭찬하지 말고 그 말에 실질을 더해서, 어떻게든 관직에 복귀시켜 주었으면 좋겠다는 의미.

97. 원굉(袁宏)이 《동정부(東征賦)》를 지었을 때, 도공(陶公 : 陶侃)에 대하여 한마디도 하지 않았으므로 호노(胡奴 : 陶範)는 그를 좁은 방에 가두고 시퍼런 칼을 들이대며 말했다.[1] "선친은 그토록 공훈이 있었는데 당신은 《동정부》를 쓰면서 어찌하여 그것을 쓰지 않은 게요?" 원굉은 궁지에 몰렸으므로 얼른 대답했다. "나는 도공에 대하여 대대적으로 말했소. 어찌하여 말하지 않았다는 게요." 그리고 곧이어 낭송했다. "정금(精金)을 백 번 단련하니 베는 곳마다 잘려 나가

네. 공적(功績)은 곧 사람을 다스림이요, 직분은 난리의 평정을 생각함이네. 장사(長沙 : 陶侃)의 공훈은 역사에서 찬미되는 바이네(精金百鍊, 在割能斷. 功則治人, 職思靖亂. 長沙之勳, 爲史所讚)."라고 하였다.[2]

▌원문┃ 袁宏始作東征賦, 都不道陶公. 胡奴誘之狹室中, 臨以白刃,[1] 曰, 先公勳業如是. 君作東征賦, 云何相忽略. 宏窘蹙無計. 便答, 我大道公. 何以云無. 因誦曰, 精金百鍊, 在割能斷, 功則治人, 職思靖亂, 長沙之勳, 爲史所讚.[2]

(1) 호노(胡奴)는 도범(陶範 : 陶侃의 아들). 따로 나온다.
　　胡奴範別見.

(2) 《속진양추(續晉陽秋)》에 이런 이야기가 있다. '원굉(袁宏)은 대사마(大司馬 : 桓溫)의 기실참군(記室參軍)이 되었는데 후에 《동정부(東征賦)》를 지어, 강을 건너서 남쪽으로 온 명망가(名望家)를 한사람 한사람 칭송했다. 그때 환온은 남주(南州)에 있었는데 원굉은 여러 사람에게 말했다. "나는 결코 환선성(桓宣城 : 桓溫의 부친인 桓彝)에 대하여는 언급하지 않았다." 당시 복도(伏滔)는 환온의 막부에 있었고 원굉과는 친한 사이였기 때문에 한사코 그것을 말렸지만 원굉은 웃으면서 대답을 하지 않았다. 복도가 은밀히 그러한 사실을 환온에게 알려주었다. 환온은 몹시 화가 났지만 원굉이 당시 문단(文壇)의 으뜸이었고 또 부(賦)가 명성을 얻고 있다는 소리를 듣고 있던 터라 사람을 시켜 드러내놓고 그에게 힐문(詰問)케 할 수도 없었다. 나중에 청산(青山)으로 놀러가서 연회를 즐긴 뒤 돌아오는 길에 환공(桓公 : 桓溫)은 원굉에게 수레에 동승할 것을 명했다. 사람들은 걱정하고 두려워했다. 몇리쯤 갔을 때 환공이 원굉에게 물었다. "듣자하니 그대가 《동정부》를

지어 많은 선현들을 칭송했다고 하던데 무슨 이유로 내 선친은 언급하지 아니하였는고?” 원굉은 대답했다. “존귀하신 분에 대한 칭송만큼은 저같은 소관(小官)이 감히 함부로 할 수 없는 바이기 때문에 아직 아뢰지 못하고 있으며, 감히 공포하지 못하고 있을 뿐입니다.” 환온이 다시 물었다. “그대는 어떤 말을 쓰려고 했는고?” 원굉이 즉시 대답했다. “인물을 보는 안목이 탁월하여, 적임자를 찾아 등용하였네. 몸은 비록 쓰러질지라도 그 도(道)는 사라질 수가 없네. 선성(宣城 : 桓溫의 父인 桓彝)의 절개는 신의(信義)와 어울리네(風鑒散朗, 或搜或引. 身雖可亡, 道不可隕. 則宣城之節, 信爲允也).” 환온은 눈물을 흘리면서 더 이상 말하지 않았다.’ 두 가지 설이 같지 않으므로 상세하게 적었다.

續晉陽秋曰, 宏爲大司馬記室參軍, 後爲東征賦, 悉稱過江諸名望. 時桓溫在南州, 宏語衆云, 我決不及桓宣城. 時伏滔在溫府, 與宏善. 苦諫之, 宏笑而不答. 滔密以啓溫. 溫甚忿, 以宏一時文宗, 又聞此賦有聲, 不欲令人顯問之. 後遊靑山飮酌, 卽歸, 公命宏同載, 衆爲危懼. 行數里, 問宏曰, 聞君作東征賦, 多稱先賢. 何故不及家君. 宏答曰, 尊公稱謂, 自非下官所敢專. 故未呈啓, 不敢顯之耳. 溫乃云, 君欲爲何辭. 宏卽答云, 風鑒散朗, 或搜或引. 身雖可亡, 道不可隕. 則宣城之節, 信爲允也. 溫泫然而止. 二說不同, 故詳載焉.

주해 ｜ ○東征賦(동정부)―전문(全文)은 전하지 않지만 일문(佚文)이 이 〈문학편〉에 인용된 것 외에 《예문유취(藝文類聚)》 권27, 《태평어람(太平御覽)》 권48, 《진서(晉書)》 권92 〈원굉전(袁宏傳)〉 등에 보인다.

○桓宣城(환선성)―송본(宋本)은 ‘환선무(桓宣武)’로 적고 있는데 내용으로 보아 선성내사(宣城內史)를 지낸 환온의 아버지 환이(桓彝)이기에 원본(袁本)의 ‘선성(宣城)’에 따랐다(《晉書》 권74 〈桓彝傳〉).

○風鑒(풍감)―인물을 알아보는 감식안(鑑識眼).

○或搜或引(혹수혹인)―인물의 등용·임용을 가리킴.

98. 어떤 사람이 고장강(顧長康 : 顧愷之)에게 물었다. "당신의 《쟁부(箏賦)》는 혜강(嵇康)의 《금부(琴賦)》에 비하면 어떻습니까?" 고개지가 말했다. "감상 능력이 없는 사람은 혜강의 부보다 늦게 나온 것이라 하여 버려두지만 (감상 능력이) 깊은 사람은 역시 진기한 것이라면서 귀하게 여깁니다."[1]

█**원문**│ 或問顧長康, 君箏賦, 何如嵇康琴賦. 顧曰, 不賞者, 作後出相遺, 深識者, 亦以高奇見貴.[1]

(1) 《중흥서(中興書)》에 이런 이야기가 있다. '고개지(顧愷之)는 박학하고 재기(才氣)가 있었지만 위인이 우둔했다. 자기 자랑을 너무 하여 당시 사람들의 웃음거리가 되었다.'

송명제(宋明帝)의 《문장지(文章志)》에 이런 말이 있다. '환온(桓溫)은 말했다. "고장강(顧長康)이란 인물 됨됨이는 어리석은 점과 총명한 점이 반반씩 있다. 이를 합치어 논한다면 보통사람이 된다." 세상에서는 고장강에게는 삼절(三絶), 즉 화절(畵絶)·문절(文絶)·치절(癡絶)이 있다고 했다.'

《속진양추(續晉陽秋)》에 이런 이야기가 있다. '고개지는 자기의 능력 이상으로 자랑을 했으므로 그보다 나이 어린 사람들은 그를 추켜세우며 조롱했다. 산기상시(散騎常侍)가 되었을 때 사첨(謝瞻)과 관소(官所)가 맞닿아 있었는데 어느 달빛이 환한 밤에 한껏 시를 읊조리면서 선현의 풍취를 얻었노라고 스스로 말하자, 사첨은 그때마다 멀리서 그를 칭찬하곤 하였다. 그러면 고장강은 그 칭찬의 말을 듣고 싶은 마음에서 더욱 힘을 내어 피곤한 것도 잊었다. 사첨이 잠자리에 들면서 마침 다리 주무르는 시종을 시켜 칭찬의 말을 대신 해주도록 했는데 고장강은 이상한 점을 전혀 느끼지 못한 채 마침내는 거의 아침에 이르러서야 멈추었다.'

中興書曰, 凱之博學有才氣, 爲人遲鈍. 而自矜尙, 爲時所笑.

宋明帝文章志曰, 桓溫云, 顧長康體中癡黠各半, 合而論之, 正
平平耳. 世云有三絶, 畫絶·文絶·癡絶.
續晉陽秋曰, 愷之矜伐過實, 諸年少因相稱譽, 以爲戲弄. 爲散
騎常侍, 與謝瞻連省, 夜於月下長詠, 自云得先賢風制, 瞻每遙
贊之. 愷之得此, 彌自力忘倦. 瞻將眠, 語摧脚人令代. 愷之不
覺有異, 遂幾申旦而後止.

주해 | ㅇ箏賦(쟁부)-《예문유취(藝文類聚)》 권44.
ㅇ琴賦(금부)-《문선(文選)》 권18.
ㅇ中興書曰凱之云云(중흥서왈개지운운)-번역문은 각 책을 참고하여 개
　지(凱之)로 고쳤음.
ㅇ摧脚人(퇴각인)-잠잘 때 다리·허리를 주무르게 하는 가동(家僮).

99. 은중문(殷仲文)은 널리 풍부한 재능을 가지고 있었는데,[1] 독서
범위는 넓지 아니했다. 부량(傅亮)은 개탄하며 말했다.[2] "만약 은중
문이 원표(袁豹)의 반만큼이라도 독서를 한다면[3] 그 문재(文才)는
반고(班固)에 뒤지지 않을 것이다."[4]

원문 | 殷仲文天才宏瞻,[1] 而讀書不甚廣博. 亮歎曰,[2] 若使
殷仲文讀書半袁豹,[3] 才不減班固.[4]

(1) 《속진양추(續晉陽秋)》에 이런 이야기가 있다. '은중문(殷仲文)은
　　문재(文才)가 아주 풍부하여 수십 편의 책을 지었다.'
　　續晉陽秋曰, 仲文雅有才藻, 著文數十篇.

(2) 부량(傅亮)은 따로 나온다.
　　亮別見.

(3) 구연지(丘淵之)의 《문장서(文章敍)》에 이런 이야기가 있다. '원표

(袁豹)의 자는 사울(士蔚)이고 진군(陳郡) 사람이다. 조부인 원탐(袁耽)은 역양태수(歷陽太守)이며 아버지인 원질(袁質)은 낭야내사(琅邪內史)였다. 원표는 융안연간(隆安年間)에 저작좌랑(著作佐郎)이 되었고 태위장사(太尉長史)·단양윤(丹陽尹)으로 누천(累遷)되었다. 의희(義熙) 9년(413)에 죽었다.'

丘淵之文章敍曰, 豹字士蔚, 陳郡人. 祖耽, 歷陽太守. 父質, 琅邪內史. 豹, 隆安中著作佐郎, 累遷太尉長史·丹陽尹. 義熙九年卒.

(4) 《속한서(續漢書)》에 이런 말이 있다. '반고(班固)의 자는 맹견(孟堅)이며 우부풍(右扶風) 사람이다. 어렸을 때부터 준재(俊才)였다. 학업을 하는 데 정해진 스승은 없었다. 문장이 교묘했으며 읽지 않은 경전이 없었다.'

續漢書曰, 固字孟堅, 右扶風人. 幼有儁才, 學無常師. 善屬文, 經傳無不究覽.

▌주해| ○亮歎曰(양탄왈)–《진서(晋書)》 권99 〈은중문전(殷仲文傳)〉에는 사영운(謝靈運)이 한 말로 되어 있다.
○別見(별견)–〈식감편(識鑒篇)〉 25의 주(注).

100. 양부(羊孚)가 《설찬(雪讚)》을 지었다. '맑은 기운 빌어 (눈으로) 변하고, 바람을 타고 (공중에서) 흩날리네. 만물에 쌓이면 더욱 고와지고, 깨끗함 속에서 빛남을 이루네(資淸以化, 乘氣以霏. 遇象能鮮, 卽潔成輝)'라고 했다. 환윤(桓胤)이 마침내 그것을 부채에 기록하였다.[1]

▌원문| 羊孚作雪讚云, 資淸以化, 乘氣以霏. 遇象能鮮, 卽潔成輝. 桓胤遂以書扇.[1]

(1) 《중흥서(中興書)》에 이런 말이 있다. '환윤(桓胤)의 자는 무조(茂祖)이고 초국(譙國) 사람이며, 조부인 환충(桓沖)은 태위(太尉)이고 아버지 환사(桓嗣)는 강주자사(江州刺史)였다. 환윤은 젊었을 때부터 청절(淸節)이 있었으며 청렴담박한 사람이라고 칭송되었다. 벼슬을 하여 중서령(中書令)에 이르렀다. 환현(桓玄)이 패배하자 안성군(安成郡)으로 이사했다가 그후 주살(誅殺)당했다.'

中興書曰, 胤字茂祖, 譙國人. 祖沖, 太尉. 父嗣, 江州刺史. 胤少有淸操, 以恬退見稱, 仕至中書令. 玄敗, 徙安成郡, 後見誅.

주해| ○雪讚(설찬) — 눈을 찬양하는 내용을 읊은 글.

○茂祖(무조) — 《진서(晉書)》 권74 〈환윤전(桓胤傳)〉에서는 '무원(茂遠)'이라고 했다. 환윤의 조부인 환사(桓嗣)의 자가 공조(恭祖)라는 점으로 미루어 볼 때 환윤의 자는 무조(茂祖)가 아니라 무원(茂遠)이었을 것이다.

○安成郡(안성군) — 《진서(晉書)》 권74 〈환윤전〉에는 신안(新安)으로 되어 있다.

101. 왕효백(王孝伯 : 王恭)은 도읍에 있을 때 산보를 하다가 동생인 왕도(王睹 : 王爽)의 집 문앞까지 와서,(1) "고시(古詩) 중에서 어떤 구절이 가장 훌륭하지?"라고 물었다. 왕도가 곰곰이 생각하느라고 아직 대답을 못하고 있는데 왕효백은 "만나는 것이 모두 옛날의 물건이 아닌즉, 어찌 빨리 늙지 않을 수 있으리요(所遇無故物, 焉得不速老)."라고 읊은 다음, "이 구절이 제일 훌륭하지."라고 말했다.

원문| 王孝伯在京行散, 至其弟王睹戶前問,(1) 古詩中何句爲最. 睹思未答. 孝伯詠所遇無故物, 焉得不速老, 此句爲佳.

(1) 도(睹)는 왕상(王爽)의 어렸을 때 자이다.

《중흥서(中興書)》에 이런 이야기가 있다. '왕상(王爽)의 자는 계명(季明)이며 왕공(王恭)의 넷째 동생이다. 벼슬을 하여 시중(侍中)에 올랐다. 형 왕공의 모반이 실패한 뒤 후일 태상(太常)이 증직되었다.'

睹, 王爽小字也.

中興書曰, 爽字季明, 恭第四弟也. 仕至侍中. 恭事敗, 贈太常.

■주해│　○行散(행산)―〈언어편〉 14의 주(注)를 참조.
○所遇無故物云云(소우무고물운운)―《문선(文選)》권29에 보이는 〈고시 19수(古詩十九首)〉 중 11번째 시의 한 구절.
○贈太常(증태상)―《진서(晋書)》권84 〈왕공전(王恭傳)〉에는 왕공이 실패한 다음 환현(桓玄)이 정권을 잡았을 때 왕상은 태상(太常)이 추증된 것으로 되어 있다.

102. 환현(桓玄)은 어느 때 강릉성(江陵城)의 남루(南樓)에 올라가서 말했다. "나는 왕효백(王孝伯 : 王恭)을 위해 뇌문(誄文)을 짓고 싶다." 그리고 잠시 입을 다물고 있었는데 곧 붓을 들고 순식간에 뇌문을 지어냈다.[1]

■원문│　桓玄嘗登江陵城南樓, 云, 我今欲爲王孝伯作誄. 因吟嘯良久, 隨而下筆, 一坐之閒, 誄以之成.[1]

(1) 《진안제기(晋安帝紀)》에 이런 이야기가 있다. '환현(桓玄)의 문장이 아름답기는 세상에서 발군이었다.'
　　《환현집(桓玄集)》에 그 뇌문(誄文)의 서(敍)를 싣고 있다. '융안(隆安) 2년(398) 9월 17일, 전장군(前將軍)·청주(靑州)·연주(兗州) 2주의 자사(刺史)인 태원(太原)의 왕효백(王孝伯)이 세상을 떠났다. 하악(河岳)은 신령(神靈)을 내렸고 철인(哲人)을 낳았다. 그러나 그 영(靈)은 이미 떠났고 그 복도 끊어졌다. 천도(天道)는 아득하여 알기가 어려우니, 누가 화복(禍福)을 예측하리요. 견마(犬馬)가 도리어 물고, 시랑(豺狼)이 발톱을 세우며 영마루에는 높다란 오동나무가 꺾여 있고, 숲속에는 해묵은 대나무가 쓰러져 있다. 이 사람 가고 나니 나라는 인도자를 잃었도다. 이에 이것을 뇌문으로 지어 그 찬란한 덕을 기린다.' 글의 양이 많으므로 여기서는 그 전부를 신지 않는다.

晉安帝紀曰, 玄文翰之美, 高於一世.

玄集載其誄敍曰, 隆安二年九月十七日, 前將軍·靑·兗二州刺史, 太原王孝伯薨. 川岳降神, 哲人是育. 旣爽其靈, 不貽其福. 天道芒昧, 孰測倚伏. 犬馬反噬, 豺狼翹陸, 嶺摧高梧, 林殘故竹. 人之云亡, 邦國喪牧. 于以誄之, 爰旌芳郁. 文多不盡載.

주해┃ ○前將軍(전장군)─전후좌우 사군(四軍)의 일군(一軍)을 통솔하는 장군. 주(周)나라 말에 놓여졌고 후한(後漢)의 광무제(光武帝) 때에 폐지되었는데 삼국시대 위(魏)나라에서 부활시켰다.

103. 환현(桓玄)이 서하(西夏)의 땅을 합병한 당초, 형(荊)·강(江)의 2주(州)와 2부(府), 1국(國)을 영유하고 있었다.[1] 그때 처음으로 눈이 내리자 다섯 곳에서 모두 경하드리는 다섯 통의 축하장이 동시에 도착했다. 환현은 본청에서 축하장이 도착하는 즉시 그 뒷면에 답장을 썼는데 모두 찬연하게 문장을 이루었으며 서로 엇섞이지 아니했다.

원문┃ 桓玄初幷西夏, 領荊·江二州, 二府, 一國.[1] 于時始雪, 五處俱賀, 五版竝入. 玄在聽事上, 版至卽答版後. 皆粲然成章, 不相揉雜.

(1) 《환현별전(桓玄別傳)》에 이런 말이 있다. '환현은 은중감(殷仲

塪)·양전기(楊佺期)에게 이긴 다음 사자(使者)를 보내어 조정에 불만스런 뜻을 말했다. 그래서 조정은 환현을 도독팔주제군사(都督八州諸軍事)로 삼아 강주(江州)·형주(荊州)의 자사(刺史)로 삼았다.'

玄別傳曰, 玄旣克殷仲塪後, 楊佺期, 遣使諷朝廷. 朝廷以玄都督八州, 領江州·荊州二刺史.

주해 ㅇ幷西夏(병서하)—서하는 중국 서쪽의 땅을 가리킨다. 환현(桓玄)이 융안(隆安) 3년(399), 은중감(殷仲塪)·양전기(楊佺期)를 치고 형주(荊州)·옹주(雍州)를 평정한 것을 가리킨다《晋書》 권99).

ㅇ荊(형)· 江二州(강이주), 二府(이부), 一國(일국)—2주(州)는 형주자사·강주자사(江州刺史), 2부(府)는 도독부(都督府)·후장군부(後將軍府), 1국(國)은 남군공(南郡公)의 각 봉령(封領)을 가리킴이다.

ㅇ五版(오판)—널빤지에 글을 쓴 것을 이름이리라.

ㅇ克殷仲塪後(극은중감후) 楊佺期(양전기)—《진서(晋書)》 권99 등의 내용을 고려하여 '극은중감양전기후(克殷仲塪楊佺期後)'로 보고 번역했다.

ㅇ諷朝廷(풍조정)—형주·옹주 땅을 평정한 다음 환현은 강주·형주의 직책을 요구했는데 강주자사의 직책은 주어지지 않았다. 그에 대하여 환온은 조정에 불만의 뜻을 올렸던 것이다《晋書》 권99).

104. 환현(桓玄)이 도읍에 쳐들어가려고 했을 때 양부(羊孚)는 연주별가(兗州別駕)였는데 도읍으로부터 와서 환현의 군문(軍門)을 찾아가 명함에 쓰기를 "근래에 세상일이 어수선하여 마음속이 답답합니다만 공(公)께서는 짙은 어둠 속에서 새벽빛을 비추시고 하나의 원천(源泉)으로 모든 냇물을 맑게 하십니다."라고 했다. 환현은 그 명함을 보더니 황급히 그를 불러오게 하고 이르기를 "자도(子道 : 羊孚)! 자도! 왜 이렇게 늦게야 왔소?"라고 했다. 그리고 즉시로 그를 기실참군(記室參軍)에 기용했다. 맹창(孟昶)[1]이 유뢰지(劉牢之)의 주부(主

簿)[2]로 있었는데 (양부의) 처소로 찾아가서 인사를 올리고 이르기를, "양후(羊侯)! 양후! 일족이 당신의 손에 달렸소이다."라고 말했다.

원문| 桓玄下都. 羊孚時爲兗州別駕. 從京來詣門, 牋云, 自頃世故睽離, 心事淪薀. 明公啓晨光於積晦, 澄百流以一源. 桓見牋, 馳喚前, 云, 子道, 子道, 來何遲. 卽用爲記室參軍. 孟昶[1]爲劉牢之主簿,[2] 詣門謝, 見云, 羊侯, 羊侯, 百口賴卿.

(1) 따로 나온다.

　　別見.

(2) 《속진양추(續晉陽秋)》에 이런 이야기가 있다. '유뢰지(劉牢之)의 자는 도견(道堅)이며 팽성(彭城) 사람이다. 집안 대대로 장군을 배출하여 명성이 높았다. 아버지 유둔(劉遁)은 정로정군(征虜將軍)이었다. 유뢰지는 침착·강직하고 지모가 뛰어나 사현(謝玄)의 참군이 되었다. 부견(符堅)과의 전쟁에서 용맹스럽게 싸워 공을 세웠다. 왕공(王恭)의 모반을 평정한 다음 서주자사(徐州刺史)로 전임되었다. 환현이 도성으로 진공해 갔을 때 (조정에서는) 유뢰지를 전봉행정서장군(前鋒行征西將軍)으로 임명했는데 환현이 들이닥치자 투항하고 회계내사(會稽內史)에 임명받았다. 그러나 (환현이) 그의 병력을 해산시키려고 하자 도망쳤다가 목을 매어 죽었다.'

續晉陽秋曰, 牢之字道堅, 彭城人. 世以將顯. 父遁, 征虜將軍. 牢之沈毅多計數, 爲謝玄參軍. 符堅之役, 以驍猛成功. 及平王恭, 轉徐州刺史. 桓玄下都, 以牢之爲前鋒行征西將軍. 玄至歸降, 用爲會稽內史. 欲解其兵, 奔而縊死.

주해| ○睽離(규리)—배반하고 등을 돌리는 것. 세상이 어지러운 것.

○淪蘊(윤온)-마음이 안 풀리는 것.
○詣門謝(지문사)-맹창(孟昶)은 유뢰지(劉牢之)의 부하였다. 유뢰지가
　환현에게 쫓기다가 자살했을 때 맹창은 환현의 부하인 양부(羊孚)에
　의해 구원을 받았으므로 인사차 왔던 것이리라.
○別見(별견)-〈기선편(企羨篇)〉 6.
○符堅之役(부견지역)-비수지전(淝水之戰 : 383년).

新完譯　世　說　新　語　（上）

初 版 1 刷 發 行 ●2006年　5月　30日

初 版 3 刷 發 行 ●2015年　5月　15日

撰　　者●劉　義　慶
譯　　者●安　吉　煥
發行者●金　東　求

發行處●明　文　堂(1923. 10. 1 창립)
　　　　서울 종로구 윤보선길61(안국동)
　　　　우체국　010579-01-000682
　　　　전화　(영) 733-3039, 734-4798
　　　　　　　(편) 733-4748
　　　　F A X　734-9209
　　　　Homepage : www.myungmundang.net
　　　　E - m a i l : mmdbook1@hanmail.net
　　　　등록　1977. 11. 19. 제1~148호

●낙장 및 파본은 교환해 드립니다.
●불허복제·판권 본사 소유.

값 15,000원
ISBN 89-7270-810-0 94150
ISBN 89-7270-052-5 (세트)